Motorrad Guide

USA – der Westen

Eine Übersichtskarte mit den eingezeichneten
Tourenvorschlägen finden Sie in der vorderen
Umschlagklappe.

Mike Kärcher

Motorrad Guide

USA – der Westen

Die schönsten Touren
durch den Westen der USA

VISTA POINT

Inhalt

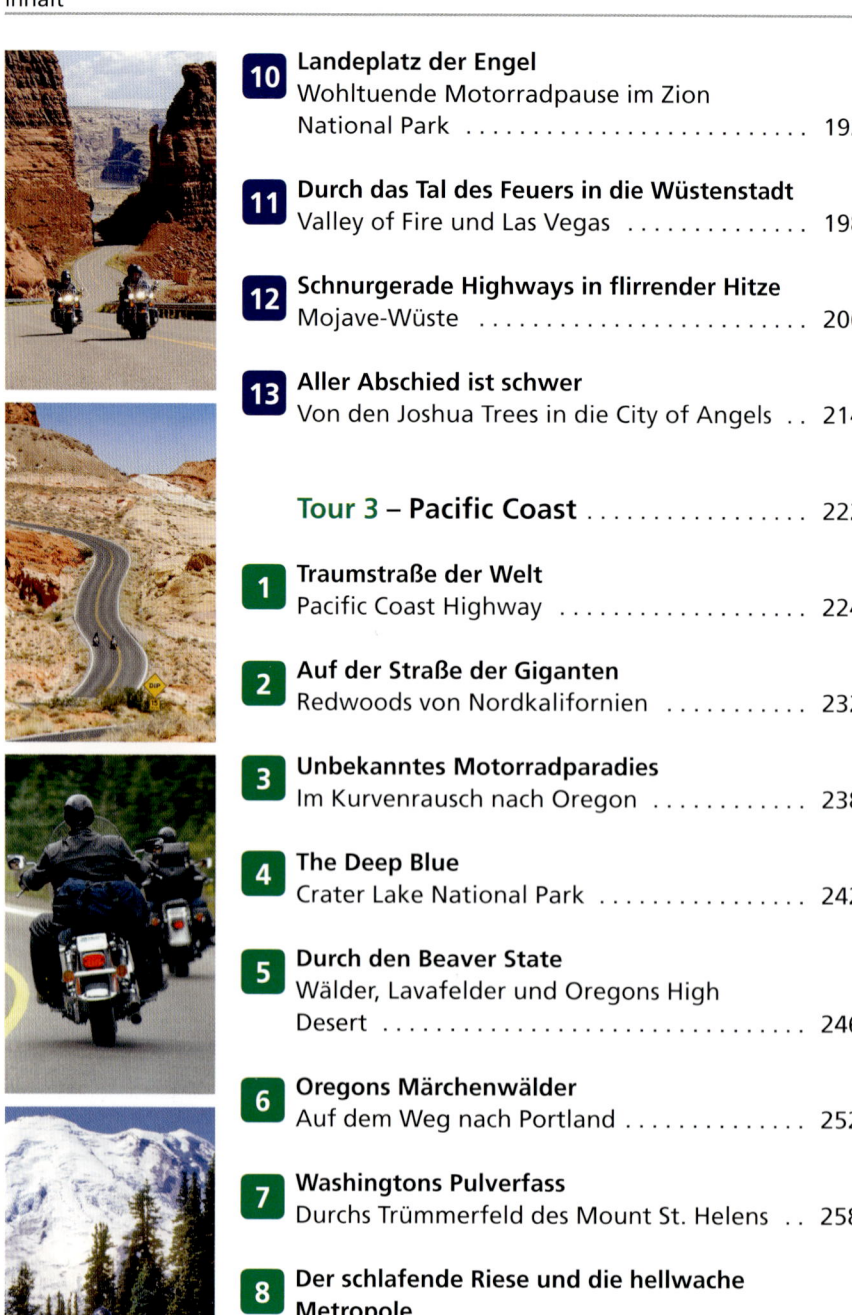

Danksagung
Mein Dank geht an Ingo Rachner, Steffen Grashoff, Babs Steinbock, Udo Heindel, Hardy Kunze, Chris Loeckle, Günther Krauth, Uwe Seeger und Günter Kykillus von Eagle Rider Deutschland und alle anderen, die so bereitwillig ihre Fotos und ihr Wissen zur Verfügung gestellt haben, um diesen Reiseführer zu dem zu machen, was er ist. Ebenso möchte ich dem Vista Point Verlag im Allgemeinen und dem Lektorat von Frau Kalmár im Speziellen für eine sehr angenehme Zusammenarbeit danken.
 Last but not least möchte ich all meinen Kunden danken, die mit mir auf dem Motorrad Hunderttausende Kilometer durch die unterschiedlichsten Gegenden der USA gefahren sind und von denen ich so viel positives Feedback erhalten habe. Sie tragen alle maßgeblich zum Entstehen dieses Motorrad Guides bei.

Die schönsten Motorradtouren durch den Westen der USA

Vorwort des Autors

Die USA sind nach wie vor das Traumziel der meisten Motorradfahrer, und das nicht nur für Fans der Maschinen aus Milwaukee. Das Land bietet Bikern endlose Weiten und Straßen, die sich in der flimmernden Hitze am Horizont verlieren – es ist genau so und noch viel schöner, als wir es aus der Werbung und den zahlreichen Road Movies kennen. Aber neben den schier endlosen Asphaltbändern durch die Wüste, die unleugbar ihren ganz eigenen Reiz besitzen, wartet das Land auch mit kurvigen Bergstrecken auf, die den bekanntesten Alpenpässen in nichts

Wohlverdiente Pause – der Autor in Kingman

nachstehen – außer in der Staugefahr, denn von der niedrigen Verkehrsdichte im Westen der USA kann man als Europäer nur träumen.

Amerikas Westen: Das sind pulsierende Metropolen wie San Francisco, Las Vegas und Seattle, bunte Künstler- und Aussteigerkolonien wie Sausalito und Sedona, menschenfeindliche und dennoch faszinierende Wüsten wie das Death Valley, verlassene Ghost Towns wie Randsburg, durch die der Geist vergangener Zeiten weht, Nationalparks mit klingenden Namen wie Yosemite, Grand Canyon, Bryce Canyon, Zion, Redwood, Mount Rainier, Olympic oder Lassen Volcanic. Sie alle locken mit atemberaubender Landschaft, seien es majestätische Gipfel, tiefe Schluchten, hohe Wasserfälle oder gigantische Bäume. Und Nostalgisches mit viel Atmosphäre findet sich entlang der Route 66. Der träumerische Blick und die Schwärmereien meiner Mitfahrer auf zahlreichen Touren haben mich schließlich veranlasst, diesen Motorradreiseführer zu schreiben.

Der Traum vom großen Trip in den USA schlummert in vielen von uns, spätestens seit sich Dennis Hopper und Peter Fonda in »Easy Rider« mit ihren Panhead-Choppern aufgemacht haben, das wahre Amerika zu suchen. Darum ist es auch nicht weiter verwunderlich, dass häufig Harley-Davidsons diesen Traum symbolisieren. Natürlich ist das gleiche Erlebnis auch mit fast allen anderen Maschinen erfahrbar, egal ob sie aus japanischen, bayerischen, italienischen oder englischen Motorradschmieden kommen. Und wer gerne Schotter

Zwei Klassiker: Harley Softail und Monument Valley

unter die Stollenreifen seiner Enduro nimmt, der ist im Südwesten bestens aufgehoben.

Die Infrastruktur für Motorradfahrer ist in den USA beinahe perfekt. Zuverlässige (wenn auch teure) Transporte der eigenen Maschine über den großen Teich, ein flächendeckendes Mietmotorradnetz, Motorradschrauber und -customizer in jedem größeren Dorf und kompetente Veranstalter von organisierten Touren lassen jeden Biker-Wunsch wahr werden. Durch die günstigen Flugverbindungen und einen niedrigen Dollarkurs ist der Traum vom Easy Rider seit einiger Zeit für viele ein ganzes Stückchen nähergerückt.

Egal, welche Meinung man zur US-amerikanischen Innen- und Außenpolitik vertritt und welche Richtung diese in Zukunft einschlagen wird – Amerikaner lassen sich nicht über einen Kamm scheren: Auch unter ihnen sind Meinungen vielschichtig, und sie sind häufig kritisch. Die Menschen jedenfalls sind herzlich und gastfreundlich und werden maßgeblich dazu beitragen, dass Ihre Motorradtour zu einem unvergesslichen Erlebnis wird.

Ich veranstalte seit über 20 Jahren geführte Touren in den USA und greife in diesem Reiseführer auf einen großen Fundus eigener Erfahrungen und aktueller Berichte unserer Tourguides zurück. Ich weiß, dass Biken im Westen der USA mehr ist, als von A nach B zu kommen, und auch etwas ganz anderes als eine wunderschöne Alpentour. Es ist immer dieses leichte Gänsehautgefühl dabei, das einem ein Grinsen aufs Gesicht zaubert und auf dem Motorrad laut singen lässt.

Dem Ruf über den großen Teich konnte ich 1987 nicht mehr widerstehen: Der Dollarkurs sank, der Flug war mit fünfmaligem Umsteigen bezahlbar, und die Sehnsucht nach einer eigenen V2-Twin ließ sich nicht mehr auf die lan-

Bikertraum Südwesten – hier im Zion National Park

ge Bank schieben – auch wenn es nur für eine alte »Eisen-Sporty« mit langer Gabel und unzähligen technischen Problemen reichte.

Nach Beendigung meines Studiums hatte ich reichlich Zeit, die US-amerikanischen Highways zu befahren, bevor ich mich ernsteren Dingen widmen sollte. Und so viel sei vorweggenommen: Nach drei Monaten und etwa 11 000 Meilen kreuz und quer durch den Westen war ich süchtig. Es dauerte nicht lange, bis ich meine Zukunft bezüglich der ernsteren Dinge überdachte und die Idee, organisierte Motorradtouren in den USA zu veranstalten, langsam Gestalt annahm. Eine Idee, deren Rea-

lisierung ich bis heute niemals bereut habe.

Da es Anfang der 1990er-Jahre noch so gut wie keine Mietmotorräder in den USA gab und die meisten Reisenden ihre Maschinen entweder für teures Geld mit über den großen Teich nahmen oder sich ein Motorrad vor Ort kauften und Tage des wertvollen Urlaubs mit Organisatorischem verbrachten, war die naheliegende Konsequenz, nicht nur Reisen zu veranstalten, sondern auch eine Vermietstation für Harleys zu eröffnen. Im Jahr 1991 gründete ich also mein Unternehmen B. T. A. motorrad reisen, und im Jahr darauf eröffnete ich die erste bescheidene Mietstation in Santa Cruz. Die Nachfrage gab mir recht, ich verlegte meinen Wohnsitz an die Pazifikküste (blieb dort zehn wunderbare Jahre) und nannte bald eine Flotte von 25 Miet-Harleys mein Eigen.

Heute gibt es zahlreiche zuverlässige Vermieter, nicht nur für Harleys, sondern für fast alle Marken. Das Netz ist weitgehend flächendeckend, sodass auch One-way-Touren ohne größere Probleme machbar sind. Davon profitieren vor allem Liebhaber des großen Klassikers, der Route 66. Und anders als zu Easy-Rider-Zeiten Ende der 1960er-Jahre sind Motorradfahrer heute gern gesehene Gäste. Bei jedem Stopp scharen sich freundliche, neugierige und oft auch etwas neidische Gesichter um die Motorräder. Auch für die US-Amerikaner ist der Trip durch ihr weites Land Symbol für Freiheit und Abenteuer.

Ich will mit diesem Buch keinen Hotel- oder Restaurantführer anbieten, die gibt es bereits zur Genüge. Oft macht es auch keinen großen Unterschied, ob man im Best Western auf der linken oder in der Travelodge auf der rechten Straßenseite übernachtet. Wenn aber die Entscheidung ansteht, ob man sein Quartier im stilvollen Route 66 Motel in Seligman oder aber im eher gesichtslosen Super 8 Motel ein paar Meilen weiter bezieht, versucht dieser Reiseführer, die richtigen Empfehlungen zu geben. Auch habe ich die landeskundlichen Abschnitte mit Absicht knappgehalten und das Augenmerk auf die speziellen Bedürfnisse der Motorradfahrer gerichtet, die sich beispielsweise für die Frage der Helmpflicht in Arizona sicher mehr interessieren als für die Wirtschaftsgeschichte Oregons. Da alle drei Touren in San Francisco starten, bildet die Stadt mit einem Extrakapitel den Auftakt des Buches.

Über die Jahre habe ich als Tourveranstalter und auf zahlreichen selbst geführten Touren viele Regionen des amerikanischen Westens wie meine Westentasche kennengelernt. Die Touren sind alle so ausgelegt und optimiert, dass ich guten Gewissens unvergessliche Erlebnisse versprechen kann. Selbstverständlich sind sie aber nur als Vorschlag und nicht als unabänderliches Routing gedacht. So kann und soll es durchaus sein, dass ein Motorradfahrer Las Vegas links liegen lässt, während ein anderer sich eine Tour durch die USA ohne einen mindestens dreitägigen Aufenthalt eben dort gar nicht vorstellen kann.

Ganz egal, wohin es Sie verschlägt – höchstwahrscheinlich werden Sie vom USA-Motorrad-Bazillus befallen und planen bereits kurz nach Ihrer Rückkehr das nächste Motorradabenteuer im Land der unbegrenzten Möglichkeiten. Ich wünsche Ihnen jedenfalls viele spannende Erlebnisse und vor allem eine pannen- und unfallfreie Tour! ❖

It never rains in Southern California – Motorradfahren an der Pazifikküste

Vor dem Sprung über den großen Teich

Mieten, kaufen oder die eigene Maschine?

Bevor man in die detaillierte Planung einer Motorradreise geht, ist eine grundsätzliche Entscheidung zu treffen: Will man eine organisierte Tour machen oder den Wilden Westen auf eigene Faust erkunden? Wenn Sie sich für die zweite Option entschieden haben, dann stellt sich gleich die nächste Frage: Mietet man sich ein Motorrad, kauft eines oder nimmt das eigene mit auf Reisen? Diese Frage ist nicht ganz einfach zu beantworten, denn mit der eigenen geliebten Maschine durch fremde Länder zu reisen, ist etwas ganz Besonderes. Das Gefühl lässt sich nur sehr schwer

in nüchterne Zahlen fassen. Im Groben gilt jedoch: Bei einer Reisedauer von bis zu vier Wochen spart Mieten Zeit, Stress und vor allem Geld. Und eine Sorge kann ich nehmen: Die angebotenen Mietmotorräder sind mit wenigen Ausnahmen keine »verschrammelten Mietgurken«, sondern in der Regel gepflegte, brandneue Bikes, mit denen man sich sehr schnell anfreundet und die man am Ende der Tour am liebsten mit nach Hause nehmen würde.

Eigene Maschine

Wer länger als vier Wochen unterwegs sein will, kann beginnen, den Bleistift zu spitzen. Wenn die Entscheidung zugunsten der eigenen Maschine fällt,

Moderne Harleys sind mit den alten »Schraubenhaufen« nicht mehr zu vergleichen

stellt sich die Frage nach der Art des Transports: Luft- oder Seefracht?

Seefracht ist günstiger, kostet aber, vor allem bei Verschiffung an die Westküste, deutlich mehr Zeit. Sie sind einige Wochen vor und nach der Tour ohne fahrbaren Untersatz und müssen oft auch zittern, ob die Maschine zum geplanten Tourbeginn tatsächlich am Hafen oder im Hof der Spedition wartet. Im Regelfall geht die Fuhre per Lkw nach Bremen oder Bremerhaven, von dort im Sammelcontainer via Ostküste durch den Panamakanal nach Los Angeles. Bei Seefracht sollte man unbedingt eine Transportversicherung abschließen. Von den zahlreichen Containern, die wir auf die Reise geschickt haben, kam so mancher mit Transportschaden am Bestimmungsort an.

Der Transport mit dem Flugzeug ist wesentlich komfortabler und zuverlässiger, aber eben auch teurer. Etwa 3000 Euro sollten hier realistischerweise einkalkuliert werden. Zudem ist es seit Kurzem aus Sicherheitsgründen nicht mehr möglich, das Motorrad von Europa aus per Luftfracht in die USA zu verschiffen. Der Zielflughafen muss, wenn das Motorrad über den großen Teich fliegen soll, in Kanada liegen, was für die meisten Routen nur bedingt praktikabel ist. Der Rücktransport von den USA nach Deutschland ist weiterhin möglich. Das kann sich freilich auch schnell wieder ändern, erkundigen Sie sich also bei einem der erfahrenen Motorrad-Spediteure vor der Reiseplanung nach dem aktuellen Stand der Dinge.

Diverse Speditionen haben sich auf den Versand von Motorrädern spezialisiert (vgl. Servicekapitel S. 341 f.). Egal, auf welche Art die Maschine ihren Weg über den großen Teich findet, die Transportkosten sind nicht die einzigen Ausgaben, die Sie zu erwarten haben. So muss für die USA eine Extra-Versicherung abgeschlossen werden, und

zu allem Überfluss bietet diese weder der ADAC noch Ihre Kfz-Versicherung an. Die Firma Tourinsure in Hamburg hat sich seit Langem darauf spezialisiert, Fahrzeuge von Fernreisenden zu versichern. Zugegebenermaßen ist diese Versicherung nicht gerade ein Schnäppchen, wird mit zunehmender Reisedauer aber im Verhältnis billiger, und wenn man die horrenden Schadensersatzansprüche in den USA selbst bei kleineren Blessuren betrachtet, so kommt man schnell zu dem Schluss, dass dieses Geld gut investiert ist.

Damit aber noch nicht genug: Wer seriös rechnet, muss auch den Verschleiß an der eigenen Maschine einbeziehen. Meist fährt man aufgrund der enormen Größe der USA in vier Wochen mehr Kilometer ab, als während einer ganzen Saison zu Hause. Ein Satz Reifen sowie die üblichen Kleinteile müssen also ebenfalls mit in die Kalkulation einfließen. Sollte der *worst case* eintreten und die Maschine während der Tour ihren Geist aufgeben, so muss sie entweder für viel Geld zurücktransportiert oder aber offiziell importiert und dann kostspielig entsorgt werden. Dafür fallen dann auch noch die Einfuhrsteuern an. Verkaufen ist meist nicht möglich, da die Maschinen aufgrund unterschiedlicher gesetzlicher Bestimmungen nicht in den USA zugelassen werden können. Selbst eine brandneue Harley vom deut-

13

schen Vertragshändler bekommt in Kalifornien keine Zulassung, wie ich schon selbst schmerzhaft erfahren musste.

Motorradmiete

Aber auch wenn man sich für die Motorradmiete entscheidet – und die meisten werden das pragmatischerweise tun –, muss man mit einigen Ausgaben rechnen. Die Miete eines Motorrads kostet erheblich mehr als die eines Kompaktwagens. Das liegt zum einen daran, dass die angebotenen Maschinen fast ausschließlich zur Motorrad-Luxusklasse gehören und dementsprechend teuer in der Anschaffung sind. Zum anderen haben sie einen höheren Verschleiß als jedes Auto und werden deshalb sehr regelmäßig gegen neue Modelle ausgetauscht. Die Versicherungen, die sämtliche Vermieter mit sehr hohen Beiträgen zur Kasse bitten, tun ihr Übriges.

Wer aber einmal in einem Kompaktwagen auf dem Highway 1 unterwegs war und sich an das wehmütige Gefühl beim Anblick der Motorräder im Kurvenrausch erinnert, der weiß spätestens dann, dass er am falschen Ende gespart hat.

Das wohl umfassendste Mietangebot bietet die Firma Eagle Rider. Neben zahlreichen Harley-Modellen haben viele der flächendeckend vorhandenen Mietstationen auch BMWs, Hondas, diverse andere Japaner sowie Motocross-Maschinen und Quads im Angebot. Maschinen von Eagle Rider finden sich in den Katalogen der großen Reiseveranstalter und sind problemlos im Reisebüro zu buchen – vor allem, wenn Sie schon wissen, mit welcher Maschine Sie den Wilden Westen unter die Räder nehmen wollen. Bei der Modellwahl behilflich sind die spezialisierten Motorradreiseveranstalter. Zudem sind die Motorräder über die Homepages vieler Vermieter direkt zu reservieren. Dafür sollte man allerdings des Englischen mächtig sein.

Eagle Rider ist in den letzten Jahren mit rasender Geschwindigkeit gewach-

Aufsteigen und losfahren – Miet-Harley in den Rocky Mountains

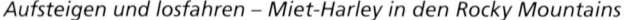

sen, und es bleibt abzuwarten, ob die Qualität von Maschinen und Service mit diesem Tempo Schritt halten kann. Spezialisierte Motorradreiseveranstalter haben häufig Zugriff auf Maschinen verschiedener Vermieter, das Angebot ist dementsprechend weit gefächert.

Ebenfalls ein gutes Netz bieten die Harley-Davidson Authorized Rentals, also Vermietstationen von örtlichen Harley-Dealern. Vor allem für HOG-Member (Harley Owners Group) gibt es hier immer wieder interessante Angebote. Eine Lanze brechen will ich hier aber auch für kleine Anbieter wie Dubbelju in San Francisco, die sich dem Thema Motorrad mit Leidenschaft verschrieben haben und bei denen Service großgeschrieben wird.

Egal, für welchen Vermieter man sich entscheidet, es empfiehlt sich vor allem in der Hauptsaison, sein Wunschmodell möglichst zeitig zu reservieren. Versteifen Sie sich aber nicht darauf, unbedingt eine Electra Glide Ultra Limited fahren zu wollen, am besten noch in blau –

Spezialwünsche dieser Art versuchen die Vermieter zu erfüllen, aber naturgemäß funktioniert das nicht immer.

Ich empfehle dringend, ein unbegrenztes Meilenpaket zu buchen. Das Land ist riesig, und das Letzte, was Sie wollen, ist, am Ende des Tages die gefahrenen Meilen nachzurechnen und gar auf einen lohnenden Abstecher zu verzichten, nur um im gesetzten Meilenrahmen zu bleiben.

Für die Wahl der Versicherung gebe ich dagegen keine Empfehlung – jeder muss selbst wissen, ob er bestmöglichen Schutz dazukaufen will, der im Vergleich zu europäischen Versicherungen immer noch eher bescheiden ist, oder ob er mit der gesetzlich vorgeschriebenen Minimal-Haftpflichtversicherung leben kann. Die Versicherungsbedingungen variieren und ändern sich häufiger als die Modellpalette der Vermieter, erkundigen Sie sich also nach dem aktuellen Stand (vgl. auch S. 352 f.).

Für das Mieten eines Motorrads muss man mindestens 21 Jahre, bei einigen

Im Südwesten an der Tagesordnung: Biken in Traumlandschaft

wenigen Vermietern auch 25 Jahre alt sein. Sie benötigen neben einem für das gemietete Motorrad gültigen Führerschein zudem eine Kreditkarte, um die Kaution zu stellen. Wenn Sie das Motorrad unbeschädigt zurückgeben, wird der Credit Card Slip einfach zerrissen. Im Schadensfall wird die Schadenssumme von der gestellten Kaution abgezogen.

Ein internationaler Führerschein, für wenige Euro bei einer deutschen Führerscheinstelle ausgestellt, wird zwar selten verlangt, macht aber das Leben im Falle eines Falles erheblich einfacher.

Die Mietformalitäten vor Ort ziehen sich meistens in die Länge und sind etwas lästig, will man doch endlich den Motor starten und sich den Wind um die Nase wehen lassen. Nehmen Sie sich jedoch Zeit und inspizieren Sie das Motorrad gründlich auf Vorschäden. Sorgen Sie dafür, dass diese im Übergabeprotokoll verzeichnet werden, damit sie Ihnen bei der Rückgabe nicht

in die Schuhe geschoben werden. Die Klassiker sind verkratzte Windshields, die manchmal so aussehen, als seien Sie mit Stahlwolle gereinigt worden, oder vom Reißverschluss der offenen Lederjacke zerkratzte Tanks.

Lassen Sie sich nach der Ankunft auf alle Fälle mindestens einen Tag Zeit, bevor Sie das Motorrad übernehmen. Jetlag und Motorradfahren – noch dazu auf einer ungewohnten Maschine in ungewohnter Umgebung – vertragen sich nicht.

Motorradkauf

Vom Motorradkauf würde ich mit sehr wenigen Ausnahmen abraten. Die Wahrscheinlichkeit, dass Sie einen guten Teil Ihres Urlaubs in Versicherungsbüros und auf der Zulassungsstelle anstatt im Sattel Ihrer Maschine zubringen, ist verhältnismäßig groß. Außerdem lohnt sich der Kauf in den USA nur noch in den seltensten Fällen.

Schließlich fallen neben den Kosten vor Ort auch noch der Transport und der Umbau gemäß der landestypischen Richtlinien (TÜV etc.) an, falls das Motorrad mit nach Hause soll.

Etwas anders sieht die Sache aus, wenn Sie auf der Suche nach einem Modell sind, das nur in den USA angeboten wird, wie etwa einige Gold-Wing-Modelle. Wenn Sie das Motorrad Ihrer Träume gefunden haben, so wird die Suche nach einer Versicherung die erste (und größte) Herausforderung sein. Je nach Bundesstaat sind die Anforderungen an einen Versicherungsnehmer unterschiedlich, Sie gehören aber in jedem Fall der höchsten Risikogruppe an. Den größten Erfolg verspricht derzeit der Versuch, es bei Dairyland Insurance Services oder bei Pacific Specialty Insurance Services zu versichern; aber auch das kann sich jederzeit ändern.

In Kalifornien benötigen Sie für den Abschluss einer Versicherung in der Regel einen US-amerikanischen Führerschein, und um den zu machen, brauchen Sie mittlerweile eine Sozialversicherungsnummer. Die zu bekommen ist als Tourist allerdings nicht mehr möglich. Das Ganze kann also sehr leicht in einen Kampf gegen bürokratische Windmühlen ausarten.

Sollten Sie eine – für die Zulassung benötigte – Versicherung gefunden haben, so bekommen Sie vorerst nur eine temporäre Zulassung. Das Nummernschild und der *pink slip* (Fahrzeugbrief) liegen dann einige Wochen später im Briefkasten der von Ihnen angegebenen Postadresse.

Sollte es Ihnen gelingen, ein Bike in den USA zuzulassen, dann haben Sie nach der Tour die Wahl: Verkaufe ich das Motorrad oder nehme ich es mit? Verkaufen unter Zeitdruck ist – vor allem wenn der Käufer dies bemerkt – meist mit beachtlichen Verlusten verbunden. Besser sieht es aus, wenn Sie einen Bekannten vor Ort haben, der bereit ist, das für Sie zu übernehmen.

Wenn Sie das Motorrad nach Europa bringen, dann haben Sie wie bei der Einfuhr Ihres eigenen Motorrads in die USA die Wahl zwischen See- und Luftfracht mit den bereits beschriebenen Vor- und Nachteilen. Im Heimatland muss dann zuerst eine Unbedenklichkeitsbescheinigung beantragt werden, bevor das Motorrad aus dem Zoll geholt werden kann. Der Umfang der nötigen Umbauten kann dann je nach Modell und länderspezifischen Bestimmungen erheblich schwanken. Die häufigsten erforderlichen Umbauten betreffen die Beleuchtung und die Auspuffanlage. Eine Einzelabnahme ist auf alle Fälle nötig.

Sie sehen, das alles klingt nicht unbedingt nach Urlaub, ich würde also im Zweifel die Finger davon lassen.

Welche Marke?
Chopper oder Enduro?

Liebhaber von Harley-Davidson wird's freuen: Die V-Twins aus Milwaukee, die in den USA einen Marktanteil von über 50 Prozent haben, dominieren das Angebot an Mietmaschinen. BMW-Freunde haben nicht ganz so gute Karten, aber der bayerische Hersteller versucht, deutlichere Anteile am Mietmarkt zu erkämpfen. Die kleine, aber treue Gold-Wing-Gemeinde setzt dagegen natürlich kompromisslos auf den 6-Zylinder mit Rückwärtsgang. Empfehlungen bezüglich der Motorradmarke auszusprechen ist müßig, die Geschmäcker sind bekanntlich verschieden.

Die Harley ist wahrscheinlich für die meisten die erste Wahl für den großen USA-Trip. Sie symbolisiert auch heute noch den Traum von Freiheit und Abenteuer. Die Zeiten, in denen Harleys als unzuverlässige Exoten galten, sind längst vorbei. Die Motoren sind

17

Der erste Blizzard beschert Minusgrade auf der Tour

ausgereift, alles andere als überzüchtet und dementsprechend robust. Auf unzähligen Tour-Kilometern hatten wir während der letzten 20 Jahre so gut wie keine Probleme, mal abgesehen von diversen Reifenpannen. Selbst bei 50 Grad Celsius im Death Valley versehen die genügsamen Twins noch brav und unbeeindruckt ihren Dienst (was man nicht von jedem Fahrer behaupten kann). Die Touring-Modelle verwöhnen auch den Beifahrer mit Sissy-Bar, breiten, bequemen Sätteln und Trittbrettern. In den USA sind die Electra- und Ultra-Glide-Modelle am beliebtesten. Für viele europäische Biker sind diese Reisedickschiffe aber gerade nicht der Stoff, aus dem die Träume sind. Wenn Sie jedoch mit Passagier und entsprechend viel Gepäck unterwegs sind, dann sollten Sie einen dieser Fulldresser trotz aller eventuellen Bedenken in die nähere Auswahl ziehen.

Die Wahl der Solofahrer fällt besonders häufig auf Road King und Heritage Classic, die für viele einen guten Kompromiss zwischen Komfort und Stil darstellen. Für Puristen (zu denen ich mich auch zähle) dürften Fat Boy, Dyna Glide, Street Bob und Co. die erste Wahl sein. In diesem Fall müssen Sie allerdings ohne Windshield und ohne große Packtaschen auskommen.

Nur bedingt empfehlenswert für lange Touren sind die Sportster-Modelle. Selbst bei einer Körpergröße von knapp 1,80 Metern ist mir die Sitzposition zu beengt. Dazu ist die Reichweite ziemlich dürftig, und auch Gepäck bekommen Sie auf der Maschine kaum unter. Dafür bietet die Sportster zugegebenermaßen einen spritzigeren Motor und ein strafferes Fahrwerk.

Als kostengünstigere Alternative gibt es für Chopper-Piloten diverse Modelle aus Fernost. Allerdings sind diese bei Weitem nicht so flächendeckend im Angebot. Wer schon immer das Besondere liebte, der kann auch *very British* durch die neue Welt cruisen: In San Francisco können verschiedene Triumphs gemietet werden. Auch die Gold Wing von Honda besetzt natürlich ihre angestammte Nische und bietet ihren Piloten den Komfort eines Wohnzimmersofas.

Große Reise-Enduros sind in den USA verhältnismäßig selten, die BMW GS hat aber ihre Stammkundschaft und findet immer öfter den Weg in den Fuhrpark der Vermieter. Der Vorteil der BMW-GS-Modelle liegt vor allem in der Vielseitigkeit: Von langen Autobahnetappen bis zu Schotterpisten ist alles möglich. Eine gute Wahl vor allem für den Südwesten, wo unzählige Offroad-Passagen darauf warten, unter die Stollenreifen genommen zu werden. Auch die BMW-Tourenmodelle stehen immer häufiger in den Hallen der Vermieter. Bei Dubbelju in San Francisco gibt es seit Kurzem sogar Royal Enfield und die Multistrada von Ducati. Die beliebteste Enduro in den

USA ist allerdings nach wie vor die Kawasaki KLR 650, ein Modell, das bei uns ein eher stiefmütterliches Dasein fristet und trotz seiner Beliebtheit auch in den Mietflotten nur spärlich vertreten ist.

Für diejenigen, die gar nicht auf die Idee kämen, auf Asphalt zu fahren, gibt es bei einigen wenigen Eagle-Rider-Stationen auch »reinrassige« Motocross-Maschinen ohne Straßenzulassung, dafür aber mit passendem Autoanhänger zu mieten.

Die meisten Vermieter bieten mittlerweile GPS-Systeme an. Meiner Meinung nach ist das bei dem relativ dünnen Straßennetz im Westen kaum nötig. Sich vom Navi zum Hotel in Las Vegas oder San Francisco leiten zu lassen, ist aber zweifelsfrei komfortabel.

Wann und wohin?

Wenn die Frage nach dem fahrbaren Untersatz geklärt ist, gilt es, ein Ticket zu buchen und sich für einen Zielflughafen zu entscheiden. Kaum jemand wird wohl im März eine Tour durch die Rocky Mountains oder in den pazifischen Nordwesten planen. In Las Vegas, dem Death Valley und Südarizona herrscht aber gerade dann fantastisches Motorradwetter. Außerdem sollte man sich darüber klar werden, was man erleben will. Soll der Kurvenspaß auf dem Motorrad im Vordergrund stehen? Sucht man intensive Naturerlebnisse und möchte das Bike auch mal gegen Trekkingschuhe tauschen? Oder will man einen Blick auf US-amerikanische Kultur und Geschichte werfen oder sich ins pulsierende Leben der Metropolen stürzen?

Die meisten Touren bieten natürlich von allem etwas. Aber generell gilt, dass eine Route-66-Tour den Berg- und Schräglagenfreund eher unbefriedigt lassen wird. Wenn Sie sich dagegen gern ins Nachtleben begeben, werden Sie auf einer Tour durch die Nationalparks im Südwesten kaum Gelegenheit dazu haben. Wer keine Hitze verträgt, wird die Mojave-Wüste im Sommer meiden, wem dagegen Regen auf dem Bike ein Gräuel ist, der sollte sich eine Tour auf die Olympic Peninsula in Washington zweimal überlegen. Im Routen-Teil dürfte aber jeder seine persönliche Traumtour finden.

Sie werden ihren Trip aller Wahrscheinlichkeit nach in einer der großen Städte starten, schon weil die Flugverbindungen dorthin die besten sind. Es kann aber durchaus sinnvoll sein, sich mit Vermietern abseits der Hauptdestinationen in Verbindung zu setzen, vor allem wenn das gewünschte Modell nicht mehr verfügbar ist. Günstige One-way-Mietwagen gibt es an allen Flughäfen, die Anreise auch zu etwas abgelegeneren Vermietstationen sollte also kein Problem darstellen. Allerdings

Traumwetter ist die Regel, nicht die Ausnahme im Westen der USA

Ohne GPS hilft die gute alte Landkarte

und verständlicherweise können diese Stationen keinen Flughafen-Shuttleservice anbieten.

Bei fast allen Vermietern gilt, dass eine Motorradübernahme am Tag der Ankunft in den USA nicht möglich ist. Wer weiß, wie schnell und kompromisslos der Jetlag zuschlägt, hat dafür sicherlich Verständnis. Auch ausgeschlafen und topfit verlangt es nach großer Konzentration, sich auf ungewohnter Maschine durch die Rushhour über die Golden Gate Bridge in San Francisco zu kämpfen. Es ist sinnvoll, einen oder sogar mehrere Tage vor der Übernahme des Bikes einzuplanen. Sie haben Zeit für Sightseeing und entwickeln ganz nebenbei auch ein Gefühl für das Land. Ein Motorrad braucht man hierfür nicht, meist nicht einmal einen Mietwagen.

Wer seinen Urlaub frei planen kann, der sollte darauf achten, möglichst nicht zu Spitzenzeiten am Zielort anzukommen. Zu diesen gehören neben den Wochenenden in den Sommerferien vor allem das Memorial-Day-Wochenende (Ende Mai), das Wochenende um den Unabhängigkeitstag am 4. Juli und das Labour-Day-Wochenende (Anfang September).

Es hat seine Vorteile, sich ohne vorgebuchte Hotels auf den Weg zu machen und flexibel und spontan das Quartier für die Nacht zu suchen. Doch spart es Zeit und Nerven, zumindest ein Zimmer für die erste Nacht zu reservieren. Es fühlt sich ziemlich elend an, wenn man nach einem langen Flug todmüde von Rezeption zu Rezeption pilgert, weil wegen eines Baseballspiels alle Zimmer der Stadt ausgebucht sind. Zudem gibt es viele Regionen, wo es mehr Touristen als Betten gibt, und das dürfte, vor allem in der Ferienzeit, auf Ihrer Tour öfter der Fall sein. Rund um die Nationalparks, in Santa Barbara, San Francisco, Santa Monica und selbst in Las Vegas kann es am Wochenende eng werden. Vorgebuchte Hotels – zumindest für gewisse Stationen Ihrer Route – lassen Sie daher entspannter reisen.

Im Winter bieten sich als Ziel vor allem Florida und die Golfküste an; hier herrschen, wenn bei uns Schnee und Eis das Motorrad in die Garage verbannen, angenehme Temperaturen. Allerdings ist Florida meiner Meinung nach nicht gerade das Motorradtraumland. Fehlende Berge (der höchste ist gerade mal 50 Meter hoch), schnurgerade Straßen und verhältnismäßig dichter Verkehr gehören nicht zu den Grundvoraussetzungen für eine spannende Tour. Die tief gelegenen Teile der Wüste im Südwesten bieten sich ebenfalls für Wintertouren an. Ab Las Vegas oder Phoenix lassen sich schöne Touren fahren, allerdings sind Abstecher ins Monument Valley oder zum Grand Canyon in dieser Jahreszeit eher mit den Langlaufskiern als mit dem Motorrad zu empfehlen.

Im Frühling beginnt dann die Toursaison im ganzen Land, auch wenn es im Osten noch etwas frisch sein kann und die höheren Pässe der Rocky Mountains und der Sierra Nevada meist bis Ende Mai gesperrt sind. Dafür blühen die Wiesen, alles ist noch grün, und die Wasserfälle im Yosemite Park donnern mit gewaltigem Getöse ins Tal. Etwa mit Öffnung der Pässe und dem Beginn der relativ kurzen Bergsaison, die Ende September schon wieder vorüber sein kann, beginnt an der Pazifikküste die nebelige Zeit. Neben dem Frühling ist der Herbst ein wunderbarer Zeitpunkt, um den Highway 1 zu befahren. Im September hat sich der Nebel wieder verzogen und die sonnigsten und wärmsten Monate des Jahres stehen an. In den Ausläufern der Rockies und der Sierra Nevada sowie natürlich in Neuengland, den Great Smoky Mountains und den Blue Ridge Mountains entfaltet der Indian Summer seinen farbenfrohen Zauber. Auch wenn man im Herbst öfter mal zur wärmenden Goretex-Jacke greifen muss, ist dies eine wunderschöne Zeit zum Touren. Zudem sind die Flüge günstiger als in den Sommerferien.

Von Mai bis Oktober bietet sich die California Dreaming Tour an, wobei im Mai der Tioga Pass noch gesperrt sein kann. In diesem Fall lässt sich der aber auch umgehen, indem man zuerst zum Lake Tahoe und von dort aus in den Yosemite National Park fährt. Meine Lieblingsmonate für diese Tour sind der September und der Oktober.

Die Born to Be Wild Tour kann man auch schon etwas früher in Angriff nehmen. Sollte in der Sierra dann noch Schnee liegen, dreht man die Tour kurzerhand um. Da sie landschaftlich sehr vielseitig ist, hat auch jede Jahreszeit ihren ganz besonderen Reiz. Einen bestimmten Monat zu empfehlen fällt mir hier schwer.

Wer sich für die Pacific Coast Tour entscheidet, der sollte sein Zeitfenster etwas enger stecken. Vor Mitte Juni sind noch viele der Strecken, die den Reiz der Tour ausmachen, gesperrt. Das Glei-

Zur richtigen Zeit am richtigen Ort – Utah im September

che gilt ab Ende September, wenn am Crater Lake und Mount Rainier schon wieder die ersten Schneeflocken fallen können.

Reisepartner? Wenn ja, wie viele?

Auch auf diese Frage gibt es natürlich keine pauschale Antwort. Allein zu fahren bedeutet zwar größtmögliche Unabhängigkeit, ist aber nicht jedermanns Sache und stellt auch ein gewisses Risiko dar. Ein Sturz auf abgelegenen Strecken in der Wüste oder in den Bergen kann lange unbemerkt bleiben, da hilft mangels Netz auch kein Handy. Zudem kann eine Panne im Regen kurz vor Einbruch der Dunkelheit und *in the middle of nowhere* ohne Begleitung ziemlich frustrierend sein.

Besser also zu zweit oder mit mehreren Maschinen, wobei Sie auch beachten sollten, dass die Gruppe nicht zu groß wird. Jeder hat seine ganz eigenen Bedürfnisse. Während der eine noch selig schlummernd im Bett liegt,

schleicht der andere schon ungeduldig ums Motorrad, verzurrt seine Sachen und fiebert dem Aufbruch entgegen. Fotofreunde halten an jedem zweiten Stein, andere können an keinem der pittoresken Schrottplätze vorüberfahren, Kilometerfresser wollen gar nicht absteigen, während Raucher schon lange wieder eine Zigarettenpause einlegen wollen.

Bei unseren Touren habe ich die Erfahrung gemacht, dass zehn Maschinen das absolute Maximum sind, und das auch nur, wenn man auf demokratische Abstimmungen weitgehend verzichtet und die Gruppe fahrtechnisch und auch sonst halbwegs homogen ist. Drei bis fünf Bikes sind ideal. Dazu kommt, dass die Kontakte mit zunehmender Gruppengröße weniger werden und die Reise somit eines wesentlichen, positiven Aspekts beraubt wird.

Natürlich sollten Sie auch darauf achten, dass alle Mitfahrer halbwegs routinierte Motorradfahrer sind. Zwar ist das Touren in den USA im Vergleich zu

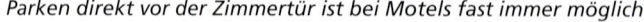

Parken direkt vor der Zimmertür ist bei Motels fast immer möglich

Europa ausgesprochen stressfrei, dafür sind aber die Distanzen groß und etwas Sitzfleisch und Erfahrung hilfreich. Außerdem sollte jeder seine eigenen Fähigkeiten realistisch einschätzen: Es ist wenig sinnvoll, eine Durchquerung des Death Valley im Juli zu planen, wenn man bereits bei 27 Grad Celsius im deutschen Sommer schwitzend und stöhnend in den Liegestuhl sinkt.

Wie man sich bettet, so liegt man

Die Übernachtungsmöglichkeiten in den USA sind beinahe unbegrenzt. Als Erstes bietet sich Camping an. Das hat zwar den Nachteil, dass man etwas mehr Ausrüstung auf das Motorrad packen muss, dafür ist man aber mitten in der Natur und etwas unabhängiger bei der Suche nach einem Platz für die Nacht. Ein Plätzchen fürs Zelt ist (fast) immer noch frei. Ausnahme sind die »first come, first served«-Campgrounds in manchen Nationalparks, die man nicht reservieren kann und die oft schon mittags voll sind. Generell kann man in den USA zwischen privaten und staatlichen Campingplätzen wählen. Die staatlichen sind meist recht einfach ausgestattet, oft mit Plumpsklo und ohne fließendes Wasser, bieten dafür aber großzügige Campsites und liegen meist inmitten wunderschöner Natur. Grillstelle, Tisch und Bänke gehören zur Grundausstattung. Oft verlässt man sich auf die Ehrlichkeit der Camper: Die Gebühr für den Zeltplatz wird in einem Umschlag in einer Art Briefkasten deponiert – schwer vorstellbar, dass das hierzulande funktionieren würde. Um die Verlockungen nicht zu groß werden zu lassen, überprüfen die Ranger die Kästen sporadisch.

Swimmingpool, Hallenbad, Wäschetrockner und Convenience Store findet man meist auf den privaten Campingplätzen. Diese haben im Gegenzug

Keine fünf Sterne, dafür ein Klassiker: das Route 66 Motel in Seligman

kleinere Parzellen und berechnen nicht selten Preise, für die man auch ein einfaches Motelzimmer beziehen könnte. Aber auch hier gibt es natürlich Plätze, die jeden einzelnen Dollar wert sind. Zur bekanntesten privaten Kette gehören die Plätze von KOA (Kampgrounds of America).

Wer es lieber komfortabler mag, sich nach der Etappe auf Dusche, Pool, Bett und TV freut und keine Lust hat, das Zelt aufzubauen, für den gibt es ein immenses Angebot an Motels, Hotels, Lodges, Bed & Breakfasts und Cabins. Meistens werden Sie wohl in Motels landen, dieser weitverbreiteten, uramerikanischen Hotelvariante, bei der Sie Ihr Bike direkt vor der Zimmertür parken können. Im Gegensatz zu Hotels bieten Motels nur einen eingeschränkten Gästeservice. Auch hier gibt es zahlreiche Ketten, die einen vor negativen Überraschungen schützen, allerdings auch vor positiven. Zu den besseren gehört Best Western,

23

zu den günstigsten Motel 6. Alle Motelketten bieten in ihren Häusern saubere Zimmer, meist findet man sie an den großen Ausfallstraßen. Die lokale Vorliebe für knöcheltiefe Teppiche ist etwas gewöhnungsbedürftig.

Mehr Charakter haben dagegen meist die unabhängigen, individuell geführten Häuser. Klar kann es mal passieren, dass man in einem etwas heruntergekommenen Etablissement landet, aber es finden sich auch wahre Schmuckstücke mit viel Atmosphäre, die speziell Motorradfahrer herzlich willkommen heißen. Ob im anvisierten Haus noch Zimmer frei sind, erkennen Sie schon von Weitem. »Vacancy« bedeutet, dass noch Zimmer zu haben sind, wenn das rote »No« oder »Sorry« im Neonschriftzug aufleuchtet, müssen Sie weitersuchen.

Etwas größer als die Motels sind die Hotels, die man in allen Kategorien in den größeren Städten und meist einfach, dafür aber teuer in den Nationalparks findet. Bei Stadthotels ist das Parken oft ein Problem, selbst für Motorräder sind Parkgebühren in Höhe von 30 Dollar keine Seltenheit.

Lodges sind oft recht stilvoll in der Ausstattung und liegen eher in landschaftlich und touristisch attraktiven Gegenden. Es gibt sie in allen Kategorien, häufig jedoch eher rustikal. Eine Besonderheit stellen schließlich noch die Resort-Hotels in Las Vegas dar – riesige Bettenburgen mit mehreren Tausend Zimmern, zahlreichen Restaurants und natürlich gigantischen Spielcasinos. Unter der Woche sind die Resorts durchaus bezahlbar und in die engere Auswahl zu nehmen, zumal andere Übernachtungsmöglichkeiten am Las Vegas Strip rar sind. Problematisch ist bei den meisten Casinos die Parksituation. In der Regel müssen Sie Ihr Motorrad auf dem riesigen öffentlichen Parkplatz hinter dem Casino abstellen. Das können Sie vermeiden, wenn Sie sich für

eines der Motels entscheiden, die zwar nicht direkt am Strip, oft aber nur fünf Minuten Fußmarsch entfernt liegen.

Sehr hübsch und familiär nächtigt man in den häufig in kleinen viktorianischen Häuschen untergebrachten Bed & Breakfasts. Wer diese Art der Übernachtung bevorzugt, für den gibt es einen extra B&B-Guide, den man in den USA in allen besseren Buchhandlungen findet. Bed & Breakfasts sind vor allem für Biker interessant, die gut Englisch sprechen und näheren Kontakt zu ihren Gastgebern suchen. Die Zimmer sind in der Regel persönlich eingerichtet. Schließlich bleiben noch die Cabins, meist einfache Blockhütten,

die oft an Campgrounds angegliedert sind.

Für die touristisch beliebten Regionen und in den größeren Städten kann man sein Quartier schon im Voraus in Deutschland über jedes Reisebüro buchen und zahlen. Vor- und Nachteile halten sich hier etwa die Waage. Die Zeit für die manchmal lästige Quartiersuche entfällt und der Ärger über ausgebuchte Unterkünfte wird vermieden. Auf der Gegenseite zu dieser Sicherheit fällt ins Gewicht, dass eine gute Portion Unabhängigkeit auf der Strecke bleibt und man sich nicht spontan für besonders hübsche und einladende Häuser entscheiden kann. Und genau die

bereits im Vorfeld zu finden ist keine leichte Übung.

Wenn Sie Ihre Zimmer erst telefonisch in den USA reservieren, dann halten Sie am besten Ihre Kreditkarte griffbereit. Erst wenn Sie Nummer und Gültigkeitsdauer angegeben haben, können Sie sicher sein, dass ein weiches Bett auf Sie wartet. Wo auch immer Sie übernachten, Sie müssen bereits beim Einchecken Ihre Kreditkarte vorlegen, um den zu erwartenden Betrag autorisieren zu lassen. Beim Auschecken müssen Sie den Endbetrag dann noch mit Ihrer Unterschrift bestätigen. Weitere Informationen finden Sie im Servicekapitel auf S. 338 f.

1000-Sterne-Hotel: Schlafplatz unter freiem Himmel im Monument Valley

Anders als zu Easy Riders Zeiten sind Biker heute meist herzlich willkommen

On the Road

Sie werden schnell feststellen, Motorradfahren in den USA ist ausgesprochen entspannt. Die Grundstimmung ist defensiv, und man lässt Sie, wann immer möglich, überholen. Zumindest im Westen gibt es kein nennenswertes Verkehrsaufkommen. Ausnahmen bestätigen die Regel: Los Angeles liegt unbestreitbar im Westen und ist ein verkehrstechnischer Albtraum, und auch die Parkplätze am Grand Canyon verdienen nicht das Prädikat »verkehrsberuhigt«. Generell gilt: Man nimmt Rücksicht und erwartet dies auch von den anderen. Das von Einheimischen und Touristen gleichermaßen viel diskutierte *Speed limit* trägt meiner Meinung nach übrigens erheblich zum entspannten Fahren bei.

Einigen Besonderheiten, die es in Europa so nicht gibt, begegnet man im US-amerikanischen Straßenverkehr immer wieder. Am häufigsten und anfangs etwas verwirrend ist der *Four-Way Stop*. An der Kreuzung steht an jeder einmündenden Straße ein Stoppschild. Los fährt man in der gleichen Reihenfolge, in der man an der Kreuzung zum Stehen kam. Im Zweifel einigt man sich durch Zeichen. Dieses System funktioniert verblüffenderweise völlig problemlos und ersetzt sehr häufig eine Verkehrsregelung durch Ampeln

oder Vorfahrtstraßen. Wenn Sie in einer Gruppe mit mehreren Bikes unterwegs sind, wird man Sie oft auch als Gruppe über die Kreuzung lassen. Vergewissern Sie sich aber erst noch einmal durch Blickkontakt, bevor Sie im Pulk starten.

Wenn der Verkehr weder durch Stoppschilder noch durch Ampeln geregelt ist, so gilt auch in den USA rechts vor links. Wenn Sie bei Rot halten müssen, so fahren Sie nicht bis zur Ampel vor – Sie stehen dann nämlich mitten auf der Kreuzung. Ampeln sind in den USA nicht vor, sondern hinter der Kreuzung aufgestellt. Das mag im ersten Moment etwas irritierend sein, aber es erhöht die Übersicht und erspart einem eine Genickstarre in der ersten Reihe.

Rechts abbiegen ist auch bei Rot erlaubt, sofern man kurz stehen bleibt und auf den Querverkehr sowie auf Fußgänger achtet und kein gegenteiliger Hinweis *(No Turn on Red)* vorhanden ist. Von einer Einbahnstraße in eine Einbahnstraße darf man bei Rot auch nach links abbiegen – klingt erst mal komisch, ist aber etwa in San Francisco an jeder zweiten Kreuzung der Fall.

Steht am Straßenrand ein Schulbus mit blinkenden Rotlichtern (und meist auch noch mit herausgeklapptem Stoppschild), so muss sowohl der nachfolgende als auch der Gegenverkehr anhalten und warten, bis die Kinder ausgestiegen und die Blinklichter erloschen sind. Auch langsames Vorbeirollen ist tabu!

Auf Freeways und anderen mehrspurigen Straßen ist das Rechtsüberholen erlaubt. Da dank Tempomat jeder in etwa der gleichen Geschwindigkeit über den Asphalt cruist, stellt dies kein Problem dar, man muss sich nur daran gewöhnen, beim Spurwechsel auch kurz über die rechte Schulter zu blicken.

Fußgänger haben an Überwegen, die durch zwei einfache weiße Linien über die Straße oder durch ein Schild mit der chinesisch anmutenden Aufschrift »Ped-Xing« gekennzeichnet sind, absoluten Vorrang, ähnlich wie an unseren Zebrastreifen. Im Gegensatz zu diesen können sich Fußgänger aber auch darauf verlassen, dass der Verkehr zum Stehen kommt und sie auf die andere Straßenseite lässt.

Motorräder müssen offiziell in möglichst rechtem Winkel mit dem Hinterrad zur Bordsteinkante geparkt werden. Dies wird zwar de facto nie überprüft, macht den Start nach der Pause aber deutlich einfacher. Die 300 Kilogramm einer Road King auf den Zehenspitzen tänzelnd rückwärts und gar noch leicht bergauf aus der Parklücke zu rangieren, ist eine schweißtreibende Angelegenheit, und es sieht auch nicht besonders lässig aus.

Die Frage der Höchstgeschwindigkeit wird von den Bundesstaaten etwas unterschiedlich gehandhabt. Der einzige Staat ohne Geschwindigkeitsbegrenzung, zumindest bei Tageslicht, ist Montana. Ansonsten sind die erlaub-

ten Geschwindigkeiten durch Schilder angekündigt. Sollte dies nicht der Fall sein, so gilt im Allgemeinen: auf Landstraßen 55 Meilen pro Stunde (88 km/h), innerorts 35 (57), vor Schulen und Kindergärten 25 (40). Auf Autobahnen gelten inzwischen meist 75 (120), auf größeren Landstraßen 65 (105) Meilen pro Stunde. Die meisten fahren etwa zehn Prozent über dem Limit, was natürlich nicht erlaubt ist, aber geduldet wird. Völlig kompromisslos sind die Gesetzeshüter bei Geschwindigkeitsübertretungen *(Speeding)* im Baustellenbereich. Geblitzt wird nicht nur von stationären Radarstationen, sondern auch aus entgegenkommenden Fahrzeugen und in dünn besiedelten Regionen schon mal aus dem Flugzeug. Auch wenn solche Messungen ungenau sein mögen, ist eine Diskussion fruchtlos. Meist haben Sie aber einen Touristenbonus.

Motorräder müssen auch tagsüber mit Licht fahren, und damit Sie das nicht vergessen, lässt es sich bei den meisten Mietmaschinen gar nicht ausschalten. Für den Fahrer ist, wenn er einen Helm

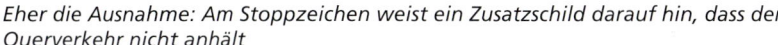

Eher die Ausnahme: Am Stoppzeichen weist ein Zusatzschild darauf hin, dass der Querverkehr nicht anhält

Vorausschauendes Parken macht auch das Losfahren leichter

beim angegebenen Police Department oder spätestens bei der Rückgabe der Mietmaschine. Wenn Sie das versäumen, wird der Vermieter den Betrag mitsamt saftigen Bearbeitungsgebühren von Ihrer Kreditkarte abbuchen.

Die Orientierung in amerikanischen Städten ist übrigens recht einfach. Die Straßen sind schachbrettartig angelegt, selbst wenn die Topografie wie in San Francisco das nicht gerade unterstützt. Oftmals sind Sie dann auch noch durchnummeriert, sodass man vielerorts ohne Stadtplan und Navi sein Ziel findet.

Ohne fahrbaren Untersatz ist man im Land der unbegrenzten Möglichkeiten in seiner Bewegungsfreiheit sehr schnell eingeschränkt, die öffentlichen Verkehrsmittel sind rudimentär und Auto wie Motorrad nicht nur alltägliches Verkehrsmittel, sondern auch Statussymbol und Vehikel zur Selbstverwirklichung. Weitere Informationen zum Verkehr finden Sie im Servicekapitel auf S. 351.

Law and Order

Im Allgemeinen sind Officers, Polizisten und Rangers, also so ziemlich jeder, der eine Uniform trägt, sehr freundlich und hilfsbereit. Sie erwarten allerdings Respekt und Anerkennung ihrer Autorität und sind nicht zimperlich, wenn ihnen diese versagt werden. So ist es bei Verkehrskontrollen nicht ratsam, unaufgefordert die Papiere aus der Innentasche der Lederjacke zu holen. Am besten, Sie steigen nicht mal vom Motorrad ab, sondern lassen die Hände auf dem Lenker und warten, bis Sie angesprochen werden. US-amerikanische Polizisten haben – nicht ganz grundlos – Angst vor bewaffneten Amokläufern. Dass Sie kontrolliert werden sollen, erkennen Sie beim Blick in den Rückspiegel. Wenn der Polizeiwagen mit eingeschaltetem Blau- bzw. Rotlicht treu hinter Ihnen bleibt, sollten Sie schnellstmöglich

ohne Visier oder gar keinen Helm trägt, entweder eine Windschutzscheibe oder zumindest eine Brille Vorschrift.

Etwas undurchsichtig sind die Vorschriften bei den Carpool-Spuren. Das sind spezielle Fahrstreifen, die zu Stoßzeiten für Fahrzeuge mit mehreren Insassen reserviert sind, um die anderen Spuren zu entlasten – allerdings mit bescheidenem Erfolg, wie die oft verwaisten Carpool-Spuren belegen. Manchmal steht der kleine Zusatz »motorcycle ok« auf den Tafeln, oft aber auch nicht.

Und zu guter Letzt: Parken auf Behindertenparkplätzen ist natürlich auch in den USA verboten. Die Wahrscheinlichkeit, dort einen Strafzettel zu bekommen, ist ausgesprochen hoch – die Strafe ebenfalls. Strafzettel müssen Sie übrigens bezahlen, entweder direkt anhalten. Anders als hierzulande werden Sie nicht überholt und explizit dazu aufgefordert.

Bei Verstößen gegen das Gesetz hat die Freundlichkeit der Gesetzeshüter schnell ein Ende. So kann etwa das Verschmutzen der Landschaft, und da reicht bereits ein weggeworfenes Kaugummipapier, bis zu 1000 US-Dollar kosten, in Nationalparks auch mehr. Drakonisch und nachvollziehbar in Anbetracht der vielen Waldbrände, die jedes Jahr Tausende Hektar Wald vernichten und Menschenleben gefährden, sind die Strafen, die für unbedachtes Wegschnippen der aufgerauchten Zigarette in die Landschaft stehen.

Besonders streng werden Vergehen gegen das Betäubungsmittelgesetz sowie gegen die Promillegrenze geahndet. Bei DUI *(Driving under the Influence,* sprich: Fahren unter Alkoholeinfluss, wobei die Promillegrenze von Staat zu Staat variiert) kann es durchaus passieren, dass Sie für ein paar Tage Ihr Bett im Best Western gegen eine Gefängnispritsche eintauschen müssen.

Alkoholkonsum in der Öffentlichkeit ist eigentlich verboten, aber wenn die Flasche in einer braunen Papiertüte versteckt ist, wird er kurioserweise geduldet. Für Minderjährige (je nach Bundesstaat unter 18–21-Jährige) ist das Trinken von Alkohol generell illegal. Verkäufer und Bedienungen sind angehalten, das Alter der Kunden zu überprüfen. Das tun sie häufig auch dann noch gewissenhaft, wenn bei diesen bereits die ersten grauen Haare sichtbar sind. An der Supermarktkasse werden Sie sicherlich öfter von Jugendlichen gebeten, eine Flasche für sie zu besorgen. Auch das ist natürlich verboten.

Die Frage der Helmpflicht wird von den einzelnen Bundesstaaten unterschiedlich geregelt. Selbstverständlich empfiehlt es sich aus Sicherheitsgründen, unabhängig von gesetzlichen Bestimmungen, immer mit Helm zu fahren (vgl. auch S. 343 f.). Wenn Sie auf einigen Bildern in diesem Buch Fahrer ohne Helm sehen, so hat dies fotografische Gründe und ist keinesfalls zur Nachahmung empfohlen.

Sorgen auf zwei Rädern für die Einhaltung von Law and Order – Motorrad-Cops

San Francisco

Perle am Pazifik

Programm

Vormittag	Vom **Union Square** über die Powell St. zur **Market St.** Der folgen bis zur Grant Ave. und entlang dieser bis zum **Chinatown Gate** (Dragon's Gate) und dem Café de la Presse, weiter durch **Chinatown**, vorbei an der **St. Mary's Church**, bis zur California St. Dort links, dann rechts auf die Stockton St. und über Vallejo St. und Columbus Ave. in den Stadtteil **North Beach** zum
Mittag	**Caffe Trieste**, Ecke Vallejo St. & Grant Ave.
Nachmittag	Auf der Grant Ave. weiter Richtung Norden bis zur Filbert St., diese rechts zum **Telegraph Hill/Coit Tower**. Danach der **Lombard St.** folgen. Rechts auf Hyde St. und weiter bis **Fisherman's Wharf**. Nach der Besichtigung mit dem **Cable Car** (Powell-Hyde Line, Startpunkt Hyde/ Beach Sts.) zurück zum **Union Square**.

Jede der drei in diesem Reiseführer beschriebenen Touren startet in San Francisco, zwei enden auch dort. Deshalb haben wir San Francisco ein eigenes Kapitel gewidmet und dieses den Touren vorangestellt.

Beachten Sie, dass Sie am **Tag der Ankunft** das Motorrad, falls es sich um eine Mietmaschine handelt, nicht übernehmen dürfen. Sofort loszufahren wäre aber auch schade, denn San Francisco ist für viele – und auch für mich – die schönste Stadt der USA.

San Francisco gehört zu den ältesten Siedlungen im Westen der USA und wurde bereits 1776 als Mission Dolores von Franziskanern gegründet. Diese verhalfen der Stadt später auch zu ihrem jetzigen Namen. Der Aufstieg der Stadt war, nachdem die großen Trecks den Westen erreicht hatten, rasant. Ende des 19. Jahrhunderts lebten bereits 150 000 Menschen in der Stadt an der Golden Bay. Auch das große Erdbeben von 1906, in dessen Folge ein Großteil der Stadt bis auf die Grundmauern niederbrannte, konnte diese Entwicklung nur kurz stoppen. Heute leben in der Stadt etwa 780 000 Menschen, für eine US-amerikanische Großstadt also eher wenig. Das liegt daran, dass San Francisco wegen seiner Lage auf der Halbinsel gar nicht mehr expandieren kann. Der Großraum wächst stetig, vor allem an der South und East Bay; hier leben insgesamt über sechs Millionen Menschen.

Im Sommer, etwa von Mitte Mai bis Mitte September, ist es sehr oft nebelig, und die Temperaturen erreichen selten die Werte, die man üblicherweise mit Kalifornien assoziiert. Mark Twain sah sich in Anbetracht des Wetters sogar zu jenem gern zitierten Ausspruch genötigt: »The coldest winter I ever spent was a summer in San Francisco. – Der kälteste Winter, den ich je erlebte, war ein Sommer in San Francisco«.

Cable Car und Alcatraz: zwei Wahrzeichen von San Francisco

Auffallend ist die schachbrettartige Anordnung der Straßen ohne Rücksicht auf die Topografie, diagonal durchschnitten von San Franciscos Hauptader, der Market Street. Sollten Sie nur einen

Hinweise zum Auto- und Motorradfahren in San Francisco

Motorradfahren erfordert wegen des manchmal etwas hektischen Stadtverkehrs und vor allem wegen der topografischen Besonderheit der Stadt etwas Routine. Oft müssen Sie auf sehr steilen Straßen stoppen und anfahren, und auch das Wenden und Rangieren des ungewohnten Bikes will erst einmal auf der ebenen Straße geübt sein. Mit dem Mietwagen haben Sie diese Probleme nicht, dafür kostet ein Parkplatz in der Innenstadt für eine Nacht etwa so viel wie anderswo ein Motelzimmer. Wenn Sie Ihr Auto auf einer der abschüssigen Straßen abstellen, so denken Sie daran, die Handbremse zu ziehen und die Räder Richtung Bordsteinkante einzuschlagen, so vermeiden Sie nicht nur, dass sich der Wagen selbstständig macht, sondern auch einen Strafzettel.

Tag zur Verfügung haben, werden Sie nicht alle Sehenswürdigkeiten besuchen können. Konzentrieren Sie sich auf eine Auswahl und packen Sie Ihr Programm nicht allzu voll. Bevor Sie sich auf den Weg zur Stadterkundung machen, fragen Sie an der Hotelrezeption nach dem Bay City Guide. Das ist eine kostenlose Werbebroschüre, die Sie getrost schnell wieder entsorgen können. Trennen Sie davor jedoch den praktischen Stadtplan heraus, der in jede Hosentasche passt. Die beste Art, San Francisco zu erkunden, ist auf Schusters Rappen. Wenn Ihr Hotel in der Gegend rund um den Union Square oder Fisherman's Wharf liegt, brauchen Sie keine Gewaltmärsche zu fürchten, außerdem ist es dort im Normalfall auch nachts sicher.

Rundgang durch San Francisco

Beginnen Sie Ihren Rundgang am **Union Square**, der von einigen imposanten Konsumtempeln gesäumt wird. Im Levi's Store haben Sie die beste Auswahl an Jeans, nebenan in Nike Town gibt es die passenden Sneaker. Wer es etwas gediegener mag, der wird bei Macy's und Saks Fifth Avenue fündig. Auch die Edelmarken von Bulgari bis Tiffany haben sich rund um den Platz angesiedelt. Gehen Sie nun via Powell Street zur **Market Street**, eine der wenigen Straßen, die dem Schachbrettmuster trotzt und diagonal vom Ferry Building zu den Twin Peaks verläuft. Die Market Street ist die Haupteinkaufsstraße San Franciscos. Hier, gleich gegen-

über der Wendeplatte des Cable Car, findet sich das **San Francisco Shopping Center**, das auf neun Etagen sämtliche Kaufgelüste befriedigen dürfte.

Laufen Sie die Market Street ein kleines Stückchen Richtung Ferry Building, bis linker Hand die **Grant Avenue** abzweigt. Nach wenigen Blocks an der Kreuzung Grant Avenue und Bush Street erreichen Sie **Chinatown**, dessen Eingang deutlich durch ein drachenverziertes Tor, **Dragon's Gate**, markiert wird. Hier befindet sich auch das **Café de la Presse**, einer der wenigen Orte in San Francisco, wo Sie druckfrische internationale Presse, darunter auch deutsche Zeitungen und Zeitschriften, erstehen können. Im angeschlossenen Café können Sie eine erste Pause einlegen und das – eine Seltenheit in San Francisco – sogar an Bistrotischen an der frischen Luft.

Folgen Sie der Grant Avenue, Chinatowns kitschig-touristischer Schlagader, bis zur California Street, wo Sie die **St. Mary's Church**, die älteste katholische Kirche der Stadt, passieren. Nur einen Block westlich in der Stockton Street finden Sie sich in einer anderen Welt wieder, mit quirligen Restaurants und Läden in chinesischer Hand. Nicht alles, was hier in den Auslagen hängt, will man seinem empfindlichen Touristenmagen unbedingt zumuten, aber ein Snack in einer der Garküchen ist ein kulinarisches Erlebnis. San Franciscos Chinatown ist übrigens eine der größten chinesischen Siedlungen außerhalb

San Franciscos markante Skyline, im Hintergrund die Bay Bridge und Treasure Island

Asiens. Etwa 90 000 Asiaten haben hier eine neue Heimat gefunden.

Nur wenige Schritte weiter Richtung Norden werden die chinesischen Schriftzeichen von der italienischen Tricolore abgelöst. Der Bezirk **North Beach** rund um die Columbus Avenue ist fest in italienischer Hand, die allabendlichen Warteschlangen vor den Trattorias und Restaurants zeugen von deren Beliebtheit. Besser sieht das zur Mittagsstunde aus. Besonders stilvoll können Sie Ihre wohlverdiente Mittagspause im **Caffe Trieste** einlegen, das in San Francisco so etwas wie Kultstatus genießt. Ebenfalls in North Beach, und hier vor allem am Broadway, befindet sich das etwas heruntergekommene Vergnügungsviertel der Stadt mit Bars, Clubs und Striplokalen. Genau am Schnittpunkt der

Maskottchen und beliebtes Fotomotiv:
Seelöwen vor Pier 39 an Fisherman's Wharf

zwei Welten liegt der seit Jack Kerouacs Zeiten legendäre **City Lights Bookstore**.

Über dem Viertel erhebt sich der **Telegraph Hill** mit dem **Coit Tower**. Der 60 Meter hohe Aussichtsturm ist ein Wahrzeichen der Stadt und bietet einen großartigen Blick über City und Bay. Abends ist der Turm zwar geschlossen, aber auch der Blick vom Parkplatz davor ist nicht zu verachten. Von der Kearny Street und von der Montgomery Street führen Treppen zum Aussichtsturm.

Am nördlichen Fuß des Telegraph Hill beginnt bereits die **Lombard Street**, die ein paar Blocks weiter die Ordnung des Straßensystems von San Francisco gehörig aufmischt. Auf einer kurzen Distanz windet sie sich in zehn engen Kehren und mit bis zu 40 Prozent Gefälle den steilen Berg entlang. Nachdem Sie die obere Kante der gewundenen Straße erklommen haben, halten Sie sich rechts. Folgen Sie den Schienen des Cable Car bergab, und schon bald befinden Sie sich im touristischen Zentrum San Franciscos rund um **Fisherman's Wharf**. Die Anlage wurde bis in die 1970er-Jahre als Hafen für die Fischereiflotten genutzt. Heute stärken sich an den Seafood-Ständen Touristen mit frischen Krabben und Krebsen. Auf dem 300 Meter langen **Pier 39** locken mehr als hundert Geschäfte und zahlreiche Fischrestaurants, auf den Stegen davor faulenzen Seelöwen und lassen sich von den Touristen füttern. Über zehn Millionen Besucher vertreiben sich hier jedes Jahr die Zeit und decken sich mit Souvenirs ein.

Die nahe gelegenen Shopping Center **Ghirardelli Square** und **The Cannery** liegen beide an der Beach Street. In den Mauern und Innenhöfen der alten Fabrikkomplexe haben sich heute Cafés, Restaurants und Shops angesiedelt.

Zum krönenden Abschluss des Tages fahren Sie mit dem **Cable Car** zurück zum Union Square (Powell-Hyde Line).

Die Wendeschleife der alten Seilbahn befindet sich an der Hyde Street Ecke Beach Street. Wenn Sie noch etwas Zeit und Energie übrighaben, lockt auf halber Strecke zum Union Square das **Cable Car Museum**, wo Sie Einblick in das raffinierte Seilzugsystem bekommen, mit dem die kuriosen Straßenbahnen seit 1873 die Hügel hinaufgezogen werden.

Sollten Sie ein Quartier am Fisherman's Wharf gewählt haben, ist die Fahrt mit dem Cable Car der erste Programmpunkt dieses Tages. Wenn Ihnen Fußmärsche ein Gräuel sind, dann können Sie die Stadt auch vom Oberdeck eines Doppeldeckerbusses von **City Sightseeing San Francisco** erkunden. Die Busse halten an allen wichtigen Punkten, man kann aussteigen, fotografieren, shoppen oder lunchen, auch mal eine Station zu Fuß zurücklegen.

Zusatzprogramm:

Dass San Francisco auch für einen mehrtägigen Aufenthalt reichlich zu bieten hat, dürfte kaum verwundern. Eines der Highlights ist natürlich die **Golden Gate Bridge**, San Franciscos Wahrzeichen. Ist die Brücke mit knapp drei Kilometern auch nicht die längste, so gehört sie doch zweifelsfrei zu den schönsten Brücken der Welt. Wenn die Sonne scheint und die Brücke nicht im Nebel versinkt, sollte man die Gelegenheit für ein Foto nutzen. Dazu überquert man am besten die Brücke. Zu Fuß oder mit dem Fahrrad können Sie jederzeit kostenlos passieren. Sie erreichen die Golden Gate zu Fuß nach einer gut einstündigen Wanderung entlang der Bay, per Taxi, im Rahmen einer Stadtrundfahrt oder etwas komplizierter mit öffentlichen Bussen. Wenn Sie motorisiert sind, ist zwar die Fahrt Richtung Norden kostenlos, für die Rückfahrt müssen aber sechs Dollar pro Pkw berappt werden.

Mit zehn Kehren beugt sich die Lombard Street den topografischen Zwängen

Sind Sie am nördlichen Ende der Brücke angelangt, nehmen Sie die erste Ausfahrt und folgen Sie der Conzelman Road zum Aussichtspunkt in der **Golden Gate National Recreation Area**. Von hier haben Sie einen Traumblick auf die Golden Gate und die Skyline der Stadt.

Zumindest einen kurzen Besuch des Stadtteils **Haight Ashbury** sollten Sie einplanen, wenn es die Zeit erlaubt. Jene viel besungene Wiege der Flower-Power-Bewegung ist mit seinen witzigen kleinen Shops und Restaurants auch heute noch ein bunter Stadtteil, der seine Vergangenheit weder verstecken kann noch will. Hier herrscht eine völlig andere Atmosphäre als im geschäftigen Downtown. Grateful 35

Wiege der Flower-Power-Bewegung: Haight Ashbury

Bevölkerung San Franciscos liegt bei immerhin 20 Prozent, ist hier aber unverkennbar noch wesentlich höher. Die Castro Street befindet sich am oberen Ende der Market Street und ist gut mit der Straßenbahn zu erreichen.

Oberhalb des Castro Districts ragen die **Twin Peaks**, die bei Tag und Nacht einen überwältigenden Ausblick über die Stadt bieten, in die Höhe. Die Twin Peaks sind Teil des Scenic Drive, einer 49 Meilen langen touristischen Rundtour durch die Stadt. Die gesamte Strecke ist allerdings nur dem zu empfehlen, der wirklich viel Zeit hat; den Abstecher zu den Twin Peaks bereut man jedoch nie.

South of Market (SoMa), das Viertel südlich der Market Street, wie schon der Name verrät, hatte lange Zeit einen schlechten Ruf und beinahe schon Slum-Charakter, bevor in den 1990er-Jahren mehr und mehr Clubs und Galerien eröffneten. Die Gegend wurde hip, und spätestens seit sich 1995 das

Dead, die Ikonen von San Franciscos Pop- und Hippiekultur, die hier in den 1960er-Jahren lebten, sind heute noch allgegenwärtig.

Am Ende der Haight Street beginnt der **Golden Gate Park**, einer der größten Stadtparks der Welt, größer sogar als der New Yorker Central Park. Er ist die grüne Lunge der Stadt, die Stimmung auf den Wiesen und Wegen ist kosmopolitisch und entspannt, Museen und der japanische Teegarten locken weitere Besucher. Am interessantesten und belebtesten ist der Park am Wochenende. Nachts ist allerdings Vorsicht geboten. Haight Ashbury und den angrenzenden Golden Gate Park erreichen Sie nur schlecht zu Fuß – wenn Sie keinen Mietwagen haben, nehmen Sie ein Taxi oder den Bus.

Ein ebenfalls sehr buntes und weltweit wohl ziemlich einmaliges Viertel ist die Gegend rund um die **Castro Street**, die Hochburg der Homosexuellen. Deren Anteil an der erwachsenen

Nachtleben

Sollten Sie sich entschlossen haben, den Jetlag zu ignorieren und sich ins pulsierende Nachtleben von San Francisco zu stürzen, so empfiehlt sich, den *San Francisco Bay Guardian* zurate zu ziehen. Dies ist eine kostenlose Programmzeitschrift, die über das kulturelle und sportive Wochenprogramm inklusive sämtlicher Festivals und der wichtigen Partys aufklärt. Zu finden ist der *Guardian* in Zeitungskästen und in all den Cafés und Restaurants, die sich als Teil der angesagten San-Francisco-Szene verstehen.

Genießen Sie die gastronomische Vielfalt und Qualität der Metropole. Spätestens, wenn Sie der Küste den Rücken kehren, wird das Angebot deutlich schmaler. Und wenn Sie nicht zur »jeden Tag ein Steak tut gut«-Fraktion gehören oder Vegetarier sind, werden Sie so manchen kulinarischen Kompromiss eingehen müssen.

SFMOMA (San Francisco Museum of Modern Art) hier niedergelassen hat, ist es auch mit der negativen Reputation vorbei. Heute wachsen auch hier die Glasfassaden der Wolkenkratzer in den Himmel. Ein Besuch des SFMOMA ist übrigens für jeden Kunstinteressierten ein Muss. Man kann dafür getrost einen Tag einplanen.

Auch die Gefängnisinsel **Alcatraz**, die mitten in der Bucht von San Francoisco liegt, lockt zahlreiche Besucher und enttäuscht diese nicht. Das ehemalige Hochsicherheitsgefängnis steht heute unter Verwaltung des National Park Service.

Wenn nach ausgiebiger Stadterkundung die Fußsohlen brennen, so findet sich meist problemlos ein Taxi. San Francisco hat außerdem ein ausgesprochen gutes öffentliches Nahverkehrsnetz zu bieten – im Autoland USA eine große Ausnahme.

Viktorianischer Glanz in San Francisco: die »Painted Ladies«

Service & Tipps

ℹ **Visitor Information Center**
900 Market St.
San Francisco, CA 94102-2804
℡ (415) 391-2000
www.onlyinsanfrancisco.com
Mai–Okt. Mo–Fr 9–17, Sa/So/Fei 9–15, Nov.–
April Mo–Fr 9–17, Sa 9–15 Uhr, So geschl.

ℹ Infos und Karten unter:
www.baycityguide.com

ℹ Den **San Francisco Bay Guardian** (www.
sfbg.com) gibt es kostenlos in zahlreichen
Zeitungskästen und in ausgewählten Cafés,
Shops und Restaurants. Gute Infoquelle für
Konzerte, Ausstellungen, Partys und Veran-
staltungen aller Art.

◉ **City Sightseeing San Francisco**
2800 Leavenworth St.
San Francisco, CA 94133
℡ (415) 440-8687
www.city-sightseeing.us
Ticket $ 28 (48 Std.)

*Spitze: Transamerica Pyramid und Francis
Coppola Building in San Francisco*

Stadtrundfahrten mit alten, offenen Dop-
peldeckerbussen. Sie können an jeder be-
liebigen Station aus- und zusteigen.

ℹ **City Pass**
Der Pass gewährt verbilligten Eintritt für
verschiedene Attraktionen, u. a. Museum of
Modern Art, Blue & Gold Fleet Bay Cruise,
und die kostenlose Nutzung der Muni
sowie der Cable Car. Verkauf direkt bei den
Attraktionen oder unter www.citypass.com.

🚌 **Öffentliche Verkehrsmittel**
Mit den Bussen, Straßenbahnen und der
Metro der städtischen Verkehrsbetriebe,
Muni (San Francisco Municipal Railway,
www.sfmuni.com), kann man die Stadt gut
erkunden. **BART** (Bay Area Rapid Transit,
www.bart.gov) verbindet die Stadt mit der
Metropolregion. Einige Attraktionen lassen
sich mit den Zügen schnell und preiswert
erreichen.

🏛 **San Francisco Cable Car Museum**
1201 Mason St.
San Francisco, CA 94108
℡ (415) 474-1887
www.cablecarmuseum.org
April–Sept. 10–18, sonst bis 17 Uhr
Eintritt frei
Im Washington-Mason Powerhouse; interessanter Einblick in Geschichte und Technik
von San Franciscos historischer Straßenbahn.

🏛 **San Francisco Museum of Modern Art
(SFMOMA)**
151 Third St. (Yerba Buena Gardens)
San Francisco, CA 94103
℡ (415) 357-4000
www.sfmoma.org
Fr–Di 10–17.45, Do 10–20.45 Uhr, Mi geschl.
Eintritt $ 18, Kinder unter 12 Jahren frei
Durch den 1995 eröffneten Neubau wurde
die Ausstellungsfläche des renommierten
Kunstmuseums erheblich erweitert. Die
Sammlung des 20. Jh. umfasst Werke von
Matisse, Klee, Beckmann, Grosz, Ernst und
Kandinsky.
Unbedingt einen Besuch wert – am besten
einen Extra-Tag einplanen.

◉ **Alcatraz Island**
Golden State National Recreation Area
San Francisco, CA 94123
℡ (415) 705-5555

Kunst am Bau: Jazz-Mural in North Beach

www.nps.gov/alcatraz
Eintritt frei, Fähre ab $ 26
Die legendäre Gefängnisinsel beherbergte einst Al Capone. Tickets sollte man im Voraus kaufen. Touren organisiert Alcatraz Cruises (www.alcatrazcruises.com), los geht's von Pier 33.

◉ Coit Tower
1 Telegraph Hill Blvd.
San Francisco, CA 94133
✆ (415) 362-0808
Tägl. 10–17 Uhr
Eintritt $ 4.50, Kinder (6–12) $ 2.50, unter 6 Jahren frei
Von diesem Aussichtsturm auf dem Telegraph Hill eröffnet sich ein wunderbares Panorama über San Francisco, die Bay und Alcatraz. Innen sehenswerte Fresko-Malereien.

◉ Golden Gate Bridge
US 101/Hwy. 1
www.goldengate.org
Die rote, 1937 eröffnete Hängebrücke ist das berühmteste Wahrzeichen der Stadt.

Nachtclubs am Broadway

Bis 1964 war sie mit einer Länge von ca. 2,7 km die längste Hängebrücke der Welt. Mautgebühr in Richtung San Francisco für Motorradfahrer: $ 3.

✿ Japanese Tea Garden
7 Hagiwara Tea Garden Dr.
San Francisco, CA 94118
℡ (415) 752-1171
www.japaneseteagardensf.com
März–Okt. tägl. 9–18, Nov.–Feb. tägl. 9–16.45 Uhr, Eintritt $ 7, Kinder (5–11 Jahre) $ 2, Kinder unter 4 Jahren frei, Mo, Mi, Fr freier Eintritt vor 10 Uhr
Ein schöner Platz im Golden Gate Park, um der Hektik der Großstadt zu entfliehen. Ältester japanischer Garten in den USA mit authentischem Tea House.

Oase der Ruhe: Japanese Tea Garden im Golden Gate Park

🔭✕➡🖼 Pier 39
Beach St. & The Embarcadero
San Francisco, CA 94133
℡ (415) 705-5500
www.pier39.com
Ende April–Anfang Nov. So–Do 10–22, Fr/Sa 10–23 Uhr (Restaurants), in der Vorsaison kürzere Öffnungszeiten
Am Pier 39 schlägt das touristische Herz San Franciscos. Einheimische verirren sich eher selten hierher.

🚢 Alcatraz Cruises, LLC
Pier 33, Hornblower Alcatraz Landing
San Francisco, CA 94111
℡ (415) 981-ROCK (= 415-981-7625)
www.alcatrazcruises.com
Touren zur berüchtigten Gefängnisinsel Alcatraz. Wer Tickets online kauft, spart Zeit in der Warteschlange. Die Touren sind häufig ausgebucht.

🚢 Blue & Gold Fleet
Pier 39, Marine Terminal
San Francisco, CA 94133
℡ (415) 705-8200
www.blueandgoldfleet.com
Bootstouren in der Bay Area: nach Alcatraz, Angels Island, zur Bay und Golden Gate Bridge; Fährdienst nach Sausalito, Tiburon, Marine World/Africa USA und Oakland.

🚢 Red & White Fleet
Pier 43½, San Francisco, CA 94133
℡ (415) 673-2900
www.redandwhite.com
Knapp einstündige Cruising-Fahrten zum Golden Gate, nach Sausalito, nach Tiburon (ruhigere Alternative zu Sausalito), zum nostalgischen Wine Train (zwischen Napa und St. Helena) in Napa Valley. Tagestour zu den dicken Redwoodbäumen von Muir Woods.

🔭 The Cannery
2801 Leavenworth St.
San Francisco, CA 94133
℡ (415) 771-3112
www.thecannery.com
Tägl. ab 10, So ab 11 Uhr
Wo einst Pfirsiche in Dosen gepackt wurden, kann man heute stilvoll shoppen und im Innenhof Straßenkünstlern und Musikern bei ihren Performances zusehen.

City Lights Bookstore
261 Columbus Ave.
San Francisco, CA 94133
℄ (415) 362-8193
www.citylights.com
Tägl. 10–24 Uhr
Legendäre Buchhandlung seit den Beatnik-Tagen.

Ghirardelli Square
900 N. Point St.
San Francisco, CA 94109
℄ (415) 775-5500
www.ghirardellisq.com
So–Do 10–18, Fr/Sa 10–21 Uhr
Shopping- und Restaurantkomplex in einer ehemaligen Schokoladenfabrik.

San Francisco Shopping Center
865 Market St.
San Francisco, CA 94103
℄ (415) 512-6776, www.westfield.com
Mo–Sa 10–20.30, So 10–19 Uhr
Auf neun Ebenen befinden sich zahlreiche Läden, Kaufhäuser und Restaurants.

Café de la Presse
352 Grant Ave., San Francisco, CA 94108
℄ (415) 398-2680
www.cafedelapresse.com
Mo–Fr 7.30–21.30, Sa/So 8–22 Uhr
Das einem französischen Bistro ähnelnde Café liegt perfekt, um sich nach einem Fußmarsch durch Chinatown oder nach einem Einkaufsmarathon am Union Square auszuruhen. Internationale Zeitungen und Zeitschriften in Hülle und Fülle erhältlich. Außerdem eines der wenigen Cafés mit Außenbestuhlung.

Caffe Trieste
601 Vallejo St.
San Francisco, CA 94133
℄ (415) 392-6739
www.caffetrieste.com
So–Do 6.30–22, Fr/Sa 6.30–23 Uhr
Guter Espresso (der erste, den man an der Westküste in den 1950er-Jahren kaufen konnte). Livemusik: Sa 13–17 Uhr, Do Abend

Fog City Diner
1300 Battery St. (am Embarcadero)
San Francisco, CA 94111
℄ (415) 982-2000
www.fogcitydiner.com

In den zahlreichen Cafés gibt es vom amerikanischen »Bodenseh«-Kaffee bis zum starken Espresso alles

Mo–Do 11.30–22, Fr 11.30–23, Sa 10.30–23, So 10.30–22 Uhr
Diner mit typischer Auswahl (Burger, Pasta, Steak und Co.). Die Preise sind untypisch hoch, aber das Essen ist sein Geld wert. $$

Schräge Nummer: Am Pier 43 1/2 legen die Touristenboote ab

*Nomen est omen im Knoblauch-
Restaurant von North Beach*

☒ **Kokkari Estiatorio**
200 Jackson St.
San Francisco, CA 94111
✆ (415) 981-0983
www.kokkari.com
Lunch: Mo–Fr 11.30–14.30, Dinner: Mo–Do
17.30–22, Fr 17.30–23, Sa 17–23, So 17–22
Uhr
Griechisches Essen, das so gar nichts mit den
bei uns bekannten Souvlaki und Gyros zu tun
hat. Sehr beliebt bei den Locals – unbedingt
reservieren! $$$

☒ **Michelangelo Caffe**
579 Columbus Ave.
San Francisco, CA 94133
✆ (415) 986-4058
www.michelangelocaffe.com
Mo–Do 16–23, Fr–So 12–23 Uhr
Eines der zahlreichen Restaurants von Little

San Franciscos Chinatown

Italy. Winzig klein, rappelvoll und sehr lecker.
Reservieren! $$

☒ **The Slanted Door**
1 Ferry Building #3
San Francisco, CA 94111
✆ (415) 861-8032
www.slanteddoor.com
Tägl. 11–14.30 und 17.30–22 Uhr
Hervorragende asiatische Küche mit frischen
Zutaten und Blick auf die Bay. Sehr beliebt –
unbedingt reservieren! $$–$$$

☒ **The Stinking Rose**
325 Columbus Ave.
San Francisco, CA 94133
✆ (415) 781-7673
www.thestinkingrose.com
Tägl. 11–22 Uhr
Der Name ist Programm – alle Gerichte wer-
den mit Knoblauch verfeinert. $$

☒ **Walzwerk Restaurant**
381 S. Van Ness Ave.
San Francisco, CA 94102
✆ (415) 551-7181
www.walzwerk.com
Di–So 17.30–22 Uhr
Soljanka und Thüringer Rostbratwurst un-
ter dem wachsamen Auge Erich Honeckers.
Das Restaurant, das mit zwinkerndem Auge
»Ostalgie« zelebriert, ist fast schon ein klei-
nes Museum und kommt bei den Amerika-
nern gut an. $$

☒ Die **Fischrestaurants am Pier 39** sind besser, als man dies in dieser ausschließlich auf
Touristen eingestellten Gegend vermuten
würde. Auch die Preise liegen meist im ange-
messenen Rahmen. Wenn Sie also am Wharf
übernachten, so ist ein Dinner dort nicht die
schlechteste Wahl.

🛏 Die meisten **Unterkünfte San Franciscos**
konzentrieren sich auf drei Regionen: Am
besten auf Touristen eingestellt sind die
Hotels in der Umgebung des **Fisherman's
Wharf**. Hier betreibt nahezu jede namhafte
Hotelkette ein Haus. Aus der Masse ragt –
allerdings auch preislich – das Argonaut Hotel heraus.
   Sehr zentral liegen die zahlreichen Hotels
rund um den **Union Square**. Diese sind meist
individuell geführt und variieren sowohl im
Preis als auch in der Ausstattung erheblich.

Von der heruntergekommenen Absteige bis zum 5-Sterne-Hotel finden Sie hier alles.

Wenn Sie motorisiert sind, sind die **Motels in der Lombard Street** westlich der Van Ness Avenue eine Überlegung wert. Hier können Sie Ihr Auto oder Motorrad meist kostenlos auf dem hauseigenen Parkplatz abstellen.

🛏 Argonaut Hotel

495 Jefferson St.
San Francisco, CA 94109
✆ (415) 563-0800 oder (866) 415-0704
www.argonauthotel.com
Nicht gerade billig, aber dafür sticht es aus der Menge der eher gesichtslosen Hotelketten am Fisherman's Wharf heraus. $$$$

🛏 Grant Plaza

465 Grant Ave.
San Francisco, CA 94108
✆ (415) 434-3883 oder (800) 472-6899
www.grantplaza.com
Das Grant Plaza ist weniger schick als das

Triton, die Zimmer sind klein, aber es liegt ebenfalls günstig und ist deutlich billiger. $–$$

🛏 Hotel Triton

342 Grant Ave.
San Francisco, CA 94108
✆ (415) 394-0500
www.hoteltriton.com
Dieses hübsche Boutiquehotel ist eine gute Wahl, wenn Sie in der Nähe von Chinatown und des Union Square übernachten wollen. Nicht unbedingt ein Schnäppchen. $$$$

🛏🏍 Marina Motel

2576 Lombard St., San Francisco, CA 94123
✆ (415) 921-9406 oder (800) 346-6118
www.marinamotel.com
Sehr nettes Motel in mediterranem Stil zwischen Fisherman's Wharf und Golden Gate Bridge. Hier bekommt ihr Motorrad eine eigene Garage und Sie idealerweise ein Zimmer im Innenhof. $$$ 🕸

Im Sommer ein seltener Anblick: Golden Gate ohne Nebel

Tour 1
California Dreaming

Pazifikküste, Wüste und schneebedeckte Berge – nicht umsonst ist Kalifornien für Biker das beliebteste Ziel in den USA. Und das liegt nicht nur an der atemberaubenden und abwechslungsreichen Landschaft, sondern auch an der Qualität der Motorradstrecken.

Start- und Endpunkt der California Dreaming Tour ist San Francisco, die wahrscheinlich schönste Stadt der USA. Von dort ist, abgesehen von einem kurzen Abstecher in die Redwoods, der Pazifik Ihr treuer Begleiter. Vorbei an Santa Cruz, Monterey, Pacific Grove und San

Luis Obispo geht es nach Santa Barbara – allesamt sehr entspannte kalifornische Küstenstädte. Nachdem Sie die Küstenberge und das Central Valley über- bzw. durchquert haben, ist das Death Valley das nächste Ziel. Hier bekommt der Begriff »heiß« eine völlig neue Dimension; man kann am eigenen Leib erfahren, dass dem Tal sein Name völlig zu Recht verliehen wurde.

Doch schon wenig später säumen statt Sanddünen und Joshua Trees majestätische Viertausender den Weg. Die flirrende Hitze weicht

klarer Bergluft. Über den immerhin 3000 Meter hohen Tioga Pass und durch den beeindruckenden Yosemite National Park geht es ins Goldgräberland, wo man vielerorts noch unverfälschte Wildwestatmosphäre spürt. Eine weitere Station auf der Tour ist der kristallklare Lake Tahoe, dessen östliches Ufer bereits zu Nevada gehört. Zu guter Letzt passieren Sie Sacramento, die Hauptstadt Kaliforniens, und das Napa Valley, bevor Sie zum krönenden Abschluss über die Golden Gate Bridge zurück ins Herz von San Francisco rollen.

Route: San Francisco – La Honda – Santa Cruz – Monterey – Pacific Grove – Big Sur – Santa Barbara – Ojai – Maricopa – Bakersfield – Lake Isabella – Ridgecrest – Death Valley – Bishop – Benton Hot Springs – Mono Lake – Tioga Pass – Yosemite Valley – Mariposa – Gold Country – Calaveras Big Tree Park – Bear Valley – Lake Tahoe – Virginia City – Truckee – Sierra City – Grass Valley – Placerville – Sacramento – Napa – Point Reyes Station – San Francisco

Empfohlene Mindestdauer: 11 Tage
Beste Reisezeit: Ende Mai–Anfang Oktober
Meilen/Kilometer insgesamt: ca. 2000/3200

Eine Übersichtskarte mit dem rot eingezeichneten Tourenvorschlag finden Sie in der vorderen Umschlagklappe.

Berge und Meer in den Santa Lucia Mountains

1 Küste, Redwoods, Easy Living
The Peninsula und Monterey Bay

1. Tag: San Francisco – Pacific Grove (247 km/154 mi)

km/mi	Route
0	Je nach Übernahmeort der Motorräder; hier beschrieben von **Eagle Rider** in der 8th St. in **San Francisco**: Start auf der I-80, weiter auf der I-101 S, dann rechts auf die I-280 S, Exit Hwy. 1 S über **Pacifica** nach
47/29	**Half Moon Bay**, weiter auf Hwy. 1 bis zur Kreuzung mit Hwy. 84. Links abbiegen und auf Hwy. 84 bis **La Honda**. Den Ort durchqueren bis
88/55	**Alice's Restaurant** (linkerhand an Kreuzung mit Hwy. 35), **Mittags-/ Kaffeepause**.
	Von dort rechts auf Hwy. 35 abbiegen und diesem folgen bis zur Kreuzung mit Hwy. 9. Rechts auf Hwy. 9 bis zur Kreuzung mit Hwy. 236. Entlang Hwy. 236 bis Boulder Creek fahren (**Big Basin Redwood Loop**, inkl. kleinem Spaziergang), dort zurück auf Hwy. 9, dem bis
169/105	**Santa Cruz** folgen. Für Stadtbesichtigung in Santa Cruz an Kreuzung mit Hwy. 1 geradeaus auf River St., rechts auf Water St. und am Uhrturm wieder links auf Pacific Ave.
	Nach der Pause auf demselben Weg zurück zur Kreuzung Hwy. 1/ River St., rechts auf Hwy. 1 S und entlang diesem bis Exit Monterey/ Fremont St. In **Monterey** rechts auf Camino El Estero (Wegweiser Cannery Row/Aquarium folgen) und links auf Del Monte Blvd., der in Lighthouse Ave. übergeht und durch einen Tunnel führt. Danach rechts auf Foam St., rechts auf Drake Ave., links auf Cannery Row. Besuch des **Monterey Bay Aquariums**, danach weiter über den Ocean View Blvd. entlang der Küste nach
247/154	**Pacific Grove**. Alternativ: Übernachtung im etwa 6 Meilen südlich gelegenen Carmel.

Jede der drei in diesem Reiseführer beschriebenen Touren startet in San Francisco, zwei enden sogar dort. Deshalb haben wir San Francisco ein eigenes Kapitel gewidmet und dieses den Touren vorangestellt (vgl. S. 30 ff.). Hier beschrieben ist der Start von den Vermietstationen von Eagle Rider und Dubbelju (vgl. S. 230), die in unmittelbarer Nähe zum Freeway liegen. Der Weg zum Highway 101 ist jedoch in ganz San Francisco beschildert und leicht zu finden. Wenn Sie aber an einem der Motels in der Lombard Street starten, so sollte der Highway 1 Richtung Süden gleich zu Beginn die Straße Ihrer Wahl sein. Auf diesem passieren Sie zwar eine Menge Ampeln, aber in der Regel kommt man halbwegs stressfrei aus der Stadt.

Nach der Sicherheitseinweisung des Vermieters, geht's endlich auf das Bike und los, **San Francisco** Richtung Süden verlassend. Wenn Sie, wie die meisten, Ihre Maschine bei Eagle Rider in der 8th Ecke Bryant Street oder bei Dubbelju in der Bryant Street übernehmen, so fahren Sie gleich auf den Freeway. Vorbei am Vorort Daly City, dessen bunte Einfamilienhäuschen wie Spielzeughäuser an den Hügeln kleben, schlängelt sich der Highway 1 noch wenige Meilen als Autobahn die Hügel nach Pacifica hinab, bevor er zu dem wird, wofür er weltberühmt ist – zur traumhaften Küstenstraße. **Pacifica** ist bei den Bewohnern der Bay Area wegen seiner Strände und der guten Bedingungen für Wellenreiter als Naherholungsgebiet sehr beliebt, dementsprechend lebhaft geht es hier am Wochenende auch zu.

Bereits auf den ersten Meilen hinter Pacifica lässt sich erahnen, warum der Highway 1 den Beinamen »Traum-

Ein aufregender Moment: Start bei der Vermietstation

Wellenreiten ist Volkssport Nummer eins

straße der Welt« trägt. In unzähligen Kurven schlängelt sich das Asphaltband entlang der wilden Steilküste. Bei **Half Moon Bay** wird es vorübergehend flach, die zahlreichen Kürbisfelder brauchen Platz; die Ernte wird stolz beim alljährlichen Pumpkin Festival präsentiert. Zweites wirtschaftliches Standbein ist, wie fast überall an der Küste, der Tourismus. Die Ortschaft Half Moon Bay genießt in Surferkreisen wegen Mavericks, einem der wenigen »Big Wave Spots« außerhalb Hawaiis, einen legendären Ruf. Dass es hier immer wieder mal zu Hai-Attacken kommt, scheint die Wellenreiter nicht besonders zu beeindrucken. Vergessen Sie nicht, in Half Moon Bay zu tanken, die Station in Pescadero hatte in den letzten Jahren häufig geschlossen, den nächsten Sprit gibt es dann erst in Santa Cruz.

Wenn Ihnen der Sinn nach einem Umweg und einer weiteren Traumstraße steht, verlassen Sie den Highway 1 beim San Gregorio State Beach und folgen

Sie dem Highway 84 über La Honda zum Skyline Boulevard. **La Honda** gewann einige Berühmtheit als Geburtsstätte der Psychedelic-Bewegung, mit allen dazugehörigen Drogen und wilden Partys. Neben Applejack's Saloon in La Honda ist vor allem **Alice's Restaurant** an der Kreuzung mit dem Skyline Boulevard ein beliebter Treffpunkt für Biker und der ideale Platz für einen Burger oder Kaffee.

Geben Sie sich dann frisch gestärkt dem Kurvenrausch auf dem Highway 35/Skyline Boulevard hin. Die Straße gibt abwechselnd den Blick auf den Pazifik rechts und die South Bay links frei. Nicht weniger kurvenreich schlängelt sich der Highway 9 zurück zur Küste nach Santa Cruz.

Ein weiterer empfehlenswerter Abstecher, den Sie vom Zeitaufwand aber nicht unterschätzen sollten, ist die Schleife durch den **Big Basin Redwoods State Park**. In engen und engsten Kurven führt der schmale Highway 236 durch einen wahren Märchenwald. Ein kurzer Spaziergang zu den uralten Baumriesen rückt die Dimensionen zurecht.

Boulder Creek, Ben Lomond und Felton sind drei nette ehemalige Holzfällerstädtchen auf der Strecke in den Santa Cruz Mountains. Felton ist zudem Heimat der Roaring Camp und der Big Tree Railroad, zweier alter und heute touristischer Eisenbahnlinien, von denen eine noch dampfbetrieben ist.

Santa Cruz, wo Highway 9 und 1 wieder zusammentreffen, genießt dank seiner Universität, der großen Surfergemeinde sowie seiner Hippie-Freundlichkeit je nach Blickwinkel entweder den Ruf einer sehr entspannten und liberalen Stadt oder aber den eines unpatriotischen, esoterischen Nests voller Nichtsnutze. Die etwa 55 000 Einwohner jedenfalls lieben ihre Surf City USA. Eine Fahrt entlang des West Cliffs

Drive oder zum Pleasure Point lässt einen nachvollziehen, warum. Dass Santa Cruz eines der Zentren der Flower-Power-Bewegung war, ist auch heute noch an jeder Straßenecke zu spüren: Bunte VW-Busse, Straßenmusiker, die Neil-Young-Songs zum Besten geben, und Ökomärkte säumen die Straßen. Manchmal fühlt man sich in die 1970er-Jahre zurückversetzt. Hauptwirtschaftszweig ist neben der Hightech-Industrie auch hier der Tourismus.

Neben dem Boardwalk, Kaliforniens ältestem Vergnügungspark, locken vor allem die zahlreichen Strände Besucher aus aller Welt an. Die meisten kommen allerdings von *over the hill,* aus San Jose und aus dem nahen Silicon Valley, was zur Folge hat, dass Santa Cruz seit Jahren landesweit zu den Orten mit den höchsten Immobilienpreisen zählt. Für geschichtlich Interessierte hat die Stadt eine alte spanische Mission zu bieten.

Santa Cruz liegt nicht nur am nördlichen Ende der Monterey Bay, sondern auch auf dem San-Andreas-Graben. Kleine Erdbeben sind ziemlich häufig, und auch das große Beben von 1989 hatte sein Epizentrum hier. In Downtown Santa Cruz stand fast kein Stein mehr auf dem anderen, und lange Zeit prägten große Zelte das Stadtbild.

In Santa Cruz wird aus dem Highway 1 für einige Meilen wieder eine Autobahn. Der Verkehr ist ziemlich dicht und bleibt es auch die nächsten 40 Meilen bis nach Monterey. Bei Watsonville führt der Highway durch fruchtbares Farmland. Die krummen Rücken der Erntehelfer gehören ausnahmslos mexikanischen Landarbeitern, die oft illegal und für einen Hungerlohn Erdbeeren und Artischocken pflücken.

Überschaubarer Komfort, unschlagbare Lage: Im Pigeon Point Lighthouse ist ein Hostel untergebracht

Faszinierendes Quallenballett im Monterey Bay Aquarium

Monterey liegt auf einer Halbinsel am südlichen Ende der Monterey Bay. Die Stadt hat eine bewegte Geschichte hinter sich und war im 18. und 19. Jahrhundert sogar Hauptstadt Kaliforniens. Danach galt die Stadt in erster Linie wichtiger Fischereihafen. Vor allem Sardinen wurden gefangen und in der Cannery Row, der von John Steinbeck im gleichnamigen Roman beschriebenen »Straße der Ölsardinen«, weiterverarbeitet. Heute leben viele der etwa 30 000 Einwohner ganz gut vom Tourismus. Auf der Cannery Row herrscht den ganzen Tag Trubel. Auch das **Monterey Bay Aquarium** zieht zahlreiche Besucher an, wovon leider auch oft lange Warteschlangen zeugen. Aber es lohnt sich, denn das Aquarium und vor allem seine Quallenbecken sind einzigartig.

Musikfreunden wird Monterey durch das Monterey Pop Music Festival ein Begriff sein, das im Juni 1967 stattfand und das nach Woodstock wohl das wichtigste seiner Art war.

Wenn nun die Quartiersuche ansteht, so können Sie sich für eines der Motels in Downtown Monterey oder an der (teureren) Cannery Row entscheiden. Oder aber Sie schwingen sich noch einmal in den Sattel und folgen ein paar Meilen der hübschen Küste, bis Sie ins Zentrum von **Pacific Grove** kommen.

Capitola by the Sea nahe Santa Cruz ist beliebt bei Ausflüglern aus dem Silicon Valley

Die Mission in Carmel ist für kalifornische Verhältnisse uralt und geschichtsträchtig

PG, wie die etwa 15 000 Einwohner den Ort nennen, ist ein nettes Städtchen mit zahlreichen viktorianischen Häuschen, oft direkt am Meer, von denen viele als Bed & Breakfast fungieren. Zudem gibt es einige Motels. In Pacific Grove gilt seit einigen Jahren ein Baustopp, was den erfreulichen Effekt hat, dass die schöne Küste unverbaut und fast überall zugänglich ist. Jeden Oktober kommen hier unzählige Monarch-Schmetterlinge aus Alaska und den Rocky Mountains an, um in den Eukalyptusbäumen zu überwintern. Die Schulkinder feiern die Rückkehr der Insekten mit einer Parade.

Direkt südlich von Pacific Grove liegt **Pebble Beach** mit dem wohl bekanntesten Golfplatz der Welt. Hier beginnt auch der **17-Mile Drive**, eine 17 Meilen lange, kleine Straße durch wunderschöne Landschaft und vorbei an den Häusern der Reichen und Schönen. Der Drive ist für Sie als Motorradfahrer allerdings gesperrt. Wenn Sie statt in Monterey oder Pacific Grove im teuren Carmel übernachten wollen, müssen Sie auf dem State Highway bleiben.

Carmel unterscheidet sich von vielen anderen Städten der USA. So sind beispielsweise große Werbetafeln, Neonreklamen und Fast-Food-Restaurants innerhalb der Stadtgrenzen verboten. In den 1980er-Jahren sorgte Clint Eastwood als Carmels Bürgermeister für Schlagzeilen. Er lebt noch heute hier, wie auch andere Prominente. Die Ocean Avenue, die von Galerien, kleinen Läden und hübschen Steinhäuschen gesäumt ist und zum Pazifik führt, strahlt eine ganz eigene Atmosphäre aus. Die Preise fürs Dinner bewegen sich allerdings meist auch in ganz eigenen Dimensionen. Die **Carmel Mission** gehört zu den schönsten der erhaltenen Missionsstationen und sollte auf Ihrer Liste stehen, wenn Sie keinen Besuch der Mission in Santa Barbara planen.

1 Service & Tipps

🏍 Eagle Rider San Francisco
488 8th St.
San Francisco, CA 94103
✆ (415) 503-1900 oder (888) 390-6400
Fax (415) 503-1901
www.eaglerider.com, tägl. 9–17 Uhr
Bewährter Motorradvermieter.

ℹ Half Moon Bay Visitors Information
✆ (866) 558-6823, www.visithalfmoonbay.org
Interessante Infos online, inkl. Anfahrtsbe-
schreibung zu Mavericks (Big Waves), kein
Publikumsverkehr.

🎵🏍 Apple Jack's Inn Bar
1 Entrada Way, La Honda, CA 94020
✆ (650) 747-0331
Öffnungszeiten variabel
Am Wochenende Livemusik und Tanz, viele
Biker.

✖🏍 Alice's Restaurant
17288 Skyline Blvd.
Woodside, CA 94062

✆ (650) 851-0303
http://alicesrestaurant.com
Mo–Fr 8.30–21, Sa/So 8–21 Uhr
Einer der beliebtesten Bikertreffs in der Nähe von San Francisco. Rundherum traumhafte Motorradstraßen. $

🌲 Big Basin Redwoods State Park
21600 Big Basin Way
Boulder Creek, CA 95006-9064
✆ (831) 338-8860, www.bigbasin.org
Tägl. 6–22 Uhr, Eintritt $ 10
Warum nicht das Bike kurz stehenlassen
und durch diesen Märchenwald mit seinen
imposanten Baumriesen (Redwoods = Küstenmammutbäume) wandern?

**ℹ Santa Cruz County Conference and
Visitors Council**
303 Water St., Suite 100
Santa Cruz, CA 95060
✆ (891) 425-1234, www.santacruzca.org
Zahlreiche Informationen über Santa Cruz
und das gleichnamige County.

🏖🎡 Santa Cruz Boardwalk
400 Beach St.

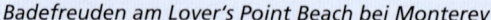

Badefreuden am Lover's Point Beach bei Monterey

Santa Cruz, CA 95060
✆ (831) 423-5590, www.beachboardwalk.com
Sommer 11–23 Uhr, Eintritt frei
Nostalgisch angehauchter Vergnügungspark
am Strand mit einer der ältesten Achterbah-
nen der USA.

ⓘ Monterey
www.monterey.org

▶🐟 Monterey Bay Aquarium
886 Cannery Row
Monterey, CA 93940
✆ (831) 648-4800
www.montereybayaquarium.org
Sommer Mo–Fr 9.30–18, Sa/So 9.30–20, Winter tägl. 10–17 Uhr, Eintritt $ 29.95, ermäßigt
27.95, Kinder (3–12 Jahre) $ 19.95
Eines der größten Aquarien der Welt, das
in einer alten Fischfabrik an der »Straße der
Ölsardinen« untergebracht ist.

ⓘ Pacific Grove Chamber of Commerce
584 Central Ave.
Pacific Grove, CA 93950
✆ (831) 373-3304, www.pacificgrove.org

⛳ Pebble Beach Golf Links
1700 17-Mile Dr.
Pebble Beach, CA 93953
✆ (800) 654-9300, www.pebblebeach.com
Dieser Platz mit beeindruckendem Blick aufs
Meer begeistert Golfspieler seit 1919.

ⓘ Carmel Chamber of Commerce
San Carlos St., zwischen 5th & 6th Aves.
Carmel-by-the-Sea, CA 93921
✆ (800) 550-4333, www.carmelcalifornia.org

◉ San Carlos Borroméo de Carmelo Mission
3080 Rio Rd.
Carmel, CA 93923
✆ (831) 624-1271, www.carmelmission.org
Mo–Sa 9.30–17, So 10.30–17 Uhr
Eintritt Erwachsene $ 6.50, ermäßigt $ 4,
Kinder $ 2, unter 7 Jahren frei
Die im maurischen Stil errichtete Mission war
die zweite spanische Mission auf kaliforni-
schem Boden und gehört heute zu den am
besten erhaltenen. Hier wurden die Fäden
der missionarischen Bemühungen im 18. Jh.
gezogen. Heute beherbergt sie neben dem
hübschen Klostergarten einige Museumsräu-
me, die das spartanische Leben vor gut 200
Jahren veranschaulichen.

*Alternativer Lebensstil: Surfshop in
Davenport*

🛏 Übernachten
Auf der Monterey Peninsula gibt es generell
drei Orte, die sich zum Übernachten anbieten: **Monterey** mit der **Cannery Row** (größte Auswahl und am touristischsten), **Pacific
Grove** (weniger touristisch und ruhig) oder
Carmel (hübsch und gediegen, aber nicht
gerade billig). ✺

*Der Monarch Falter ist das Wahrzeichen
von Pacific Grove*

2 Der wahrlich Große Süden
Big Sur

2. Tag: Pacific Grove – Santa Barbara (388 km/241 mi)

km/mi	Route
0	Von **Pacific Grove** auf Hwy. 1 S bis nach
53/33	**Big Sur**. Nach Abstecher zum **Pfeiffer State Beach** (Sycamore Canon Rd. scharf rechts) weiter auf Hwy. 1 entlang der Küste, vorbei an **Hearst Castle,** Harmony, Cayucos und **Morro Bay** nach
227/141	**San Luis Obispo**. Dort Abstecher zu **Madonna Inn**. Weiter auf Hwy. 101 S bis **Pismo Beach**.
	Variante 1: Auf Hwy. 101 direkt bis Santa Barbara (393 km/244 mi)
	Variante 2: Auf Hwy. 1/101 direkt bis Santa Barbara (404 km/251 mi)
	Variante 3:
282/175	Weiterfahrt auf Hwy. 101 bis **Santa Maria**. Exit Betteravia Rd. nehmen und links auf Betteravia Rd. fahren, die in die **Foxen Canyon Rd.** übergeht. Eventuell Weingutbesuch. Dieser Straße folgen bis zur Kreuzung von Foxen Canyon Rd. und 154. Links über Hwy. 154 nach
331/206	**Los Olivos**. Eventuell Abstecher über Hwy. 246 nach **Solvang**. Schließlich Hwy. 154 folgen nach
388/241	**Santa Barbara**.

Hinter **Carmel Highlands** beginnt der wilde Küstenabschnitt des Big Sur, des »Großen Südens«. Die wunderschöne Steilküste ist auf den nächsten hundert Kilometern nahezu unbesiedelt und erst seit den 1960er-Jahren durch eine geteerte Straße erschlossen. Neben

> Die große **Chevron-Tankstelle in Carmel** ist für die nächsten hundert Meilen die letzte Möglichkeit, den Tank zu halbwegs vernünftigen Preisen zu füllen. Schon kurz danach zweigt rechts die kleine Straße in den **Point Lobos State Park** ab, dessen schöne Küste einen Besuch wert ist.

Aussteigern haben sich hier Künstler, Schriftsteller und Kreative jeglicher Couleur niedergelassen. So manches Stück US-amerikanischer Weltliteratur wurde hier verfasst. Esoteriker finden seit den 1960er-Jahren im Esalen Institute von Big Sur ihr Mekka. Strenge Bebauungspläne und ein frühes Bewusstsein der Bewohner für den Wert der unberührten Natur haben verhindert, dass aus der Traumküste ein Rummelplatz für Touristen wurde und sich eine Siedlung an die andere reiht. Lassen Sie sich Zeit für diesen Küstenabschnitt, es gibt zahlreiche attraktive Fotostopps, und mit etwas Glück sehen Sie Grauwale die Küste entlangziehen. Mit Freude werden Sie feststellen, dass vor Ihnen fahrende Autos und Wohnmobile bei der ersten geeigneten Gelegenheit rechts heranfahren, um Sie überholen zu lassen. Sollte dies nicht der Fall sein, können Sie ziemlich sicher sein, dass ein europäischer Tourist am Lenkrad sitzt. Tun Sie's wie die Einheimischen, lassen Sie Schnellere überholen. Die US-Amerikaner erwarten dies und verzichten auf riskante Überholmanöver. Es gibt übrigens ein Gesetz, das die Benutzung von *turnouts* (Ausweichstellen) vorschreibt, sobald einem eine Kolonne von fünf oder mehr Fahrzeugen folgt.

Die **Bixby-Brücke**, die Sie einige Meilen südlich von Point Lobos überqueren, ist eine der bekanntesten Bogenbrücken der Welt. Erbaut wurde sie in den 1930er-Jahren von Gefangenen, die dadurch ihre Haftzeit etwas verkürzen konnten. Wenn Sie Ihr Motorrad kurz vor der Brücke auf der rechten Seite parken, tut sich vor Ihnen eines der beliebtesten Fotomotive am Highway 1 auf. Etwa 30 Minuten im Kurven-

rausch später erreichen Sie die kleine Ortschaft **Big Sur**, das Versorgungszentrum der gesamten Region. Hier gibt es neben einem Postamt, einer sehr teuren Tankstelle und einem kleinen General Store diverse Restaurants, Campgrounds und auch Cabins, die in

Spektakuläre Sicht von der Bixby Bridge am Highway One

Entspannter See-Elefant bei Piedras Blancas

den Sommermonaten aber regelmäßig ausgebucht sind.

Ein Abstecher in den Pfeiffer State Park, wo die südlichsten Küsten-Redwoods wachsen, und vor allem an den **Pfeiffer State Beach** ist lohnenswert. Es gibt keine Beschilderung zum Strand, nehmen Sie die kleine Straße, die nach dem Pfeiffer State Park in sehr spitzem Winkel rechts hinabführt. Planen Sie am Pfeiffer Beach aber keinen kalifornischen Strandtag, die Brandung ist stark, das Wasser sehr kalt, und der Wind, der vom offenen Ozean bläst, vertreibt einem den Gedanken an Badefreuden endgültig. Fünf Dollar Eintritt sind für das Strandvergnügen pro Fahrzeug fällig.

Zurück auf dem Highway 1 lohnt sich für Freunde der schönen Dinge ein Besuch im Nephetne Shop in Big Sur. Neben ausgewähltem Kunsthandwerk aus aller Welt bietet die Cafeteria einen sensationellen Ausblick auf die zerklüftete Küste. Nach der Henry Miller Library haben Sie die kleine Ortschaft hinter sich gelassen; die Straße schmiegt sich wieder an die Felsen, klettert hoch und fällt wieder hinab bis ans Meer. Auch und gerade bei Küstennebel bietet sich ein beeindruckendes Schauspiel, taucht man doch immer wieder aus den Nebelschwaden auf, um kurz darauf wieder

in ihnen zu versinken. Ein warmer Pullover sollte bei dieser Etappe auf jeden Fall im Tagesgepäck sein.

Bei **Ragged Point** endet die kurvige Traumstrecke, die Landschaft wird etwas weiter. Achten Sie bei **Piedras Blancas** auf die Hinweisschilder zum »Wildlife Viewing«. Hier können Sie eine große See-Elefantenkolonie aus nächster Nähe beobachten. Wenn Sie mehr über die imposanten Tiere wissen wollen, wenden Sie sich an einen der ehrenamtlichen »Friends of the Elephant Seal«, die bei Wind und Wetter am Parkplatz anzutreffen sind.

Der kleine Ort San Simeon hätte nichts zu bieten, gäbe es nicht **Hearst Castle**. In fast 30-jähriger Bauzeit hat sich der Verleger William Hearst mit diesem Schloss samt Kathedrale ein Denkmal gesetzt, das heute nach Disneyland die meisten Besucher in Kalifornien anlockt. Das Schloss ist eine kuriose Mischung aus Kunst und Kitsch, ein bunter Mix aus den Stilen verschiedener Epochen. Viele Bauteile wurden aus Europa importiert. Das Anwesen kann nur im Rahmen einer etwa zweistündigen Führung besichtigt werden. Genauso lang wie die Führung ist manchmal die Wartezeit. Das Hearst Castle zielt sicherlich eher auf den US-amerikanischen Geschmack. Wem nicht der Sinn danach steht, kann sich die 20 Dollar Eintritt getrost sparen. Wundern Sie sich nicht, wenn auf den Weiden neben dem Highway plötzlich Zebras grasen – der exzentrische Mr. Hearst hat sich neben dem Schloss auch einen kleinen Privatzoo geleistet.

Kurz nach Cambria passieren Sie **Harmony**. Die Ortschaft besteht nur aus den wenigen Gebäuden eines ehemaligen Bauernhofs, der heute Ateliers und einen Laden mit Galerie beherbergt. Das Ortsschild mit dem freundlichen Namen und dem stolzen Hinweis auf 18 Einwohner ist ein beliebtes Fotomotiv.

Nach Cayucos, einem charmanten Städtchen etwas abseits der Straße, nimmt der Highway 1 wieder autobahnähnliche Dimensionen an. Die Abschnitte nach Morro Bay und San Luis Obispo sind eher langweilig. Morro Bay mit seinen guten Fischrestaurants grüßt sowohl mit dem 176 Meter hohen **Morro Rock**, einem aus dem Wasser ragenden Monolithen, der früher wichtiger Orientierungspunkt für Seefahrer war, als auch mit den mindestens genauso weithin sichtbaren Schloten des Stromversorgungsunternehmens PG&E. **San Luis Obispo** ist das Verwaltungszentrum der Region mit Technischer Hochschule. Es hat touristisch außer einer alten Mission aber nicht viel zu bieten. Hier trifft der Highway 1 auf den 101, dem Sie nun für eine Zeit folgen müssen. Eine Pause der besonderen Art verspricht das **Madonna Inn** (über den Madonna Exit): ein Traum in Rosa, ein optischer Overkill und unangefochten das kitschigste Hotel und Restaurant weit und breit. Versäumen Sie nach Kaffee und Kuchen nicht, die Toiletten im Untergeschoss der Lobby aufzusuchen – auch die sind ein außergewöhnliches Erlebnis.

Pismo Beach ist ein Strandort ganz nach US-amerikanischem Geschmack. Für fünf Dollar Eintritt können Sie mit dem Motorrad über den harten Sandstrand cruisen, zumindest, wenn Sie nicht auf einer Mietmaschine sitzen. Sämtliche Vermieter verbieten verständlicherweise Fahrten auf Sand und im Salzwasser.

Um das Tagesziel Santa Barbara zu erreichen, gibt es verschiedene Möglichkeiten. Variante 1: Sie bleiben auf dem 101, was die schnellste, aber auch mit Abstand uninteressanteste Alternative darstellt. Variante 2: Sie folgen dem Highway 1, der sich fortan fern der Küste durch das hügelige Hinterland zieht und durchaus seinen Reiz hat, aber nicht mithalten kann mit Variante 3:

Fahren Sie nach **Santa Maria**, einer der am schnellsten wachsenden Städte Kaliforniens, deren knapp 90 000 Einwohner vor allem von Landwirtschaft und Weinbau leben. Nehmen Sie nun den Betteravia Exit und biegen Sie links in die gleichnamige Straße, der Sie folgen, bis sie zur Foxen Canyon Road wird. Die Straße ist winzig, und es gibt keine Beschilderung, aber gerade deshalb ist sie auch so schön. Weinfreunde werden

Der Morro Rock ist Wahrzeichen und Navigationshilfe für Seefahrer

Mediterranes Ambiente: Straßencafé in Santa Barbara

sicher das ein oder andere Weingut mit dazugehörigem »Tasting Room« besuchen, soweit sich das mit dem Motorradfahren verträgt. Wenn Sie sich auf der Zaca Station Road wiederfinden, haben Sie einmal versäumt, links abzubiegen. Die Foxen Canyon Road bringt Sie bis zum Highway 154 bei Los Olivos. Sollte Ihnen die Gegend bekannt vorkommen, dann haben Sie wahrscheinlich den Spielfilm »Sideways« gesehen. Die charmanten Filmhelden unternehmen einen einwöchigen Ausflug in das Weinanbaugebiet, um ausgiebig Wein zu verkosten und gleichzeitig zu lernen, ihre Krisen zu meistern.

Zum Gemeindegebiet von **Los Olivos** gehört neben Ronald Reagans Anwesen auch Michael Jacksons Neverland Ranch, die allerdings geschlossen wurde, nachdem der Popstar seinen Wohnsitz nach Bahrain verlegt hatte. Noch ist unklar, was mit der Villa samt Vergnügungspark nach Jacksons tragischem Tod geschieht. Kann sein, dass hier das nächste Graceland entsteht oder dass

Sie Michael Jacksons Privatrummel bald in Las Vegas besuchen können.

Sie können hier einen Abstecher nach **Solvang** einbauen, einer dänischen Enklave in Kalifornien. Der Ort wurde 1911 von dänischen Einwanderern gegründet, die Häuser sind durchweg im dänischen Fachwerkstil gehalten, dänische Bäckereien und Restaurants tun ihr Übriges, um den Ort zur Touristenattraktion zu machen. Ganz so authentisch, wie die US-Amerikaner glauben, ist die Atmosphäre aber dennoch nicht.

Vorbei am Lake Cachuma, der als Trinkwasserspeicher für Santa Barbara aufgestaut wurde, verlassen Sie schließlich den kargen Küstengebirgszug der Santa Ynez Mountains und rollen hinunter nach Santa Barbara. In der State Street, auf die Sie gleich nach der Stadtgrenze kommen, gibt es die meisten Motels – rund um den Cabrillo Boulevard am Pazifik die schönsten (und teuersten).

Santa Barbara ist mit gut 100 000 Einwohnern nicht nur die größte Stadt der Region, sondern sicherlich auch eine der schönsten Städte Kaliforniens. Nach dem Erdbeben von 1925 haben die Stadtväter beschlossen, die Stadt im alten spanischen Stil wieder aufzubauen, woher das homogene und ziemlich USA-untypische Stadtbild rührt. Santa Barbara gilt dank ihrer schönen Strände und des ruhigen Wassers als Hauptstadt der US-amerikanischen »Riviera« und ist gewissermaßen die stressfreie Variante von Santa Monica und Venice Beach in Los Angeles. Zahlreiche Vermieter von Fahrrädern, Inlineskates und allerlei lustigen Strandfahrzeugen bieten die nötigen Untersätze, um ganz kalifornisch die schöne Strandpromenade auf und ab zu fahren.

Zu einem Besuch in Santa Barbara gehört auch ein ausgiebiger Einkaufsbummel auf der **State Street**, die mit Palmen und unzähligen bunten Blüten geschmückte Hauptstraße der Stadt. Zahlreiche witzige Shops und Boutiquen, von secondhand bis edel, eine exklusive Mall, gute Restaurants und viele Kneipen und Nachtklubs sorgen für ein reges und in Kalifornien eher ungewohntes Straßenleben. Am Wochenende dröhnt aus fast allen Klubs Livemusik, und die zahlreichen Touristen vermischen sich mit den Studenten der UCSB (University of California Santa Barbara), die mit knapp 30 000 Immatrikulierten zu den renommierten Hochschulen des Landes gehört.

Am Ende der State Street ragt **Stearns Wharf** ins Meer. Hier können Sie Seehunde beobachten und sich am schönen Blick auf Santa Barbara und die Santa Ynez Mountains erfreuen. Santa Barbara kann man getrost als kulinarische Hochburg bezeichnen, die Auswahl an guten Restaurants ist immens. Besonders stilvoll können Fischliebhaber Red Snapper, Catfish und Lobster in der Santa Barbara Fish Company in der State Street direkt an der Freeway-Unterführung genießen.

Die **Mission Santa Barbara** wurde 1786 erbaut und ist somit nach kalifor-nischen Maßstäben uralt. Es ist die am besten erhaltene der 21 Missionen an der Pazifikküste, ein Besuch lohnt sich nicht nur für geschichtlich Interessierte. Das **Presidio Santa Barbara** ist die detailgetreue Rekonstruktion eines Forts von 1782, in dem etwa 40 Soldaten mit ihren Familien lebten, um die Mönche beim Aufbau ihres Missionsnetzes zu unterstützen.

Auch das **Santa Barbara Maritime Museum** ist einen Abstecher wert. Sie finden das Museum am Hafen und können dort viel Wissenswertes über die lokale Meeresflora und -fauna erfahren und eine simulierte Tauchfahrt in den Santa Barbara Channel unternehmen.

Wenn Sie es zeitlich einrichten können, so empfehle ich dringend, zwei Nächte in Santa Barbara zu verbringen. Und vermeiden Sie, wenn möglich, die Wochenenden. Die Motels erhöhen dann ihre Preise drastisch und sind dennoch früh ausgebucht. An der Rezeption Ihrer Unterkunft bekommen Sie übrigens die kostenlose und sehr hilfreiche Straßenkarte des Santa Barbara Visitors Bureau.

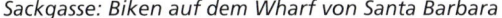

Sackgasse: Biken auf dem Wharf von Santa Barbara

Ⓜ Point Lobos State Park
Route 1, Carmel, CA 93923
✆ (831) 624-4909
www.pointlobos.org
Tägl. 8 Uhr bis eine halbe Stunde nach Sonnenuntergang, Eintritt $ 10, Senioren $ 9
Atemberaubende Küstenlandschaft mit vielen Seeottern. Auf Wanderwegen lässt sich
die Gegend erkunden.

ⓘ Big Sur Chamber of Commerce
✆ (831) 667-2100, www.bigsurcalifornia.org
Mo, Mi, Fr 9–13 Uhr
Das Büro nimmt keine Reservierungen für
Hotels etc. vor.

Ⓔ Esalen Institute
55000 Hwy. 1
Big Sur, CA 93920

✆ (831) 667-3000, www.esalen.org
Reservierung nötig, Tagesgäste nur auf Einladung
Das Mekka der Esoterikgemeinde mit ein-
zigartiger Lage an der Steilküste. Aufenthalt
und Kurse sind sehr teuer.

Ⓜ☒ Pfeiffer State Park
Sycamore Canyon Rd., Big Sur, CA 93920
✆ (831) 667-2315
www.parks.ca.gov/?page_id=570
Tägl. 30 min. vor Sonnenaufgang bis 30 Min.
nach Sonnenuntergang
Eintritt $ 5 pro Fahrzeug
Mit dem Pfeiffer State Beach bietet der Park
eine der schönsten Buchten weit und breit,
um Felsen tosende Wellen und Sandstrand
zu bestaunen. Nichts zum Baden.

ⓘ☒▱ Nepenthe
48510 Hwy. 1, Big Sur, CA 93920
✆ (831) 667-2345

Kaliforniens Pazifikküste ist Traumrevier für Motorradfahrer

www.nepenthebigsur.com
Restaurant: tägl. 11.30–16.30 und 17–22,
Shop: tägl. 10.30–19, Cafeteria: tägl. ab 9
Uhr (bei schönem Wetter)
Der Shop ist für die Freunde der schönen
Dinge. Auf der Terrasse der Cafeteria lässt
sich hervorragend Cappuccino mit Blick über
die Küste schlürfen.

◉ Henry Miller Library
Hwy. 1, Big Sur, CA 93920
℗ (831) 667-2574
www.henrymiller.org
Tägl. außer Di 11–18 Uhr
Fans von Henry Miller erhalten hier einen
Einblick in das Leben des bekannten Schrift-
stellers. Es finden auch Lesungen und Konzerte statt.

☒◼ Ragged Point Inn & Resort
19019 Hwy. 1, Ragged Point, CA 93452
℗ (805) 927-4502 (Hotel), (805) 927-5708
(Restaurant)
www.raggedpointinn.net
Tägl. 8–21 Uhr
Das Ragged Point Inn kann zwar nicht mit
kulinarischen, dafür aber mit landschaftlichen Höhepunkten aufwarten. Am letzten
Stopp an der Steilküste können Sie sich aber
auch mit einem Snack auf die Hand versorgen und den fantastischen Blick über den Pazifik genießen. Im Garten der Anlage lassen
sich Kolibris und zahlreiche Monarch Falter
beobachten. $$

◉ Hearst Castle
750 Hearst Castle Rd.
San Simeon, CA 93452-9741
℗ (805) 927-2020
www.hearstcastle.org
Touren tägl. ab 9 Uhr
Eintritt $ 25, Kinder (7–17 Jahre) $ 12
Über Geschmack lässt sich (nicht) streiten –
bei den US-Amerikanern ist der wilde Stil-
mix des Schlosses sehr beliebt. Unbestreitbar
schön ist die Lage. Verschiedene Touren. Un-
bedingt reservieren!

ℹ Morro Bay
℗ (800) 231-0592
www.morrobay.org

ℹ San Luis Obispo
℗ (805) 781-2777
www.visitslo.com

Traumpool eines Exzentrikers:
Hearst Castle in San Simeon

◼◉ Madonna Inn
100 Madonna Rd.
San Louis Obispo, CA 93405
℗ (800) 543-9666 oder (805) 543-3000
www.madonnainn.com
Tägl. 7–22.30 Uhr
Kitschiger geht's kaum, eine Pause lohnt sich
– egal ob Sie übernachten, dinieren oder nur
einen Kaffee trinken. $$

ℹ Pismo Beach
℗ (805) 773-4382
www.pismochamber.com

ℹ Santa Maria
℗ (800) 331-3779
www.santamaria.com

ℹ Los Olivos
www.losolivosca.com

ℹ Solvang
℗ (800) 468-6765
www.solvangusa.com

ℹ Santa Barbara Conference & Visitors Bureau
1601 Anacapa St.
Santa Barbara, CA 93101-1909
℗ (805) 966-9222
www.santabarbaraca.com

◼◉ Santa Barbara Maritime Museum
113 Harbor Way, Suite 190
Santa Barbara, CA 93109
℗ (805) 962-8404

Der Wochenmarkt auf der State Street von Santa Barbara

www.sbmm.org
Memorial Day–Labour Day tägl. außer Mi 10–18, Labour Day–Memorial Day tägl. außer Mi 10–17 Uhr
Eintritt Erwachsene $ 7, ermäßigt $ 4, Kinder (6–17 Jahre) $ 4, Kinder unter 6 Jahre $ 2, jeden 3. Do im Monat Eintritt frei
Breitgefächerte Ausstellungen über die Schifffahrt und das Leben am und mit dem Ozean. Vor allem für Kinder interessant.

Old Mission Santa Barbara
2201 Laguna St.
Santa Barbara, CA 93105
☏ (805) 682-4713
www.sbmission.org
Tägl. 9–16.30 Uhr
Eintritt $ 5, ermäßigt $ 4, Kinder (6–15 Jahre) $ 1, unter 6 Jahren frei
1786 als zehnte Mission durch die Franziskaner gegründet, 1812 und 1925 durch Erdbeben schwer zerstört und jedes Mal wieder aufgebaut, ist sie heute in ausgesprochen gutem Zustand und wird deshalb als »Königin der Missionsstationen« bezeichnet. Auf dieser Tour die letzte Gelegenheit, eine der alten spanischen Missionsstationen zu besichtigen.

Presidio Santa Barbara State Historic Park
123 E. Canyon Perdido St.
Santa Barbara, CA 93101-2250
☏ (805) 965-0093
www.parks.ca.gov/?page_id=608
Tägl. 10.30–16.30 Uhr, Eintritt frei
Detailgetreuer Nachbau einer spanischen Festungsanlage aus dem Jahr 1782.

Enterprise Fish Co.
225 State St., Santa Barbara, CA 93101
☏ (805) 962-3313
www.enterprisefishco.com
So–Do 11.30–22, Fr/Sa 11.30–23 Uhr
In den ehemaligen Räumen einer Großwäscherei untergebrachtes Restaurant mit schöner maritimer Deko und leckeren Speisen vor allem aus dem Meer. Sehr beliebt ist Lobster – und das zu Preisen, von denen man in Deutschland nur träumen kann. $$

Santa Barbara Brewing Company
501 State St., Santa Barbara, CA 93101
☏ (805) 730-1040
www.sbbrewco.com
Tägl. 11.30–24 Uhr
Rustikale und zentral gelegene Brauereigaststätte. Die Mikrobrauerei schenkt acht eigene Biersorten aus. Während der Happy Hour (Mo–Fr 14–19 Uhr) kann man sich bei einem Frischgezapften bestens vom Power Shopping erholen. $$

Your Place Thai Restaurant
22 N. Milpas St.
Santa Barbara, CA 93103
☏ (805) 966-5151
Für Liebhaber der thailändischen Küche. Hierher verirrt sich kaum ein Tourist, dafür stehen die Einheimischen Schlange. Von der lokalen Presse Jahr für Jahr zu recht zum besten Thai Santa Barbaras gekürt. $–$$

Das Gros der Quartiere findet sich auf der **State Street** und in **Strandnähe**, wobei die Unterkünfte in der State Street meist etwas günstiger sind. Die rund um den **Cabrillo Boulevard** bestechen vor allem durch ihre

Lage. Unterkünfte sind in Santa Barbara oft ausgebucht. Vor allem am Wochenende ist eine Reservierung dringend angeraten. Zu empfehlen sind unter anderen:

🛏 Harbor View Inn
28 W. Cabrillo Blvd.
Santa Barbara, CA 93101
☎ (805) 963-0780 oder (800) 755-0222
www.harborviewinnsb.com
In der Hochsaison und am Wochenende empfindlich teuer, aber mit Pool, Jacuzzi, der Strand vor der Haustür und schöne große Zimmer, viele mit Blick aufs Meer. Downtown ist nur ein gemütlicher Spaziergang entfernt. $$$–$$$$

🛏 Motel 6 Beach
443 Corona Del Mar
Santa Barbara, CA 93103
☎ (805) 564-1392
www.motel6.com
Einfaches Haus der Motel-6-Kette, wegen seines guten Preis-Leistungs-Verhältnisses

und seiner Lage in Strandnähe zu empfehlen. $$

🛏 Presidio Motel
1620 State St.
Santa Barbara, CA 93101
☎ (805) 963-1355
www.thepresidiomotel.com
Ein kleiner Spaziergang von Downtown. Die Zimmer sind farbenfroh und modern, die Preise moderat und das Ambiente freundlich. $$$

🛏 Santa Barbara Inn
901 E. Cabrillo Blvd.
Santa Barbara, CA 93103
☎ (805) 966-2285 oder (800) 231-0431
www.santabarbarainn.com
Nicht das günstigste Hotel, aber die Lage am Ostende des Strandes und die Ausstattung sind ihr Geld wert. 20 Minuten per pedes nach Downtown. In der Saison fährt ein Shuttlebus.
$$$–$$$$ 🌸

Letzte Gelegenheit, in die Missionsgeschichte einzutauchen: Santa Barbara Mission

Big Sur – Der stille, wilde Küstenstreifen
zwischen Carmel und Simeon

3 Kurvenrausch in die Wüste
Central Valley und Mojave-Wüste

3. Tag: Santa Barbara – Ridgecrest
(399 km/248 mi)

km/mi	Route
0	Von **Santa Barbara** über Hwy. 101 bis Exit Ojai/Lake Casitas. Weiter auf Hwy. 150, vorbei am **Lake Casitas** bis nach
51/32	**Ojai**, dort links auf Hwy. 33 durch den **Los Padres National Forest** über **Maricopa** (evtl. Lunch in Tina's Diner) nach
175/109	**Taft**. Rechts auf Hwy. 119 halten und diesem durch das **Central Valley** bis
233/145	**Lamont** folgen, dort links auf Hwy. 184 und nach einigen Meilen rechts auf Hwy. 178 biegen. Auf Hwy. 178 durch **Kern River Valley** zum
304/189	**Lake Isabella** und auf Hwy. 178 weiter über **Inyokern** nach
399/248	**Ridgecrest**.

Der Tag beginnt in **Santa Barbara** mit einem kurzen Freeway-Intermezzo: Entlang der 101 geht's Richtung Süden, vorbei an Montecito, wo sich viele Prominente niedergelassen haben, und Carpinteria bis zum Exit 84. Von dort folgt man dem Highway 150 durch duftende

Geheimtipp: der Highway 33

Zitrusplantagen, vorbei an bunten Gärten, dem **Lake Casitas** bis nach Ojai. **Ojai** liegt etwa 20 Meilen von der Küste entfernt und fungiert vor allem als »Schlafstadt« für die oberen Zehntausend von Santa Barbara und Ventura. Mehr noch als in Santa Barbara fällt hier oben die üppige Vegetation auf. Wenn Sie nicht bereits am Morgen vollgetankt haben, holen Sie das am besten an der Tankstelle in Ojai nach, es ist die letzte für etwa 70 Meilen.

Der Highway 33 Richtung Maricopa ist ein wahres Motorradparadies und nach wie vor ein Geheimtipp. Unter der Woche dürften Sie ihn mehr oder weniger für sich haben, und auch am Wochenende verirren sich nicht allzu viele Biker hierher. Dabei bietet er zahlreiche Kurven (die allerdings manchmal mit etwas Vorsicht zu genießen sind, man-

che machen »zu«, in manchen liegt etwas Schotter). Bevor Sie sich ins Vergnügen stürzen, lockt der Bikertreffpunkt Deer Lodge zu einer frühen Pause. Kurvige 25 Meilen weiter liegt der bei Motorradfahrern ebenfalls beliebte und sehr rustikale Wolf's Grill. Das Restaurant wartet, nachdem Tom Wolf, der Pächter des kleinen Lokals, von einem Herzinfarkt und den Auflagen der Baubehörde aus der Bahn geworfen wurde und 2008 schließen musste, auf eine Wiedereröffnung.

Weiter geht es im Schräglagenwechsel über den Pine Mountain und durch den **Los Padres National Forest**, bevor man ins fruchtbare, weil exzessiv bewässerte, Cuyama Valley gelangt. Hier können Sie am Straßenrand frisches Obst und Gemüse kaufen, vor allem Pistazien.

Maricopa ist das, was man eine Living Ghost Town nennt. Flirrende Luft, eine heruntergekommene Hauptstraße mit verwitterten Fassaden, ein entsprechendes Motel. Die Stadt erscheint wie die perfekte Kulisse für ein Roadmovie oder einen Werbespot. Ein Lunch in Tina's Diner gehört eindeutig nicht zu den kulinarischen, wohl aber zu den atmosphärischen Höhepunkten. Passend zur etwas surrealen Szenerie wippen rund um Maricopa zahlreiche Ölpumpen träge auf und ab, um das schwarze Gold aus der Erde zu fördern.

Ab **Taft** bringt der Highway 119 den Reisenden ins **Central Valley**, ins landwirtschaftliche Zentrum Kaliforniens. Ein Gebiet, das sich ganz und gar von dem Kalifornien unterscheidet, das Sie in den ersten Tagen kennengelernt haben. Es ist unübersehbar, dass hier der

Reiche Obsternte im Central Valley

Lebensstandard verhältnismäßig niedrig ist. Viele mexikanische Landarbeiter halten sich und ihre Familien hier als Erntehelfer mehr schlecht als recht über Wasser. Dieses Valley hat weder touristisch noch speziell für Biker irgendetwas zu bieten. Aber nach einer Dreiviertelstunde hat man es passiert.

Bakersfield, mit etwa 300 000 Einwohnern die größte Stadt der Region und eine der am schnellsten wachsenden der USA zudem, streifen Sie nur am Rande. Die Stadt wurde 1952 durch das zweitgrößte Erdbeben in der Geschichte Kaliforniens arg in Mitleidenschaft gezogen, was man der Stadt heute noch ansieht. Wegen des Staubs der Landwirtschaft, des starken Verkehrs und des Smogs von der Westküste, den ein steter Wind hierherbläst, belegt Bakersfield übrigens den vorletzten Platz bezüglich Luftqualität in Nordamerika. Stolz bezeichnet sich Bakersfield dagegen als die Hauptstadt der Country-Musik in Kalifornien.

Nachdem Sie diverse Four-Way-Stops passiert haben, begrüßt Sie **Lamont** mit einem riesigen Schild: »Lamont – Feeding the World« und unterstreicht damit noch mal die Bedeutung der Landwirtschaft für das Tal. Lassen Sie auch hier Bakersfield im wahrsten Sinne des Wortes links liegen und biegen Sie stattdessen auf den Highway 184 und dann auf die Kern Canyon Road. Die wird zur 178 und entschädigt reichlich für die etwas öde vergangene Stunde.

Durch das tief eingeschnittene Tal des Kern River mäandert die Straße flussaufwärts und lässt das Motorradfahrerherz höherschlagen. Um auf die Gefährlichkeit der Stromschnellen für Schwimmer hinzuweisen, stehen am Eingang zum engen Kern River Valley Warntafeln, auf denen die Zahl der Todesopfer, die der Fluss gefordert hat, jährlich aktualisiert wird. Der Verkehr ist dünn, das Überholen auf der gesamten Strecke aber schwierig. Machen Sie also lieber eine kurze Pause und genießen Sie die Landschaft, anstatt hektisch und zunehmend schlecht gelaunt hinter einem Wohnmobil herzuzuckeln.

Nach etwa 35 Meilen zeigt sich **Lake Isabella**. Ein windiges Fleckchen Erde bzw. Wasser, das aus diesem Grund bei Windsurfern sehr beliebt ist, allen anderen aber nicht übermäßig viel zu bieten hat. Ein kleiner Umweg über Kernville am gegenüberliegenden Ufer des Sees ist nett. Der Ort bietet sich als Basis für Touren in den Sequoia National Forest an, der mit herausfordernden kleinen Straßen aufwartet. Auch einen Abstecher zur Ghost Town Silver City bei Bodfish könnte man in Betracht ziehen. Ein Besuch des alten **Onyx Store**, nur wenige Meilen nach Lake Isabella, ist, wenn er geöffnet hat, wie eine Reise in eine andere Zeit. Hier hat sich außer dem modernen Coca-Cola-Kühlschrank in den vergangenen hundert Jahren nur wenig verändert.

Auf dem Weg zum Walker Pass ändert sich die Vegetation rapide. Die Kiefern und Fichten werden von Joshua Trees abgelöst, die schon bald das Bild bestimmen. Wenn Sie die Passhöhe überwunden haben, sind Sie in der High Desert, dem klimatisch angenehmsten Teil der Mojave-Wüste. Nur hier, auf einer Höhe von über 900 Metern, gedeihen die anspruchsvollen Joshua Trees. Die Abfahrt führt Sie durch Wäldchen der malerischen und fotogenen Yuccas.

Bald schon machen sich die Joshua Trees wieder rar. In **Inyokern** sind Sie dann im unfreundlicheren Teil der Wüste angelangt, der außer dem etwas überdimensionierten Flughafen aus dem Zweiten Weltkrieg, als sich hier ein Logistikzentrum der US-Amerikaner befand, nichts zu bieten hat. Wenn Ihnen

der Name dennoch bekannt vorkommt, dann möglicherweise aus diversen Klimatabellen. Dort nämlich taucht der Ort regelmäßig auf, ist er doch aufgrund seiner Lage im Schatten der Berge und am Rande der Wüste einer der trockensten der USA und mit durchschnittlich 355 Sonnentagen auch einer der sonnigsten, was uns Motorradfahrern natürlich sehr entgegenkommt.

Von hier sind es nur noch wenige Meilen zum Etappenziel. **Ridgecrest** ist trotz seiner immerhin 25 000 Einwohner eher ein Wüstennest *in the middle of nowhere*. Bedeutung hat Ridgecrest vor allem als Heimat der China Lake Air Force Base und nicht zuletzt auch als Etappenort für Touristen, die auf ihrem Weg ins Death Valley hier für eine Nacht stoppen. Dementsprechend groß ist die Auswahl an Motels und Restaurants.

Tagesausflug von Kernville: der Sequoia National Park

3 Service & Tipps

☒☸ Deer Lodge Ojai
2261 Maricopa Hwy., Ojai, CA 93023
☏ (805) 646-4256
www.ojaideerlodge.net/home.htm
Restaurant Mo–Fr 11–22, Sa/So 8–22, Bar
Mo–Fr 11–22, Fr bis 2, So bis 20 Uhr
Am Wochenende wimmelt es hier von Bikern. Häufig Livemusik. $–$$

☒ Los Padres National Forest
Goleta, CA 93117
☏ (805) 968-6640
National Forest über 7700 km² entlang der
kalifornischen Küste und über die Küstenberge hinweg. Er beherbergt einige der besten Motorradstrecken Kaliforniens – so auch
den Highway 33.

☒ Tina's Diner
346 California St.
Maricopa, CA 93252

☏ (661) 769-9495
Keine festen Öffnungszeiten
Der Platz lebt vom herzlichen Willkommen,
das einem Tina und ihr Mann bereiten, nicht
so sehr von kulinarischer Exklusivität. Riesenportionen *with a smile*. Breakfast, Lunch und
Dinner. $

ℹ Lake Isabella Chamber of Commerce
☏ (760) 379-5236
www.lakeisabella.net
Recht informative Webpage über Lake Isabella und die Region.

ℹ Kernville Chamber of Commerce
☏ 1-866-Kernville
www.kernvillechamber.org

☒ Sequoia National Forest
1839 S. Newcomb St.
Porterville, CA 93257
☏ (559) 784-1500, www.fs.fes.us/r5/sequoia/
Tagespass: $ 10 pro Fahrzeug (Southern
Sierra Pass)

Camping an der Pazifikküste nahe dem Los Padres National Forest

Alternative zum Surfbrett: Jetski am Lake Isabella

Der Tagespass für einen der schönsten Wälder der Welt wird am Lake Isabella High Impact Recreation Area (HIRA) und am Camp 9 verkauft.

👁 **Silver City Ghost Town**
3829 Lake Isabella Blvd.
Bodfish, CA 93205
✆ (760) 379-5146
www.lakeisabella.net/silvercity
15. Mai–14. Sept. tägl. 10–16, Sa/So 10–17,
15. Sept.–14. Mai nur Sa/So 10–16 Uhr und auf Anfrage
Eintritt $ 4.50, Kinder (6–12 Jahre) $ 3.50
Silver City wird auf der Liste der *haunted places,* also der Plätze, an denen es spukt, geführt.
Wer sich von Poltergeistern nicht abschrecken lässt, der kann sich an einer alten Goldgräbersiedlung mitsamt Kirche, Saloon, Post Office, General Store und Goldgräberhütten erfreuen, die durch viel privates Engagement vor dem völligen Zerfall gerettet werden.

ℹ **Ridgecrest**
✆ (800) 847-4830 oder (760) 375-8202
www.visitdeserts.com

🛏 Ridgecrest verfügt über **Übernachtungsmöglichkeiten**, jedoch sind sie, wie die Stadt selbst, nicht herausragend. Infos auf der Homepage der Touristeninformation. ✺

Auf großem Fuß in Bakersfield

4 **Durch das Tal des Todes**
Biken im Death Valley

4. Tag: Ridgecrest – Lone Pine (max. 502 km/313 mi)

km/mi	Route
0	Von **Ridgecrest** auf Hwy. 178 E durch Trona und entlang der
88/55	Trona Wildrose Rd. bis ins **Death Valley**. Dort rechts auf Hwy. 190 E bis nach
153/95	**Stovepipe Wells** (Pause im Stovepipe Wells General Store und tanken in der angeschlossenen Tankstelle). Auf Hwy. 190 E weiter bis zum
191/119	**Visitor Center** von **Furnace Creek**, (Pause, Abkühlung, Tankstelle). Weiter auf Hwy. 190 E zum
199/124	**Zabriskie Point** (Besichtigung). Danach auf Hwy. 190 E (wenn nicht zu heiß) bis Dante's View Rd., rechts auf diese und der Beschilderung bis
232/144	**Dante's View** folgen (asphaltiert). Zurück über Dante's View Rd. und Hwy. 190 bis nach
270/168	Furnace Creek und von dort über die Badwater Rd. vorbei an **Devil's Golf Course** zum **Badwater Basin**. Zurück über den **Artist's Drive** entlang der **Artists Palette** nach
333/207	**Furnace Creek** (Pause in der Furnace Creek Ranch, Abkühlung) und auf Hwy. 190 über Stovepipe Wells nach
423/263	**Panamint Springs** (Pause im Panamint Spring Resort). Weiter auf den Hwys. 190 W und 136 über Keeler nach
502/313	**Lone Pine**.

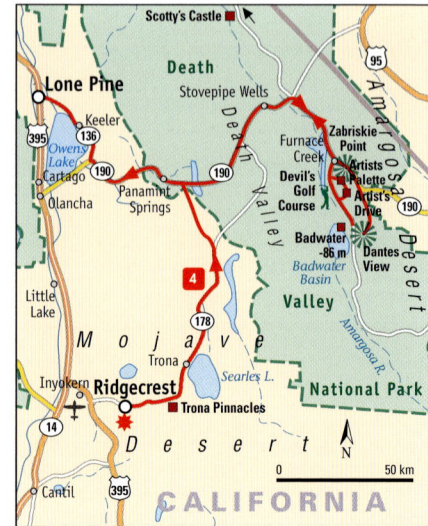

Bitte beachten Sie, dass die Etappe sehr lang und vor allem bei sehr gro-ßer Hitze anstrengend ist, wenn Sie alle genannten Highlights im Death Valley ansteuern wollen!

Hinweise zum Fahren im Death Valley

Die meisten Vermieter verbieten eine Fahrt durch das Death Valley im Sommer ausdrücklich. Ein Großteil der Biker lässt sich dadurch jedoch nicht sonderlich beeindrucken und fährt trotzdem dorthin. Falls es dann Probleme gibt, tragen sie unter Umständen die Kosten. Im Klartext: Erkundigen Sie sich beim Vermieter, ob Sie über einen Versicherungsschutz verfügen. Wenn Sie sich für eine Fahrt durch das Tal des Todes  entscheiden, dann bedenken Sie, dass es seinen Namen nicht von ungefähr trägt. Er macht ihm für gewöhnlich zwischen Mai und September alle Ehre.

Der **Weather Channel** versorgt Sie rund um die Uhr mit Wettervorhersagen. Informieren Sie sich also schon am Vorabend. Wenn es, wie zu erwarten, heiß wird, stehen Sie früh auf, damit Sie sich zur größten Mittagshitze im klimatisierten Visitor Center oder der Furnace Creek Ranch abkühlen können. Besonders ernst zu nehmen sind **Flash Flood Warnings** (Sturzflutwarnungen). Der Wüstenboden ist so trocken und verkrustet, dass bei Gewitter das Wasser nicht versickert, sondern an der Oberfläche abfließt. Diese Sturzbäche reißen alles mit, was in ihrem Weg liegt. Denken Sie nicht, dass Sie dem Wasser trotzen können, selbst Autos wurden schon mitgespült. Viel wahrscheinlicher ist allerdings, dass die **Sonne** gnadenlos vom Himmel brennt. Temperaturen um die 50 Grad Celsius im Schatten sind keine Seltenheit, und zu allem Überfluss gibt es diesen Schatten nicht einmal. Am Boden wurden schon über 90 Grad Celsius gemessen. Als Motorradfahrer haben Sie das Gefühl, es würde Ihnen mit einem gigantischen 3000-Watt-Föhn ins Gesicht geblasen. Wenn Sie also Probleme mit Hitze haben, ist diese Etappe in den Sommermonaten nichts für Sie. Fahren Sie besser direkt nach Lone Pine und verbringen Sie einen angenehmen Tag am Mount Whitney.

Die größte Gefahr im Death Valley ist die **Dehydrierung**. Trinken Sie mindestens doppelt so viel, wie Sie für nötig halten. Sehr viel Wasser verdampft über die Haut, und bei der trockenen Hitze merken Sie das nicht einmal. Packen Sie so viel Wasser wie möglich auf das Motorrad (drei Liter pro Nase sollten es mindestens sein), und füllen Sie den Vorrat bei jeder Gelegenheit auf. Und auch wenn Sie denken, es sei dafür zu heiß: **Langärmlig** heißt die Devise. Jedes Stück Haut, das nicht bedeckt ist, kann Sonnenbrandblasen entwickeln und lässt unnötig viel Wasser verdampfen. Sonnenbrand und Sonnenstich können unangenehme Nebenwirkungen des Wüstenbikens sein. Nutzen Sie deshalb **Sonnenschutzmittel** mit Faktor 40 plus, setzen Sie selbst bei kurzen Pausen eine **Kopfbedeckung** auf, am besten mit einem Schild, das dem ganzen Gesicht Schatten spendet, und gönnen Sie sich ausgiebige **Pausen** in Stovepipe Wells, Furnace Creek und Panamint Springs.

Sollte Ihr Motorrad eine **Panne** haben, dann laufen Sie keinesfalls los, um Hilfe zu holen, sondern bleiben Sie bei Ihrer Maschine. Im Tal des Todes herrscht auf der Hauptroute recht reger Verkehr, Hilfe lässt nie lange auf sich warten. Ein **Reifenpannenspray** kann Ihnen allerdings eine Menge Schweiß ersparen. Abseits der asphaltierten Hauptstrecken sieht das ganz anders aus – dort ist der Verkehr marginal. Fahren Sie **auf keinen Fall allein auf eine der vielen Schotterpisten und Jeeptracks**. Und wenn unter Ihnen ein amerikanischer Big Twin wummert, werden Sie sowieso keine Ambitionen verspüren, sechs Zentner bei flirrender Hitze über Geröll und durch Spurrinnen zu wuchten. Zudem ist der Zahnriemenantrieb sehr anfällig auf Schotter.

Vergessen Sie trotz der warnenden Worte nicht, die vielfältige Schönheit des Death Valley zu genießen.

Osteingang ins Tal des Todes: Death Valley Junction

Ein frühes Frühstück bekommen Sie in **Ridgecrest** in Denny's Restaurant an der Ecke China Lake Boulevard und Ridgecrest Boulevard/Highway 178. Dem Highway 178 folgen Sie danach über Trona (letzte Tankstelle) bis ins Death Valley. **Trona** ist ein gottverlassenes Fleckchen Erde, dessen 1500 Einwohner vom Abbau des gleichnamigen

Kassenautomat am Death Valley unter Schatten spendendem Dach

Minerals leben. Die karge Gegend um den Ort diente unter anderem als Kulisse für Filme wie »Planet der Affen« und »Raumschiff Enterprise«. Etwa 30 Meilen hinter Trona können Sie sich entscheiden, welchen Weg Sie ins Death Valley einschlagen: Entweder Sie folgen der Panamint Valley Road, also der Hauptstrecke, um über den Townes Pass ins Tal zu kommen, oder Sie wählen die Wildrose-Variante. Die Abzweigung hierfür ist ausgeschildert. Die Wildrose Road ist zwar in schlechtem Zustand, dafür aber wunderschön. Die Strecke führt über den Emigrant Pass und trifft nach etwa 30 Meilen wieder auf die Hauptroute, also den Highway 190. Wenn Sie ganz allein unterwegs sind, würde ich Ihnen die Wildrose Road nicht empfehlen. Sie wird wenig befahren, und die Chance, eine Reifenpanne zu haben, ist hier höher, die auf schnelle Hilfe dagegen niedriger als anderswo. Ansonsten ist die Wildrose Road der interessantere Weg, zudem Sie das Death Valley auch über den Townes Pass verlassen und diesen sonst gleich zweimal unter die Reifen nehmen würden.

Bei der Abfahrt ins Death Valley spüren Sie mit jeder Meile, wie es heißer wird. Die Temperatur in **Stovepipe Wells** um ca. 10 Uhr vormittags ist meist ein guter Indikator dafür, was man sich an dem Tag im Tal des Todes zumuten kann. Um die 35 Grad Celsius bedeuten, dass man sich getrost etwas mehr Zeit für die Schönheiten des Valley nehmen kann, um die 40 Grad lassen eine Verkürzung der Touren sinnvoll erscheinen. Und wenn die Quecksilbersäule um diese Uhrzeit schon deutlich über 40 Grad Celsius geklettert ist, dann können Sie sicher sein, dass bei Badwater »Backofen-Bedingungen« herrschen.

Das Restaurant und die Lodge in Stovepipe Wells sind Ende August 2010 abgebrannt, planen Sie also besser kein zweites Frühstück hier ein, der Zeitpunkt der Wiedereröffnung ist ungewiss. Eine der Sehenswürdigkeiten des Parks ist **Scotty's Castle**, ehemalige Residenz eines etwas exzentrischen Asthmatikers namens Albert Johnson aus Ohio, der wegen des heilsamen Klimas in den 1920er-Jahren seinen Wohnsitz ins nördliche Tal des Todes verlegte. Auf diesen Umweg samt Besichtigung kann man am ehesten verzichten.

Wenn Sie auf einer Harley sitzen, sollten die zahlreichen Schotterstraßen im Death Valley für Sie tabu sein. Die Zahnriemen mögen keinen Schotter und bestrafen Offroad-Ausflüge öfter mal mit einem Riss. Mit einer Enduro sind Sie hier im Paradies, aber bedenken Sie, dass die Nebenstrecken kaum befahren sind, machen Sie sich also auf keinen Fall allein auf den Weg!

Erstes Pflichtprogramm auf Ihrer Tour durchs Death Valley ist ein kurzer Stopp bei den Sanddünen, die sich kurz hinter Stovepipe Wells schon von Weitem sichtbar aus dem Talboden erheben. Die mit 35 Metern Höhe größte Anhäufung

des feinen Quarzsandes bildet die Star Dune. Je nach Temperatur kann man vom Parkplatz neben der Straße beliebig weit Richtung Dünen laufen, um die perfekte Stelle für ein Foto zu finden. Je länger die Schatten, desto besser zeichnet sich die Struktur des Sandes ab.

Ihr nächstes Ziel im Tal des Todes sollte das Visitor Center in **Furnace Creek** sein. Hier bekommen Sie nicht nur einen guten Einblick in Geologie, Klima, Tier- und Pflanzenwelt sowie Geschichte des Tals, Sie sollten auch die Gelegenheit nutzen, sich abzukühlen. Zudem müssen Sie hier den Eintritt berappen, falls Sie dies noch nicht am Kassenautomat in Stovepipe Wells erledigt haben.

Obligatorisch ist der kurze Marsch zur Aussichtsplattform am **Zabriskie Point**. Von dort haben Sie einen phänomenalen Blick über eine bizarre, zerfurchte Landschaft, die von Temperaturschwankungen, Wind und vor allem von abfließendem Wasser geschaffen wurde.

Wenn Klima, Zeit und Kondition es zulassen, fahren Sie eine südliche

Fast wie in der Sahara: Sanddünen bei Stovepipe Wells

85,5 Meter unter NN und damit tiefster Punkt der USA: Badwater Basin im Death Valley

Schleife zum Aussichtspunkt **Dante's View**; von dort können Sie das gesamte Tal überblicken. In über 1600 Metern Höhe weht Ihnen ein erfeulich frischer Wind um die Nase, der Blick über das Badwater Basin tief unter Ihnen (86 Meter unter NN) und auf den Telescope Peak vis-à-vis (3366 Meter) sind wirklich beeindruckend.

Auch ein kurzer Fotostopp an **Devil's Golf Course** mit seinen scharfkantigen Salzkrusten und -türmchen und eine Weiterfahrt zum eben genannten **Badwater Basin**, dem tiefsten Punkt der USA, ist zu empfehlen, wieder voraus-gesetzt, die Hitze und Ihre Kondition lassen es zu. Schauen Sie bei Badwater links auf die Bergwand: Hoch über der Straße sehen Sie eine Tafel, die auf die Meereshöhe hinweist. Am Rückweg sollten Sie noch die kleine Einbahnstraßenschleife entlang der Gesteinsformation **Artists Palette** fahren, deren Felsen durch die Oxidation von Metallen, die in den Black Mountains vorkommen, in unterschiedlichen Farben leuchten.

Zurück in der Furnace Creek Ranch können Sie sich stärken und abkühlen, im dazugehörigen Motel auch übernachten. Sollten Sie diese zusätzliche

Übernachtung einbauen können, versäumen Sie nicht, sich in der Nacht noch einmal auf den Weg zu machen. Das ist die richtige Zeit, um die Tierwelt des Tals zu entdecken; und eine Wanderung am Zabriskie Point bei Vollmond hat etwas Mystisches.

Sie verlassen das Tal des Todes über den Townes Pass. Ein paar Kilometer hinter dem Pass liegt **Panamint Springs**, wo ein kleines Resort mit Tankstelle und Cafeteria zu einer Pause einlädt. Nach dieser Stärkung geht es der untergehenden Sonne entgegen. Sie erklimmen auf kurvenreicher Strecke das Darwin Plateau und überqueren die Malpais Mesa, eine ausgesprochen karge, aber auch sehr schöne Hochebene. Der Highway 190 Richtung Westen gehört zu den Traumstrecken, vor allem abends, wenn die Schatten länger werden. Dem Highway 136 folgend geht es über Keeler nach Lone Pine. Zu den schneebedeckten Gipfeln, die dem kleinen Ort als Kulisse dienen, gehört auch der Mount Whitney. Mit 4418 Metern ist es der höchste Berg der USA, zumindest der Lower-48-Staaten (das sind alle 48 Staaten ohne Alaska und Hawaii). Es ist schon erstaunlich, hat man doch noch vor wenigen Stunden am tiefsten Punkt des Kontinents geschwitzt.

Lone Pine ist ein netter kleiner Ort, der hauptsächlich vom Tourismus lebt.

Zwischen Death Valley und Lone Pine

Zudem diente er dank seiner grandiosen Lage und Umgebung häufig als Drehort für Western. Dem trägt das kleine Film History Museum Rechnung. Hier erwarten Sie übrigens nicht nur topografische, sondern auch (unvermutete) kulinarische Höhepunkte. Das Season's Restaurant gehört zum Feinsten, was der Wilde Westen zu bieten hat. Immer wieder findet es einen Platz auf den Spitzenrängen der »Best of California«-Listen – zuletzt des California Beef Council. Ihr Urteil: Die Steaks sind so zart und saftig, dass selbst Vegetarier in Versuchung geraten könnten. Dazu gibt es sehr edle Tropfen aus kalifornischen Kellereien. In Jake's **Saloon** schräg gegenüber lässt sich der Abend dann bei einem frisch gezapften Bier und einer Partie Billard oder Shuffleboard entspannt ausklingen.

Bizarre Schönheit: Aussichtspunkt Zabriskie Point im Death Valley

4 Service & Tipps

⊠ **Denny's Restaurant**
104 N. China Lake Blvd.
Ridgecrest, CA 93555
✆ (760) 375-5572
Tägl. rund um die Uhr geöffnet
Klassisches *American breakfast*. $–$$

⊠ **Death Valley National Park**
Furnace Creek Visitor Center (SR 190)
Death Valley, CA 92328
✆ (760) 786-3200, www.nps.gov/deva
Tägl. 9–18 Uhr, Eintritt $ 10
Seit 1933 Nationalpark, mit einer Fläche
von 13 600 km² der heißeste und trockenste
Punkt der USA. Er besticht durch karge und
raue Schönheit. Fast alle Sehenswürdigkeiten sind durch gute Straßen erschlossen. Die
landschaftliche Palette reicht von verkruste-
ten Salzebenen, Sanddünen und vielfarbigen Felsen in oft bizarren Formationen bis
hin zum 3366 m hohen Telescope Peak.

⊠⊠⊠ **Stovepipe Wells General Store &
Gas Station**
Highway 190, P. O. Box 559
Death Valley, CA 92328

✆ (760) 786-2387, www.stovepipewells.com
Willkommene erste Abkühlung auf der Fahrt
ins Tal des Todes. Wer tanken muss, findet
hier nur Normalbenzin, Super gibt es erst in
Furnace Creek.

⊙⊞ **Scotty's Castle & the Gas House
Museum**
123 Scottys Castle Rd.
Death Valley, CA 92328
✆ (760) 786-2392, www.nps.gov/deva/
historyculture/scottys-castle.htm
Touren tägl. 9.30–16 Uhr (Gelände schließt
eine Stunde nach Beginn der letzten Tour)
Eintritt Erwachsene $ 11, Senioren $ 9, Kin-
der (5–15 Jahre) $ 6
Winterdomizil des Versicherungsmagnaten
Albert Johnson, der das warme Klima im
Tal des Todes zu schätzen wusste. Verwaltet
wurde das Anwesen von Johnson's raubei-
nigem Freund Walter Scott. Der erzählte
Besuchern gern, dass das Schlösschen, das
eher einer Villa im spanischen Stil gleicht,
sein Eigen sei, wodurch es schnell zu seinem
Namen kam. Immerhin 100 000 Besucher im
Jahr nehmen Scotty's Castle in Augenschein.

⊠⊠ **Furnace Creek Ranch**
Hwy. 190, Death Valley, CA 92328

Die Felsen entlang des Artist's Drive leuchten vor allem in der Abendsonne vielfarbig

✆ (760) 786-2345
www.furnacecreekresort.com
Café: Okt.–Mai 7–10.45 und 11.30–21, Mai–
Okt. 11.30–21 Uhr
Restaurant: Okt.–Mai 17.30–21, Mai–Okt.
18.30–22 Uhr, Saloon: tägl. 11–24 Uhr
Touristischer Rummelplatz und auch kuli-
narisch nicht unbedingt eine Offenbarung,
aber alternativlos. Hier macht wohl jeder
Death-Valley-Reisende Station. 49er-Café
($–$$), Wrangler Steakhouse ($$$).

◉ Zabriskie Point
S 190, Death Valley National Park
Aussichtspunkt in der Nähe von Furnace
Creek, benannt nach Christian B. Zabriskie,
dem Geschäftsführer der Pacific Coast Bo-
rax Company, die hier den Abbau von Borax
betrieb.

◉ Dante's View
Am Ende der Dante's View Rd.
Death Valley National Park
Aussichtspunkt in ca. 1670 m Höhe; er gehört
zu den Black Mountains. Blick u.a. auf den
Salzsee Badwater.

◉ Devil's Golf Course und Badwater
S 178, Death Valley National Park
Zwei ausgetrocknete Salzseen. Badwater ist
der tiefste Punkt der USA (85,5 Meter unter
NN).

⊟⊠☖ Panamint Springs Resort
40440 Hwy. 190, Death Valley, CA 92328
✆ (775) 482-7680 oder (866) 875-8456
www.deathvalley.com/psr
Der netteste Platz für eine Pause in der Ge-
gend des Death Valley. Wer in einer der Ca-
bins übernachtet, hat Gelegenheit, die Bar
mit über 100 Biersorten zu besuchen. Gutes
Frühstück auf der Veranda. $$–$$$

ℹ Lone Pine Chamber of Commerce
120 S. Main St., Lone Pine, CA 93545
✆ (760) 876-4444, www.lonepinechamber.org

🏛 Lone Pine Film History Museum
701 S. Main St., Lone Pine, CA 93545
✆ (760) 876-9909
www.lonepinefilmhistorymuseum.org
Mo–Mi 10–18, Do–Sa 10–19, So 10–16 Uhr
Eintritt $ 5, Kinder unter 12 Jahren frei
Filmgeschichte von Lone Pine, des Death
Valley und der Eastern Sierra.

Motel in Lone Pine

⊠ Season's Restaurant
206 S. Main St., Lone Pine, CA 93545
✆ (760) 876-8927
Sommer tägl. 17–22, Winter Mo–Sa 17–21
Uhr, Reservierung empfohlen
Kulinarische Top-Adresse auf dieser Tour. Die
Steaks sind ein Traum, und die Weinkarte
kann sich auch in mondänerer Umgebung
sehen lassen. Das Restaurant taucht immer
wieder auf den Empfehlungslisten von Fein-
schmeckerzeitschriften und kulinarischen
Publikationen auf. $$$

⊟⊞ Jake's Saloon
119 N. Main St., Lone Pine, CA 93545
✆ (760) 876-5765
Tägl. geöffnet
Saloon mit Wildwestatmosphäre schräg gegenüber dem Season's Restaurant. Es geht
vor allem am Wochenende rau und laut zu.
Die Musikbox spielt Rock-Klassiker, für Abwechslung sorgen Billard und Shuffleboard.
Neben Locals aus der weiteren Umgebung
stellen Touristen auf der Durchreise ins
Death Valley oder zum Yosemite National
Park das Gros der Besucher.

🛏 In Lone Pine gibt es eine ganze Reihe an
Motels. Zentral und beliebt ist:

🛏 Dow Villa Motel
310 S. Main St., Lone Pine, CA 93545
✆ (760) 876-5521
www.dowvillamotel.com
Inmitten von Lone Pine mit grandiosem Blick
auf Mount Whitney. $$–$$$ ❀

79

5 Mondlandschaft und schneebedeckte Berge

Mono Lake und Sierra Nevada

5. Tag: Lone Pine – El Portal (354 km/220 mi)

km/mi	Route
0	Von **Lone Pine** auf Hwy. 395 N über Independence und Big Pine nach
93/58	**Bishop** (tanken), dort auf Hwy. 6 N nach Benton. Links auf Hwy. 120 W nach
154/96	**Benton Hot Springs** (evtl. Badepause). Weiter Richtung **Mono Lake**, rechts der Beschilderung zu
216/134	**South Tufa** folgen (ca. 1 Meile Schotterpiste, Pause). Über Hwy. 395 nach **Lee Vining** (tanken und Stärkung) und dann zurück zum Hwy. 120 W (Tioga Pass Rd.) und diesem folgen bis zum
243/151	**Tioga Pass** im **Yosemite National Park**. Weiter auf Hwy. 120 W vorbei am **Olmsted Point** bis
319/198	**Crane Flat** (Tankstelle). Anschließend auf Big Oak Rd. und dann rechts auf Hwy. 140 bis zur
354/220	Cedar Lodge in **El Portal**.

Bitte beachten Sie, dass der **Tioga Pass** im Winter, also von Oktober bis Mai (variabel) geschlossen ist. Weitere Infos zu Zustand und genauen Öffnungszeiten erhalten Sie unter: www.nps.gov (Suche: Tioga Pass). Wenn über den Tioga Pass noch eine Wintersperre verhängt ist, sind die Alternativen recht rar gesät. Im Süden führt der nächste Weg über die Sierra auf dem Highway 178, der in der Regel das ganze Jahr befahrbar ist. Im Norden bietet sich der Sonora Pass (Highway 108) an. Türmt sich auch dort noch der Schnee, dann geht es via Highway 89 oder Highway 50 Richtung Westen.

Alternativrouten

Wenn Sie in Bishop auf dem Highway 395 bleiben und so die Schleife über Benton, Benton Hot Springs und den Highway 120 aussparen (im Winter ist der Highway ab Benton Hot Springs gesperrt), können Sie einen Abstecher nach **Mammoth Lakes** und zum **June Lake** einplanen, um etwas Abwechslung zur relativen Monotonie der vierspurigen Straße zu haben. Mammoth Lakes ist eines der beliebtesten Wintersportgebiete in Kalifornien, im Sommer locken viele kleine Bergseen in der Umgebung. Die Gegend ist ein Eldorado für Mountainbiker. Der **June Lake Loop** führt nicht nur am June Lake, sondern auch noch am Gull Lake, Silver Lake und Grant Lake vorbei – allesamt kristallklare Bergseen in gewaltiger Kulisse (vgl. auch S. 131).

Falls Sie ein Freund alter Ghost Towns sind, so ist ein weiterer kleiner Abstecher anzuraten. Etwa 15 Meilen nördlich von Lee Vining zweigt eine kleine Straße nach **Bodie** ab (vgl. auch S. 129 f.). Die letzten Meilen sind Schotterpiste, aber

Lohnenswert: Abstecher nach Bodie

gut zu fahren. Das Besondere an Bodie ist, dass weder Kitsch noch Kommerz die Atmosphäre trüben. Während des Goldrauschs hatte Bodie 8000 Einwohner, 65 Saloons und eine Chinatown mit Rotlichtbezirk. Als die Minen versiegten, nahm Ende des 19. Jahrhunderts die Einwohnerzahl rapide ab. In den 1940er-Jahren verließen die Letzten den Ort und besiegelten Bodies Schicksal als Geisterstadt. Fahren Sie mit mindestens hundert Bildern mehr auf der Speicherkarte und etwa 60 Meilen mehr auf dem Tacho zurück nach Lee Vining, von wo Sie dem Highway 120 weiter auf seinem Weg Richtung Westen folgen.

Über allzu große Hitze wird sich am heutigen Tag wahrscheinlich niemand beklagen. Im Gegenteil, in den frühen Morgenstunden kann es in **Lone Pine** sogar empfindlich kühl werden. Immerhin befinden Sie sich bereits in 1200 Metern Höhe und werden im Laufe des Tages stetig höher in die Sierra Nevada klettern. Zunächst geht's entlang des Highways 395 Richtung Norden. Wenn auch die Straße nicht umwerfend ist – breit, gradlinig und vergleichsweise stark befahren –, so ist die Gegend doch wunderschön. Nach einer Viertelstunde erreichen Sie **Independence** mit seinem auffälligen Gerichtsgebäude, bereits dem vierten, das an dieser Stelle steht, nachdem seine drei Vorgänger binnen weniger Jahre durch Erdbeben, Feuer und der Notwendigkeit für ein größeres dem Erdboden gleichgemacht worden sind. Eine halbe Stunde später sind Sie in Big Pine, und ist die erste Stunde rum, rollen Sie bereits in **Bishop** ein und haben den unspektakulären Teil der Tagesetappe hinter sich. Freunde hei-

In den Sommerferien und an langen Wochenenden ist der **Yosemite National Park** wegen seiner relativen Nähe zu Los Angeles und San Francisco ziemlich überlaufen. Manchmal wird er dann schon vormittags wegen Überfüllung geschlossen. Meist sind zwar nur die Parkplätze überfüllt und Sie, wenn Sie ein paar Minuten zu Fuß gehen, wieder allein mit der Natur, aber versuchen Sie nach Möglichkeit, die Wochenenden in der Hochsaison zu vermeiden oder so früh wie möglich an der Eingangsstation zu sein.

ßer Mineralquellen haben bereits auf dem Weg nach Bishop immer wieder Gelegenheit für ein Bad: Einige Quellen sind links der Straße ausgeschildert.

Vergessen Sie nicht, in Bishop noch einmal vollzutanken, die nächste Tankgelegenheit bietet sich erst in 80 Meilen. Verlassen Sie den Highway 395 in der lang gezogenen Linkskurve nach dem Ortskern von Bishop und folgen Sie nun dem Highway 6 durch das weite, landwirtschaftlich genutzte Tal nach **Benton**. Hier beginnt der Highway 120 und mit ihm der Motorradspaß.

In den **Benton Hot Springs** haben Sie die Möglichkeit, für ein paar Dollar die Zeit zurückzudrehen und sich wie ein Cowboy zu fühlen. In Pools und Wannen können Sie den Staub der Straße abwaschen und die müden Knochen entspannen, so wie es hier schon vor mehr als hundert Jahren die Cowboys (mitsamt ihrer Pferde) taten. Die Wassertemperatur in den insgesamt neun *tubs,* von denen vier aus Holz sind, kann reguliert werden. Eine Reservierung ist empfehlenswert.

Direkt nach den heißen Quellen beginnt eine Traumstrecke. Schön kurvig zieht sich der Highway 120 auf die karge Hochebene des Adobe Valley. Auf etwa 70 Kilometern können Sie die unglaubliche Weite des Landes im wahrsten Sinn des Wortes erfahren – unberührtes Land, gesäumt von kargen Bergrücken, soweit das Auge reicht. Keine Siedlung, keine Farm, noch nicht mal die sonst allgegenwärtigen Strommasten trüben das Bild. Bald werden die Kurven abgelöst von nicht enden wollenden, eng aufeinanderfolgenden *dips* (Bodenwellen), die die Motorräder scheinbar verschlucken und auf der Kuppe kurz ausspucken, um sie gleich wieder verschwinden zu lassen. Eine Achterbahn ist nichts dagegen. Wenn Sie eine Videokamera dabeihaben, dann ist hier der richtige Ort, um sie zum Einsatz zu bringen.

Ist kein Warnschild vorhanden, führt die Straße nach einem *dip* geradeaus weiter. Das ist gut zu wissen, denn bei der Fahrt auf die Kuppe ist der weite Himmel der einzige, nicht besonders hilfreiche Anhaltspunkt. Man hat das Gefühl, ins Nichts zu fahren und abzuheben, bevor sich die Straße wieder vor einem auftut. Die tiefsten Bodenwellen wurden im Jahr 2008 leider von der Straßenbaubehörde entschärft, viele der Kuppen einfach abgesprengt, aber Spaß macht die Strecke noch immer. Weiter geht es schnurgerade durch das Hochtal, gesäumt von kargen Bergen.

Etwa fünf Meilen bevor der Highway 120 auf Highway 395 trifft, zweigt rechts eine kurze Schotterstraße ab, die mit »South Tufa« beschildert ist. Tufa heißen die bizarren Formationen aus Kalktuffstein, die man am und im **Mono Lake** sieht. Der etwa 45-minütige Rundgang an dem Salzsee ist schön und auch lehrreich. Das Display an der kleinen Ranger-Station gibt Auskunft über Geologie, Hydrologie und Fauna dieses auf der Welt einmaligen Ökosystems, das leider durch den unerbittlichen Durst der Metropolen Las Vegas und Los Angeles während der letzten Jahre stark ins Schwanken geraten ist. Viele

Aktivitäten kalifornischer Umweltgruppen sind dem Erhalt des Mono Lake gewidmet.

Wieder auf dem Highway 395 finden Sie einige Kilometer weiter nördlich in **Lee Vining** Stärkung für sich und Benzin für Ihr Bike: Der Whoa Nellie Deli bietet für einen Tankstellenimbiss ausgesprochen Leckeres und Frisches, der Blick über den Mono Lake ist von hier sehr schön. Wenn Sie einen Besuch in Bodie auf dem Programm haben, dann müssen Sie sich in Lee Vining vorübergehend von der hier beschriebenen Strecke verabschieden.

Alle anderen klettern nun in sanften Kurven über die Tioga Pass Road gen Westen und – ohne es recht zu merken – immer höher. Nach etwa zehn Meilen erreichen Sie den **Tioga Pass**, der auf immerhin knapp 3030 Metern Höhe liegt, wo sich auch die Eingangsstation zum **Yosemite National Park** befindet

(sprich: josémiti). Wenn Sie keinen National Park Pass besitzen, der für eine Jahresgebühr zum Eintritt in alle Nationalparks des Landes berechtigt, heben Sie Ihre Eintrittskarte gut auf, denn die brauchen Sie noch. Auch die Landkarte, die Sie vom Ranger bekommen, wird Ihnen noch gute Dienste leisten. Die Infobroschüre zum Park erhält man vom Ranger auf Nachfrage übrigens auch auf Deutsch.

Der Yosemite National Park gehört mit jährlich etwa vier Millionen Besuchern zu den beliebtesten Ausflugszielen der Amerikaner. Das hat er neben seiner unbestreitbar atemberaubenden Natur auch seiner guten Erreichbarkeit von San Francisco und Los Angeles zu verdanken. Der Park erstreckt sich auf einer Fläche von über 3000 Quadratkilometern in der Sierra Nevada. Seit 1984 genießt er den Status eines UNESCO-Weltnaturerbes. Hauptanzie-

Salzstangen im Abendlicht: Mono Lake

Der Half Dome ist inoffizielles Wahrzeichen des Yosemite National Park

hungspunkt ist das Yosemite Valley, das an Sommerwochenenden schon mal wegen Überfüllung geschlossen sein kann. Steil in den Himmel ragende Granitwände, von denen sich zahlreiche Wasserfälle vor allem im Frühling tosend in die Tiefe stürzen, eine imposante Hochgebirgslandschaft sowie die Riesemammutbäume, die sich im Süden und Westen des Parks gen Himmel recken, verleihen dem Yosemite ein äußerst abwechslungsreiches Gesicht.

Bereits 1890 wurde Yosemite zum Nationalpark ernannt und war somit nach dem Yellowstone der zweite Nationalpark der USA. Seinen Namen verdankt er einem mit den Paiute-Indianern verwandten Stamm, der einst das Yosemite Valley besiedelte. Seit über 150 Jahren wird der Park nun von Touristen besucht, und etwa genauso lange versuchen Ranger und Naturschützer mit schwankendem Erfolg, deren Einfluss auf das natürliche Gleichgewicht in Grenzen zu halten.

Neben Meister Petz, auf dessen Anwesenheit auf unzähligen Warntafeln hingewiesen wird, haben auch Luchs, Fuchs, Stinktier, Waschbär, Murmeltier, Koyote, Hirsch, Streifenhörnchen und zahlreiche Vögel hier ihr Zuhause. Wer mehr von der beeindruckenden Natur des Parks mitbekommen will, sollte sein Motorrad auch einmal stehen lassen und sich etwas von den Aussichtspunkten und Hauptstraßen entfernen. Der Park wird von einem weit über 1000 Kilometer langen Wanderwegnetz durchzogen; Gelegenheit für einen Spaziergang oder eine Wanderung gibt es also genug.

Vorbei an Seen und Felswänden, an denen Freeclimber klettern, erreichen Sie nach dem Tioga Pass die **Tuolumne Meadows**. Vor allem im Frühjahr bilden die Almwiesen des subalpinen Hochmoors ein wahres Blütenmeer. Hier gibt es auch ein kleines Visitor Center, eine Tankstelle und ein Restaurant. Den nächsten kurzen Stopp werden Sie vermutlich am malerischen **Lake Tenaya** mit seinem kristallklaren Wasser einlegen. Verpassen Sie nicht den **Olmsted Point**, einen Aussichtspunkt in einer Rechtskurve, den Sie am vergleichsweise großen Parkplatz erkennen. Von hier haben Sie einen schönen Blick über die Gipfel der Sierra Nevada und den markanten **Half Dome** (vgl. Foto S. 80 o.), einen halbkugelförmigen Berg, der nicht nur beliebtes Fotomotiv und Ziel vieler Kletterer, sondern auch so etwas wie das inoffizielle Wahrzeichen des Yosemite National Parks ist. Seine charakteristische Form verdankt er Frostsprengungen.

Langsam schraubt sich nun die Straße wieder hinunter. Nach Crane Flat, wo es noch einmal eine Tankstelle gibt, haben Sie auf der Big Oak Road schließlich von der kleinen Parkbucht hinter den Tunnels einen guten Überblick über das Yosemite-Tal. Wenn Sie diese verpasst haben, ist das kein Dilemma, denn Sie haben morgen noch ausgiebig Gelegenheit, das Tal in seiner ganzen Schönheit zu bewundern.

Am Talboden biegen Sie rechts auf den Highway 140, zumindest wenn Sie als Etappenziel **El Portal** gewählt haben. Der kleine Ort befindet sich kurz hinter dem westlichen Eingang zum Park, dem Arch Rock Entrance. Die zwei guten Lodges Yosemite View Lodge und Cedar Lodge vor Ort sind am Wochenende und in der Hochsaison regelmäßig ausgebucht, Sie sollten also besser eine Reservierungsbestätigung in der Tasche haben. Kurz nach dem kleinen General Store wird der Merced River zu einem Pool von beachtlicher Größe gestaut. Sie können also die Motorradklamotten gegen Badesachen tauschen – besser als jede Dusche! Camper finden neben der Cedar Lodge einen einfachen Campground.

Kurvenreiches Biken im Yosemite Valley

Der kristallklare Lake Tenaya

5 Service & Tipps

🏛 🎭 Owens Valley Paiute-Shoshone Cultural Center
2300 W. Line St. (Hwy. 168)
Bishop, CA 93514
✆ (760) 873-4478
Mo–Fr 9–17 Uhr
Spenden willkommen
Die Paiute-Indianer geben Auskunft über ihren regionalen Stamm.

🍽 Erick Schat's Bakkery
763 N. Main St.
Bishop, CA 93514

✆ (760) 873-7156
www.erickschatsbakery.com
In den USA gibt es alles – außer vernünftiges Brot: Das mag im Allgemeinen zutreffen, aber Schat's Bäckerei belehrt einen eines Besseren. Zudem gehen leckere Sandwiches und sündhaft gute süße Stückchen über den Tresen. Guter Ort für ein erstes oder zweites Frühstück. $

🛏 🏊 🛌 Benton Hot Springs
55137 Hwy. 120
Benton, CA 93512
✆ (760) 933-2287
www.historicbentonhotsprings.com
Tägl. 10–17 Uhr

Tuolumne Meadows: größtes subalpines Hochmoor der Sierra-Kette auf fast 3000 Metern

Eintritt ab $ 10 pro Stunde, Tagespass $ 25
Neun Pools *(tubs)* mit regulierbarer Wassertemperatur, in denen man sich in Cowboymanier den Staub der Straße abspülen kann. Zu jedem Tub steht eine Feuerstelle, ein Picknicktisch und ein Zeltplatz zur Verfügung. Übernachtung möglich. Reservierung empfohlen.

ℹ Lee Vining
☎ (760) 647-6629
www.leevining.com

🗺👁 Mono Lake Tufa State Reserve
Ab SR 120, 5 Meilen östl. US 395
Lee Vining, CA 93541
☎ (760) 647-6331
www.parks.ca.gov/?page_id=514
Eintritt $ 3
Ein kurzer empfehlenswerter Spaziergang (45-min. Rundweg) zu den bizarren Tuffsteinformationen, »Tufas«, des Salzsees.

✗ Whoa Nellie Deli
22 Vista Point Rd., Lee Vining, CA 93541
☎ (760) 647-1088
www.whoanelliedeli.com
Tägl. 7–21 Uhr
Tankstellenimbiss mit Blick über den Mono Lake und mit frischen Sandwiches. $

👁 Bodie State Historic Park
SR 270, Bridgeport, CA 93517
☎ (760) 647-6445
www.parks.ca.gov/?page_id=509
Ganzjährig geöffnet, im Sommer 8–18, im Winter 10–15 Uhr
Eintritt $ 7, Kinder (6–16) $ 5, unter 5 Jahre Eintritt frei
Kein Goldgräber-Disneyland, sondern sehr authentische Ghost Town. Da Bodie schon lange ein State Park ist, gibt es hier keinen unpassenden Rummel. Zudem versucht man, die Stadt im Stadium des Verfalls zu konservieren. Eine großartige Berglandschaft umgibt die Stadt.

🏔 Yosemite National Park
Yosemite, CA 95389
☎ (209) 372-0200
www.nps.gov/yose
Ganzjährig geöffnet, Tioga Pass und Glacier Point Road im Winter (meist von Mitte Nov. bis Ende Mai oder Anfang Juni) wegen Schnee nicht passierbar

Bärensicherer Abfallbehälter

Eintritt $ 10
Nicht ohne Grund einer der beliebtesten National Parks. Hier ist alles etwas größer: die Felswände, die Wasserfälle und die Bäume – grandios. Bärenwarnungen sollte man ernst nehmen, es gibt jedes Jahr über 500 Zwischenfälle. Unter der o. a. Telefonnummer kann man sich auch über die aktuellen Straßenbedingungen informieren.

Highlights entlang der Route: **Tioga Pass**, die höchste Passstraße Kaliforniens, **Tuolumne Meadows**, ein subalpines Hochmoor, und **Lake Tenaya**, ein durch den Tuolumne-Gletscher gebildeter See.

🛏 Cedar Lodge
9966 Hwy. 140, El Portal, CA 95318
☎ (888) 742-4371 (kostenlos) und
(209) 379-2612
www.stayyosemitecedarlodge.com
Komfortable Lodge unter derselben Verwaltung wie die Yosemite View Lodge, aber einen Tick einfacher, günstiger und auch ein paar Meilen weiter vom Parkeingang entfernt.
$$$

🛏 Yosemite View Lodge
11136 Hwy. 140
El Portal, CA 95318
☎ (888) 742-4371 (kostenlos) und
(209) 379-2681
www.stayyosemiteviewlodge.com
Gute und große Touristenunterkunft, die weniger durch Charme und Ambiente als vielmehr durch gute Ausstattung und die günstige Lage zum Yosemite besticht.
$$$–$$$$ ❇

6 Im Park der Superlative
Yosemite National Park

6. Tag: Tour durch den Yosemite National Park (214 km/133 mi)

km/mi	Route
0	In **El Portal** auf dem Hwy. 140 E in den **Yosemite N. P.** Auf der 41 S zum
26/16	**Tunnel** (Aussichtspunkt), weiter auf der 41 S und links abbiegen auf die Glacier Point Rd. Auf dieser entlang bis zum
63/39	**Glacier Point** (Pause und Spaziergang zur Aussichtsplattform) Wieder auf der 41 S südlich fahren und links abbiegen auf die
124/77	Mariposa Grove Rd. bis zum **Mariposa Grove** (Rundgang). Auf 41 N zurück ins
174/108	Yosemite Valley und Abstecher zu den **Bridalveil Falls**, dann rechts auf den Valley Loop (Hwy. 140), vorbei an **Curry Village** (Restaurant, Shops), **Yosemite Village** (Visitor Center, Shops) und **El Capitan**, danach auf Hwy. 140 W zurück zur
214/133	Cedar Lodge in **El Portal**.

Yosemite ist Bärenland – an die Regeln sollte man sich halten

Wenn Sie in den Yosemite National Park kommen, erkundigen Sie sich nach **Straßenzustand** und eventuellen **Streckensperrungen**. Vor allem die Straße zum Glacier Point ist oft bis in den Juni hinein wegen Schnee gesperrt. Und achten Sie auf die Speed Limits – die Ranger kontrollieren viel und diskutieren wenig.

Nehmen Sie sich an der Eingangsstation zum Park kurz Zeit, um die »Bärenregeln« durchzulesen. Jedes Jahr gibt es im Yosemite über 500 Zwischenfälle mit Bären, die zum Glück meist glimpflich ausgehen; aber eine duftende Brotzeit in der Lederpacktasche ist sicher keine besonders gute Idee.

Mindestens einen Tag benötigen Sie, um die Schönheit und Vielfalt des **Yosemite National Parks** zu entdecken, des meistbesuchten Parks mit den ältesten und größten Bäumen, den höchsten Wasserfällen und den höchsten Felswänden in den USA. Haben Sie mehr Zeit, umso besser. Für die meisten ist das aber wahrscheinlich schwer zu realisieren. Darum hier ein Vorschlag für einen eintägigen Aufenthalt, der die Hauptattraktionen des Parks abdeckt.

Durch das Tal führt der Valley Loop, von dem Sie zunächst rechts auf den Highway 41 abbiegen und diesem bis zum großen Parkplatz direkt vor dem

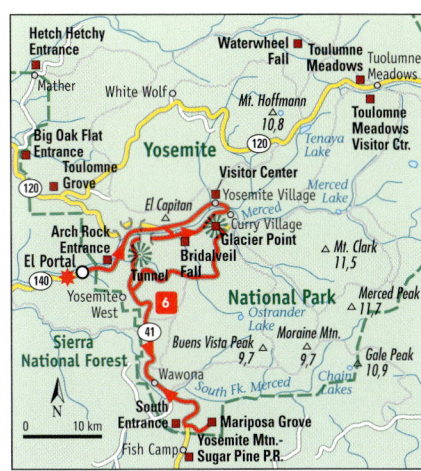

Die Granitwände des El Capitan säumen das Tal des Merced River im Yosemite Valley

Tunnel folgen. Ein kurzer Stopp hier ist trotz des Trubels obligatorisch, denn einen besseren Blick über das Yosemite Valley werden Sie ohne längere Fußmärsche nicht bekommen.

Ein paar Kilometer weiter südlich zweigt links die **Glacier Point Road** ab und führt auf 25 kurvigen Meilen zum gleichnamigen Aussichtspunkt. Wenn Sie Ihr Bike parken und die wenigen hundert Meter zum View Point gehen, werden Sie mit einem großartigen Ausblick auf die Sierra, den Half Dome, die Yosemite Falls und das unter Ihnen liegende Yosemite Valley belohnt. Im Laden gibt es Souvenirs und kleine Snacks, auf die auch die frechen Streifenhörnchen scharf sind, die die Aussichtsplat-

Rückt die Dimensionen zurecht: der Grizzly Giant im Mariposa Grove

formen besiedeln. Füttern Sie die niedlichen kleinen Gesellen bitte nicht, Sie tun ihnen damit keinen Gefallen.

Nachdem Sie denselben Weg, den Sie heraufgekommen sind, mangels Alternative wieder zurückgefahren sind, folgen Sie dem Highway 41 weiter Richtung Süden. Am südlichen Ende des Parks liegt die **Mariposa Grove**. Ein kleiner, in der Länge variabler Rundweg führt hier durch einen Wald von Giant Sequoias, uralten Baumriesen, in deren Schatten man sich plötzlich sehr klein fühlt. Für diejenigen, die nicht so gut zu Fuß sind, gibt es auch eine Touristen-Bimmelbahn, die allerdings nicht so recht in die majestätische Natur passen will. Fahren Sie anschließend wieder zurück ins Yosemite Valley.

Kurz nach dem schon bekannten Tunnelparkplatz können Sie noch einen kleinen Abstecher zu den **Bridalveil Falls** machen. Die sind zwar nicht ganz so imposant wie die Yosemite oder Vernal Falls, dafür können Sie aber ohne Aufwand direkt am Fuß der Wasserfälle spazieren. Der Rundweg ab dem Parkplatz ist ca. 800 Meter lang. Den Fotoapparat sollten Sie allerdings wasserdicht verpacken.

Nach wenigen hundert Metern auf dem Valley Loop (Hwy. 140) haben Sie einen guten Blick auf **El Capitan**, den höchsten, frei stehenden Monolithen der Erde und Pilgerstätte mit Kultstatus für Freeclimber aus aller Welt. Wenn Sie durch ein Fernglas schauen, können Sie mit Glück Biwaks in schwindelerregender Höhe erkennen.

Nun erreichen Sie **Curry Village**, wo es alles gibt, was das Touristenherz höher schlagen lässt. Cabins, Restaurants, einen kleinen Supermarkt, ein Sportgeschäft, Souvenirs und natürlich den unvermeidlichen Trubel. Wenn Sie eine Wanderung planen, können Sie hier einen der kostenlosen Shuttlebusse besteigen, der Sie zu den Trailheads bringt.

Atemberaubender Panoramablick vom Glacier Point

Das **Visitor Center,** etwas weiter im Yosemite Village gelegen, versorgt einen mit umfassenden Informationen. Dort kann es aber selbst mit dem Motorrad schwierig werden, einen Parkplatz zu finden. Die Shuttlebusse vom Curry Village steuern jedoch auch das Visitor Center an. Auf dem Rückweg passieren Sie die **Yosemite Falls** und kommen noch einmal ganz nahe am El Capitan vorbei – bevor Sie den Park wieder verlassen.

Am Abend in der Lodge beschleicht einen die Erkenntnis, dass ein Tag Aufenthalt der Schönheit und Größe des Parkes nicht gerecht wird. Wer kann, verlängert, wer weiter muss, in dem reift höchstwahrscheinlich der Wunsch, möglichst bald wiederzukommen.

Zusatzprogramm

Wenn Sie zur Abwechslung mal auf Schusters Rappen unterwegs sein möchten, so bieten sich **Wanderungen und Spaziergänge** verschiedener Länge an, etwa:
- zu den **Lower Yosemite Falls** (1,6 km, 30 Minuten),
- zum **Mirror Lake** (3,2 km, inklusive Seeumrundung 8 km; 1 bzw. 2 Stunden),
- zu den **Vernal Falls** (4,8 km, 3 Stunden, ab Happy Isles),
- zu den **Nevada Falls** (8,6 km, 5 bis 6 Stunden, ab Happy Isles),
- zum **Half Dome** (22 bis 24 km, ab Happy Isles).

Informationen und Regeln für den Hike zum Half Dome findet man unter: www.nps.gov/yose/planyourvisit/halfdome.htm.

Service & Tipps

🏔 Yosemite National Park
Informationen zum Eintrittspreis, Übernachtungsmöglichkeiten u. a. finden Sie auf S. 87.

📷 Glacier Point
Via SR 41 (Glacier Point Rd.)
Schon die Anfahrt ist ein Motorradleckerbissen. Von den Aussichtspunkten am Glacier Point tut sich dann ein imposanter Ausblick über das Yosemite Valley, den Half Dome, zahlreiche Wasserfälle und schneebedeckte Gipfel auf.

📷 Mariposa Grove
Via SR 41 (Wawona Rd.)
Ein kurzer Rundwanderweg führt zu den beeindruckendsten Exemplaren der Riesenmammutbäume. Berühmtester Vertreter hier dürfte der etwa 2700 Jahre alte »Grizzly Giant« sein.

✕ 🍴 🏨 🚶 Curry Village
Hier im touristischen Versorgungszentrum des Parks geht es nicht gerade beschaulich zu, dafür gibt es (fast) alles, was das Herz begehrt. Das wissen auch Wasch- und andere Bären, die dem Curry Village deshalb regelmäßig Besuch abstatten. Vor dem Village gibt es einen Großparkplatz, von dem auch die Shuttlebusse durch das Tal und in die für

Auf der Glacier Point Road

den Individualverkehr gesperrten Bereiche fahren. Übernachtung in Holzhütten oder sehr einfachen Zeltkabinen.

ℹ Visitor Center Yosemite Village
Yosemite National Park
✆ (209) 372-0200, www.yosemitepark.com
Tägl. 8.30–17 Uhr
Umfassendsten Infos über den Park sowie sehenswerte Ausstellungen zur Entstehung des Tals und der Sierra Nevada, zur Siedlungsgeschichte und zu Flora und Fauna. Die Parkplatzsituation ist häufig chaotisch – selbst für Motorradfahrer.

📷 🚶 El Capitan
Ein Name, der bei Freeclimbern aus aller Welt Sehnsucht und Ehrfurcht auslöst. Über 70 Kletterrouten führen auf den Fels. Auch bei Base Jumpern erfreute sich der Berg großer Beliebtheit, bis das Springen von der überhängenden Kante durch die Nationalparkverwaltung verboten wurde. Der fast 1000 Meter hohe Monolith wurde vor 100 Millionen Jahren von Gletschern geformt.

📷 🚶 Half Dome
Der markante Granitfelsen ist das Wahrzeichen des Nationalparks. Die Wanderung auf seinen Gipfel ist sehr beliebt, aber ziemlich anstrengend und vom Tal aus in kaum weniger als zehn Stunden zu meistern. Er führt vorbei an den **Vernal Falls** und den **Nevada Falls** und weiter durchs **Little Yosemite Valley**, bevor es mithilfe von Drahtseilen und Trittstufen die letzten 200 Höhenmeter auf den Gipfel geht. Ab 2012 braucht man eine Genehmigung für die Besteigung.

📷 Yosemite Falls
Die höchsten Wasserfälle Nordamerikas. Ein bisschen geschummelt mag das sein, da es sich im Grunde um einen dreigeteilten Fall handelt. Während zu den **Lower Yosemite** Falls ein einfacher asphaltierter Weg führt. Eine eher anstrengende Halbtagestour sollte man dagegen für den Weg zur oberen Kante der **Upper Falls** einplanen. Vor allem im Mai und Juni sind die Fälle beeindruckend, im Sommer und Herbst verkümmern die Yosemite Falls häufig zum Rinnsal. ✦

Die Wanderung zu den Vernal Falls ▷
ist die Anstrengung wert

7 Auf den Spuren der Forty Niners
Westernstädte des Gold Country

7. Tag: El Portal – Bear Valley (216 km/135 mi)

km/mi	Route
0	Von **El Portal** auf Hwy. 140 W nach
37/23	**Mariposa**, dort rechts abbiegen auf Hwy. 49 nach
79/49	**Coulterville** (Pause).
	Anschließend auf Hwy. 49 N über **Chinese Camp** und **Jamestown** nach
126/78	**Sonora** und **Columbia**.
148/92	Weiter auf der Parrotts Ferry Rd. zu den **Moaning Caverns**.
	Auf Hwy. 4 Abstecher nach **Angels Camp** und dann weiter über **Arnold** und **Calaveras Big Tree State Park** nach
216/135	**Bear Valley**.

Alternative
Von **Sonora** können Sie **Angels Camp** auf direktem Weg erreichen, wenn Sie dem Highway 49 folgen.

Die heutige Etappe gehört zum Feinsten, was Kalifornien Motorradfahrern zu bieten hat. Der Kurvenrausch beginnt in **El Portal** und endet erst am Abend. Nach wenigen Meilen werden Sie die beiden Behelfsbrücken überqueren müssen, die Sie an einem riesigen Erdrutsch vorbeileiten. Danach schlängelt sich der Highway 140 durch das enge Tal des Merced River und weiter über die Foothills nach Mariposa.

Mariposa ist das südlichste Goldgräberstädtchen am Highway 49, der Ader durch das Gold Country, und war früher der größte Landkreis in ganz Kalifornien. Heute übernachten viele Besucher des Yosemite National Parks hier. Die Stadtväter geben sich Mühe, das Stadtbild authentisch zu erhalten, und verzichten auf Touristennippes: Es gibt erfreulicherweise weder inszenierte Schießereien noch Fast-Food-Restaurants oder Riesensupermärkte.

Ab Mariposa geht's entlang des Highways 49, der das gesamte Goldgräberland von Nord nach Süd durchquert und der seine Nummerierung/Namensgebung dem Goldrausch von 1849 verdankt. Die Pioniere werden die Forty Niners (49er) genannt; sie standen unter anderem Pate für das bekannte Footballteam aus San Francisco.

In allen Ortschaften entlang des Highways ist die Atmosphäre der Goldrauschära noch lebendig. Die Zeit scheint einfach vor Langem stehen geblieben zu sein. In unzähligen Kurven mäandert die Straße durch die Foothills der Sierra Nevada. Das Verkehrsaufkommen ist gering. Beste Voraussetzungen, um dem Motorradfahrer ein Dauergrinsen aufs Gesicht zu zaubern.

In **Coulterville** zeugen das alte Jeffery Hotel und der Sun Sun Wo's Chinese Store von der bewegten Geschichte der Region. Parken Sie Ihr Bike unter den uralten Bäumen vor dem Hotel und gönnen Sie sich eine Pause an der stilvollen Bar. Der Laden der Familie Sun versorgte ab 1851 die Goldgräber der Region 70 Jahre lang; den hier ansässigen Chinesen diente ein Nebenraum wahrscheinlich als Opiumhöhle. Die Ladeneinrichtung stammt noch aus der Goldgräberzeit.

Vorbei an großen Stauseen und kleinen Westernstädtchen erreichen Sie **Chinese Camp**, das heute nur noch 200 Einwohner zählt. Zur Zeit des Goldrauschs hatten sich etwa 5000 Chinesen angesiedelt, teils Arbeiter der Eisenbahngesellschaft, teils Goldgräber, die hier ihr Glück versuchten.

Weiter geht es nach **Jamestown**, einer netten historischen Goldgräber-

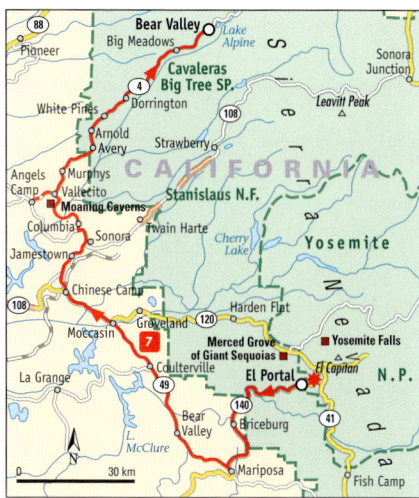

siedlung mit etwa 3000 Einwohnern. Die vielen alten Gebäude auf der Main Street, in denen heute zahlreiche Shops und Cafés untergebracht sind, wirken wie die Kulisse für einen Western. In Jamestown finden Sie auch den einzigen lizenzierten **Harley-Dealer** weit und breit, der nicht nur kleine Schäden am Motorrad kurieren kann, sondern auch mit Souvenir-T-Shirts und dem üb-

Nach Renovierung wiedereröffnet: das Jeffery Hotel in Coulterville

Das betagte Dampfross »Sierra No. 3« der Railtown 1897 in Jamestown

lichen Harley-Schnickschnack aufwartet. Eisenbahnfreunden ist ein Besuch der Railtown 1897 zu empfehlen. Dort können Sie den historischen Lokschuppen besichtigen und am Wochenende (außer im Winter) auch eine Fahrt im originalen Dampfzug genießen.

Nur knapp zehn Meilen hinter Jamestown taucht **Sonora** auf, auch eine ehemalige Goldgräberstadt, die sich gern und nicht zu Unrecht als das Juwel des Gold Country bezeichnet. Die vielen gut erhaltenen, viktorianischen Häuser dienten als Kulisse für den Film »Zurück in die Zukunft III«. Und auch hier gibt

Wer in **Zeitnot** ist, kann die nächste Etappe (Tag 8) an diese dranhängen und an einem langen Motorradtag vom Yosemite zum Lake Tahoe fahren und dann wahrscheinlich eher in South Lake Tahoe übernachten. Motorradspaß und Aufnahmefähigkeit für die Schönheit der Natur leiden dann allerdings müdigkeitsbedingt etwas.

es viele Cafés und Shops, die zu einer ausgedehnten Pause einladen.

Kurz hinter Sonora zweigt die Parrots Ferry Road nach **Columbia** ab. Der Ort wurde 1850 gegründet und hatte zu seiner Blütezeit 20 000 Einwohner. Täglich förderte man Gold im Wert von 100 000 Dollar. Die Beförderung an die Küste übernahm die legendäre Wells Fargo Express Company, die hier gegründet wurde. Mit dem Versiegen der Goldadern sank die Einwohnerzahl rapide. Mitte des 20. Jahrhunderts kaufte der Staat Kalifornien das Areal und errichtete den **Columbia State Park**, was bedeutet, dass die gesamte Altstadt heute ein State Park ist. Wer Columbia besucht, bekommt einen recht authentischen Einblick in das Leben zur Zeit des Goldrauschs. Handwerker arbeiten mit Originalwerkzeugen in den alten Workshops, und vor dem alten Wells-Fargo-Gebäude hält wieder eine Postkutsche.

Abenteuerlustigen bietet sich in den nahe gelegenen **Moaning Caverns** eine besondere Herausforderung. Neben einem gewöhnlichen Besuch über Weg und Wendeltreppe darf man – angeseilt – durch einen engen Kamin in die Decke eines über 50 Meter hohen Domes steigen, um von dort am frei hängenden Seil in die Tiefe hinabzugleiten. Auch für Ungeübte stellt das Ganze kein großes Problem dar, lediglich Personen mit Höhenangst sollten auf dieses Abenteuer verzichten.

Angels Camp ist ebenfalls ein hübsches Goldgräberstädtchen mit viel Western-Atmosphäre. Am Wochenende treffen sich in dem Ort viele Motorradfahrer aus der Bay Area und dem Central Valley, die sich an den Kurven, der Landschaft und dem Klima des Gold Country erfreuen. Von hier zweigt der Highway 4 in die Sierra Nevada ab, auf den auch bald die kleine Straße von den Moaning Caverns mündet. Bevor Sie Gas geben, vergewissern Sie sich, dass die Straße geöffnet ist. Wenn in den Hochlagen des Gebirges noch Schnee

liegt, ist an der Schranke am Lake Alpine Schluss. Gelbe Warnschilder weisen rechtzeitig darauf hin.

Von den goldenen Foothills klettert der Highway 4 immer höher in die Berge. Kurz hinter Arnold befindet sich der **Calaveras Big Trees State Park**, Heimat von mehr als 3000 Jahre alten Baumriesen. Hier gibt's wesentlich weniger Rummel als im Yosemite National Park, deshalb lohnt der Zwischenstopp.

Kurz vor dem **Lake Alpine** wird die Straße deutlich schmaler und gibt Ihnen einen ersten Vorgeschmack auf die kurvenreiche Traumstrecke, die Sie am nächsten Tag erwartet. Die Übernachtungsmöglichkeiten in der Gegend sind nicht gerade zahlreich, dafür aber häufig stilvoll. Neben den schönen Campgrounds im State Park und am Lake Alpine gibt es die komfortable **Bear Valley Lodge** und die urigen Cabins am Lake Alpine. Für all diese Unterkünfte gilt: reservieren, vor allem am Wochenende und in den Sommerferien.

Architektur der Goldgräberzeit: Feuerwehrschuppen in Columbia

7 Service & Tipps

ℹ Mariposa
☎ (866) 425-3366 oder (209) 966-7081
www.homeofyosemite.com

🏛 Coulterville Museum
10301 Hwy. 49
Coulterville, CA 95311
☎ (209) 878-3015
www.coultervillemuseum.org
Mi–So 10–16 Uhr
Im dem kleinen Museum schräg gegenüber dem Jeffery Hotel kann man neben alter Goldgräberausrüstung auch historische Fotografien und alte Waffen bestaunen.

Sonoras Markenzeichen: die St. James-Kirche

🛏 D Jeffery Hotel
5001 Main St., Coulterville, CA 95311
☎ (209) 878-0461
www.hoteljeffery.com
Das Hotel wurde 2011 renoviert. Der alte **Magnolia Saloon** mit seinem riesigen Tresen ist wieder eröffnet. Auch die Zimmer erstrahlen in historischem Glanz, eigener Hausgeist inklusive. Das Haus ist liebevoll dekoriert. Ein ausgesprochen stilvoller Platz für eine Pause.

📷 Railtown 1897 State Historic Park
Jamestown, CA 95327
☎ (209) 984-3953
www.parks.ca.gov/?page_id=491
www.railtown1897.org
April–Okt. tägl. 9.30–16.30, Nov.–März tägl. 10–15 Uhr
Eintritt $ 5, Kinder $ 3
Am ehemaligen Standort der Sierra Railway Company zeugen noch heute eine Schmalspuranlage, historische Gebäude (Bahnhof und Werkstätten) und ein Fuhrpark inklusive Dampflokomotiven von der Bedeutung der Eisenbahn während der Zeiten des Goldrauschs. Die historischen Züge unternehmen touristische Touren.

📷🛍 Jamestown Harley-Davidson
18275 Highway 108
Jamestown, CA 95327
☎ (209) 984-4888
Fax (209) 984-487
www.jamestownhd.com
Ein guter Platz, sich mit Souvenirs einzudecken, die Ausrüstung zu komplettieren oder die Harley auf Vordermann zu bringen. Die nächste Gelegenheit hierfür gibt es erst wieder in Las Vegas.

🎯 Wer seine Erfahrung im Goldgräberland noch authentischer gestalten will, kann in Jamestown unter fachkundiger Anleitung und mit guter Aussicht auf Erfolg **Gold waschen**: Jamestown Gold Prospecting (www.jamestowngoldprospecting.com) oder Gold Prospecting Adventures (www.goldprospecting.com).

ℹ Toulumne County
☎ (209) 532-4212
www.tcchamber.com
www.sonoraca.com

☉⚙☑♔ Columbia State Park
11255 Jackson St., Columbia, CA 95310
✆ (209) 536-1672 oder (209) 588-9128
www.columbiacalifornia.com
Eintritt frei
Zeitreise in die Goldgräberära. Verkäufer und Handwerker gehen ihrer Beschäftigung in Originalkleidung und mit Originalwerkzeugen nach, und ab und zu kommt sogar der Pony Express um die Ecke getrabt. In den historischen Gemäuern der Altstadt sind heute meist Cafés und Souvenirläden untergebracht, die von 10–17 Uhr geöffnet haben, danach ist Columbia ziemlich ausgestorben.

☉✈ Moaning Caverns
5350 Moaning Cave Rd.
Vallecito, CA 95251
✆ (209) 736-2708 oder (866) 762-2837
www.caverntours.com/MoCavRt.htm
Mitte Mai–Mitte Sept. tägl. 9–18, Mitte Sept.–Mitte Mai tägl. 10–17 Uhr
Erwachsene $ 14.75, Kinder $ 7.50, »Rappel« (Abseilen) $ 65
Eine Mischung aus Adventure Park und Naturwunder. Ihren Namen verdankt die Höhle dem stöhnenden, jammernden *(moaning)* Geräusch von herabfallendem Wasser, das durch das Echo aus dem Höhleneingang getragen wird. In der Höhle gab es Funde gut erhaltener Knochen von prähistorischen Menschen. Erkunden lässt sich die Tropfsteinhöhle während einer 45-min. geführten Tour. Spannender ist es aber, sich von der Decke des über 50 m hohen Doms abzuseilen. Nichts für Menschen mit Höhenangst!

⛰ Calaveras Big Trees State Park
Arnold, CA 95223-1196
✆ (209) 795-3840
www.bigtrees.org
Geöffnet von Sonnenauf- bis Sonnenuntergang, Eintritt $ 8
Hier wurden die Mammutbäume 1850 entdeckt. Der Park ist somit die älteste Touristenattraktion in Kalifornien. Etwa 100 Exemplare der uralten Baumriesen entkamen dem Hunger der Sägewerke und können auf einem etwa 45-minütigen Loop Trail besichtigt werden. Stressfreie Variante ohne Bimmelbahn zu den Giant Sequoias im Yosemite National Park.

ℹ Alpine County
✆ (530) 694-2475

Viktorianische Pracht in Jamestown: The Emporium auf der Main Street

www.alpinecounty.com
Auch Infos zu Lake Alpine und Bear Valley.

▬ Dorrington Hotel
3431 Hwy. 4
Dorrington, CA 95223
✆ (209) 795-5800
www.dorringtonhotel.com
Nicht ganz billige, dafür aber sehr stilvolle Übernachtung, die im Jahr 2011 leider die Türen schloss, hoffentlich nicht für immer. Vor der Schließung: $$$

▬ Bear Valley Lodge
3 Bear Valley Rd., Bear Valley, CA 95223
✆ (209) 753-2327
www.bearvalleylodge.com
Im Grunde ein Wintersporthotel, das sich im Sommer mehr und mehr auf Mountainbiker, Kajakfahrer, Wanderer und Kletterer einstellt. Offener Kamin in der großen Lobby, rustikales Ambiente. Die ohnehin recht einfachen Zimmer könnten mal wieder eine Renovierung vertragen. $$–$$$

▬ Lake Alpine Resort
4000 Hwy. 4
Bear Valley, CA 95223
✆ (209) 753-6350
www.lakealpineresort.com
12 Cabins unterschiedlicher Größe und Ausstattung. Restaurant mit Außendeck und kleiner Laden. Der Lake Alpine lädt zu einem Sprung ins kühle Nass. $–$$$$ (Angebot schwankt von Zelt- bis Luxuscabin) ❖ 99

8 Durch die Hintertür
Über Nevada zum Lake Tahoe

8. Tag: Bear Valley – Incline Village (240 km/147 mi)

km/mi	Route
0	Von **Bear Valley** zurück auf Hwy. 4 (Ebbetts Pass) bis zum Hwy. 89, diesem folgen bis
58/36	**Markleeville** (Pause), weiter auf Hwy. 89 über Woodfords zum Hwy. 50 in Meyers, dort rechts nach
111/69	**South Lake Tahoe** (Stateline), dann auf Hwy. 50 und Hwy. 395 nach
151/94	**Carson City**, Hwy. 50 durch Carson City folgen, nach wenigen Meilen links auf Hwy. 341 über **Silver City** nach
177/110	**Virginia City** (Pause). Weiter auf Hwy. 341 (Geiger Grade Rd.) zur Kreuzung mit Hwy. 395, von dort auf Hwy. 431 zum Nordende des Lake Tahoe bis
240/147	**Incline Village**.

Wenn Sie in der Nähe des **Lake Alpine** übernachten, ist diese Etappe nicht allzu lang. Gönnen Sie sich erst mal ein ausgiebiges Frühstück und warten Sie, bis die Sonne über die Gipfel geklettert ist. Die ersten 30 Meilen sind bemerkenswert: Sehr kurvenreich und eng erklimmt der Highway 4 – vorbei an klaren Bergseen und durch gigantische Hochgebirgslandschaft – den Ebbetts Pass. Hier, auf 2661 Metern, kann es vormittags noch recht frisch sein, ein Fleece-Pullover gehört deshalb unbedingt ins Tagesgepäck. In dieser Gegend haben Sie übrigens beste Chancen, Bären zu beobachten. Ich habe nirgends in Kalifornien mehr gesehen als hier.

Durch Birkenwälder, über Almwiesen und entlang tiefer Abgründe folgen Sie dem schmalen Asphaltband bis **Markleeville**, ein winziges ehemaliges Minenstädtchen, das aus einer handvoll historischer Bauten besteht. Ein heißer Kaffee im alten Alpine Inn (offiziell Wolf Creek Restaurant & Bar) weckt die Lebensgeister. Am Wochenende und bei schönem Wetter können Sie den in Gesellschaft vieler Biker schlürfen, denn auch in Markleeville treffen sich die Motorradfahrer der Region.

Von Markleeville ist es nicht mehr weit bis Woodfords, das noch immer von kahlen, schwarzen Bergrücken überragt wird – Spuren eines bereits lange zurückliegenden Waldbrands. Hier treffen Sie auf den Highway 88, und nach weiteren sechs Meilen wieder auf den Highway 89, dem Sie über den Luther Pass nach Meyers, einer schmucklosen Ortschaft südlich des Lake Tahoe, folgen. Biegen Sie auf den US 50 und folgen diesem in nun deutlich dichterem Verkehr bis South Lake Tahoe an der südlichen Spitze des Sees.

South Lake Tahoe ist mit etwa 25 000 Einwohnern bei Weitem die größte Siedlung am Tahoe-See und bietet neben vielen Hotels, Motels, Restaurants und Shops leider auch eine Menge Verkehr. Hier legt der alte Schaufelrad-Dampfer »Tahoe Queen« zur Ausflugsfahrt über den See ab, es lassen sich Touren zu Pferd, Wasser oder Mountainbike buchen. Lake Tahoe gehört mit Skigebieten wie Squaw Valley, Heavenly, Kirkwood, Northstar, Alpine Meadows, Mt. Rose und Sierra zu Kaliforniens Top-Wintersport-Destinationen, in South Lake Tahoe tobt von Dezember bis April das amerikanische Pendant zum Après Ski.

Eine Besonderheit ist die quer durch South Lake Tahoe verlaufende Grenze zwischen Kalifornien und Nevada, die

Emerald Bay mit der winzigen Fanette Island und Lake Tahoe im Hintergrund

Sie auch ohne Hinweisschild leicht erkennen können. Sind auf kalifornischer Seite kleine Motels, Shops und Restaurants, erheben sich direkt nach der Grenze Hochhäuser mit verspiegelten Glasfassaden, die diverse Casinos mit mehr oder weniger mondänem Flair beherbergen. Hier können Sie nicht nur zocken, es bieten auch einige Kapellen Schnellhochzeiten auf Nevada-Art an. Wenn Sie übernachten wollen oder einfach nur Hunger haben – im Forest Buffet im 18. Stock von Harrah's Casino bekommen Sie ein gutes Frühstück mit tollem Blick über den See und die Sierra Nevada. Seit 2009 wird das Frühstücksbuffet rezessionsbedingt nur noch am Wochenende angeboten, bleibt zu hoffen, dass sich das wieder ändert.

Abgesehen von der traumhaften Lage ist South Lake Tahoe übrigens ziemlich hässlich. Wenn Sie den Verlockungen der Glitzerwelt widerstehen können, empfehle ich, nach einer Pause weiterzufahren, es gibt in der Gegend Interessanteres als diese Miniaturausführung von Las Vegas. Folgen Sie dem Highway 50 entlang des Ostufers des Sees und schließlich über die Carson Range zum Highway 395, auf dem Sie um einiges weiter südlich vor ein paar Tagen schon gerollt sind. Er bringt Sie nach wenigen Meilen nach Carson City.

Carson City ist – man glaubt es kaum – die Hauptstadt von Nevada. Der Stadt fehlt jede Spur von dem Glanz, für den Las Vegas, Reno und Laughlin so berühmt sind. Ab Carson City trägt der Highway 50 den wunderbaren Beinamen »The Loneliest Highway in the US« (einsamster Highway der USA). Die Tourismusmanager der Region bemühen sich augenscheinlich redlich, hier an einem Mythos, ähnlich dem der Route 66, zu stricken. Verdient hätte es der Highway 50 übrigens.

Heute folgen Sie dem einsamen Highway aber nur für ein paar Meilen, bevor Sie nach Silver City, Gold Hill und Virginia City abbiegen. Diese Orte lassen Sie noch einmal tief in die Atmosphäre vergangener Tage eintauchen. **Silver City** und **Gold Hill** kommen dabei deutlich unattraktiver und vielleicht gerade deshalb auch authentischer daher: Außer ein paar alten Häusern, verlassenen Minen und dem alten Hotel in Gold Hill gibt es nicht viel. Spannende Fotomotive lassen sich aber allemal finden.

Ganz anders **Virginia City**: Einst die wildeste, größte und bedeutendste Stadt des gesamten Westens, erlebte sie ihre Blütezeit vor etwa 150 Jahren, als umfangreiche Gold- und Silberfunde den Startschuss für Glücksritter aus vielen Ländern der Welt gaben. 35 000 Abenteurer folgten dem Lockruf des Goldes und ließen sich Mitte des 19. Jahrhunderts hier nieder. Noch heute erinnern zahlreiche Hotels und Saloons, das alte Schulhaus sowie schöne viktorianische Villen an die gute alte Zeit. Im berühmten Piper's Opera House traten seit den 1850er-Jahren die Größen ihrer Tage auf, während sich die weniger kulturbeflissene Masse damals wie heute im dazugehörigen Saloon amüsierte. An den hölzernen Bürgersteigen warten inzwischen allerdings keine angebundenen Pferde mehr auf ihre Reiter, und statt dem ehrwürdigen Pony Express fahren heute Blechkutschen durch die Straßen.

Auch in den Werkstätten wird nicht mehr gehämmert und geschmiedet. Stattdessen werden Souvenirs verkauft, und in den Saloons ziehen einarmige Banditen den Besuchern das Kleingeld aus der Tasche. Virginia City bezeichnet sich mit Fug und Recht als die lebendigste aller Ghost Towns.

Die Stadt bietet außerdem einige kleine Museen: unter anderem das Red Light Museum, das nicht nur Einblick in die Zustände der damaligen Bordelle der Stadt gibt, sondern sich auch mit der medizinischen Versorgung vor 150 Jahren befasst.

Unter dem Pseudonym »Josh« begann Mark Twain hier seine literarische Karriere. Nach einigen glücklosen Versuchen als Goldschürfer schrieb er in der Lokalzeitung »Territorial Enterprises« unterhaltsame Berichte aus der Welt der Miner Camps. Das Mark Twain Museum ist dem US-amerikanischen Schriftsteller gewidmet. Denen, die es gern etwas gruseliger haben, ist ein Besuch des alten Friedhofs von Virginia City zu empfehlen, der auf seine Art von der Goldgräbervergangenheit und dem harten Leben der Pioniere berichtet. Schon lange erobert sich die Natur das Land zurück, der Wind bläst Staub über die schiefen und verwitterten Grabsteine. Wenn Ihre Bedürfnisse nach Wildwestrummel gesättigt sind,

können Sie entweder auf demselben Weg zum Lake Tahoe zurückfahren, oder Sie folgen dem Mount Rose Highway (431) von Steamboat, Nevada, über die Berge zur Ortschaft Incline Village am nördlichen Ende des Sees.

Incline Village bietet sich als Etappenziel an. Die Auswahl an Quartieren ist zwar nicht so reichlich wie im geschäftigen South Lake Tahoe, dafür können Sie die Landschaft und den See deutlich ruhiger genießen. Die meisten Unterkünfte finden Sie, wenn Sie am Tahoe Boulevard (Highway 28) links abbiegen. Bis vor wenigen Jahren konnten Sie hier um die Ecke übrigens Hoss, Little Joe und Hop Sing auf der Ponderosa Ranch einen Besuch abstatten. Leider wurde das Land Mitte 2004 an private Bauträger verkauft, und die Ranch schloss ihre Pforten.

Quicklebendige Ghost Town: Virginia City in Nevada

8 Service & Tipps

**Markleeville Alpine Hotel –
Cutthroat Saloon**
14830 Hwy. 89
Markleeville, CA 96120
☎ (530) 694-2150, Öffnungszeiten variabel
Stilvoller Platz für ein zweites Frühstück.
Saloon beliebt bei Bikern. $$

ℹ Lake Tahoe
www.visitinglaketahoe.com

**Harrah's Lake Tahoe Resort and
Casino**
15 Hwy. 50
Stateline, NV 89449
☎ 1-800-HARRAHS (= 1-800-427-7247)
oder (775) 588-6611
www.harrahslaketahoe.com
Frühstücks- oder Dinnerbuffet im 18. Stock
mit Blick über den Lake Tahoe.

ℹ Carson City Visitor Information
www.visitcarsoncity.com

St. Mary's in the Mountains in Virginia City

ℹ Virgina City
☎ (775) 847-4386 oder (800) 718-7587
www.virginiacity-nv.org

🏛 Red Light Museum
5 C St., Virginia City, NV 89440
☎ (775) 847-9394
Tägl. 10–21 Uhr
Eintritt $ 1
Das kleine Museum gibt einen Einblick in
die Bordellkultur des ausgehenden 19. Jh.
und in die eher rudimentäre medizinische
Versorgung der Goldgräber.

🏛 Mark Twain Museum
4753 S. C St.
Virginia City, NV 89440
☎ (775) 847-0525
www.territorial-enterprise.com
April–Okt. tägl. 9–18, Nov.–März tägl. 10–17
Uhr
Erwachsene $ 3, Kinder $ 2
Samuel Clemens, besser bekannt als Mark
Twain, arbeitete 21 Monate (1862–64) bei
der Zeitung »Territorial Enterprise«, Nevadas
erster Zeitung.
  Die ehemalige Wirkungsstätte des be-
rühmten Schriftstellers ist heute ein Museum
und stellt u. a. seinen Schreibtisch aus und
zeigt, wie Mitte/Ende des 19. Jh. eine Zeitung
entstand.

Piper's Opera House
B & Union Sts.
Virginia City, NV 89440
☎ (775) 847-0433
Das Theater ist bereits das dritte, das John
Piper in Virginia City erbaute, nachdem die
ersten beiden Flammen zum Opfer fielen. Im
dazugehörigen Saloon wurde schon vor 140
Jahren Whiskey ausgeschenkt. Nachdem das
Opera House seit den 1960er-Jahren dem
Verfall preisgegeben schien, entschied sich
die Urenkelin John Pipers zur Renovierung.
Heute klirren vorn wieder die Gläser, wäh-
rend hinten Shakespeare gegeben wird.

Crown Point Restaurant
1540 Main St.
Virginia City, NV 89440
☎ (775) 847-0111
www.goldhillhotel.net
Hier kann man bodenständig lunchen. Wer
bis am Abend einkehrt, kann man von einer
für die Region sehr vielseitigen Speisekarte

wählen. Der Küchenchef kommt unverkennbar aus Frankreich.
$$–$$$

i **Incline Village Crystal Bay Visitors Bureau**
969 Tahoe Blvd.
Incline Village, NV 89451
℡ (775) 832-1606 oder (800) GoTahoe
www.gotahoenorth.com
Online-Infos über Incline Village und den nördlichen Teil des Lake Tahoe.

Austin's Restaurant
120 Country Club Dr. 24 (gegenüber dem Hyatt Regency Hotel)
Incline Village, NV 89451
℡ (775) 832-7778
www.austinstahoe.com
Mo–Fr ab 11, Sa/So ab 17 Uhr
Etwas rustikalere Alternative zu den sonst etwas gehobenen Restaurants in Incline Village.

Hausmannskost, die bei passendem Wetter auch auf der Patio serviert wird. Ab und zu gibt es auch Livemusik. $$

Es muss nicht immer ein Motorrad sein: stilvolles Transportmittel aus den 1920ern in der Emerald Bay

Der Lake Tahoe ist beliebtes Erholungsgebiet der Kalifornier

9 **Off the Beaten Track**
Ursprüngliches Kalifornien

9. Tag: Incline Village – Grass Valley (277 km/173 mi)

km/mi	Route
0	Von **Incline Village** auf Hwy. 28 Richtung Tahoe City, dort auf Hwy. 89 S bis
55/34	**Emerald Bay**. Auf Hwy. 89 N zurück über Tahoe City links auf Hwy. 89 N, vorbei an Squaw Valley nach
108/67	**Truckee** (Pause). Weiter auf Hwy. 89 N nach
146/91	**Sierraville**, dort links auf Hwy. 49 (Möglichkeit, bei Bassett's Station rechts auf Gold Lake Hwy. zum Lake Basin/Gold Lake und wieder zurück, ca. 20 mi/32 km extra), weiter über **Sierra City** und
204/127	**Downieville** nach
	Nevada City und
277/173	**Grass Valley**.

Eine Karte mit dem Routenverlauf finden Sie auf Seite 100.

Bei den Eagle Falls über der Emerald Bay

Folgen Sie von **Incline Village** dem Lakeshore Boulevard zum Westufer des Lake Tahoe. Bei Tahoe City führt die Tagesroute rechts auf den Highway 89, es lohnt sich aber, noch etwas dem Westufer des Sees Richtung Süden zu folgen. Es ist nicht sehr weit bis zur schönen **Emerald Bay** mit ihrem smaragdfarbenen Wasser, an dessen Ufer die Villa Vikingsholm steht. Fannette Island, die einzige Insel im Lake Tahoe, liegt in dieser Smaragdbucht. Alle drei Sehenswürdigkeiten, die zusammen den Emerald Bay State Park bilden, sind den Abstecher wert.

Wer sich etwas mehr Zeit nimmt oder gar einen Extratag am Lake Tahoe einplant, für den ist der kleine Wanderweg zu den Eagle Falls zu empfehlen oder die Fahrt mit der Gondel (Aerial

Rudimentärer Verkehr und großartige Kulisse: Biken in der Sierra Nevada

Tram) ab South Lake Tahoe/Stateline zur Heavenly Ski Area. Von dort bietet sich ein wunderbares Panorama. Und falls das Wetter mitmacht, lässt sich am Lake Tahoe ein entspannter Badetag einlegen.

Fahren Sie nach der Erkundung der Emerald Bay zurück nach Tahoe City und folgen Sie von dort dem Highway 89 weiter Richtung Norden. Nach wenigen Meilen erreichen Sie **Squaw Valley**. Hier fanden 1960 die VIII. Olympischen Winterspiele statt, wovon die olympischen Ringe am Highway 89 stolzes Zeugnis ablegen. Noch heute zählt die Region zu den beliebtesten Wintersportregionen Kaliforniens. Im Sommer gibt es allerdings wenige Gründe, einen Abstecher in die Ortschaft zu machen.

Ein empfehlenswerter Stopp ist **Truckee**, eine alte Eisenbahnstadt, die heute von der Nähe zu zahlreichen Skigebieten, zum Lake Tahoe und zum Donner Lake sowie von ihrer Anbindung an die Interstate 80 profitiert. Im 125 Jahre alten Truckee Hotel in der Bridge Street lässt sich stilvoll Kaffee trinken, und auch sonst bietet sich der Ort für eine Pause an; die nächste größere Ortschaft taucht immerhin erst in 50 Meilen auf. Truckee liegt in etwa

1800 Metern Höhe, sehr viel tiefer werden Sie heute auch nicht kommen. Im Gegenteil. Auch dies ist eine Etappe, bei der Sie mit einiger Wahrscheinlichkeit zur Goretex-Jacke oder zum Pullover greifen werden. Folgen Sie dem Highway 89 durch Truckee und Hobart nach Sierraville, wo Sie links auf den Highway 49 biegen.

Die Landschaft entlang des Highways 49, auf seinem Weg über den Yuba Pass nach Sierra City, wird alpiner. In der winzigen Ortschaft Bassett, die als solche kaum zu erkennen ist, zweigt rechts der **Gold Lake Highway** ab, der Sie nach nur wenigen Meilen zur Lakes Basin Recreation Area führt. Dort erwarten Sie kristallklare Bergseen, wie an der Perlenkette zwischen den Gipfeln der Sierra Nevada aneinandergereiht. Im Frühling, wenn die Almwiesen blühen, ist dieser Abstecher besonders schön.

Kurz vor Sierra City zweigt rechts die **Kentucky Mine Road** ab und bringt Sie zur gleichnamigen Mine, die heute ein Museum beherbergt. Der hübsche Ort **Sierra City**, in dem sich in der Main Street alte Holzhäuser aus der Goldgräberzeit – von denen einige ein Restaurant oder Café beherbergen – unter mächtigen Bäumen ducken, ist ein

Das Firehouse Museum in Nevada City

chen mit bewegter Vergangenheit, in dem Sie zumindest einen kurzen Stopp einlegen sollten. Die meisten Biker, die Sie hier treffen, sind unmotorisiert unterwegs – denn Downieville ist bei Mountainbikern sehr beliebt.

Auch **Camptonville**, durch das Sie nur wenige Meilen später rollen, war dank des Goldrauschs eine blühende Stadt mit über 50 Saloons, Hotels und Bordellen. Später erlebte sie eine kurze zweite Blüte, die sie der Holzindustrie verdankte. Aber auch davon ist heute nicht mehr viel zu sehen.

Kurz hinter Camptonville zweigt die Marysville Road zum **Bullards Bar Lake** ab, der durch eine fast 200 Meter hohe Talsperre aufgestaut wird und der Trinkwasserversorgung und Energiegewinnung dient. Wer sein Motorrad mal gegen Jet Ski, ein Motorboot oder gar ein Hausboot eintauschen will, der kann sich hier über ein breites Angebot freuen.

Nur wenige Meilen weiter überspannt die etwa 150 Jahre alte, überdachte **Oregon Creek Bridge** den gleichnamigen Bach kurz vor seinem Zusammenfluss mit dem Yuba River.

Weiter geht es durch North San Juan nach **Nevada City**, einen der bedeutenden Orte des historischen Gold Country, der Mother Lode. Mother Lode wird die »Hauptgoldader« genannt, die sich durch das gesamte Goldgräberland zieht. Das historische Stadtbild versetzt einen zurück in längst vergangene Zeiten. Als die Goldminen langsam zu erschöpfen drohten, begannen die Bewohner von Nevada City auf Tourismus zu setzen, indem sie die Geschichte des Ortes vermarkteten – mit Erfolg, wie man unschwer feststellen kann. Nicht ohne Grund nennt sich Nevada City stolz »The Queen City of the Northern Mines«. Die Stadt findet sich auch in dem Buch »The Great Towns of America« wieder, in dem die

guter Platz für ein kleines Päuschen. Highway 49 windet weiter entlang des Yuba River, und die Temperaturen steigen mit jeder Meile. Die High Sierra wird langsam, aber sicher von deren Foothills abgelöst.

Kurz nach dem stilvollen Shangri-La Resort – ein Übernachtungstipp, falls Sie schon müde sind – erreichen Sie **Downieville**, einst brodelnde Goldgräberstadt, die sich sogar um den Titel als Kaliforniens Hauptstadt bewarb. Die Hochzeiten sind längst vorbei, übrig geblieben ist ein sehr nettes Westernstädt-

Etwas nördlich von Nevada City haben Sie noch die Möglichkeit zu einem Abstecher in den **South Yuba River State Park**, ein Eldorado für geübte Fliegenfischer. Hier lässt sich die wilde Flusslandschaft besser erkunden als vom Sattel eines Motorrads.

hundert lebens- und besuchenswertesten Kommunen der USA vorgestellt werden. Die Bewohner wird das nicht wundern. Und wenn Sie Ihr müdes Haupt im National Hotel betten, so tun Sie dies im ältesten, durchgehend in Betrieb befindlichen Hotel westlich der Rocky Mountains.

Ihr Etappenziel **Grass Valley** liegt nur wenige Meilen weiter. Für welche der beiden Ortschaften Sie sich letztendlich entscheiden, macht keinen großen Unterschied. Beide sind hübsch und auf Besucher eingestellt, und beide pflegen stolz ihre 49er-Tradition. Allerdings ist Grass Valley um einiges größer als das beschauliche Nevada City. Hier wird nicht nur Goldgräber-Nostalgie großgeschrieben, es brodelt auch deutlich urbaneres und moderneres Leben

als beim kleinen Nachbarn. In Grass Valley können Sie neben zahlreichen anderen historischen Gebäuden auch das ehemalige **Haus von Lola Montez** besuchen, die sich hier nach ihrer bewegten Zeit als Tänzerin und Geliebte des bayerischen Königs Ludwig I. für einige Jahre niederließ. Ihren Namen tragen im Nevada County sowohl ein Berg als auch ein See. Auch die **Empire Mine** lohnt einen Besuch.

Die Mine war bis zu ihrer Schließung 1956 eine der ältesten, tiefsten, längsten und ergiebigsten Goldminen im gesamten Westen. Hier wurden im Laufe der Jahre in etwa 600 Kilometer Stollen über 180 Tonnen Gold abgebaut. Beim heutigen Goldpreis entspricht das immerhin einem Wert von knapp sieben Milliarden Euro.

Das Westernstädtchen Downieville liegt am idyllischen North Yuba River

Service & Tipps

Emerald Bay State Park
22 Meilen südlich von Tahoe City
℡ (530) 541-3030
www.parks.ca.gov/?page_id=506
Der State Park umfasst die gleichnamige
Bucht, die Villa Vikingsholm und Fannette
Island.

Vikingsholm
Emerald Bay State Park
℡ (539) 541-3030
www.vikingsholm.org
Touren Memorial Day–Ende Sept. tägl.
10.30–16.30 Uhr
Eintritt $ 8, Kinder $ 5
Die Villa, die 1928/29 im Auftrag von Mrs.
Lora Josephine Knight gebaut wurde, gilt
als herausragendes Beispiel skandinavischer
Architektur. 200 Handwerker sollen bei der
Errichtung mitgewirkt haben.

*Als Sommerhaus geplant: die Villa Vikings-
holm am Lake Tahoe*

Fannette Island
Emerald Bay State Park
℡ (530) 541-3030
Tägl. 6–21 Uhr, Feb.–Mitte Juni geschl.
Die einzige Insel im Lake Tahoe, am Westufer des Sees gelegen. Vom 1928/29 gebauten »Tea House« sind nur noch Ruinen übrig.

Eagle Falls
Hwy. 89
Ab Eagle Falls Picnic Area am Hwy. 89, ge-
genüber der Emerald Bay, beginnt der Trail
zu den Wasserfällen Lower Eagle Falls und
Upper Eagle Falls.

Heavenly Scenic Gondola Ride
Heavenly Mountain Village
South Lake Tahoe, CA 96150
℡ (775) 586-7000
www.skiheavenly.com
Tägl. 10–20 Uhr
Fahrt $ 32, Kinder $ 21
Eine Gondel bringt Sie weit nach oben, der
Blick über den Lake Tahoe und die Berge ist
tatsächlich himmlisch.
    Im Winter vergnügen sich hier Skifahrer
und Snowboarder im zweitgrößten Skige-
biet der USA.

Squaw Valley Ski Resort
1960 Squaw Valley Rd.
Olympic Valley, CA 96146
℡ (530) 583-6985
Snowphone: ℡ (530) 583-6955
www.squaw.com
Squaw Valley ist nach Heavenly das zweitgrößte Skigebiet am Lake Tahoe.

The Truckee Hotel
10007 Bridge St., Truckee, CA 96161
℡ (800) 659-6921
www.truckeehotel.com
http://moodysbistro.com
Moody's: Mo–Fr 11.30–14.30 und 17.30–
21.30, Sa/So 11–14.30 und 17.30–22 Uhr,
14.30–17 Uhr kleine Karte
Das stilvolle Hotel beherbergt in seinen 37
Zimmern seit über 125 Jahren müde Reisende. Dass Motorradfahrer gern gesehene Gäste sind, zeigt der »Helmet on the Counter«-
Discount, der Bikern 10 % Preisnachlass bei
der Übernachtung einräumt. Im angeglie-
derten **Moody's Bistro and Lounge** gibt es
neben Leckerem aus dem Kochtopf auch
Live-Jazz (Mi–Sa). $$–$$$

⬛🏃 Lakes Basin Recreation Area

Wer sich für den kleinen Abstecher entscheidet, wird mit einer Gebirgslandschaft belohnt, die von einigen Dutzend Seen unterbrochen wird, von denen viele nur zu Fuß erreichbar sind. Viele Touristen fahren hier vorbei. Wandern, Schwimmen, Fischen und Mountainbiken gehören zu den Hauptbeschäftigungen. Aber man kann auch einfach nur die Landschaft genießen, etwa vom **Frazier Falls Overlook**, vom **Mills Peak Fire Lookout** oder am Ufer des **Sardine Lake**.

ℹ️ Sierra County Chamber

✆ (800) 200-4949
www.sierracountychamber.com
Infos auch zu den Städten Sierra City und Downieville.

⬤🏛🌐 Kentucky Mine Historic Park and Museum

100 Kentucky Mine Rd.
Sierra City, CA 96125
✆ (530) 862-1310
www.kentuckymine.org
Memorial Day–Labour Day Mi–So 10–16 Uhr
Eintritt Museum $ 1, Tour $ 7 (11 und 14 Uhr)
Rückblick in die guten alten Zeiten und Einblick in das harte Leben der Arbeiter in den Goldminen.

⬛🏃 South Yuba River State Park

17660 Pleasant Valley Rd.
Penn Valley, CA 95946
✆ (530) 432-2546
www.southyubariverstatepark.org
Von Sonnenauf- bis Sonnenuntergang geöffnet, Visitor Center Do–So 11–16 Uhr
Unberührte Flusslandschaften, *swimming holes* und überdachte Brücken – der South Yuba River State Park ist sehr idyllisch. Hier dürfen Sie auch nach Gold schürfen. Leider kommt Poison Oak hier recht häufig vor, eine Pflanze mit giftigen, dreizackigen Blättern, die bei Kontakt starke Hautreizungen hervorrufen. Einer der Zugänge liegt 7 Meilen nördlich von Nevada City am Hwy. 49

🛏 Sierra Shangri-La Resort

Hwy. 49, Downieville, CA 95936
✆ (530) 289-3455
www.sierrashangrila.com
Stilvolle Unterkunft in romantischen Cottages inmitten üppiger Vegetation.
$$–$$$

Im 600 Kilometer langen Stollensystem der Empire Mine

🏃 Bullards Bar Reservoir and Emerald Cove Marina

12571 Marysville Rd., Dobbins, CA 95935
✆ (877) 692-3201
www.bullardsbar.com
Der Stausee 20 Meilen nördlich von Nevada City ist fest in der Hand von Wassersportlern. Jetski, Powerboot, Wasserski, Hausboot – das kann man hier alles mieten.

ℹ️ Nevada City Chamber of Commerce

132 Main St., Nevada City, CA 95959
✆ (530) 265-2692
www.nevadacitychamber.com

ℹ️⬤ Grass Valley/Nevada County Chamber of Commerce

248 Mill St., Grass Valley, CA 95945
✆ (530) 273-4667 oder (800) 655-4667
www.rassvalleychamber.com
Im **Haus von Lola Montez**. Die Sängerin und Tänzerin zog 1853 hierher.

⬤🌐 Empire Mine State Historic Park

10791 East Empire St.
Grass Valley, CA 95945
✆ (530) 273-8522, www.empiremine.org
Mai–Labour Day 10–18, Labour Day–April 10–17 Uhr, Eintritt $ 7, Kinder $ 3
Größte und ergiebigste Goldmine in Kalifornien. In den gut hundert Jahren ihres Betriebs wurden 5,8 Mio. Unzen, also immerhin etwas über 180 000 Tonnen des Edelmetalls ans Tageslicht gefördert. ✳

10 Krönender Abschluss
Zurück nach San Francisco

10. Tag: Grass Valley – San Francisco (391 km/243 mi)

km/mi	Route
0	Von **Grass Valley** auf Hwy. 49 S über **Auburn** nach
79/49	**Placerville**, rechts auf Hwy. 50 W und den Wegweisern nach
150/93	Old **Sacramento** folgen (Pause und Rundgang).
	Zurück auf I-80 W/Hwy. 50 W bis Exit Hwy. 113 N/Woodland, in
177/110	**Davis** links auf W. Covell Blvd. bis nach
198/123	**Winters**, von dort über Hwy. 128 W und Hwy. 121 S bis nach
253/157	**Napa**. Weiter auf Hwy. 121 S, später rechts auf Hwy. 116 W nach
294/183	**Petaluma**. Dort unter Hwy. 101 geradeaus auf Lakeville Hwy. weiter, an Ampel links auf D St., die zur Point Reyes-Petaluma Rd. wird. Der Straße folgen bis nach
325/202	**Point Reyes Station**. Links auf Hwy. 1. Wer zum Point Reyes Lighthouse will, biegt gleich nach der Brücke wieder rechts auf den Sir Francis Drake Blvd. und folgt ihm bis zum Ende (Besichtigung Leuchtturm). Danach auf demselben Weg wieder zurück (ca. 40 Meilen). Hwy. 1 S bis zur Kreuzung mit
336/209	Olema-Bolinas Rd., auf der nach **Bolinas** (Pause), dann wieder zurück zum Hwy. 1 und dem über **Stinson Beach** zur Kreuzung mit Hwy. 101 bei **Mill Valley** folgen. Nach Abstecher zum **Aussichtspunkt Conzelman Rd.** auf die
381/237	**Golden Gate Bridge** und schließlich über Hwy. 101, links auf Golden Gate Ave., rechts auf Hyde St. und entlang der 8th St. durch
391/243	**San Francisco** zu **Eagle Rider** (8th St. Ecke Bryant St.).

Für den heutigen Tag gibt es zahlreiche Streckenvarianten. Die hier beschriebene Route stellt einen guten Kompromiss zwischen schönen Motorradstrecken, halbwegs zügigem Vorwärtskommen und weitestgehender Vermeidung der größten Straßen in der Bay Area dar. Welchen Weg Sie tatsächlich wählen, hängt sicherlich in erster Linie davon ab, ob Sie Ihr Mietmotorrad noch vor 17 Uhr zurückgeben müssen, ob Sie sich noch Zeit für einen anschließenden Einkaufsbummel in San Francisco nehmen wollen oder ob Sie beschließen, den letzten Tag auf dem Motorrad noch einmal in vollen Zügen zu genießen. Aber auch auf dem schnellsten Weg müssen Sie ungefähr vier Stunden reine Fahrzeit bis zur Golden Gate Bridge einplanen.

Die Tagesetappe beginnt, wie die gestrige geendet hat – mit der Fahrt auf dem Highway 49 in Richtung Süden. Ab **Grass Valley** schlängelt sich der Highway durch die Foothills, diesmal nach **Auburn**, eine der ehemals bedeutenden Goldgräbersiedlungen. Von dieser Zeit künden heute ein Museum sowie das alte Gerichtsgebäude. Nach etwa 25 weiteren Meilen sind Cool, ein Nest, das im Sommer seinem Namen keine Ehre macht, und Coloma die nächsten Stationen.

In **Coloma** fiel der Startschuss zu Kaliforniens großem Goldrausch, als James W. Marshall beim Bau einer Sägemühle für den Schweizer Johann Sutter zufällig auf Gold stieß. Seine Schaufel steckte im Flussbett fest. Beim Freilegen fand er einen Goldklumpen, und die Schar derer, die dem Lockruf des Goldes folgten, erweckte Kalifornien aus seinem Dornröschenschlaf. Die Finger der Statue von Mr. Marshall zeigen genau auf die Stelle, an der die ersten Nuggets ans Tageslicht gefördert wurden.

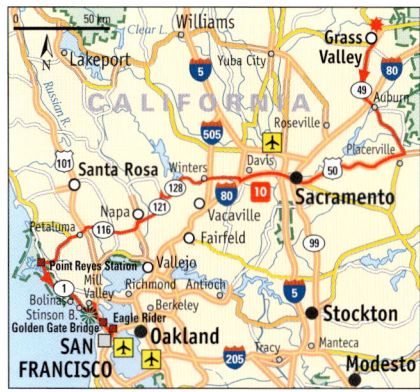

Placerville, wo Sie den Highway 49 und somit das Gold County verlassen, trug aufgrund der häufig praktizierten Lynchjustiz während der ersten fünf Jahre nach 1849 den wenig vertrauenserweckenden Namen »Hangtown«, bevor er auf Betreiben unbescholtener Bürger und lokaler Kirchen in das neutralere Placerville geändert wurde. Heute noch stehen einige der alten Galgen im Ort.

Wenn die Zeit knapp ist, empfehle ich, auf dem Freeway durch **Sacramento** zu fahren; Sie verpassen nichts

Goldwaschen für Anfänger und mit Erfolgsgarantie in Coloma

Wesentliches. Kaliforniens Hauptstadt hat für den Motorradfahrer mit limitiertem Zeitbudget nicht wahnsinnig viel zu bieten. Sehenswert sind am ehesten der Capitol Park mit dem Sitz der kalifornischen Staatsregierung und vor allem die Old Town, ein zusammenhängender Komplex historischer Gebäude (ähnliche Gebäude haben Sie in den letzten Tagen allerdings schon einige gesehen). Alte Dampfloks am Bahnhof sowie die Schaufelraddampfer auf dem Sacramento River unterstreichen das nostalgische Flair. Getrübt wird die Atmosphäre durch zahlreiche Fast-Food-Restaurants und Souvenirshops. Wenn Sie die Altstadt besuchen wollen, folgen Sie einfach den braunen Wegweisern nach Old Sacramento. Egal, wie Sie sich entscheiden, die Interstate 80 sollte Sie aus Sacramento hinausführen und nach Davis begleiten.

Davis ist keine besonders auffällige oder hübsche Stadt, gilt aber innerhalb Kaliforniens als besonders progressiv und umweltfreundlich. Sicherlich auch dank der Studenten der hier ansässigen UCD (University of California Davis) gibt es ein ausgesprochen gut ausgebautes Fahrradwegenetz, was im Rest der USA alles andere als üblich ist. Folgen Sie von Davis den etwas verschlungenen Wegen nach Winters und zum Stausee **Lake Berryessa**, an dessen südlichsten Uferabschnitt eine der angenehmeren Strecken vom Central Valley in Richtung Küste entlangführt. Eine Besonderheit des Lake Berryessa ist das Glory Hole. Überschreitet das Wasser einen bestimmten Pegel, fließt es nicht etwa über oder in der Staumauer des Monticello Damms ab, sondern verschwindet in einem überdimensionalen, kreisrunden Abfluss im See – ein recht bizarrer Anblick.

Nach einiger Zeit gelangen Sie nach Napa, das als Stadt nicht weiter erwähnenswert wäre, wenn es nicht mitten im **Napa Valley** liegen würde, dem größten und bekanntesten Weinbaugebiet der

Kaliforniens State Capitol in Sacramento, der Hauptstadt Kaliforniens

Für Motorradfahrer nur bedingt empfehlenswert: Weinprobe im Napa Valley

USA. Hier werden seit den 1960er-Jahren Spitzenweine, vor allem Cabernet, Zinfandel und Chardonnay, gekeltert. Wegen seines mediterranen Klimas und der reizvollen Landschaft ist das Napa Valley eine beliebte Wohngegend für die Besserverdienenden der Bay Area und aus Sacramento.

In **Petaluma**, einem netten Städtchen, sollten Sie die Augen aufhalten nach kleinen grünen Straßenschildern mit der Aufschrift D Street. In diese bitte links abbiegen. Wahrscheinlich werden Sie anfangs das Gefühl haben, Sie seien falsch abgebogen, denn die D Street führt durch ein idyllisches Wohngebiet und sieht so gar nicht nach Durchgangsstraße aus. Am Ortsende geht sie aber in die Point Reyes-Petaluma Road über, die sich schmal durch die Küstenberge schlängelt.

Sie erreichen den Highway 1 südlich der Tomales Bay, die von einer Landzunge vom offenen Ozean getrennt wird, und folgen fortan der Point Reyes National Seashore, einem großen Naturschutzgebiet an der Pazifikküste, etwa 50 Kilometer nördlich von San Francisco. Mit etwa zwei Millionen Besuchern im Jahr ist **Point Reyes** ein wichtiges Naherholungsziel für die Bewohner der Metropole. Der Mühe wert ist die kleine Wanderung zum Leuchtturm, der seit 1870 an der Landspitze den Elementen trotzt. Entgegen der sonst für Leuchttürme üblichen möglichst hohen und exponierten Lage wurde dieser tief unten an der Küste gebaut, damit die Steuermänner auch bei Nebel noch möglichst viel vom warnenden Licht sehen können. Dementsprechend ist er Wind und Wellen ausgesetzt, was für ein beeindruckendes Schauspiel sorgen kann. Um zum Leuchtturm zu gelangen, folgen Sie der Beschilderung kurz nach der Ortschaft Point Reyes Station. Bei starkem Wind können Sie sich den Umweg sparen, dann sind die etwa 300 Stufen, die zum Leuchtturm hinabführen, nämlich für Besucher gesperrt. Die Küste ist deshalb freilich nicht weniger sensationell – im Gegenteil. Außerdem ist hier einer der besseren Walbeobachtungsplätze Kaliforniens, vor allem im Frühjahr und Herbst, wenn die Grauwale entlang der Küste wandern.

Wenn Sie dem Highway 1 weiter Richtung San Francisco folgen, werden Sie bald feststellen, dass er keinen Vergleich mit dem sehr viel bekannteren Abschnitt am Big Sur scheuen muss. Nach wenigen Meilen zweigen die Horseshoe Hill Road und die Olema-Bolinas Road rechts ab und bringen Sie nach **Bolinas,** einem kleinen und sehr speziellen Nest. Die etwa 2000 Einwohner haben die Angewohnheit, Wegweiser, die vom Highway 1 zu dem kleinen Ort weisen, schnell wieder abzumontieren, um vom Massentourismus verschont zu bleiben. Der Schuss ging allerdings nach hinten los, denn Bolinas hat dadurch in Kalifornien so etwas wie Kultstatus errungen; Besucher sind übrigens durchaus willkommen. Dementsprechend viele drängen sich dann am Wochenende am kleinen, aber feinen Sandstrand und in den ziemlich alternativ angehauchten Cafés und Restaurants. In Bolinas ist die Flower-Power-Zeit noch nicht ganz vorbei.

Etwas südlich von Bolinas, wieder am Highway 1, liegt **Stinson Beach**. Der Strand befindet sich nur etwa eine halbe Autostunde nördlich von San Francisco, dementsprechend lebhaft geht es hier in den Ferien und am Wochenende zu. Der Versuch, ein Zimmer ohne Reservierung zu bekommen, ist dann ein aussichtsloses Unterfangen. Traurige lokale Berühmtheit hat Stinson Beach durch *shark attacks* (Hai-Attacken) auf Surfer erlangt. Die spektakulärste Attacke ereignete sich 2002, als ein etwa fünf Meter langer Weißer Hai einen Surfer angriff. Aber das scheint die Surfergemeinde nicht sonderlich zu beeindrucken.

Ab Stinson Beach wird der Verkehr zusehends dichter, in Mill Valley mündet der Highway 1 schließlich in den Highway 101. **Mill Valley** ist von San Francisco lediglich durch die Golden

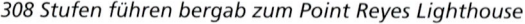

308 Stufen führen bergab zum Point Reyes Lighthouse

Letzte Pause mit Blick über Golden Gate und San Francisco

Gate Bridge getrennt und zählt dank seiner Lage und den illustren Bewohnern zu den wohlhabendsten Gemeinden des Staates.

Krönender Abschluss der Tour ist schließlich die Fahrt über die **Golden Gate Bridge** ins Herz von **San Francisco.** Wenn die Brücke nicht völlig nebelverhangen ist, sollten Sie unbedingt die letzte Ausfahrt vor der Brücke nehmen und der Conzelman Road zum Aussichtspunkt in der Golden Gate National Recreation Area folgen. Genießen Sie den Traumblick über die Golden Gate Bridge, die Bay und die Skyline von San Francisco. Bevor Sie sich dann auf die beeindruckende und leider meist sehr verkehrsreiche Fahrt über die Brücke machen, vergewissern Sie sich, dass Sie drei Dollar griffbereit haben. Das Bezahlen an den Mauthäuschen ist meist etwas hektisch, und die Hintermänner verleihen ihrer Ungeduld lautstark Ausdruck, wenn Sie erst anfangen müssen, den Geldbeutel aus dem Gepäck zu kramen.

In San Francisco angekommen, empfehle ich, nur das Nötigste mit dem Motorrad zu fahren. Sollten Sie die Maschine noch behalten, so ist es sinnvoll, in einem der zahlreichen Motels an der Lombard Street einzuchecken; die sind zum einen etwas günstiger als die Quartiere am Fisherman's Wharf oder Union Square, zum anderen bekommen Sie hier einen sicheren Parkplatz für Ihr Bike. Wenn Sie von der Golden Gate Bridge der Hauptstraße folgen, landen Sie automatisch auf der Lombard Street und passieren ein Motel nach dem anderen.

Beim Abschiedsdinner können Sie die etwa 3000 Kilometer, die Sie durch die schönsten Ecken des Golden State gefahren sind, noch einmal Revue passieren lassen. Wilde Küste, sengend heiße Wüste, schneebedeckte Gipfel und einige der besten Motorradstrecken Kaliforniens liegen hinter Ihnen. Die Wahrscheinlichkeit, dass Sie der USA-Motorrad-Bazillus befallen hat und Sie schon bald mit dem Pläneschmieden für die nächste Tour beginnen, ist relativ groß.

Blickfang: das alte Gerichtsgebäude von Auburn

ℹ Auburn
www.auburn.ca.gov

◉◉⚲ Marshall Gold Discovery State Historic Park
310 Back St., Coloma, CA 95613
✆ (530) 622-3470
www.coloma.com/gold/marshall-park.php
Memorial Day–Labour Day tägl. 8–19, Labour Day–Memorial Day tägl. 8–17 Uhr, Museum Mo geschl., Eintritt $ 6
James W. Marshall stieß hier beim Bau einer Mühle im Januar 1848 das erste Mal auf Gold und gab damit trotz aller Geheimhaltungsversuche den Startschuss zum großen Goldrausch von 1849. Heute lässt man in Coloma die »guten alten Zeiten« wieder lebendig werden. In historischen Gebäuden tummeln sich Freiwillige in ebenso historischen Kostümen, und wer will, kann sein Glück beim *gold panning* im American River selbst versuchen.

☕ Cozmic Café
594 Main St., Placerville, CA 95667
✆ (530) 642-8481, www.ourcoz.com
Di–Do 7–18, Fr/Sa 7–20 Uhr, Bar bei Live-Veranstaltungen länger
Sehr alternativ angehauchtes Café. Viele frische Sandwiches und Salate stehen zur Auswahl, auch ein spätes Frühstück kann man einnehmen. Das Lokal steht quasi auf einer alten Goldmine. $

ℹ Old Sacramento
✆ (916) 442-7644
www.oldsacramento.com

🏛⚲ California State Railroad Museum
125 I St., Ecke Second St.
Sacramento, CA 95814
www.csrmf.org
Tägl. 10–17 Uhr
Eintritt $ 9, Kinder $ 4
Ein Highlight für Eisenbahnfans. Viele historische Dampfloks und zahlreiche Eisenbahnmemorabilia aus der Mitte des 19. Jh. An den Sommerwochenenden verkehren historische Dampfzüge auf kurzer Strecke.

◉ Lake Berryessa
Stausee östlich des Napa Valley. Besonderheit des Sees ist das durch einen großen Trichter im See ablaufende Wasser – eine überdimensionale Badewanne und ein wahrlich surreales Bild.

✕ Cucina Italiana
(at the Spanish Village Center)
4310 Knoxville Rd., Lake Berryessa, CA 94558
✆ (707) 966-2433
Meist nur Fr bis So geöffnet, aber wenn Sie am Wochenende hier vorbeikommen, so ist der Italiener eine gute Adresse für eine Mittagspause. $–$$

ℹ Napa Valley
www.napavalley.org

◉ Point Reyes National Seashore
Hwy. 1, 50 km nördl. von San Francisco
www.nps.gov/pore
Tägl. Sonnenaufgang bis Mitternacht
Eintritt frei, Shuttlebus $ 5
Das Schutzgebiet zieht jährlich etwa 2 Mio. Besucher an. Das Kap, an dem auch der Leuchtturm steht, ist der windigste und einer der nebeligsten Orte der USA (große Teile des Films »The Fog – Nebel des Grauens« wurden folglich hier gedreht).
Point Reyes ist nichts für Wasserratten – das Wasser ist sehr kalt und die Brandung gefährlich –, dafür ein Paradies für Ornithologen. Restaurants und Motels sucht man hier vergebens, die Halbinsel ist trotz

der hohen Besucherzahlen recht unberührt und wild.

◉ Point Reyes Lighthouse
Sir Francis Drake Blvd.
Point Reyes National Seashore
℃ (415) 669-1534
Do–Mo 10–16.30 Uhr, Di/Mi geschl., Leuchtfeuer Do–Mo 14.30–16 Uhr, Di/Mi geschl.
Der Leuchtturm wurde 1870 erbaut, seit 1938 weist elektrisches Licht den Schiffen den Weg, und 1975 hat die Automatisierung den Leuchtturmwächter in den Ruhestand geschickt. Bei starkem Wind sind die gut 300 Stufen, die zum Leuchtturm hinunterführen, für Besucher gesperrt.

▧ Coast Café
46 Wharf Rd., Bolinas, CA 94924
℃ (415) 868-2298
www.bolinascafe.com
Di–Fr 11.30–15 und 17–21, Sa/So 7.30–15 und 17–21 Uhr
Nettes Fleckchen für eine entspannte letzte Pause mit Snacks aus frischen, lokalen Zutaten. $–$$

▨ Golden Gate National Recreation Area
www.nps.gov/goga
Dieses Erholungsgebiet besteht nicht etwa aus einer zusammenhängenden Fläche, sondern ist ein wahrer Flickenteppich in und um San Francisco. Es umfasst so unterschiedliche Plätze wie Alcatraz, das Presidio, die Marin Headlands nördlich der Golden Gate Bridge, das historische Cliff House, in dem heute ein Restaurant untergebracht ist, Surfstrände, die Küstenmammutbäume in den Muir Woods und einen Leuchtturm. Die Golden Gate National Recreation Area ist eines der am meisten genutzten Stadterholungsgebiete weltweit.

Serviceadressen für San Francisco finden Sie auf S. 30 ff.

Diese Tagesetappe entspricht der 15. Etappe der Pacific Coast Tour (3), vgl. S. 314 ff. ✳

California State Railroad Museum in Sacramento ist ein Highlight für Eisenbahnfans

Tour 2
Born to Be Wild

Die Tour ist für Naturfreunde gleichermaßen allererste Wahl wie für Motorrad-Enthusiasten und USA-Neulinge, denn sie reiht die landschaftlichen Highlights des Südwestens wie an einer Perlenkette aneinander. Darüber hinaus versprechen die Straßen grenzenlosen Motorradspaß. Klimatisch bietet die Tour höchst Unterschiedliches: kühle Tage im Küstennebel, hohe Bergpässe und sengende Hitze in der Wüste. Regen sollte allerdings, abgesehen von dem einen oder anderen Gewitter, die Ausnahme bleiben.

Von San Francisco führt die Route zunächst ins Goldgräberland, wo Sie fürs Erste die hochfrequentierten Touristenpfade verlassen. Auf traumhaften Motorradstraßen fahren Sie über das Hochgebirge der Sierra Nevada in die Mojave-Wüste, in der auch die Spielerstadt Las Vegas liegt. Die glitzernde Casinometropole bildet einen unglaublichen Kontrast zur menschenleeren Weite der Wüste, die sich über vier US-Bundesstaaten erstreckt.

Danach geht es Schlag auf Schlag: Hoover Dam, Route 66, Grand Canyon, Antelope Canyon, Lake

Powell, Monument Valley, Bryce Canyon und Zion Canyon sind nur die bekanntesten Attraktionen, die Sie vor die Kamera bekommen, bevor Sie ein zweites Mal in Las Vegas stoppen. Sie fahren durch all jene Landschaftszüge, die durch zahlreiche Filme und Fotos Sehnsüchte geweckt und sich ins Gedächtnis vieler gebrannt haben. Noch einmal der Route 66 folgend gelangen Sie durch den kalifornischen Teil der Mojave-Wüste, wo in aller Regel Backofen-Bedingungen herrschen. Der Joshua Tree National Park besticht durch seine karge Schönheit und durch die namensgebenden Joshua Trees – ein Höhepunkt, bevor die Tour über das mondäne Palm Springs ins Moloch Greater Los Angeles führt und an der Pazifikküste in Santa Monica endet.

Route: San Francisco – Jamestown – Bodie Stte Historic Park – Mono Lake – Mammoth Lakes – Bishop – Ancient Bristlecone Pine Forest – Las Vegas – Hoover Dam – Route 66 – Seligman – Grand Canyon National Park – Cameron Trading Post – Antelope Canyon – Horseshoe Bend – Lake Powell – Monument Valley – Mexican Hat – Goosenecks State Park – Capitol Reef National Park – Escalante – Kodachrome Basin State Park – Bryce Canyon National Park – Red Canyon – Zion Canyon National Park – Valley of Fire State Park – Las Vegas – Route 66– Pioneertown – Joshua Tree National Park – Palm Springs – Santa Monica

Empfohlene Mindestdauer: 15 Tage
Beste Reisezeit: Ende Mai–Anfang Okt.
Meilen/Kilometer insgesamt: ca. 2500/4000

Eine Übersichtskarte mit dem blau eingezeichneten Tourenvorschlag finden Sie in der vorderen Umschlagklappe.

Die markanten Tafelberge des Monument Valley sind Touristenmagnete

① Auf den Spuren der Goldgräber
Vom Pazifik in die Berge

1. Tag: San Francisco – Jamestown
(267 km/166 mi)

km/mi	Route
0	Je nach Übernahmeort der Motorräder; hier beschrieben von **Eagle Rider** in der 8th St. in **San Francisco**: Start auf I-80 E (Hwy. 101), über die Bay Bridge (u. U. Stopp auf Treasure Island) auf I-580 E.
	Auf I-580 vorbei an Castro Valley, Pleasanton und Livermore bis zur Ausfahrt
103/64	Modesto/Highway 132. Auf Hwy. 132 E weiter bis
140/87	**Modesto**. Dort entlang Hwy. 132 (unter Freeway fahren, rechts auf 9th St. und links auf D St., die in den Yosemite Blvd. mündet) durch Waterford und La Grange nach
225/140	**Coulterville** (Pause, Rundgang).
	Links auf Hwy. 49 über **Chinese Camp** nach
267/166	**Jamestown**.

Jede der drei in diesem Reiseführer beschriebenen Touren startet in San Francisco, zwei enden auch dort. Deshalb haben wir San Francisco ein eigenes Kapitel gewidmet und dieses den Touren vorangestellt (vgl. S. 30 ff.). Hier beschrieben ist der Start von der Vermietstation von Eagle Rider, die in unmittelbarer Nähe zum Freeway liegt. Auch von Dubbelju Motorcycle Rentals (vgl. S. 230) können Sie, ohne die Gefahr sich zu verirren, direkt auf den Interstate 80 und die Bay Bridge fahren. Aber egal, wo in San Francisco Sie Ihre Motoren starten: Der Weg zum Highway 101 und zur Bay Bridge ist in ganz San Francisco beschildert und problemlos zu finden.

Wenn Sie den Papierkram bei der Motorradübernahme in **San Francisco** hinter sich gebracht haben und die Motoren starten, sollten Sie versuchen, die ersten Meilen dieser ersten Etappe möglichst zügig hinter sich zu bringen. Um den Blechlawinen der Bay Area zu entgehen, steuern Sie vom Vermieter kommend direkt die Interstate 80 an. Sie rollen dann schon bald über die **Bay Bridge** aus der City. Die Brücke über die Golden-Gate-Meerenge verbindet die Städte San Francisco und Oakland und fristet im Vergleich zu ihrer berühmten Schwester ein touristisches Schattendasein, dabei ist sie sowohl älter als auch länger. Sie hat zwei Stockwerke, eines für jede Fahrtrichtung. Vielleicht sind Ihnen ja noch die Pressefotos des Erdbebens von 1989 gegenwärtig, als ein Teil der oberen Fahrbahn kollabierte und auf die untere stürzte – zum Glück ohne große Folgen.

Wenn die Sicht gut ist, lohnt sich ein kurzer Stopp auf **Treasure Island**, einer kleinen, künstlich aufgeschütteten Insel. Die Ausfahrt befindet sich etwa auf der Mitte der Bay Bridge. Aber Vorsicht: Man fährt links ab. Von Treasure Island haben Sie einen schönen Blick zurück auf die Skyline von San Francisco. Die Insel entstand aus dem Schutt, den das große Erdbeben 1906 hinterlassen hatte, als ein Teil des Weltausstellungsgeländes Ende der 1930er-Jahre. Später diente sie als Flughafen und Militärstützpunkt; heute leben etwa 1500 Menschen in den ehemaligen Verwaltungsgebäuden.

Nachdem Sie die Bay überquert haben, erreichen Sie **Oakland**, die drittgrößte Stadt der Bay Area. Wenn Sie viel Zeit mitbringen, können Sie diverse Abstecher in Oakland und Berkeley einplanen, versichern Sie sich aber vor allem in Oakland erst, ob der geplante Umweg sicher ist. In der Stadt gibt es einige Viertel, in denen Sie besser nicht

Alternativen/Zusatzprogramm

Wer den Yosemite National Park und das Death Valley in die Tour einbauen will, fährt ab Coulterville über Mariposa nach El Portal und folgt den Etappen Nr. 6, 5 und 4 der California Dreaming Tour in umgekehrter Richtung – also vom Yosemite National Park (El Portal) über Lone Pine zum Death Valley. Durch das Tal des Todes geht es weiter nach Las Vegas, wo man wieder Anschluss an Etappe Nr. 4 der Born to Be Wild Tour hat.

mit einer brandneuen Harley auftauchen, vor allem nicht, wenn man Sie gleich als Tourist erkennt. Oakland ist industriell geprägt, weist aber einige wunderschöne Art-déco-Gebäude auf. Wenn Sie den Yosemite National Park noch heute erreichen wollen, sollten Sie Oakland aber links (in diesem Fall rechts) liegen lassen und zügig weiterfahren.

Die ersten Meter auf der Bay Bridge in San Francisco Richtung Oakland

An vielen Stellen lässt sich die Born to be Wild Tour (Tour 2) mit einzelnen Etappen der California Dreaming Tour (Tour 1) kombinieren, ganz nach den Vorlieben der Reisenden.

Nach der Bay Bridge gibt es mehrere Möglichkeiten, den Automassen zu entkommen. Landschaftlich am attraktivsten – und auch was den Verkehr betrifft meist am entspanntesten – fährt man über die Interstate 580. Ordnen Sie sich dafür bereits am Ende der Bay Bridge in eine der Mittelspuren ein. Der Verkehr ist hektisch und ein spontaner Wechsel über vier Spuren kann ganz schön adrenalinsteigernd sein. Folgen Sie der Beschilderung Richtung San Leandro und Fremont. Der Freeway führt nun entlang der Küstenberge; Sie versäumen so zwar den Blick auf Downtown Oakland, aber auch dessen Verkehrschaos.

Typisch für die Gegend: Wells Fargo Express Building in Columbia

Auf das Konglomerat der anschließenden Städte der South Bay näher einzugehen, lohnt nicht. Es sind ausnahmslos Schlafstädte, die touristisch nichts zu bieten haben. Kurz nach Castro Valley hört die dichte Besiedlung erst einmal auf, der Freeway wendet sich nach Osten und klettert über die Berge und durch den Dublin Canyon nach Livermore. Die Bewohner von Livermore legen großen Wert darauf, in der östlichsten Stadt der Bay Area zu wohnen und nicht etwa zum Central Valley gezählt zu werden, das gleich dahinter beginnt und in Kalifornien nicht gerade einen kosmopolitischen Ruf genießt.

Ihnen kann es egal sein, Sie können aufatmen und sich über den dünner werdenden Verkehr freuen. Auch das Fahren auf mehrspurigen Freeways gehört bald der Vergangenheit an. Zunächst klettert die Autobahn aber noch einmal über die kargen Berge. Die zahlreichen Windräder auf dem Altamont Pass sorgen für eine etwas skurrile Szenerie; sie stehen natürlich genau deshalb hier, weil ein steter und kräftiger Wind vom Berg bläst, den auch Sie mit Ihrem vollgepackten Motorrad deutlich zu spüren bekommen.

Egal, an welcher Stelle Sie das sich nun vor Ihnen ausbreitende, riesige und fruchtbare Central Valley durchqueren, das Bild ist stets das Gleiche: Landwirtschaft und Viehzucht, etwas heruntergekommene Kleinstädte, kerzengerade Straßen, dazu meist heiße und staubige Luft – für Motorradfahrer also eher langweilig.

Unsere Strecke führt zwar nach Modesto, folgen Sie aber trotzdem nicht der Beschilderung dorthin, die bringt Sie nämlich erst einmal nach Stockton, und auf dessen Durchquerung können Sie getrost verzichten. Am besten verlassen Sie die Interstate 580 am Highway 132. Das Schlimmste haben Sie nun hinter sich und das Motorradwunderland rückt Meile um Meile näher. Aber zuerst gilt es, noch 20 Meilen zu überwinden – eine schnurgerade Strecke bis Modesto.

Die etwa 200 000 Einwohner von **Modesto** haben sich das Motto »A great place to live, a horrible place to visit« auf die Fahnen geschrieben. Ersteres ist schwer nachzuprüfen, Letzteres entbehrt nicht einer gewissen Wahrheit. Die Stadt hat eine Luftqualität, die zu der schlechtesten in Kalifornien zählt. Das liegt, wie bei vielen Städten im Central Valley, am Smog, der von der Westküste hierher geblasen wird, an der extensiven Landwirtschaft sowie am vielen Staub. Auch in der Kriminalitätsstatistik hat Modesto – wider Erwarten – Städte wie New York abgehängt. Bei Autodiebstählen rangierte die Stadt 2008 gar auf Platz 1.

Berühmt sind einige Söhne der Stadt: Neben Schwimm-Olympiasieger Mark Spitz, Motorradrennfahrer-Legende Kenny Roberts und dem medienerprobten Altrocker Sonny Barger, einem Gründungsmitglied der Hells Angels, stammt auch George Lucas aus Modesto. Der Film »American Graffiti« (1973) erzählt von seiner High-School-Zeit.

In der Stadt verläuft die Strecke etwas im Zickzack, folgen Sie einfach dem Hauptverkehrsstrom, dann bleiben Sie auf dem Highway 132 und landen schließlich auf dem Yosemite Boulevard. Hinter dem Städtchen Waterford hat das monotone Elend ein Ende. Vor Ihnen entfalten sich die goldenen Foothills der Sierra Nevada.

Nach knapp 30 schönen Motorradmeilen folgt **Coulterville**. Die Pause im alten Jeffery Hotel beziehungsweise im dazugehörigen stilvollen Magnolia Saloon haben Sie sich nun verdient. Auch sonst ist Coulterville eine Fahrtunterbrechung und einen kleinen Rundgang wert. Das Coulterville Museum und der Sun Sun Wo's Chinese Store

zeugen von der bewegten Geschichte der Region: Der Laden der Familie Sun versorgte ab 1851 die Goldgräber der Region 70 Jahre lang, den hier ansässigen Chinesen diente ein Nebenraum wahrscheinlich als Opiumhöhle. Die Ladeneinrichtung ist original aus der Goldgräberzeit erhalten.

Vorbei an großen Stauseen und kleinen Westernstädtchen geht es weiter nach **Chinese Camp**, das heute nur noch 200 Einwohner zählt. Zu den Zeiten des Goldrauschs hatten sich etwa 5000 Chinesen angesiedelt, teils Arbeiter der Eisenbahngesellschaft, teils Goldgräber, die hier ihr Glück versuchten.

Bald schon erreichen Sie Ihr Etappenziel **Jamestown**, eine nette historische Goldgräbersiedlung mit etwa 3000 Einwohnern. Die vielen alten Gebäude auf der Main Street, in denen heute zahlreiche Shops und Cafés untergebracht sind, wirken wie die Kulisse für einen Western. In Jamestown finden Sie auch den einzigen lizenzierten Harley-Dealer weit und breit, der nicht nur kleine Maladien am Motorrad kurieren kann, sondern auch mit Souvenir-T-Shirts und dem üblichen Harley-Schnickschnack aufwartet. Eisenbahnfreunden sei ein Besuch der Railtown 1897 empfohlen. Dort können Sie den historischen Lokschuppen besichtigen und am Wochenende (außer im Winter) auch eine Fahrt im originalen Dampfzug genießen.

Wenn Sie sich in Jamestown für das alte National Hotel als Quartier entscheiden, so betten Sie Ihr Haupt in einem der neun Zimmer für 140 Dollar ausgesprochen stilvoll. Günstigere Alternativen finden Sie um die Ecke im Ort oder ein paar Meilen weiter in Sonora.

Service & Tipps

⚙ Eagle Rider San Francisco
488 8th St.
San Francisco, CA 94103
☎ (415) 503-1900 oder (888) 390-6400
Fax (415) 503-1901
www.eaglerider.com, tägl. 9–17 Uhr
Bewährter Motorradvermieter.

ⓘ Visit Oakland
www.visitoakland.org

ⓘ Modesto Visitor Information
☎ (888) 640-8467 oder (209) 526-5588
www.visitmodesto.com

🏛 Coulterville Museum
10301 Hwy. 49, Coulterville, CA 95311
☎ (209) 878-3015
www.coultervillemuseum.org
Mi–So 10–16 Uhr
Im dem kleinen Museum schräg gegenüber
dem Jeffery Hotel kann man neben alter
Goldgräberausrüstung auch historische Fotografien und alte Waffen bestaunen.

🛏 Jeffery Hotel
5001 Main St., Coulterville, CA 95311
☎ (209) 878-0461, www.hoteljeffery.com
Das Hotel wurde 2011 renoviert. Der alte
Magnolia Saloon mit seinem riesigen Tresen ist wieder eröffnet. Auch die Zimmer
erstrahlen wieder in historischem Glanz, eigener Hausgeist inklusive. Das ganze Haus
ist liebevoll dekoriert. Ein ausgesprochen
stilvoller Platz für eine Pause.

*Charme vergangener Tage: Coulterville
General Store*

🛏⚙ Railtown 1897 State Historic Park
Jamestown, CA 95327
☎ (209) 984-3953
www.parks.ca.gov/?page_id=491
www.railtown1897.org
April–Okt. tägl. 9.30–16.30, Nov.–März tägl.
10–15 Uhr
Eintritt $ 5, Kinder $ 3
Am ehemaligen Standort der Sierra Railway
Company zeugen noch heute eine Schmalspuranlage, historische Gebäude (Lokschuppen und Werkstätten) sowie ein Fuhrpark
inklusive Dampfloks von der Bedeutung der
Eisenbahn während der Zeiten des Goldrauschs. Die historischen Züge unternehmen
noch touristische Minitouren.

⚙🛠 Jamestown Harley-Davidson
18275 Hwy. 108
Jamestown, CA 95327
☎ (209) 984-4888
www.jamestownhd.com
Ein guter Platz, sich mit Souvenirs einzudecken, die Ausrüstung zu komplettieren
oder die Harley auf Vordermann zu bringen.
Die nächste Gelegenheit hierfür gibt es für
Harley-Piloten erst wieder in Las Vegas.

🛏✗🅳 1859 Historic National Hotel
18183 Main St.
Jamestown, CA 95327
☎ (209) 984-3446 oder (800) 894-3446
www.national-hotel.com
Sehr stilvolle Unterkunft mit Restaurant ($$–
$$$) und Saloon, in dem früher Goldstaub
im Wert von vielen Tausend Dollar über den
Tresen ging. Das Hotel leistet sich mit »Flo«
einen freundlichen Hausgeist, der sogar eine
eigene Website hat.
$$$

🛏 Railtown Motel
10301 Willow St.
Jamestown, CA 95327
☎ (209) 984-3332 oder (800) 252-8299
www.railtownmotel.com
Einfaches Motel in bester Lage. Kann atmo-
sphärisch nicht mir dem National mithalten,
kostet dafür aber nur die Hälfte.
$–$$ ✺

Idyllisches Gold Rush Country: ▷
*Highway 49 führt über den Lake McClure
in der Nähe von Coulterville*

2 Mondlandschaft und Geisterstädte
Mono County

2. Tag: Jamestown – Bishop (402 km/250 mi)

km/mi	Route
0	In **Jamestown** auf Hwy. 108 E (Sonora Pass Rd.), über den **Sonora Pass** bis zur Kreuzung mit
132/82	Hwy. 395, auf diesem weiter bis
172/107	**Bridgeport**. Etwa 10 km weiter südlich auf Hwy. 395 bis zur Abzweigung Hwy. 270/Bodie Rd., links abbiegen und der Straße bis zum
204/127	**Bodie State Historic Park** folgen (die letzten drei Meilen auf Schotter, Besichtigung). Danach zurück auf Hwy. 395 und weiter Richtung Süden bis
254/158	**Lee Vining**. Weiter auf Hwy. 395 S, links auf Hwy. 120 E und bald wieder links (Schotter) zum
272/169	**Mono Lake/South Tufa**. Nach kleinem Rundgang am See auf demselben Weg zurück zum Hwy. 395, dem ein ganz kurzes Stückchen zurück Richtung Norden folgen und links auf Hwy. 158/**June Lake Loop** abbiegen. Diesem folgen bis
302/188	June Lake. Kurz darauf wieder rechts auf Hwy. 395 bis zur Abzweigung **Mammoth Scenic Loop** (Dry Creek Rd.), diesem bis
331/206	**Mammoth Lakes** folgen (u. U. Besuch **Devils Postpile N. M.**). Weiter auf Scenic Loop (Hwy. 203) bis Hwy. 395 S und auf diesem bis
402/250	**Bishop**.

Eine Karte mit dem Routenverlauf finden Sie auf Seite 122.

Eine Karte mit dem Routenverlauf finden Sie auf Seite 122.

Pause in der Sierra Nevada

Touristen statt Geister bevölkern die Bodie Ghost Town

Der heutige Tag beginnt nach dem Frühstück in **Jamestown**, wie er schöner kaum sein könnte: mit einer Fahrt über den Sonora Pass. Er ist die nördliche Alternative zum Tioga Pass im Yosemite National Park, der zwar wesentlich bekannter ist, aber mit der Schönheit des Sonora Pass nicht mithalten kann. Zudem ist der Tioga Pass stark frequentiert: Über ihn quälen sich fast alle Besucher der Region – vor allem mit ihren RVs (*recreational vehicles* = Wohnmobile). Weiter nördlich rollt hingegen erheblich weniger Verkehr über die Sierra Nevada Richtung Osten. Und das liegt sicherlich auch an den vielen Kurven, durch die sich das Asphaltband auf knapp 3000 Metern Höhe schlängelt und den Sonora Pass zum zweithöchsten Pass der Sierra Nevada macht. Für RVs ein Albtraum, für Motorradfahrer größter Spaß!

Auf den ersten 130 Kilometern passieren Sie keine nennenswerte Siedlung, dafür zahlreiche majestätische Gipfel und lohnenswerte Vista Points. Wenn Sie dann glücklich und zufrieden an der T-Kreuzung mit dem Highway 395 stehen, werden Sie verschmerzen, dass der Verkehr hier kurzfristig etwas dichter wird, zumal die schneebedeckten Gipfel der Sierra Nevada weiterhin das Bild bestimmen.

Planen Sie einen Besuch der Bodie Ghost Town – dazu würde ich raten –, dann sollten Sie sich in **Bridgeport** eine Pause gönnen; etwa im alten Bridgeport Inn an der Hauptstraße. Danach geht es auf der kleinen Bodie Road, die etwa zehn Kilometer südlich von Bridgeport vom Highway 395 abzweigt, weiter. Sie verspricht viel Spaß auf zwei Rädern. Die letzten drei Meilen zur **Bodie Ghost Town** müssen Sie allerdings auf Schotter hinter sich bringen.

Vom Mono Lake kann man dem Highway 120 auch weiter Richtung Osten nach **Benton Hot Springs** folgen. In diesem Fall bringt Sie der Highway 6 Richtung Süden nach Bishop (vgl. California Dreaming Tour S. 80 ff.).

Während des Goldrauschs hatte Bodie 8000 Einwohner, 65 Saloons und eine Chinatown mit Rotlichtbezirk. Als die Minen versiegten, nahm Ende des 19. Jahrhunderts die Einwohnerzahl rapide ab. In den 1940er-Jahren verließen die Letzten den Ort und besiegelten Bodies Schicksal als Geisterstadt. Seitdem ist Bodie ein State Park, und das hat erfreulicherweise zur Folge, dass es hier ausgesprochen authentisch ist – frei von Neonschildern, inszenierten Schießereien und anderen Touristenattraktionen. Hobbyfotografen sollten ausreichend Platz auf der Speicherkarte freihalten.

Wenn Sie auf Stollenreifen unterwegs sind, können Sie für den Rückweg die

Kristallklar: der June Lake

Cottonwood Canyon Road wählen, von der man einen hübschen Blick über den nahegelegenen Mono Lake hat; die Straße mündet in den Highway 167, der zum Highway 395 zurückführt. Allen anderen sei empfohlen, den Weg, den sie gekommen sind, wieder zurück zum Highway 395 zu nehmen. Auch der bringt Sie zum Mono Lake.

Der kurze Abstecher zu den Tufas, bizarren Tuffsteinformationen, am See ist ein Muss, auch wenn Sie dafür eine weitere kurze Schotterstrecke zum Ufer des **Mono Lake** auf sich nehmen müssen – zumindest, wenn Sie sich für die sehenswerten südlichen Tufas entscheiden. Um dorthin zu gelangen, biegen Sie etwa fünf Meilen nach Lee Vining links auf den Highway 120 Richtung Osten und folgen dann der Beschilderung South Tufa.

Die zahlreichen Türme aus Kalktuffstein verleihen dem Mono Lake sein unwirkliches, bizarres Aussehen. Die mächtige Sierra Nevada dient dem tiefblauen See als Kulisse – ein wahrlich beeindruckendes Bild. Der etwa 45-minütige Rundgang an dem Salzsee ist sowohl schön als auch lehrreich. Das Display an der kleinen Ranger Station gibt Auskunft über Geologie, Hydrologie und Fauna dieses auf der Welt einmaligen Ökosystems, das leider durch den unerbittlichen Durst der Metropolen Las Vegas und Los Angeles während der letzten Jahre stark ins Schwanken geraten ist. Der See ist Lebensraum und Durchgangsstation für mehr als zwei Millionen Wasservögel. Durch ständig fallende Wasserstände wurde die Negit-Insel im See zur Halbinsel, mit der Folge, dass die ehemals geschützten Nester nun leichte Beute für Koyoten und andere Nesträuber sind. Viele Aktivitäten kalifornischer Umweltgruppen sind – mit langsam sichtbar werdendem Erfolg – dem Erhalt des Mono Lake gewidmet.

Devils Postpile: Die Basaltsäulen wurden von Lava geformt

Nach diesem Intermezzo können Sie, wenn Sie es eilig haben, auf dem Highway 395 auf direktem Weg Richtung Süden nach Bishop rollen. Sie können aber auch noch einen oder zwei hübsche kleine Umwege einbauen. Fahren Sie für den ersten ein kurzes Stückchen auf dem Highway 395 zurück Richtung Norden und biegen dann links auf den **June Lake Loop** (Hwy. 158), der im Winter jedoch geschlossen ist. Diese 16 Meilen lange Schleife ist eine mehr als nette Abwechslung zum in dieser Gegend eher monotonen und häufig vierspurigen Highway 395. Der Rundweg führt an vier subalpinen Seen vorbei: dem Grant Lake, dem Silver Lake, dem Gull Lake und dem June Lake – allesamt überragt von den Gipfeln der östlichen Sierra Nevada.

Wer nach dieser Schleife immer noch Energie hat, baut den zweiten lohnenswerten Abstecher über **Mammoth Lakes** ein. Hier tobt vor allem im Winter der Bär, denn dies ist einer der beliebtesten Wintersportorte Kaliforniens. Wenn die Zeit es erlaubt, bietet sich zudem ein Besuch im nahegelegenen **Devils Postpile National Monument** an. Dieses Schutzgebiet besteht im Wesentlichen aus einem Kliff, das wiederum aus etwa 20 Meter hohen, gleichmäßig geformten, sechseckigen Basaltsäulen gebildet wird und vor allem das Ergebnis eines erstarrten Lavastroms ist. Individualverkehr zu Devils Postpile ist weitgehend verboten, Shuttlebusse fahren in der Nähe der Mammoth Mountain Main Lodge ab. Hübsch ist auch die kleine und einfache Wanderung zu den Rainbow Falls, vom Ranger Station Trailhead sind es gute zwei Meilen – *one-way.* Zurück am Highway 395 folgt nach etwa 40 Meilen das Etappenziel **Bishop**. Das touristische Zentrum des Owens Valley wartet mit einer entsprechend großen Auswahl an Motels, Restaurants und Bars auf.

2 Service & Tipps

ℹ Bridgeport Chamber of Commerce
✆ (760) 932-7500
www.bridgeportcalifornia.com

🛏✗ Bridgeport Inn
205 Main St., Bridgeport, CA 93517
✆ (760) 932-7380
www.thebridgeportinn.com
Frühstück ab 8, Lunch ab 11.30, Dinner ab 17 Uhr
Hübsches Hotel mit Restaurant aus der guten alten Zeit – der richtige Ort für eine Pause.
$$

🎫 Bodie State Historic Park
SR 270, Bridgeport, CA 93517
✆ (760) 647-6445
www.parks.ca.gov/?page_id=509
Ganzjährig geöffnet, im Sommer 8–18, im Winter 10–15 Uhr
Eintritt $ 7, Kinder (6–16) $ 5, unter 5 Jahre Eintritt frei

Eine Wanderung von Devils Postpile entfernt: Rainbow Falls

Kein Goldgräber-Disneyland, sondern sehr authentische Ghost Town. Da Bodie schon lange ein State Park ist, gibt es hier keinen unpassenden Rummel. Zudem versucht man, die Stadt im Stadium des Verfalls zu konservieren. Eine großartige Berglandschaft umgibt die Stadt.

ℹ Lee Vining Chamber of Commerce
✆ (760) 647-6629
www.leevining.com

🏞 Mono Lake Tufa State Reserve
Ab SR 120, 5 Meilen östl. US 395
Lee Vining, CA 93541
✆ (760) 647-6331
www.parks.ca.gov/?page_id=514
Ganzjährig zugängig
Eintritt $ 3
Empfehlenswert ist ein kurzer Spaziergang (45-min. Rundweg) zu den bizarren Tuffsteinformationen, den Tufas des Salzsees.

ℹ June Lake Loop Chamber of Commerce
✆ (760) 648-1917
www.junelakeloop.org

ℹ Mammoth Lakes Chamber of Commerce
✆ (760) 934-6717
www.mammothlakeschamber.org

🏞 Devils Postpile National Monument
Mammoth Lakes, CA 93546
✆ (760) 934-2289
www.nps.gov/depo
Mitte Juni–Mitte Okt. tägl. rund um die Uhr, Ranger Station Mitte Juni–Mitte Okt. tägl. 9–17 Uhr
Shuttlebus $ 7, Kinder $ 4
Pittoreske Ansammlung von sechseckigen, regelmäßigen Basaltsäulen, die durch Lava gebildet wurden. Die Nutzung des Shuttlebusses ist zwischen 7–19.30 Uhr obligatorisch. Außerhalb dieser Zeiten wird ein Eintrittsgeld in Höhe von $ 10 erhoben. Die Busse fahren alle 20 bis 30 Min. an der Mammoth Mountain Ski Area ab.

ℹ Bishop Chamber of Commerce
✆ (760) 873-8405
www.bishopvisitor.com

🥖 Erick Schat's Bakkery
763 N. Main St., Bishop, CA 93514
✆ (760) 873-7156

www.erickschatsbakery.com
In den USA gibt es alles – außer vernünfti-
ges Brot: Das mag im Allgemeinen zutref-
fen, aber Schat's Bäckerei belehrt einen eines
Besseren. Zudem gehen leckere Sandwiches
und sündhaft gute süße Stückchen über den
Tresen. Guter Ort für ein erstes oder zweites
Frühstück. $

Best Western PLUS Bishop

1025 N. Main St.
Bishop, CA 93514
✆ (760) 873-3543
www.bestwestern.com
Im Grunde das übliche Best Western, nur
ein bisschen besser: geräumige Zimmer, sehr
gepflegte Anlage und für US-amerikanische
Motelverhältnisse ein reichhaltiges Früh-
stück. $$$

*Schotter I: Ab hier beginnt die Wellblech-
piste nach Bodie*

Whiskey Creek

524 N. Main St.
Bishop, CA 93514
✆ (760) 873-7174
www.whiskeycreekbishop.com
Frühstück Sa/So 8–11, Lunch tägl. 11–16, Din-
ner So–Do 16–21, Fr/Sa 16–22 Uhr
Neben diversen Asiaten und Mexikanern in
Bishop eine gute Wahl: typisch amerikani-
sches Essen, das schmeckt, und angenehmes
Ambiente. Zudem kann man draußen sitzen.
$$–$$$

Schotter II: staubige Zufahrt zu South Tufa am Mono Lake

3 Weltreise an einem Tag
Las Vegas

3. Tag: Bishop – Las Vegas (436 km/271 mi)

km/mi	Route
0	Von **Bishop** auf Hwy. 395 S bis
26/16	Big Pine, dort links auf Hwy. 168 E. Abstecher zum **Ancient Bristlecone Pine Forest**: links auf White Mountain Rd. bis Visitor Center/Parkplatz, Rundgang, dann zurück zum Hwy. 168 E, ca. 20 Meilen extra), weiter bis zur Kreuzung mit
87/54	Hwy. 266. Rechts abbiegen und auf Hwy. 266 über die Staatsgrenze nach Nevada und weiter bis zur
158/98	Lida Junction fahren. Dort rechts auf Hwy. 95 S bis
241/150	**Beatty**. Weiter auf Hwy. 95 S nach
357/222	Indian Springs und schließlich nach North Las Vegas. Dort auf I-15 S bis Exit 38B/Flamingo Road East und bis zum
436/271	**Las Vegas Boulevard**.

Bevor Sie in **Bishop** starten, sollten Sie Ihr Motorrad noch einmal volltanken, Möglichkeiten dazu gibt es heute sonst wenige. Eine gute Idee ist, dabei gleich Luftdruck, Ölstand und gegebenenfalls die Kühlflüssigkeit zu überprüfen.

Auch heute liegen keine der bekannteren Sehenswürdigkeiten auf der Strecke, vom Etappenziel Las Vegas einmal abgesehen. Die Hauptattraktion ist die unendliche Weite und der *big sky*, der große Himmel, den es so nur im Westen der USA gibt.

Anstatt zu schwitzen, müssen Sie sich fürs Erste wahrscheinlich sogar noch mal in volle Montur werfen, denn nachdem Sie vom Highway 395 links auf den Highway 168 abgebogen sind, kann es ziemlich frisch werden. Die Straße klettert nämlich auf immerhin 2300 Meter, und wenn Sie den Abstecher zum Bristlecone Forest machen, noch erheblich höher.

Dieser Abstecher bietet sich bereits nach 13 Meilen auf dem Highway 168 an. Auf nur zehn weiteren Meilen schraubt sich die White Mountains Road 2000 Meter in die Höhe und bringt Sie zum **Ancient Bristlecone Pine Forest**, genau wie Mono Lake und Mammoth Lakes Basin ein Gebiet des Inyo National Forest. Die Straße verlangt vom Fahrer etwas Konzentration, aber die atemberaubenden Ausblicke über die Sierra Nevada und das Owens Valley entschädigen dafür reichlich.

Das Visitor Center des Pine Forest ist zwar 2008 abgebrannt (Neueröffnung im Frühsommer 2012), ein Besuch lohnt trotz allem. Hier wachsen die krummen, knorrigen und oft spiralförmig verdrehten Kiefern seit Tausenden von Jahren. Der Baum namens Methuselah (dt. Methusalem) hat angeblich sogar ein Alter von knapp 4800 Jahren erreicht, er ist somit der älteste lebende Baum der Erde. Das Holz der Borstenkiefern (Bristlecone Pines) ist so hart, dass es selbst 1000 Jahre nach Absterben des Baumes noch nicht verwest. Besucher können die kleinen Haine der bis zu 18 Meter hohen Bäume auf verschiedenen Rundwegen erreichen. Am empfehlenswertesten ist der gut vier Meilen lange Methuselah-Loop, weniger anstrengend der Discovery Trail. Das Wandern fällt hier allerdings nicht ganz leicht, auf über 3000 Metern ist die Luft schon recht dünn.

Die Strecke durch die White Mountains und den Inyo National Forest, der hier allerdings eher durch kahle Bergrücken, denn durch Wälder besticht und seinen Namen als Nationalwald somit nicht ganz zu Recht trägt, vertreibt mit Sicherheit die letzte Müdigkeit

Im Ancient Bristlecone Pine Forest

aus Ihren Knochen. Die kargen Berge werden immer wieder von schroffen Schluchten und weiten, unberührten Tälern durchzogen. Der Highway 168 steht nicht umsonst auf der Anwärterliste für das Prädikat »Scenic Highway« und ist somit aus genau dem Stoff, aus dem Motorradfahrerträume gemacht sind – es herrscht kaum Verkehr.

Ganz kann da der Highway 266, der Sie über die Staatsgrenze nach Nevada bringt, nicht mithalten. Eine vermeintlich unendliche Weite ist aber auch hier zu spüren, allein die Kurvendichte könnte etwas höher ausfallen. Wenn Sie versuchen, sich ins Gedächtnis zu rufen, wie viele Autos Ihnen heute schon entgegengekommen sind, so werden Sie wahrscheinlich auf eine sehr übersichtliche Zahl kommen. Das ändert sich auch erst, wenn Sie an der Lida Junction rechts auf den Highway 95 abgebogen sind. Früher oder später beschleicht einen auf diesem Highway das Gefühl, dass der Fahrspaß von einem »Kilometerfressen« abgelöst wird. Das ist die Kehrseite der beschriebenen Weite.

Die erste vernünftige Pause inklusive Tankstopp und Lunch bietet sich nicht vor **Beatty** an. Dort können Sie dann aber ganz nevadatypisch ihr Glück im lokalen Spielcasino Stagecoach Hotel and Casino versuchen. Beatty ist so etwas wie der Hintereingang ins Death Valley, die touristische Infrastruktur deshalb ausgeprägter, als man es in dieser gottverlassenen Gegend vermuten würde. Glücklicherweise liegt Beatty aber gut 1000 Meter höher als das Tal des Todes, dementsprechend erträglich sind die Temperaturen. Wenn Ihnen danach ist, den Staub der Straße abzuwaschen und zu relaxen, sind die Baileys Hot Springs direkt am Highway 95, fünf Meilen nördlich von Beatty, der richtige Platz für Sie, vorausgesetzt sie haben geöffnet. Wie so vieles in der Region stehen auch die Thermalquellen zum Verkauf, die Zukunft ist noch ungewiss.

Zwei ziemlich ereignislose Stunden liegen nun noch vor Ihnen. Die scheinbar endlose Straße führt entlang der Nevada Security Site, dem ehemaligen Atomwaffentestgebiet der USA – nicht unbedingt ein beruhigendes Gefühl. Haben Sie eins der Casinos am Las Vegas Boulevard als Quartier gewählt, dann sollten Sie es bereits von Weitem erken-

Biken »in the middle of nowhere«

nen und die richtige Ausfahrt von der Interstate 15 finden. Wer sein Motorrad behütet vor dem Zimmer parken will, für den sind die großen Casino-Hotels jedoch nicht die richtige Wahl. Bei den Häusern in der zweiten Reihe und den Motels etwas ab vom Schuss, also weg vom Las Vegas Boulevard, ist das oft einfacher. Dafür können die Resorts am Strip von Las Vegas, dem südlichen Ende des Las Vegas Boulevard, mit ihren großen Namen und kurzen Wegen punkten.

In der Region **Las Vegas** leben heute etwa 1,7 Millionen Menschen. Mit einem Zuwachs von etwa 100 000 Einwohnern pro Jahr ist Las Vegas die am schnellsten wachsende Metropole der USA, wovon die riesigen uniformen Neubausiedlungen an sämtlichen Stadträndern zeugen. Die Auswirkungen der Immobilienkrise sind hier deutlicher sichtbar als anderswo im Land. Ein wahres Häusermeer nicht fertiggestellter Siedlungen erstreckt sich in die Wüste, aber Las Vegas wäre nicht Las Vegas, wenn es sich nicht auch davon schnell erholen würde.

Die Stadt ist einzigartig: Gigantische Hotel- und Casino-Anlagen wachsen in Rekordtempo aus dem Wüstenboden, andere werden wieder dem Erdboden gleichgemacht. Erst im Mai 2010 schloss das berühmte, 1952 eröffnete Sahara Hotel, eines der ersten Hotels am Strip. Viele Luxusherbergen vergangener Tage mussten ihren wesentlich imposanteren Nachfolgern Platz machen: das Dunes wich dem Bellagio, das Sands dem Venetian und das Hacienda dem Mandalay Bay Hotel & Casino. Veteranen sind das Flamingo, das Tropicana und das Riviera. Aber auch Circus Circus, Ceasar's Palace und Planet Hollywood (ehemals Aladdin) haben schon über 40 Jahre auf dem Buckel. Und in Las Vegas hat 2005 das damals teuerste Hotel der Welt aufgemacht, das Wynn Las Vegas.

Schild am »Strip« heißt seit 1959 Besucher in Las Vegas willkommen

Ein Ende dieser Bauwut ist nicht abzusehen. *Rien ne va plus* gilt hier nur am Roulettetisch.

Die Geister scheiden sich an der Wüstenmetropole, unbestritten ist aber die Faszination, die von ihr ausgeht und jährlich etwa 37 Millionen Besucher anlockt. Die einzige wirkliche Sehenswürdigkeit in Las Vegas ist im Grunde der Strip und, mit Einschränkungen, das Downtown Casino Center an der Fremont Street.

Eiffelturm in Las Vegas

Scheinarchitektur: das Mega-Resort »New York-New York« in Las Vegas

Der Startschuss zu Las Vegas' Boom wurde mit der Freigabe des Glücksspiels und dem Bau des ersten Casinos in den 1940er-Jahren gegeben. Damals waren es vor allem Mitglieder der Mafia, die die laxe Atmosphäre nutzten und sich in die Grundbücher der großen Hotels und Resorts eintragen ließen. Spätestens seit dem Aufkommen des Massentourismus war der Aufstieg der Stadt nicht mehr zu bremsen.

Erscheint Las Vegas tagsüber eintönig und heiß, so ändert sich das schlagartig mit dem Einsetzen der Dämmerung, wenn am Strip Millionen Lichter angehen und die Casinos um Besucher buhlen. Ein Bummel über den Las Vegas Boulevard und durch die Spielhallen ist ein einzigartiges Erlebnis. Und wenn Sie Glück haben und eines der begehrten Tickets für eine der großen Shows ergattern können, erwartet Sie Weltklasse-Entertainment.

Für Biker und T-Shirt-Sammler sind das Harley-Davidson Café sowie das Hard Rock Café einen Besuch wert. Nicht entgehen lassen sollten Sie sich auch die bombastischen und häufig pathetischen Wasserspiele vor dem **Casino** Bellagio: eine Choreografie aus unzähligen Wasserdüsen, Scheinwerfern und Lautsprechern, die alle 30 Minuten über die Bühne geht.

Der Hunger lässt sich in jedem Casino stillen. Es locken zahlreiche Restaurants, in denen häufig auch die beliebten All-you-can-eat-Buffets angeboten werden. Die Auswahl ist überwältigend, die Preise günstig, aber die Warteschlangen oft lang – über das jeweilige Ambiente und den Stil kann man allerdings geteilter Meinung sein.

Eine Fahrt über den nächtlichen Strip mit dem Motorrad mag verlockend erscheinen, endet aber meist bei immer noch 30 Grad Celsius im Dauerstau.

Zudem gibt es kaum geeignete Motorradparkplätze. Um die Zeit bis zur Dämmerung zu überbrücken, können Sie noch eine der zahlreichen Shopping Malls oder Factory Outlets besuchen. Es ist zwar nicht alles, was sich dort finden lässt, ein Schnäppchen, aber billiger als zu Hause ist es allemal. Erwähnt seien hier vor allem die Las Vegas Premium Outlets am South Las Vegas Boulevard, ein riesiger Konsumtempel mit mehr oder weniger günstigen Factory Outlets fast aller bekannten Marken, und die Fashion Show Mall am Strip. Wer Cowboystiefel und Western Outfits sucht, sollte sich auf den Weg zu Cowtown machen, dort wird man unter Garantie fündig.

Eine weitere Spezialität der Stadt sind Ruckzuck-Hochzeiten von der Stange. Ein paar Hundert Dollar auf den Tisch, Ausweis oder Führerschein dazu, fünf Minuten Wartezeit – und schon ist man verheiratet (Mann und Frau). Das ist nicht gerade das, was man sich unter einer romantischen Hochzeit vorstellt, aber dennoch geben sich hier jährlich weit über 100 000 Paare das Jawort. Sie können das übrigens auch, wenn Sie bereits verheiratet sind – *for romantic reasons* heißt das dann.

Wenn es Ihre Urlaubsplanung zulässt, vermeiden Sie Las Vegas am Wochenende. Die Zimmer sind oft ausgebucht, und sollten Sie dennoch einen Platz finden, müssen Sie erheblich mehr berappen als unter der Woche. Das Gerücht, dass man in Las Vegas quasi ohne Geld über die Runden kommt, wenn man nur die Gutscheinheftchen und Sonderangebote konsequent nutzt, hält sich hartnäckig, ist aber weitgehend Legende.

Jeder Bewohner der Metropole verbraucht übrigens täglich 700 Liter Wasser – ziemlich viel, wenn man bedenkt, dass es weit und breit wenig davon gibt. Ein Deutscher verbraucht dagegen im Schnitt ca. 130 Liter, ein Inder nur ca. 25 Liter am Tag.

Las-Vegas-Etikette

Es gibt zwar keine Kleiderordnung, und Sie können auch die mondänsten Hotels mit Flip-Flops und Shorts betreten und sich dort willkommen fühlen. Verpönt ist es allerdings, den Spielern, vor allem denen an den Kartentischen, über die Schulter zu schauen. Wenn Sie Ihre Neugier nicht zügeln können, werden Sie böse Blicke ernten. Jugendliche unter 18 Jahren haben keinen Zutritt zu den Casinos, und das Fotografieren in  den riesigen Sälen ist grundsätzlich verboten – schließlich soll die Privatsphäre der Spieler geschützt werden. Wundern Sie sich nicht, wenn Sie den Ausgang aus den riesigen Hallen nur schwer finden. Das ist ebenso wie die fehlenden Uhren und Fenster Programm. Schließlich sollen die Zocker nicht merken, wie die Zeit verrinnt und dass die Sonne wieder aufgeht.

Wenn Sie am Black-Jack-Tisch Ihre Urlaubskasse aufbessern wollen, so müssen Sie das nicht durstig tun: Leichtbekleidete Servicekräfte versorgen Sie mit Drinks, und die sind sogar kostenlos. Mindestens einen Dollar Trinkgeld sollten Sie aber pro Getränk springen lassen.

⌘ Ancient Bristlecone Pine Forest
Inyo National Forest
White Mountain Rd., 10 Meilen nördl. Hwy.
168
✆ (760) 873-2400 oder
(760) 873-2500 (Straßenbericht)
Schulman Grove Visitor Center: 2008 abgebrannt, Neueröffnung Frühsommer 2012
Mitte Mai–Ende Nov. tägl. geöffnet
Eintritt $ 3, Kinder frei
In verschiedenen kleinen Hainen wachsen hier auf über 3000 Metern Höhe die knorrigen Bristlecone Pines (Borstenkiefern), deren ältestes Exemplar bereits 4800 Jahre alt und somit der älteste Baum der Erde ist.

ℹ Beatty Chamber of Commerce
✆ (775) 553-2424 oder (866) 736-3716
www.beattynevada.org

⊞⌂✕ Stagecoach Hotel & Casino
900 Hwy. 95 North
Beatty, NV 89003
✆ (775) 553-2419
www.bestdeathvalleyhotels.com
Wer seine Spiellust nicht bis Las Vegas in Zaum halten kann oder ein Quartier für einen Tagesausflug ins Death Valley sucht,

Nervig: Parkplatzsuche in Las Vegas

der wird im Stagecoach fündig. Bescheidener Glamour in der Wüste. $

♨✕ Baileys Hot Springs
Hwy. 95
Beatty, NV 89003
✆ (775) 553-2395
Tägl. 8–20 Uhr, Eintritt $ 5
Hier kann man sich in drei separaten Badebereichen den Staub der Straße im gut 40° C warmen Wasser abspülen. Steht momentan allerdings zum Verkauf.

ℹ Las Vegas Visitor Information Center
3150 Paradise Rd.
Las Vegas, NV 89109
✆ (702) 892-0711 oder (877) 847-4858
www.visitlasvegas.com
Infos zu Hotels, Casinos, Shows, Museen und allen anderen Sehenswürdigkeiten.

⊞✕⏣ Fremont Street Experience
www.vegasexperience.com
In der Fremont Street findet sich das alte, gar nicht mehr so glamuröse Las Vegas wieder. **Vegas Vic**, der weltbekannte, 23 m hohe Neon-Cowboy, winkt seit 1951 mit einer Zigarette in der Hand. Die ersten 15 Jahre seines Lebens stellte er im 15-Minuten-Rhythmus die Frage: »Howdy Partner?« Um wieder mehr Besucher ins »alte« Las Vegas zu locken, überdachte man in den 1990er-Jahren fünf Blocks der Fremont Street und erklärte sie zur Fußgängerzone namens Fremont Street Experience. Vegas Vic büßte im Rahmen der Bauarbeiten einen Teil seines Hutes ein.
Seit 2004 gibt es in der großen Kuppel der Überdachung ab Einbruch der Dunkelheit stündlich eine bombastische Lichtshow, synchronisiert mit Videosequenzen und Musik. Die Casinos schalten zu Beginn der Vorführung ihre Beleuchtung aus, auch der querende Autoverkehr wird gestoppt.

☝ Las Vegas Shows
3200 Las Vegas Blvd. South
Las Vegas, NV 89109
✆ (800) 834-2690, Fax (702) 946-5255
www.lasvegasshows.com
Tägl. rund um die Uhr geöffnet
Hier können Sie Ihre Showtickets online, telefonisch oder per Fax bestellen. Für die bekannten Shows sollten Sie das unbedingt frühzeitig tun.

Las Vegas Harley-Davidson
2605 S. Eastern Ave.
Las Vegas, NV 86169
✆ (702) 431-8500 oder (888) 218-0744
www.lasvegasharleydavidson.com
Mo–Fr 9–19, Sa 9–18, So 10–17 Uhr
Riesiger Harley-Shop, für Marken-Affine ein Konsumtempel.

Hard Rock Café Las Vegas
3771 Las Vegas Blvd. South
Las Vegas, NV 89109
✆ (702) 733-7625
www.hardrock.com
So–Do 11–24, Fr/Sa 11–1 Uhr
Besser Essen kann man sicher woanders, aber für T-Shirt-Sammler und Rockmusikliebhaber ist das Hard Rock Café ein Mekka. Ein Casino gibt es natürlich auch.
$$

Harley-Davidson Café
3725 Las Vegas Blvd. South
Las Vegas, NV 89109
✆ (702) 740-4555
www.harley-davidsoncafe.com
So–Do 11–24, Fr/Sa 11–2 Uhr
Ein Muss für Harley-Piloten: Auf der Terrasse kann man das bunte Treiben auf dem Strip verfolgen, innen gibt es viel zu sehen, inkl. eines Nachbaus von Peter Fondas »Captain America«. Das Essen beschränkt sich auf amerikanische Basics.
$–$$

Las Vegas Premium Outlets
7400 Las Vegas Blvd. South
Las Vegas, NV 89123
✆ (702) 896-5599
www.premiumoutlets.com
Mo–Sa 10–21, So 10–20 Uhr
Nicht alles ist ein Schnäppchen, aber die Größe dieses Ladens ist beeindruckend.

The Fashion Show Mall
3200 Las Vegas Blvd. South Suite 600
Las Vegas, NV 89109
✆ (702) 369-8382
www.thefashionshow.com
Mo–Sa 10–21, So 11–19 Uhr
Ansprechend gestaltete Mall, auch für den eher gehobenen Anspruch. Fast alle Marken mit Rang und Namen haben hier eine Dependance. Den Hunger kann man in diversen Restaurants oder im Food Court stillen.

Ein Muss für Chopper-Piloten: das Harley-Davidson Café

Cowtown Boots
1080 E. Flamingo Rd., Las Vegas, NV 89119
✆ (702) 737-8469
www.cowtownboots.com
Mo–Sa 10–19, So 12–18 Uhr
Wenn man den Laden betritt, steht man vor einem Meer aus Cowboystiefeln. Wer sich mit Stiefeln, Chaps und Wrangler-Jeans ausstatten will, der fühlt sich wie im Paradies. Vorsicht: Manche Lederarten dürfen zu Recht nicht ausgeführt werden.

Dämmerung in Las Vegas

4 Get Your Kicks on Route 66
Entlang der Mother Road

4. Tag: Las Vegas – Seligman (314 km/195 mi)

km/mi	Route
0	Vom **Las Vegas Blvd.** auf East Flamingo Rd. zum Hwy. 93/I-515 S, auf Hwy. 93 S bis Boulder City, dort beschilderte Ortsumgehung nehmen und auf Hwy. 93 S. Abfahrt auf Hoover Dam Access Rd. (Hwy. 172) bis zum
51/32	**Hoover Dam** (Besichtigung). Weiter auf Hwy. 93 S nach
172/107	**Kingman.** Dort rechts auf E. Andy Devine Ave./Route 66 (Lunch in Mr. D'z Route 66 Diner), in einer Schleife durch den Ort und weiter auf der **Route 66** nach
217/135	**Hackberry** (Pause am Hackberry General Store). Anschließend entlang der Route 66 über Truxton, Peach Springs und vorbei an den **Grand Canyon Caverns** nach
314/195	**Seligman.**

Falls Sie das Nachtleben von **Las Vegas** ausgiebig genossen haben – kein Problem: Sie können getrost etwas länger liegen bleiben. Die heutige Etappe ist nicht allzu lang, und die Fahrt entlang der Route 66 ist – aufgrund der tiefer stehenden Sonne – am späten Nachmit-

tag schöner als zur Mittagszeit. Sollten Sie den Hoover Dam im Rahmen einer Führung besichtigen wollen, müssen Sie dafür allerdings insgesamt etwa zwei Stunden einplanen.

Es führen viele Wege aus Las Vegas. Sie können, vor allem wenn Sie vom

Strip starten, die East Tropicana Avenue, die East Sahara Avenue oder die East Flamingo Road wählen. Sie sollten dann in jedem Fall auf der Interstate 515 Richtung Süden landen, in die diese drei Straßen nach unzähligen Ampelkreuzungen münden.

Die Interstate 515 teilt sich den Asphalt zunächst mit den Highways 95 und 93. Nach der weitläufigen Vorstadt Henderson, die mit über 200 j 12 000 Einwohnern Reno mittlerweile den Rang als zweitgrößte Stadt Nevadas streitig gemacht hat, erreichen Sie Boulder City. Kurz vor der Stadt wird die Autobahn zur Freude des Motorradfahrers wieder zur Landstraße.

Boulder City – übrigens die einzige Stadt in Nevada, in der Glücksspiel verboten ist – verdankt seine Popularität der Lage am **Lake Mead**, der nicht nur als Wasserspeicher für Las Vegas dient, sondern auch als Wochenendausflugsziel beliebt ist. Die Städter picknicken am Strand und »pflügen« mit ihren Powerboats die Wellen des Sees. Ich empfehle, nach dem Tanken am Ortseingang von Boulder City (den nächsten

Stau auf dem Hoover Dam gehört nun der Vergangenheit an

Sprit gibt es erst wieder in Kingman) die Ortsumgehung zu wählen. So sparen Sie sich ein paar Ampeln und haben einen netten Blick auf den Lake Mead.

Von Boulder City sind es nur noch wenige Meilen zum **Hoover Dam**, der den Colorado River zum Lake Mead aufstaut. Mit einer Länge von etwa 170 Kilometern und einer Tiefe von 180 Metern ist der aufgestaute See selbst für das an Superlative gewöhnte Amerika von beeindruckender Größe. Einige Jahre lang galt der 1936 fertiggestellte, 220

Wasserspeicher und Naherholungsgebiet: der Lake Mead

Nichts für Leute mit Höhenangst: der Skywalk am Grand Canyon West

Meter hohe Staudamm als der höchste seiner Art weltweit. Seit am 19. Oktober 2010 die Colorado River Bridge, die hochoffiziell Mike O'Callaghan–Pat Tillman Memorial Bridge und umgangssprachlich Hoover Dam Bypass heißt, fertiggestellt ist, rollt der Durchgangsverkehr von Nevada nach Arizona (und zurück) nun hoch über dem Black Canyon statt direkt auf den Mauern des Hoover Dam. Fahrzeuge können zwar weiterhin über die Staumauer bis an die Grenze zu Arizona fahren (anhalten auf der Mauer ist verboten), müssen dann aber wieder umkehren. Die Durchfahrt nach Arizona ist gesperrt. Eine Einreise ist nur über den Highway 93/Hoover Dam Bypass möglich.

Wenn Ihnen ein Blick auf Staudamm und See genügt, können Sie am nördlichen Ende der neuen Brücke Hoover Dam Bypass parken und die Aussicht aus der Vogelperspektive genießen. Direkt auf der neuen Brücke kann man den Hoover Dam übrigens nicht sehen. Wollen Sie ihn besichtigen, biegen Sie vom Highway 93 auf die Hoover Dam Access Road, die sich in Serpentinen ins Tal schlängelt. Etwa eine Meile vor dem Bauwerk passiert jedes Fahrzeug einen Checkpoint. Wer Pech hat,

wird angehalten und kontrolliert – die Sicherheitskontrollen sind seit dem 11. September 2001 auch hier verstärkt worden.

Auch zu Fuß darf man den Hoover Dam bei Tageslicht queren. Die Dimensionen des Bauwerks werden einem erst beim Gang über die Mauern bewusst. Noch beeindruckender erscheint der Hoover Dam, wenn man bedenkt, unter welchen Schwierigkeiten er 1936 fertiggestellt wurde: Mehr als 5000 Arbeiter sollen hier zu Spitzenzeiten täglich geschuftet haben, rund 50 verletzten sich täglich und insgesamt kamen fast hundert ums Leben.

Bei der Weiterfahrt werden Sie bald feststellen, dass Ihnen immer wieder Motorradfahrer ohne Helm entgegenkommen. In Arizona gilt nur eine eingeschränkte Helmpflicht; aus Gründen der Sicherheit ist an dieser Stelle das Tragen eines Helms trotzdem noch einmal dringend empfohlen.

Im weiteren Verlauf führt der Highway 93 recht monoton und schnurgerade durch die Black Mountains. Lediglich zwei kleine Roadside Stores laden bis Kingman zu einer Pause ein – wenn sie denn geöffnet sind. Das Bild ändert sich nach etwa einer Stunde kurz vor Kingman. Die ersten roten Felsen, die so typisch für den Wilden (Süd-)Westen sind, tauchen links und rechts der Straße auf.

Seit der **Grand Canyon Skywalk** im Frühjahr 2007 eröffnet wurde, bietet sich für alle, die vor ein paar Schotter-Meilen nicht zurückschrecken, ein atemberaubender Blick in die Riesenschlucht. Etwa auf halber Strecke zwischen Hoover Dam und Kingman führt die Pierce Ferry Road zum Grand Canyon West, der außerhalb des Nationalparks auf dem Gebiet der Hualapai Indian Reservation liegt. Dort können Sie auf einer hufeisenförmigen,

Unverwüstlich: die Route 66 ▷

Der Bahnhof in Kingman ist seit der Sanierung wieder gut in Schuss

gläsernen Brücke 1200 Meter über dem Abgrund »schweben« – eine unglaubliche Sicht, aber wahrlich nichts für Leute mit Höhenangst, und auch die Preise sind ausgesprochen happig. Ein Teil der Anfahrtstrecke ist nach wie vor nicht asphaltiert, was sich aber bald ändern soll. Da Sie auf dieser Tour noch genug Gelegenheit haben, den Blick über den Canyon schweifen zu lassen, können Sie auf diesen Abstecher mit gutem Gewissen verzichten.

Egal, wie Sie sich entscheiden, Ihr nächstes Etappenziel ist **Kingman**, wo Sie unter der Autobahnunterführung rechts abbiegen und sich nun auf der sogenannten Mother Road – der legendären **Route 66** – befinden, die hier den Namen Andy Devine Avenue trägt. Kingman wurde 1882 gegründet, als die Eisenbahn von Albuquerque nach Needles genau hier eine zweigleisige Ausweichstelle für den Gegenverkehr einrichtete – dem Eisenbahn-Scout Lewis Kingman verdankt der Ort seinen Namen. Später war Kingman wichtige

Station auf der Route 66, heute kreuzen sich hier die Interstate 40, die Route 66 und der Highway 93 aus Las Vegas.

Eine Pause im Mr. D'z Route 66 Diner versetzt den Besucher ein paar Jahrzehnte zurück: Rock'n'Roll dröhnt aus der alten Wurlitzer, die Einrichtung ist filmreif und auf dem Parkplatz stehen häufig alte Straßenkreuzer und chromblitzende Bikes. Vor dem Diner schnauben im Fünfminutentakt die kilometerlangen Güterzüge der Santa Fe Railroad vorbei und im gegenüberliegenden Route 66 Museum erfährt man Wissenswertes über die Region im Allgemeinen und die Route 66 im Speziellen.

Vorbei am alten Bahnhof, dem Wasserturm und dem Hotel Beale, das definitiv schon bessere Zeiten gesehen hat, verlassen Sie Kingman auf der alten Route 66. Die ersten 35 Kilometer verlaufen schnurgerade durch die Wüste. Kurz vor **Hackberry**, einem obligatorischen Stopp an der Mother Road, stellt sich das richtige 66-Feeling ein. 1874 gegründet und somit die älteste Siedlung der Region wurde Hackberry acht Jahre später an die Eisenbahn angeschlossen. Der Ort wuchs schnell dank einer ergiebigen Silbermine. Diese schloss 1919, es dauerte jedoch nicht lange, bis die Route 66 Hackberry zu neuem Leben erweckte. Die Fertigstellung der Interstate 40 im Jahr 1978 war wiederum ein harter Schlag für die Stadt. Deshalb ist es, mit Ausnahme des General Store & Visitor Center, dem Sie unbedingt einen Besuch abstatten sollten, sehr ruhig hier.

Aber nicht ruhig genug für Bob Waldmire, den Künstler, der unter anderem die detaillierten und filigranen Tusche-Landkarten fertigte, die man überall an der Route 66 erstehen kann. Waldmire hatte in einer damals verlassenen Tankstelle diesen kleinen General Store eingerichtet und sich über die anfangs noch vereinzelten Besuche von Route-66-Travellern gefreut. Nach ein paar Jahren wurde es ihm allerdings zu hektisch. Und da sich die Cowboys der Umgebung nie recht mit dem alternativen Freigeist anfreunden konnten, zog Waldmire 1998 zurück nach Illinois. Das Empfinden von Ruhe ist also relativ.

Im Jahr 2004 erhielt Bob den John Steinbeck Award für seine Verdienste um den Erhalt der Route 66, und spätestens seit er im Jahr 2009 seinem Krebsleiden erlag, zählt er zu den Route-66-Legenden.

Der General Store wird seit 1998 nicht weniger liebevoll, wenn auch deutlich professioneller, von John und Kerry Pritchard geführt. Jedenfalls lässt es sich nach wie vor wunderbar entspannen: Auf der Veranda hört man dem Quietschen der im Wind baumelnden Blechschilder zu, bestaunt die Oldtimer auf dem hauseigenen Schrottplatz im Hinterhof oder wühlt sich durch das Sortiment an Nippes und Souvenirs. Fotomotive finden Sie hier zuhauf.

Das benachbarte **Truxton** ist bereits eine Geisterstadt *(ghost town)*. Es besteht nur noch aus dem verlassenen Frontier Motel und der längst geschlos-

Hackberry ist ein obligatorischer Stopp an der Mother Road

senen Truxton Station. Sein kurzes Leben verdankte der Ort ausschließlich der Route 66.

Anders dagegen **Peach Springs**, das Verwaltungszentrum der Hualapai-Indianer, das Zugang zu den kaum erschlossenen Regionen des Grand Canyon bietet. Die Indianer haben eine kleine touristische Infrastruktur aufgebaut, mit organisierten Wildwasserfahrten, Ausflügen zum Canyon und einem Motel. Auf die Backcountry Road durch den **Peach Springs Canyon** sollten Sie, wenn Sie nicht auf einer Enduro sitzen, verzichten. Sitzen Sie auf einer und haben Lust auf einen Abstecher abseits der Hauptstraße, holen Sie sich dafür zunächst eine Genehmigung *(permit)* in der Hualapai Lodge ($ 16) und folgen dann der holprigen Straße entlang der Diamond Creek zum Colorado River. Dort können Sie den Grand Canyon aus einer ganz anderen Perspektive, nämlich von unten, bestaunen. In der Saison müssen Sie sich den Platz mit zahlreichen Teilnehmern von Wildwasserfahrten teilen, die den vergleichsweise bequemen Zugang zum Fluss nutzen und hier ein- oder aussteigen.

Etwa 25 Meilen vor Seligman warten die **Grand Canyon Caverns** auf Besucher. Ein verwittertes Schild und ein grimmiger Dinosaurier weisen unverkennbar auf den Eingang hin. Ein Aufzug bringt Sie in das Innere der Kalksteinhöhle, der größten Trockenhöhle Amerikas. Dieser Tatsache ist es auch geschuldet, dass die Höhle weder mit Tropfsteingalerien noch mit unterirdischen Seen oder Wasserfällen aufwarten kann. Das dazugehörige Motel ist nichts Besonderes, abgesehen von dem Höhlenzimmer, in dem man seit Juni 2010 übernachten kann. Das befindet sich mitsamt Dusche und Toilette 22 Stockwerke unter der Erde und bietet eine einzigartige Übernachtung zu einem ebenso einzigartigen Preis: Eine Nacht kostet 700 Dollar.

Das Etappenziel **Seligman** ist ein Klassiker für sich. Hier wurde auch die Route 66 Association of Arizona gegründet, die alle Hebel in Bewegung setzte, damit die Straße als nationales Kulturerbe, als Historic Route 66, anerkannt wurde und alle Gelder aus der touristischen Vermarktung in den Erhalt der verbleibenden Abschnitte und alter Bauwerke flossen.

Zu verdanken ist dies vor allem dem Barbier Angel Delgadillo, der noch heute seinen Friseurladen mit angehängtem Souvenirshop (oder auch umgekehrt) betreibt, und der sich nicht damit abfinden wollte, dass Seligman mit der Fertigstellung des Freeways 1978 dem Untergang geweiht sein sollte. Bei einer Rasur weiß er spannende Geschichten zu erzählen aus der Zeit, als die Route 66 noch die Hauptstraße Amerikas war.

Gegenüber lockt das **Snow Cap Drive-in** mit einem skurril geschmückten Gefährt vor der Tür Gäste an. Das Lokal wurde bis zu seinem Tod 2004 von Angels Bruder Juan geführt, danach übernahmen seine drei Söhne. Ein weiteres ergiebiges Revier für Souvenirjäger ist der Historic Route 66 General Store.

In Westside Lilo's Café können Sie sich mit Bratwurst, Schnitzel und Erdbeerkuchen *german style* verwöhnen lassen. Lilo kommt aus Hessen, hat in diesem verlassenen Winkel der Welt vor vielen Jahren eine neue Heimat gefunden und freut sich über Besuch aus der alten Welt. Im OK Saloon & Roadkill Café vis-à-vis schmeckt das Bier (und auch das Steak). Ihr müdes Haupt können Sie stilvoll und preiswert im daneben liegenden Route 66 Motel betten. Erwarten Sie hier keinen Drei-Sterne-Komfort, dafür werden Sie aber herzlich willkommen geheißen.

Zapfsäule ohne Inhalt: historische Route- ▷
*66-Gas-Station am Rande der Wüste in
Arizona*

🏕🏊🚤 **Lake Mead National Recreation Area**
Hwy. 93, 4 Meilen südöstl. von Boulder City,
NV 89005
✆ (702) 293-8990 (Visitor Center)
www.nps.gov/lake
Ganzjährig, rund um die Uhr geöffnet
Visitor Center: tägl. 8.30–16.30 Uhr
Eintritt $ 10 pro Fahrzeug
Das kilometerlange Ufer des Lake Mead
bietet vor allem Wassersportlern ideale Be-
dingungen. Man kann Boote leihen, angeln,
tauchen oder einfach »nur« baden.

📷 **Hoover Dam**
An der Grenze zwischen Nevada/Arizona
Von Hwy. 93 über Hoover Dam Access Rd.
(SR 172) zu erreichen
✆ (702) 494-2517 oder (866) 730-9097
www.usbr.gov/lc/hooverdam
www.hooverdambypass.org
Visitor Center: tägl. 9–18 Uhr
Eintritt $ 8, Parkgebühr $ 7
Powerplant Tour (30 Min.): Sommer tägl.
9.15–17.15, Winter 9.15–16.15 Uhr (letzter
Ticketverkauf), Ticket $ 11/9 (inkl. Visitor
Center)
Hoover Dam Tour (1 Std.): Sommer tägl.
9.30–17.15, Winter 9.30–16.15 Uhr (letzter
Ticketverkauf), Ticket $ 30/Kinder unter 8
Jahren nicht erlaubt
Imposanter Staudamm, der den Colorado Ri-
ver zum Lake Mead aufstaut. Führungen ver-
mitteln interessante Einblicke in die Strom-
gewinnung, die Versorgung der gesamten

Harley-Werbung in Kingman

Region mit Wasser und Energie sowie in die
schwierigen Bauarbeiten. Tourtickets gibt es
am kleinen Kiosk in der Mitte der Brücke.
Jedes Fahrzeug muss einen Checkpoint passieren und kann ggf. inspiziert werden. Die
beste Besuchszeit: vor 10 und nach 15 Uhr.

📷🍴 **Grand Canyon Skywalk**
Grand Canyon West
Von Hwy. 93 S etwa bei Meile 42 links auf
Pierce Ferry Rd., nach ca. 28 mi rechts auf
Diamond Bar Rd., die nach weiteren 20
mi (14 davon Schotter) auf dem Parkplatz
am Grand Canyon West Airport endet. Mit
Harley & Co. ist die teils schottrige Anfahrt
kein Vergnügen, aber die Straße soll in absehbarer Zeit asphaltiert werden.
✆ (702) 220-8372
www.grandcanyonskywalk.com, April–Sept.
tägl. 7–19, Okt.–März tägl. 8–17 Uhr
Grand Canyon West Legacy Pass (Eintritt
Grand Canyon West mit Shuttle-Nutzung,
ohne Skywalk): $ 43.05, Skywalk zusätzlich
$ 29.95
Eintritt Legacy Gold Pass (Eintritt Grand
Canyon West/Skywalk/Lunch/Shuttle/Foto-
möglichkeiten): $ 86.81
Legacy Silver Pass (wie Gold, aber ohne Skywalk): $ 55.83
Die 2007 eröffnete Attraktion in Grand Canyon West (www.grandcanyonwest.com), einem zum Reservat der Hualapai-Indianer
gehörenden Park, ist wahrlich ein teurer
Spaß. Auf den Blick von dem gläsernen, hufeisenförmigen Balkon (Skywalk) hoch über
der Schlucht kann man aber auch verzichten,
wenn man wie Sie den Grand Canyon noch
an anderer Stelle besucht. Auf der Aussichtsplattform dürfen sich aus Sicherheitsgründen zeitgleich nur 120 Personen aufhalten.
Der Boden des Skywalks besteht aus 7 cm
dickem fünfschichtigem Glas, eine Spezialan-
fertigung einer Firma aus Köln. Das Glas der
Brüstung kommt dagegen aus Berlin. Fotografieren ist verboten, Taschen müssen vorher eingeschlossen werden. Beste Besuchszeit: vor 11 und nach 15 Uhr. Mit Café.

ℹ🏛🚻 **The Powerhouse Tourist Information
& Visitor Center**
120 W. Route 66
Kingman, AZ 86401
✆ (928) 753-6106 oder (866) 427-7866
www.kingmantourism.org
Tägl. 8–17 Uhr

Route-66-Diner in Kingman, Arizona

Neben nützlichen Infos zur Route 66 und zu Kingman gibt es im alten Maschinenhaus auch ein kleines **Museum zur Route 66** und ein paar Souvenirs.

⊠ 🚲 **Mr. D'z Route 66 Diner**
105 E. Andy Devine Ave.
Kingman, AZ 86401
✆ (928) 718-0066
www.mrdzrt66diner.com
Tägl. 7–21 Uhr
Origineller Lunchstopp im Stil der 1950er- und 1960er-Jahre an der ehemaligen Hauptstraße Amerikas. Leckere Burger in allen Variationen. $

📖 ℹ 🚲 **Hackberry General Store & Visitor Center**
11255 E. Hwy. 66
Hackberry, AZ 86401
✆ (928) 769-2605
www.hackberrygeneralstore.com
Öffnungszeiten flexibel

Wer an diesem Laden vorbeifährt, der ist selbst schuld! Route-66-Memorabilia aller Art, Kitsch und Antiquitäten, Skurriles und Informatives – ein ausgesprochen entspanntes und fotogenes Plätzchen.

🛏 ⊠ ℹ **Hualapai Lodge**
900 Route 66
Peach Springs, AZ 86434
✆ (928) 769-2636
www.hualapaitourism.com
Ausgangspunkt für die Erkundung des Grand Canyon. Neben den Permits für die Nutzung der Straßen auf Indianerland können auch Wildwassertouren und Tickets für den Skywalk gebucht werden. Außerdem kann man hier übernachten und sich im Diamond Creek Restaurant stärken. $$

◉ 🛏 **Grand Canyon Caverns**
Route 66, Mile 115
Peach Springs, AZ 86434
✆ (928) 422-4565

151

www.grandcanyoncaverns.com
Sommer tägl. 9–17, Winter tägl. 9–16 Uhr
Eintritt $ 14.95/9.95 (45-Min.-Tour)
Die größte Trockenhöhle Amerikas. Jede halbe Stunde startet eine 45-Min.-Tour mit einer Fahrstuhlfahrt.

Es gibt pittoreskere Höhlen, deshalb vor allem für Höhlenforscher spannend. Zu den Caverns gehört auch ein Motel (oder umgekehrt). Im Sommer 2010 haben sich die Betreiber des Motels etwas Besonderes einfallen lassen: das Höhlenzimmer **The Cavern Suite**, 22 Stockwerke unter der Erde. Wer Ruhe sucht, findet sie hier ebenso wie extrem trockene Luft und bei Bedarf absolute Dunkelheit. Im Gegensatz zu den durchaus bezahlbaren Zimmern über der Erde kostet die Höhlenübernachtung allerdings stolze 700 Dollar ($$$$).

ⓘ **Seligman Chamber of Commerce**
✆ (928) 308-8210
www.route66seligmanarizona.com

✖️🍴🅳 **OK Saloon & The Roadkill Café**
502 W. Hwy. 66
Seligman, AZ 86337

✆ (928) 422-3554
Tägl. 7–21 Uhr
Trotz des humorigen Hausmottos »You kill it – we grill it« eher für leckere Steaks und Burger denn für von der Straße gekratzte Koyoten und Stinktiere bekannt. Mit ausgesprochen urigem Saloon, der auch mal länger aufbleibt, wenn genug Gäste da sind.
$–$$

📖ⓘ **Angel & Vilma Delgadillo's**
Route 66 Gift Shop & Visitor's Center
217 E. Route 66
Seligman, AZ 86337
✆ (928) 422-3352
www.route66giftshop.com/angel.html
Tägl. 8–20 Uhr
Barber Shop und Souvenirladen mit Route-66-Devotionalien aller Art. Angel Delgadillo (Jahrgang 1927) ist Gründungsmitglied der Historic Route 66 Association of Arizona, die sich für den Erhalt der historischen Strecke einsetzt.

🍴 **Delgadillo's Snow Cap Drive-in**
301 W. Chino Ave. (Route 66)
Seligman, AZ 86337

Wer vorbeifährt ist selbst schuld: Das Route 66 Visitor Center in Hackberry

Angel Delgadillos Barbershop in Seligman ist legendär

Noch in Betrieb: Friseurstuhl von Angel

✆ (928) 422-3291
Tägl. geöffnet
Burger und French Fries in wunderbar kitschigem Route-66-Ambiente mit sehr freundlichem, witzigem Service. Wenn der Christmas Tree Car, ein geschmückter 38er Chevrolet, über Seligmans Main Street schaukelt, dann fühlt man sich wie in »Radiator Springs« aus dem Animationsfilm »Cars«. $

🖀 **Westside Lilo's Café**
415 W. Chino Ave.
Seligman, AZ 86337
✆ (928) 422-5456
Tägl. 6–21 Uhr
Hier wird mit Sicherheit jeder satt, schmecken tut es auch. Zudem ist auch ein Pläuschchen auf Deutsch mit den Inhabern möglich. Bei den Locals beliebter Ort zum Frühstücken. $–$$

🛏🏍 **Historic Route 66 Motel**
500 W. Hwy. 66
Seligman, AZ 86337
✆ (928) 422-3204
www.route66seligmanarizona.com
Ein Klassiker in Seligman – einfach, freundlich und authentisch! $ ✳

5 Die Schlucht des Colorado River
Im Bann des Grand Canyon

5. Tag: Seligman – Cameron (257 km/160 mi)

km/mi	Route
0	Ab **Seligman** auf der Railroad Ave./Crookton Rd. (Route 66) bis kurz vor Ash Fork, dort auf I-40 E bis
66/41	**Williams** (Exit 161). Business Loop durch Williams, geradeaus weiter auf Hwy. 64 über Valle nach **Tusayan** und zur
154/96	Eingangsstation des **Grand Canyon N. P.** (u. U. Abstecher links zum Grand Canyon Village; Shuttlebus entlang des West Rim Drive, Visitor Center, Supermarkt). Rechts auf Hwy. 64 E entlang des **East Rim Drive** (Pause an diversen Aussichtspunkten) zum
204/127	**Desert View Point** und weiter auf Hwy. 64 E, vorbei an der **Little Colorado River Gorge** zur Kreuzung mit Hwy. 89. Auf diesem links zur
257/160	**Cameron Trading Post.**
	Eine Karte mit dem Routenverlauf finden Sie auf Seite 142.

> **Business Loop** heißen jene Straßen, die den Freeway verlassen, um als Hauptgeschäftsstraße durch die meist kleinen Ortschaften zu führen, bevor sie wieder in den Freeway münden.

Von der Beliebtheit des Frühstücks bei Lilo in **Seligman** zeugen die vielen vor der Tür geparkten Pick-ups der Cowboys und Landarbeiter. Da passt Ihr Bike gut dazu. Nach dem »Frühstück für starke Männer« sind Sie gerüstet für einen weiteren wunderschönen Abschnitt der Route 66. Ziehen Sie sich warm an, auch wenn die Morgensonne schon wärmt; in Kürze klettern Sie auf das Colorado-Plateau, das immerhin in über 2000 Metern Höhe liegt, wo es entsprechend frisch sein kann.

Aber zuerst geht es auf der Route 66 der Morgensonne entgegen. Es erwarten Sie 20 atmosphärische Meilen auf der Crookton Road, die parallel zur Interstate 40 verläuft – für manche gehören diese Meilen zu den schönsten der legendären Route. Leider haben es die Tourismusmanager und Straßenbauer etwas zu gut gemeint und einen Teil des brüchigen, roten Fahrbahnbelags, durch den sich im Laufe der Jahr-

Damit man weiß, wo man ist

Tankstelle Williams: Relikt aus der Hochzeit der Route 66

zehnte die Vegetation ihren Platz zurückerobert hat, durch ein makelloses Asphaltband ersetzt. Gott sei Dank wurde dieses Vorhaben aber nicht vollendet, und so können Sie den Großteil der Strecke fast wie in alten Zeiten genießen. Der Freeway mitsamt Trucks und Blechkarossen verschwindet hinter der Hügelkette, und vor Ihnen liegt weites Land. Es kann gut sein, dass Ihnen auf diesem Abschnitt der Route 66 kein einziges Auto begegnet. Am Crookton Road Exit kurz vor Ash Fork, das wie so viele Orte an der Route 66 schon bessere Zeiten gesehen hat, ist leider Schluss. Die alte Straße trifft wieder auf den Freeway (I-40), dem Sie mangels Alternative für etwa 20 Meilen nach Williams folgen müssen.

Die rund 3000 Einwohner von **Williams** leben vor allem vom Tourismus. Nicht nur Route-66-Cruiser, sondern vor allem Grand-Canyon-Besucher, die direkt am oder im Nationalpark kein Zimmer gefunden haben, mieten sich hier gern für ein oder zwei Nächte ein. In Williams befindet sich auch der Bahn-

hof der Grand Canyon Railway. Die Züge der Bahngesellschaft bringen Besucher zum Südrand der großen Schlucht. Entlang der Main Street ist Williams recht erfolgreich bemüht, etwas nostalgischen Charakter zu bewahren. Hier wurde übrigens im Jahre 1984 die Route 66 offiziell begraben, als nach langwierigen Rechtsstreitereien der letzte Teilabschnitt des Interstate 40 für den Verkehr freigegeben wurde und die Route 66 damit endgültig ihre Bedeutung als Hauptstraße Amerikas verlor.

Die knapp 60 Meilen auf der State Route 64 zum Grand Canyon sind nicht sonderlich interessant. Es geht mehr oder weniger kurvenlos über ein mit kleinen Steinkiefern und Wacholder bewachsenes Hochplateau. Eine kleine Abwechslung bietet sich bei Valle an, wo ein übergroßer Fred Feuerstein mitsamt seinen Freunden aus Bedrock City winkt und alte Kampfflugzeuge für ein kleines Luftfahrtmuseum werben.

Wenn Sie den Canyon aus der Vogelperspektive betrachten möchten, folgen Sie kurz vor Tusayan den Wegweisern zum Grand Canyon National Park Airport. Hier starten sowohl die Cessnas als auch die Helikopter zu ihren Rundflügen. Die Hubschrauber sind etwas teurer, dafür fliegen Sie tiefer und auch langsamer über den Canyon. In den Canyon hinein dürfen aber auch sie seit einigen Jahren nicht mehr fliegen.

Tusayan ist die Touristensiedlung direkt am Südeingang des Nationalparks. Die eher gesichtslosen Hotels und Restaurants, der große RV-Park, das IMAX-Theater, das aber durchaus einen Besuch wert ist, sowie der rege Flugverkehr bieten zwar keinen besonders idyllischen Rahmen, aber die Nähe zu den Naturwundern des Grand Canyon entschädigt die zahlreichen Übernachtungsgäste dafür. Hier werden Sie aller Wahrscheinlichkeit nach einchecken, wenn Sie Ihr Quartier vor der Tour bereits im heimischen Reisebüro gebucht haben.

Bitte versuchen Sie nicht, alles »abzuhaken«, was der **Grand Canyon** zu bieten hat. Wenn es bereits Mittag ist und Sie keinen Extratag für den Nationalpark eingeplant haben, müssen Sie sich auf eine kleine Auswahl beschränken. Steuern Sie einige der Aussichtspunkte am East Rim Drive an und setzen Sie sich dort zu Fuß kurz von den Menschenmengen ab. Das ist sinnvoller, als ins Grand Canyon Village zu fahren und jede Gelegenheit für einen hastigen Stopp und ein schnelles Foto zu nutzen. Dann bekommen Sie nämlich leicht den Eindruck, die Attraktionen des Grand Canyon bestünden im Wesentlichen aus Parkplätzen und Busreisegruppen. Lassen Sie die unglaubliche Größe und Schönheit dieses Naturwunders lieber an wenigen Stellen, dafür aber in Ruhe, auf sich wirken.

Der Grand Canyon, eine circa 450 Kilometer lange Schlucht, die der Colorado River über Jahrmillionen formte, wurde 1540 von den Spaniern entdeckt.

Wahrscheinlich lebten schon vor knapp 4000 Jahren Menschen im Canyon. Sicher ist, dass vor etwa 1500 Jahren sich die Anasazi hier niederließen. Anasazi heißt nichts anderes als »die Vorfahren« und bezieht sich auf keinen bestimmten Stamm.

Nach vielen gescheiterten Versuchen wurde der Colorado River, der damals noch Grand River hieß, das erste Mal vom legendären Major John Wesley Powell bezwungen. Dieser war 1869 von Wyoming aus mit seinen Gefährten in vier kleinen Booten zur Erforschung des Flusses und der Schlucht aufgebrochen. Er erwähnte die Riesenschlucht als Erster unter dem Namen Grand Canyon, welcher sich dann auch durchsetzte. Über 160 Stromschnellen erwarteten Powell, von denen viele als schwierig einzustufen sind, und die auch den River-Raftern heute – trotz modernster Ausrüstung – noch einiges abverlangen. All dies können Sie beeindruckend, wenn auch sozusagen *second hand*, im IMAX-Kino in Tusayan miterleben.

Schon 1908 erklärte Teddy Roosevelt den Grand Canyon zum National Monument, 1919 wurde er zum Nationalpark. Und bereits 1979 nahm die UNESCO den Nationalpark in seine Liste der Weltnaturerbe auf. Heute besuchen über fünf Millionen Menschen jährlich dieses Naturwunder, was natürlich nicht ganz ohne dementsprechenden Rummel abgeht und der Umgebung nicht nur zuträglich ist.

Für Geologen ist der Grand Canyon ein Eldorado. In den vielfarbigen Gesteinsschichten kann man unzählige Ablagerungen erkennen. Legt etwa der tiefe, innere Canyon Zeugnis von tektonischen Vorgängen im Erdaltertum ab, sind die überwältigenden Felsformationen, die dem Grand Canyon

Blick vom Toroweap Point in den ▷ Grand Canyon

sein unverwechselbares Gesicht verleihen, Ergebnis weit jüngerer Ereignisse. Der Grand Canyon gewährt auf diese Weise Einblick in fast zwei Milliarden Jahre Erdgeschichte. Der geologische Prozess ist natürlich noch längst nicht abgeschlossen; der Colorado River sowie Frost und Wind werden das Erscheinungsbild des Grand Canyon auch weiterhin immer wieder neu gestalten.

Sehr ausführliche Informationen zu Geologie, Flora und Fauna sowie zur Siedlungsgeschichte des Grand Canyon erhalten Sie im **Visitor Center** im Grand Canyon Village, übrigens auch auf Deutsch. Der südliche Canyonrand (South Rim), an dem Sie mit Ihrem Motorrad entlangfahren, ist erheblich stärker frequentiert als der North Rim, den Sie auf der anderen Seite der großen Schlucht sehen. Das liegt einerseits an der ganzjährigen Öffnungzeit und der besseren touristischen Infrastruktur, vor allem aber an der erheblich verkehrsgünstigeren Lage, ist er doch ohne nennenswerte Umwege von allen Hauptrouten aus gut zu erreichen. Um an den North Rim zu gelangen, muss man einen ordentlichen Umweg inklusiver einer 70 Kilometer langen Stichstraße einplanen.

Wenn Sie das erste Mal am Rand stehen und in die Tiefe der Schlucht blicken, wird die schiere Größe Ihr Gefühl für Dimensionen gehörig durcheinanderwirbeln. Die Spanier schätzten bei ihrer Ankunft die Breite des Colorado River auf etwa zwei Meter. Tatsächlich ist er ungefähr 90 Meter breit; der Nordrand ist circa 20 Kilometer entfernt. Der erste Aussichtspunkt, den Sie nach dem Parkeingang erreichen, ist der **Mather Point**. Er ist ziemlich überlaufen, aber wer kann der ersten Gelegenheit, einen Blick in den Abgrund zu werfen, schon widerstehen?

Wenn Sie Zeit mitbringen und sich die (sehr lohnenswerte) Mühe machen, zum Colorado River hinabzuwandern, durchqueren Sie über 1400 Höhenmeter drei Klimazonen. Wollen Sie unten übernachten, brauchen Sie eine Genehmigung der Ranger. Viele versuchen deshalb, Ab- und Aufstieg an einem Tag zu bewältigen, was bei sehr zeitigem Aufbruch zwar machbar, aber dennoch eine ziemliche Tortur ist. Denken Sie in jedem Fall daran, ausreichend Wasser mitzunehmen.

Falls sich Ihr Wissensdurst in Grenzen hält und Ihre Zeit begrenzt ist, sollten Sie sich, wenn überhaupt, möglichst kurz im Grand Canyon Village aufhalten. Parkplatzsuchverkehr, Busreisegruppen und eine Unmenge Besucher wollen nicht so recht zum eindrucksvollen Naturschauspiel passen.

Zu den Aussichtspunkten westlich des Village können Sie nicht mit dem Motorrad fahren. Der **West Rim Drive** ist für Privatfahrzeuge gesperrt und wird von kostenlosen Shuttlebussen bedient. Sie können diese an jeder Haltestelle verlassen, ein beliebig langes Teilstück entlang des Canyons zu Fuß gehen und bei einer der nächsten Stationen wieder in den Bus steigen. Sie werden sich wundern, wie wenig – trotz der Besuchermassen – zwischen zwei Bushaltestellen los ist, vor allem, wenn diese etwas weiter auseinanderliegen. Der gesamte West Rim Drive ist acht Meilen lang, hat acht Aussichtspunkte und endet bei **Hermit's Rest**, wo Sie sich an einem kleinen Kiosk mit Proviant versorgen können. Die Hotdogs sind übrigens beeindruckend schlecht. Wenn es Ihre Zeit erlaubt und Sie halbwegs gut zu Fuß sind, sollten Sie mit dem Bus bis zu Hermit's Rest fahren und von dort aus zurück ins Village laufen.

Der **East Rim Drive** ist für den Verkehr freigegeben, ist er doch gleichzeitig der State Highway 64, dem Sie bis Cameron folgen müssen. Links zweigen diverse kurze Stichstraßen zu weiteren

Aussichtspunkten ab. Entfernen Sie sich unbedingt etwas von den Aussichtsplattformen und lassen Sie den Canyon in Ruhe auf sich wirken. Besonders gut geht das am **Grand View Point**, von dort führt ein Wanderweg in den Canyon hinunter. Am **Desert View** haben Sie dann das letzte Mal Gelegenheit, den Blick über die große Schlucht zu genießen. Im Osten schweift das Auge, der Name lässt es schon vermuten, über die Wüste. Dort gibt es auch im großen Supermarkt, der Cafeteria, dem Souvenirshop und an der Tankstelle alles, was das Touristenherz begehrt. Campingfreunde können am Zeltplatz übernachten.

Wundern Sie sich nicht, wenn beim Betrachten Ihrer Urlaubsbilder zu Hause der Canyon gar nicht mehr ganz so gigantisch aussieht, wie Sie ihn in Erinnerung haben. Es ist schlicht unmöglich, die Gewaltigkeit der Schlucht auf Film oder Speicherkarte zu bannen.

Kurz hinter der Tankstelle am Desert View verlassen Sie den Nationalpark. Sie sind nun in der **Navajo Nation Reservation**, was sich unschwer an den zahlreichen Indianerschmuck-Ständen am Straßenrand erkennen lässt. Chief Yellowhorse macht mit diversen großen Billboards auf sich aufmerksam (»Why Hurry?«, »Uups, You Missed Us!«, »Nice Indians Behind You – Turn Now!«), und auch an der **Little Colorado River Gorge** lassen sich prima Schmuck, Decken und auch allerhand Kitsch erstehen, hier gepaart mit einem wunderbaren Blick auf eine Miniaturversion des Grand Canyon, die durch den – wie der Name verrät – Little Colorado River geschaffen wurde. Seit 2008 lassen sich die Navajos diesen Blick zwar mit zwei Dollar Eintritt vergüten, aber die sind nicht schlecht angelegt.

Nur ein paar Meilen weiter geht es an der T-Kreuzung links auf den Highway 89 zur **Cameron Trading Post**, die auch eine Lodge beherbergt. Im alten Handelsposten ist außerdem ein Gift Shop, der eine beeindruckende Auswahl an Souvenirs bietet – eine enorme Bandbreite zwischen Kitsch und Kunst. Ein recht empfehlenswertes indianisches Restaurant, zu dem es freilich weit und breit auch keine Alternative gibt, rundet das Bild ab.

Was Sie in **Cameron** nicht bekommen, ist Alkohol jeglicher Art. Der Verkauf ist in den Reservaten generell verboten. Cameron hat knapp 1000 Einwohner (fast ausschließlich Navajo-Indianer) und lebt vom Tourismus. Die Lage des Ortes, nur wenig östlich vom Grand Canyon, und die Tatsache, dass er mehr oder weniger der einzige zwischen Flagstaff und dem Lake Powell ist, lässt viele Reisende hier einen Zwischenstopp einlegen. Reservierungen sind, zumindest in der Hauptsaison, sinnvoll. Wenn die Cameron Trading Post keine Zimmer frei haben sollte, finden Sie acht Meilen weiter südlich in der kleinen Ortschaft Grey Mountain das Anasazi Inn, das seine besten Zeiten allerdings schon seit ein paar Jahren hinter sich hat.

Wasserfall am Grand Canyon

5 Service & Tipps

Ende der Ausbaustrecke am South Rim des Grand Canyon

ℹ Williams Chamber of Commerce
℡ (928) 635-1418 oder (800) 863-0546
www.williamschamber.com

🌐🚂 Grand Canyon Railway
233 N. Grand Canyon Blvd.
Williams, AZ 86046
℡ (800) 843-8724
www.thetrain.com
Abfahrt Williams 9.30 Uhr, Abfahrt Grand Canyon zwischen 15.30 und 16 Uhr
Fahrpreis $ 70–190
Historische Dampflokomotiven und Dieselloks ziehen den Touristenzug auf seiner nostalgischen Fahrt von Williams zum Grand Canyon. Dauer: 2 Std. 15 Min.

🏕🚐🎡 Flintstones Bedrock City
332 S. Hwy. 64 (in Valle, bei Kreuzung mit Hwy. 180), Williams, AZ 86046
℡ (928) 635-2600
Tägl. 6 Uhr bis Sonnenuntergang
Eintritt $ 5
Der Campingplatz/RV-Park mit angegliedertem Mini-Freizeitpark bietet nicht nur Übernachtungsplätze für Wohnmobilfahrer, sondern auch ein Wiedersehen mit Fred Feuerstein und Barney Geröllheimer. Besser verbringen Sie die Zeit aber am Grand Canyon ein paar Meilen weiter.

✈ Grand Canyon Helicopters
Grand Canyon Airport South Rim
Hwy. 64, Grand Canyon, AZ 86023
℡ (928) 638-2764 oder (800) 541-4537

www.grandcanyonhelicoptersaz.com
Flugpreis $ 178 (30 Min.)–$ 233 (50 Min.)
Kein ganz billiges Vergnügen, aber der Blick über den Canyonrand von oben ist atemberaubend. Wer vorn sitzt, hat Glück: Die Hubschrauber werden nach Gewicht ausbalanciert, weshalb jeder erst einmal auf eine Waage steigen muss. Ein weiterer Anbieter:

✈ Papillon Helicopters
Grand Canyon Airport South Rim
Hwy. 64, Grand Canyon, AZ 86023
℡ (702) 736-7243 oder (888) 635-7272
www.papillon.com
Flugpreis $ 175 (30 Min.)–$ 246 (50 Min.)

🏞 Grand Canyon National Park
Grand Canyon, AZ 86023
℡ (928) 638-7888 oder (928) 638-7843 (Backcountry Information)
www.nps.gov/grca
South Rim: immer geöffnet, Visitor Centers tägl. 8–18 Uhr
North Rim: Mitte Mai–Mitte Okt., Visitor Center tägl. 8–18 Uhr
Eintritt $ 12
Der Grand Canyon sprengt alle Dimensionen. Beim ersten Blick in die Tiefe stockt einem der Atem. Es empfiehlt sich eine Wanderung entlang des **West Rim Drive,** für Sportliche auch in den Canyon (Übernachtungsplatz unbedingt reservieren). Der West Rim Drive darf mit dem eigenen Wagen nicht befahren werden. Kostenlose Shuttlebusse stehen für den Transport von Aussichtspunkt zu Aussichtspunkt im Grand Canyon Village bereit. Vom **East Rim Drive** (Hwy. 64) führen immer wieder kurze Stichstraßen zu Aussichtspunkten.

East Rim Drive und West Rim Drive bilden den South Rim und stellen das touristische Zentrum des Grand Canyon dar. Der auf der anderen Seite der Schlucht liegende North Rim weist nur einen Bruchteil der Besucher auf und ist im Winter geschlossen.

Am schönsten ist der Canyon, wenn man sich etwas von den Menschentrauben an den Aussichtsplattformen entfernt. Fotografieren bringt – wie immer – am frühen Morgen und späten Nachmittag das beste Ergebnis.

ℹ🎥📺 National Geographic Visitor Center & IMAX Theatre
450 State Route 66

Grand Canyon, AZ 86023
© (928) 638-2468
www.explorethecanyon.com
März–Okt. tägl. 8.30–20.30, Nov.–Feb. tägl.
10.30–18.30 Uhr
Eintritt IMAX: $ 12.50, Kinder $ 9.50
Laut, pathetisch und gewaltig, aber trotz-
dem absolut sehenswert ist der Grand-
Canyon-Film im IMAX-Kino. Ansonsten viel
Touristenrummel mit dem unvermeidlichen
Souvenirladen, der auch Treckingbedarf
im Programm hat. Cafeteria und offizielle
Zweigstelle des Tourismusbüros von Arizona
(Ticketerwerb für den Nationalpark).

🅾️🛅 Little Colorado River Gorge
Hwy. 64, ca. 15 km westl. der Kreuzung mit
Hwy. 89
Cameron, AZ 86020
© (928) 679-2303

www.navajonationparks.org
Tägl. 8–19 Uhr, Eintritt $ 1
Eindrucksvoller Blick in die Schlucht des klei-
nen Bruders des Colorado über die Wüste.
Auf dem Parkplatz gibt es eine recht gute
Auswahl an Indianerschmuck.

🛏️✖️🛅 Cameron Trading Post
466 Hwy. 89
Cameron, AZ 86020
© (928) 679-2231 oder (800) 338-7385
www.camerontradingpost.com
Restaurant im Sommer tägl. 6–21.30, im Winter tägl. 7–21 Uhr
Sehr gute Alternative zu den Massenquar-
tieren in Tusayan oberhalb des Little Colorado River. Zimmer im Stil des Südwestens.
Gutes Restaurant. Gigantische Auswahl an
Kitsch und Kunsthandwerk im Souvenirshop.
$$–$$$ ✳️

Unfassbare Dimensionen: Grand Canyon und Colorado River

6 **Wo Wasser durch Felsen fließt**

Antelope Canyon und Horseshoe Bend

6. Tag: Cameron – Page (163 km/101 mi)

km/mi	Route
0	Ab **Cameron** auf Hwy. 89 N zur Jct. 89 A, rechts auf Hwy. 89 N bis Hwy. 98, dort rechts zum
135/84	**Antelope Canyon** (Besichtigung Upper oder Lower Antelope Canyon), danach auf demselben Weg zurück zum Hwy. 89 S, diesen links bis zum Parkplatz des
145/90	**Horseshoe Bend** (kurzer Aufstieg und Besichtigung). Anschließend wieder zurück auf Hwy. 89 N, an Page vorbei und über den **Glen Canyon Dam**. Rechts zur **Glen Canyon National Recreation Area** entlang des Lake Shore Drive nach Wahweap, am Stoppschild rechts auf Wahweap Blvd. zur
163/101	**Lake Powell Lodge (Wahweap).**

Auch wenn die heutige Etappe sehr kurz ist, ist es empfehlenswert, zeitig in **Cameron** aufzubrechen, denn es lohnt sich, bereits vormittags in Page anzukommen. Der Weg dorthin führt über den Highway 89 durch karges, aber ausgesprochen reizvolles India-

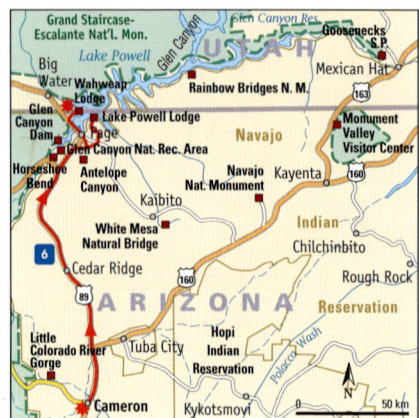

nerland. Nicht ganz so reizvoll sind die Umstände, unter denen ein Großteil der Navajos, die amerikanischen Ureinwohner dieser Region, heute lebt: vor allem in Hütten und Wohnwagen, die man unterwegs immer wieder passiert. Von einer funktionierenden Infrastruktur, einem Bewässerungssystem, oftmals sogar von einer Stromversorgung keine Spur. Letzteres bessert sich zusehends durch Generatoren und durch die Installation von Solar- und Windkraftanlagen.

Die westlichsten Ausläufer der Painted Desert, die ihren Namen den vielfarbigen, eisenhaltigen Felsformationen, die das Landschaftsbild prägen, verdankt, führen in die winzige Ortschaft The Gap, in dem sich der einzige Laden zwischen Cameron und Page befindet. Der ist ebenfalls winzig, versorgt aber die Navajos der weiteren Umgebung

Nur mit Genehmigung zu besichtigen: die spektakuläre Sandsteinformation The Wave

mit allem Nötigen für den Alltag außer Sprit. Aus recht viel mehr besteht The Gap dann auch nicht.

Nach etwa einer Stunde verzweigt sich der Highway 89 bei Bitter Springs. Highway 89A führt auf direktem Wege nach Utah. Highway 89 hingegen macht einen kleinen Umweg über Page und den Lake Powell, und der sollte auch Ihre Wahl sein. Schon bald nach der Kreuzung erklimmt die Straße den Antelope Pass. Der Parkplatz kurz vor der Passhöhe auf der linken Seite bietet nicht nur die obligatorischen Indianerschmuck-Stände, sondern auch eine schöne Aussicht über die zerklüftete Wüstenlandschaft der Painted Desert und über die Vermilion Cliffs, die leuchtend roten Klippen eines unter Naturschutz stehenden Hochplateaus. Wenn Sie den Vermilion Cliffs einen Besuch abstatten und ein Foto

von »The Wave«, einer wellenförmigen Sandsteinformation und einem der beliebtesten Motive für Naturfotografen, schießen wollen, wird Ihnen das nicht leicht gemacht. Sie müssen lange im Vorfeld eines der pro Tag nur 20 ausgestellten Tagespermits online ergattern, acht Meilen holpriger Piste unter die Reifen nehmen und dann noch vier Kilometer zur Wave wandern – das allerdings durch sagenhafte Landschaft mit Slot Canyons (enge, durch Wasser geschaffenen Schluchten) und bizarren Felsformationen. Einen Tag sollten Sie für diesen Abstecher in die Wildnis ruhig einplanen.

Kurz nach der Passhöhe erscheint bereits der Lake Powell im Blickfeld, der zweitgrößte Stausee der USA. Haben Sie den Tipp beherzigt und sind frühzeitig aufgebrochen, dann begeben Sie sich auf direktem Weg zum **Antelope**

Canyon – meines Erachtens eines der Highlights der Tour. Um die Mittagszeit, wenn die Sonne senkrecht durch die hohen Wände auf den Grund des engen Canyons scheint, ist er am schönsten. Das wissen auch andere Reisende, ein bisschen Wartezeit müssen Sie also einkalkulieren. In den frühen Morgenstunden und am späten Nachmittag ist es nicht allzu voll, am Mittag fallen dafür zwischen März und September einzelne Sonnenstrahlen in den Canyon und sorgen für märchenhafte Lichtverhältnisse.

Um zum Antelope Canyon zu gelangen, können Sie eine komplette Erkundungstour im nahe gelegenen Page direkt bei Antelope Canyon Tours oder in Ihrem Hotel vorbuchen. Das ist vor allem in der Peak Season, wenn Wartezeiten drohen, angeraten. Sie sind allerdings flexibler, wenn Sie direkt zum Canyon fahren und sich vor Ort einer Tour anschließen, zudem ist das billiger: Folgen Sie also ab Highway 98, der vor Page nach rechts abzweigt, den weithin sichtbaren Schloten der riesigen Navajo Power Plant. Hier führen Wegweiser zum **Lower Antelope Canyon** (»Corkscrew« – Korkenzieher) links und zum **Upper Antelope Canyon** (»The Crack« – Spalte, Riss) rechts der Straße.

Beide Canyons sind sehr enge Schluchten, deren rötlich-orangefarbene Sandsteinwände durch den Antelope Creek

eindrucksvoll abgeschliffen wurden. Die steil einfallenden, gebündelten Sonnenstrahlen sorgen für wunderbare Fotomotive. Für welchen der beiden Canyons Sie sich entscheiden, spielt letztendlich keine allzu große Rolle – beide sind mittlerweile nur im Rahmen einer geführten Tour zu besuchen. Im Lower Antelope Canyon herrschen länger beste Lichtverhältnisse, dafür ist der Zugang über eine steile Treppe beschwerlicher, was wiederum dazu führt, dass dieser Canyon weniger besucht wird.

Pause mit Blick auf die Vermillion Cliffs

Bei bewölktem Himmel müssen Sie auf das Schauspiel von Licht und Schatten jedoch in beiden Canyons verzichten. Ist im weiteren Umland Regen vorausgesagt, kann der Antelope Canyon nicht besucht werden. Auch wenn über

Hufeisenförmige Biegung des Colorado River am Horseshoe Bend

Motorradspaß in höchster Dosierung am Lake Powell

In **Page** sollten Sie keine Probleme haben, eine Unterkunft zu finden. Das Angebot ist groß, denn der Ort lebt gut von den etwa drei Millionen Touristen, die jedes Jahr am Lake Powell Abkühlung von der Wüstenhitze suchen. Page wurde erst 1957 als Arbeitersiedlung auf Navajo-Land gegründet, nachdem ein Jahr zuvor die Arbeiten am Glen Canyon Dam begannen. Heute leben hier etwa 7000 Menschen, ein Viertel davon Navajos.

Der **Glen Canyon Dam** und der durch ihn entstandene Stausee **Lake Powell**, dessen Küstenlinie mit 3150 Kilometern länger ist als die der gesamten Westküste der USA, sind heute beliebte Freizeitdestinationen: Ausflügler kommen zum Baden, Bootfahren, Kayaken, Angeln, Mountainbiken. Im September 1963 wurde der Glen Canyon Dam nach einer dreijährigen Arbeitsphase, die keine Pause vorsah, fertiggestellt – Tag und Nacht waren Arbeiter im Einsatz. 17 Jahre dauerte es daraufhin, den Stausee komplett durch den Colorado River zu füllen. Der Staudamm kann kostenlos besichtigt werden. Wenn Sie aber bereits am Hoover Dam an einer Führung teilgenommen haben, sollten Sie hier mit nur wenigen neuen Erkenntnissen rechnen.

Page die Sonne lacht, genügt schon ein Gewitter im hydrologischen Einzugsgebiet des Canyons, um den Antelope Creek binnen Minuten anschwellen zu lassen. In den engen Schluchten kann das schnell zur tödlichen Falle werden. 1997 kamen im Lower Canyon bei einer Sturzflut *(flash flood)* elf Touristen ums Leben. Danach wurde eine Leiter als Notausgang installiert.

Eine gute Möglichkeit, zum Lake Powell zu gelangen, bietet sich am **Antelope Point**. Die Zufahrt dorthin ist kurz vor dem Antelope Canyon ausgeschildert. Aber um inmitten beeindruckender Kulisse ins kühle Nass zu tauchen haben Sie auch später noch Gelegenheit. Nehmen Sie sich auf alle Fälle vor der brennenden Wüstensonne in acht, der Lichtschutzfaktor ihrer Sonnencreme kann gar nicht hoch genug sein.

Nach dem Besuch des Antelope Canyon fahren Sie bis zur Kreuzung der Highways 98 und 89 so zurück, wie Sie gekommen sind. Auf dem Highway 89 geht es dann wieder ein paar Meilen in Richtung Cameron zum **Horseshoe Bend** (vgl. Foto S. 164 f.), den Sie auf dem Hinweg ausgelassen haben, um nicht zu spät im Antelope Canyon anzukommen. Einem kurzen Wanderweg folgend erreichen Sie eine Plattform, die den Blick auf die weltbekannte, hufeisenförmige Biegung des Colorado River um eine Felsnase freigibt.

Um zum See zu gelangen, biegen Sie am besten kurz nach dem Damm rechts ab auf den Lake Shore Drive Richtung **Wahweap Marina**. Nachdem Sie Ihren Eintritt für die Glen Canyon National Recreation Area berappt haben, folgen Sie der Straße zu der kleinen Siedlung am See. Hier finden Sie ein Campground und die **Lake Powell Lodge**, durch die Lage direkt am Lake Powell eine sehr gute Alternative zu den Motels in Page. Kehrseite der Medaille ist der etwas höhere Preis und der Touristenrummel in und um die Lodge. Aber vor allem die Zimmer mit Seeblick sind ihr Geld wert. Wenn Sie Ihr Motorrad einmal gegen einen Jetski oder ein Powerboat tauschen wollen, werden Sie beim Boat Rental fündig. Auch Hausboote können hier wochenweise gemietet werden, nicht gerade ein Schnäppchen, aber äußerst beliebt. Um einen Sprung ins gar nicht so kühle Nass zu wagen, fahren Sie noch etwas weiter. Auf der Strecke bieten zahlreiche Parkplätze Zugang zum Wasser. In den letzten Jahren ist der Wasserstand allerdings stark gesunken, sodass die Felsplatten, von denen man in den See gleiten konnte, nun einen Steinwurf weit vom Ufer entfernt sind. Der Pegel schwankt, eine Empfehlung für den besten Badeplatz gibt es deshalb nicht.

Am besten lässt sich der Lake Powell vom Wasser aus genießen. Wenn Sie einen Extratag einplanen können, bietet sich eine Bootsfahrt ab Wahweap zur **Rainbow Bridge** an. Mit der Bootsmiete bekommen Sie eine Karte vom Lake Powell ausgehändigt, mit deren Hilfe Sie die natürliche Steinbrücke am Ende des Forbidding Canyon gar nicht verfehlen können. (Auf der Karte sind auch die wenigen Marinas mit Tankstellen am See eingezeichnet.) Mit einer Spannweite von 82 Metern und einer Höhe von 88 Metern ist die Rainbow Bridge die größte, natürliche Steinbrücke der Welt. Sie ist zugleich ein heiliger Ort der Navajos; bitte beachten und respektieren Sie deshalb, dass es seit 1995 verboten ist, unter der Rainbow Bridge hindurchzugehen oder auf ihr zu klettern. Bedenken Sie außerdem, dass es von Wahweap zur Rainbow Bridge immerhin 50 Meilen sind, mit einem 15-PS-Außenborder kann sich das ganz schön in die Länge ziehen. Ein schnelleres und komfortableres Boot ist in diesem Fall einen Aufpreis wert.

Abendstimmung über Wahweap Marina am Lake Powell

6 Service & Tipps

Vermilion Cliffs National Monument

Hwy. 89, zwischen Page und Kanab kurz hinter der Paria Contact Ranger Station auf die House Rock Valley Rd. abbiegen, dieser bis zum Trailhead Parking Wire Pass folgen
© (435) 688-3200
www.blm.gov/az/vermilion/vermilion.htm
Permit Buckskin Gulch $ 6 (Self-pay Station am Anfang des Trails); Permit The Wave $ 7, Teilnahme an der Internetverlosung für diesen Permit: $ 5 (auch bei Nichterteilung)
Es werden pro Tag nur 20 Personen in die Parkabschnitte Coyote Butte North and South (inkl. The Wave) gelassen. Zehn Plätze werden online drei Monate im Voraus verlost, die anderen zehn am Tag vor dem Besuch um 9 Uhr (Utah-Zeit!) in der Ranger Station am Hwy. 89 kurz vor dem Paria River vergeben. Wenn Sie zu den Glücklichen gehören, die einen Permit ergattern, können Sie die berühmte Formaton **The Wave** besichtigen. Die roten, namensgebenden Klippen des **Buckskin Gulch** sind unkompliziert zugänglich (s.o.).

Achtung: Die Slot Canyons sind bei Regen Todesfallen. Es ist unerlässlich, den Wetterbericht genau zu checken. Zudem gibt es im National Monument keinerlei Infrastruktur.

Antelope Canyon

Lake Powell Navajo Tribal Park Office
Page, AZ 86040
© (928) 698-2808
www.navajonationparks.org, April–Okt. tägl. 8–17, Nov.–März tägl. 9–15 Uhr, Eintritt $ 6, Kinder frei, Touren (obligatorisch) ab $ 20
Beide Canyons (Upper Canyon und Lower Canyon) können nur im Rahmen einer Tour besichtigt werden, seit 2011 ist der Aufenthalt auf zwei Stunden begrenzt. Fast immer kann man gegen einen Aufpreis etwas länger im Canyon bleiben. Zum Upper Canyon geht es per Jeep durch ein sandiges Flussbett. Der Weg in den Lower Canyon führt über eine steile Leiter und ist etwas anstrengender und dadurch weniger besucht. Wenn Sie mit etwas mehr Ruhe auf Motivjagd gehen wollen, können Sie in Page auch spezielle Fototouren buchen.

Antelope Canyon Tours

22 S. Lake Powell Blvd., Page, AZ 86040

© (928) 645-9102 oder (866) 645-9102
www.antelopecanyon.com
Büro März–Okt. tägl. 7–20, Nov.–Feb. 8–17 Uhr, Tour $ 35 (ca. 50 Min. im Canyon), mehrmals tägl.; Fototour $ 80 (ca. 2 Std. im Canyon), Abfahrt März–Okt. tägl. 11.30, Nov.–Feb. tägl. 9.30 Uhr
In der Hauptsaison sollte man eine Tour in den Canyon wegen seiner zunehmenden Beliebtheit vorbuchen.

Horseshoe Bend

Trailhead am Hwy. 89, ca. 4 Meilen südwestl. von Page
Der gut 1,5 km lange Weg führt zu einem Aussichtspunkt mit wunderbarem Blick auf den Colorado River, der sich hufeisenförmig um ein imposantes Felsmassiv windet.

Page and Lake Powell Chamber of Commerce

© (928) 645-2741
www.pagechamber.com

Glen Canyon National Recreation Area

Page, AZ 86040
© (928) 608-6200
www.nps.gov/glca
Ganzjährig geöffnet; Carl Hayden Visitor Center: Memorial Day–Labor Day tägl. 8–18, Nov.–Feb. tägl. 8.30–16.30, sonst 8–17 Uhr
Eintritt Glen Canyon National Recreation Area: $ 15 pro Wagen
Eintritt Glen Canyon Dam Tour: $ 5
Eine wahre Oase in der Wüste ist der durch den Glen Canyon Dam aufgestaute Lake Powell, wenn auch ökologisch alles andere als unumstritten. Hier toben sich Amerikaner und zahlreiche Touristen am und im Wasser aus.

Lake Powell Resort & Marina

100 Lake Shore Dr., Page, AZ 86040
© (928) 645-2433 oder (888) 896-3829
www.lakepowell.com
Gute Übernachtungsalternative zu den Motels in Page. Direkt am See gelegen, dafür manchmal etwas Pauschalreise-Rummel durch Busreisegruppen. Die Zimmer mit Seeblick sind ihr Geld wert. Frühstücksbuffet und Dinner im Rainbow Room mit Panoramablick über den See. $$–$$$

Der Antelope Canyon ist bekannt für ▷ sein Lichtspiel im Inneren

7 Wilder Westen aus dem Bilderbuch
Monument Valley

7. Tag: Page – Mexican Hat (288 km/179 mi)

km/mi	Route
0	Von der **Lake Powell Lodge** zurück zum Hwy. 89 S Richtung Page, links auf den Lake Powell Blvd., nach der Schule links auf die Copperhead Rd. und zum Hwy. 98. Diesem 60 Meilen folgen und links auf Hwy. 160 E abbiegen. Nach ca. 13 Meilen links auf Hwy. 564 bis zum
158/98	**Navajo National Monument**. Zurück zum Hwy. 160 E und diesem bis
204/127	**Kayenta** (Pause und tanken) folgen. Dort links auf Hwy. 163 N, im **Monument Valley** rechts zum
249/155	**Monument Valley Visitor Center** (u. U. Jeep Tour ins Tal). Zurück zum Hwy. 163 N und diesen entlang nach
288/179	**Mexican Hat**.

Auch die heutige Etappe ist nicht besonders lang, dafür aber wunderschön. Folgen Sie ab **Page** zunächst der bereits bekannten Strecke in Richtung Navajo Power Plant und Antelope Canyon. Vergessen Sie nicht, in Page noch einmal zu tanken. Die nächste Tankgelegenheit ist weit entfernt. Der Highway 98 führt nun etwa 100 Kilometer lang über die Horse Thief Mesa, eine Hochebene, die von Felsmonumenten und -nadeln gesäumt ist, die in den unterschiedlichsten Rottönen leuchten. In dieser Gegend ist es merklich ruhiger, der Straßenverkehr nimmt stark ab, und die einzige größere Siedlung, das Navajo-Dorf Kaibito, liegt etwas abseits der Straße. Am Highway 160 ist der Verkehr dagegen deutlich dichter, Sie merken, dass Sie sich auf einer der wichtigeren Ost-West-Achsen befinden.

Nach wenigen Meilen zweigt Highway 564 als Stichstraße zum **Navajo National Monument** ab, das mit seinen drei in die Felswände gebauten Anasazi-Pueblos durchaus einen kurzen Umweg wert ist. Die sogenannten Kayenta-Anasazi lebten im 13. Jahrhundert etwa 50 Jahre lang hier. Wenn Sie die Indianer-Siedlungen aus nächster Nähe betrachten wollen,

müssen Sie sich einer von den Rangern geführten Tour anschließen und mindestens sechs Stunden einplanen. Weniger Zeitaufwand verspricht der etwa eine Meile lange Sandal Trail, ein – wie der Name schon vermuten lässt – einfacher Spazierweg zu einem Aussichtspunkt über den kleinen Canyon. Von hier hat man durch das installierte Fernglas oder das Teleobjektiv seiner Kamera einen recht guten Blick über die Ruinen.

Zurück auf Highway 160 führt dieser ins Städtchen **Kayenta** – der richtige Platz, um für sein leibliches Wohl zu sorgen. Nicht, dass es kulinarisch Hervorragendes zu entdecken gäbe, aber die Alternativen rundherum sind ausgesprochen mager. Auch die Tanks sollten vorsichtshalber noch einmal gefüllt werden. Die Versorgung mit Sprit, vor allem mit Super, ist an den wenigen Tankstellen der Strecke nicht immer zuverlässig. Kayenta ist mit 5000 Einwohnern das Versorgungszentrum der Navajo Nation. Viele Besucher des Monument Valley übernachten hier, es gibt jedoch schönere Unterkunftsmöglichkeiten. Im Gegensatz zu Arizona gilt in der Navajo Indian Reservation die Sommerzeit. Das dürfte Sie in der Praxis zwar kaum betreffen, die Uhr müssen Sie aber spätestens nach ca. 43 Meilen in Utah sowieso eine Stunde vorstellen.

Die nun folgenden Meilen auf dem Highway 163 ab Kayenta gehören für die meisten zu den absoluten Highlights einer Motorradtour durch den Südwesten. Gleich hinter dem Ort passieren Sie einige markante Monolithen, von denen der auffälligste, der 457 Meter hohe **Agathla Rock**, sich wie ein roter Raubtierzahn aus der Erde schraubt. Ein Panorama wie aus dem Bilderbuch. Hier fuhren auch Peter Fonda und Dennis Hopper im Kultstreifen »Easy Rider« mit ihren Panhead Harleys Richtung New Orleans. Bilder, die sich im Gedächtnis einer ganzen Generation von Motorradfahrern eingebrannt haben.

Nach zahlreichen attraktiven Fotostopps trifft man auf die vier Kilometer lange Stichstraße, die zur Eingangstation und zum Visitor Center des »eigentlichen« **Monument Valley** führt, das vor allem für seine Tafelberge bekannt ist. Der von Ihnen geleistete Eintritt geht hier ausnahmsweise nicht an den National Park Service, sondern an die Navajo Nation. Das Monument Valley ist eine der wenigen von den Indianern selbst verwalteten Sehenswürdigkeiten, die auch gut besucht wird.

Der Parkeingang hat in den letzten Jahren eine Verschönerungskur erfahren: Die Baracken mit den Schmuckständen sind verschwunden, der Container, in dem das Visitor Center untergebracht war, ist einem prestigeträchtigeren Bau gewichen. Und im Dezember 2008 eröffnete schließlich das View Hotel an der Stelle des früheren Campingplatzes. Alle Zimmer haben Blick auf das Tal, die

Born to Be Wild: Motorradtraum Monument Valley

Preise sind allerdings dementsprechend hoch. Trotzdem – stilvoller kann man im Südwesten kaum übernachten. Wenn Sie hier oder in der nur wenige Meilen entfernten Goulding's Lodge übernachten, versäumen Sie nicht den Sonnenaufgang. Sobald die Sonne hinter den Felsen über den Horizont klettert, ist die Farbenpracht des Valleys am eindrucksvollsten.

Bereits vom Parkplatz aus haben Sie einen grandiosen Blick auf die markanten Tafelberge, Reste eines riesigen Hochplateaus. Die bekanntesten sind **Mitten Butte**, **Merick Butte** und **Elephant Butte**. Zahlreiche Regisseure und Werbefotografen haben dem Monument Valley als Wildwestkulisse zu internationaler Bekanntheit verholfen. Es lohnt sich, das Monument Valley näher in Augenschein zu nehmen. Sie können auf eigene Faust die holprige und staubige Schotterpiste ins Tal fahren, was aber nur für Enduristen empfehlenswert ist. Harley-Piloten und alle, die sich und ihrem Bike das Gerüttel ersparen wollen, buchen am Parkplatz eine Tour mit dem Jeep. Eine nicht gerade billige Angelegenheit, aber jeden Dollar wert. Denn Sie gelangen tiefer ins Tal, als es Ihnen auf eigene Faust möglich und erlaubt wäre. Außerdem versorgt Sie der Guide meistens mit interessanten Hintergrundinformationen. Bitte beachten Sie unbedingt, dass es vereinzelt verboten ist zu fotografieren, und respektieren Sie die Privatsphäre der Bewohner. Sie sind nicht im Museum.

Wer die Sunset-Tour bucht, den erwarten wieder wunderbare Lichtverhältnisse. Bedenken Sie jedoch, dass Sie dann die letzten Meilen auf dem Motorrad in der Dämmerung zurücklegen müssen, falls Sie Ihr Quartier nicht im View Hotel oder in der Goulding's Lodge bezogen haben. Bei der Verkehrsdichte bis Mexican Hat sollte das aber kein allzu großes Problem darstellen.

Durch seine Lage auf etwa 1900 Metern ist das Monument Valley im Winter für gewöhnlich schneebedeckt – schwer vorstellbar in Anbetracht der sommerlichen Hitze. Das Tal bildet auch die Grenze zwischen den Bundesstaaten Arizona und Utah. Bis Mexican Hat sind es von der Grenze noch 25 schöne Meilen. Mitten auf dieser schnurgeraden Straße durch die markanten Felsformationen hat »Forrest Gump«, der Protagonist des gleichnamigen Spielfilms, seinen dreijährigen Dauerlauf durch Nordamerika abrupt beendet. Immer häufiger wird dieser Teil des Highway 160 deshalb auch als »Forest Gump Road« bezeichnet.

Vorsicht bei der letzten Kurve vor der kleinen Siedlung **Mexican Hat**, die vielen Warnschilder wurden nicht umsonst aufgestellt: Die Rechtskurve nach der San Juan River Bridge ist tatsächlich ausgesprochen eng. In dieser engen Kurve geht es dann scharf links und steil hinab zum San Juan Inn, das malerisch über dem kleinen San Juan River liegt. Das Motel hat ein passables Restaurant, stilvoller können Sie allerdings im Open-Air-Restaurant Swinging Steak ein paar Hundert Meter weiter essen. Hier werden Ihre Steaks und Ribs auf einem riesigen, schwenkbaren Grill gebrutzelt. Im Saloon des San Juan Inn können Sie schließlich noch bei einem kalten Bier den Tag Revue passieren lassen.

Sollte das San Juan Inn ausgebucht sein – und das kommt durchaus vor, da es regelmäßig als Hauptquartier diverser Filmcrews dient –, sind das Hat Rock Inn oder das Desert Rose Inn in Bluff, etwa eine halbe Stunde weiter, sehr empfehlenswerte Alternativen.

Tour durchs Monument Valley ▷

Cliff Dwelling (Lehmsiedlung) im Navajo National Monument

▣ Navajo National Monument
Am Ende des Hwy. 564, AZ 86044
☎ (928) 672-2700
www.nps.gov/nava
Visitor Center Memorial Day–Labour Day tägl. 8–18, sonst 9–17 Uhr, Eintritt frei
Die Cliff Dwellings (Lehmsiedlungen) im Rahmen einer Tour näher in Augenschein zu nehmen sprengt wahrscheinlich den zeitlichen Rahmen. Aber zumindest einen kleinen Eindruck vom Leben der amerikanischen Ureinwohner (Hopi, San Juan Southern Paiute, Zuni) können Sie hier auf kurzen Wanderwe-

Balanceakt – der Mexican Hat Rock

gen (Sandal Trail, Aspen Trail, Canyon Trail) gewinnen. Für deren Nachkommen ist das übrigens ein heiliger Ort, womit sich der Hinweis auf den nötigen Respekt erübrigen sollte.

▣ Monument Valley Navajo Tribal Park
Monument Valley, UT 84536
☎ (435) 727-5874, (435) 727-5879
www.navajonationparks.org
Mai–Sept. tägl. 6–20, Okt.–April tägl. 8–17 Uhr, Eintritt $ 5, Kinder frei
Jeeptour: verschiedene Anbieter am Parkplatz, $ 57 für 2,5 Std.
Tsé Bii' Ndzisgaii lautet der Navajo-Name dieser Bilderbuchlandschaft, die sich über die Bundesstaaten Arizona und Utah erstreckt. Bekannt für ihre Tafelberge (Buttes) ziert sie nicht ohne Grund die Titel fast aller Publikationen über den amerikanischen Südwesten.

Die **Jeeptouren** ins Monument Valley können Sie am Parkplatz des Visitor Center buchen und die 17 Meilen lange Rundtour mit den Navajos komplett abfahren; dabei kommen Sie an allen markanten Felsformationen vorbei – besonders kurz vor Sonnenuntergang eine tolle Szenerie.

Zu den markantesten Buttes kommen Sie auch mit dem eigenen Motorrad, aber mit der Harley oder der Gold Wing hält sich der Spaß dabei in sehr engen Grenzen. Bitte respektieren Sie die Privatsphäre der Bewohner und beachten Sie eventuelle Fotografieverbote. Das Monument Valley ist heiliges Land, das Klettern und das Verlassen der Hauptrouten ist verboten.

▣✕ The View Hotel
Monument Valley Tribal Park, UT 84536
☎ (435) 727-5555
www.monumentvalleyview.com
Nicht unbedingt preiswert, aber in einmaliger Lage über dem Monument Valley. Die Zimmer sind stilvoll eingerichtet und das Ambiente ist sehr angenehm. Unbedingt reservieren! Die Speisekarte des Restaurants kommt auch ohne Bier und Wein aus.
$$–$$$

▣✕▣ Goulding's Lodge
Monument Valley, UT 84536
☎ (435) 727-3231
www.gouldings.com
Nicht ganz so beeindruckend wie The View

Hotel, aber wunderschön gelegen im Monument Valley, allerdings ein paar Kilometer vom Navajo Trail Park entfernt. Für die Lage zahlt man wohl auch den üppigen Preis, die Ausstattung ist eher einfach, aber völlig in Ordnung. Goulding's bietet auch Touren ins Monument Valley an, die Fahrzeuge sind jedoch größer als bei den Touren, die am Visitor Center starten. $$$

San Juan Inn
Hwy. 163 und San Juan River
Mexican Hat, UT 84531
☎ (800) 447-2022
www.sanjuaninn.net
Alternative zu den Unterkünften im Monument Valley. Keine Luxusunterkunft, aber die Lage am San Juan River ist ausgesprochen schön, zudem gibt es einen kleinen Saloon. $$

Hat Rock Inn
Hwy. 163
Mexican Hat, UT 84531

☎ (435) 683-2221
www.hatrockinn.com
Ebenfalls eine gute Wahl in Mexican Hat. Liegt zwar nicht ganz so malerisch am San Juan River, dafür ist das Restaurant Swinging Steak gleich nebenan, zudem ist es etwas neuer als das San Juan Inn. $$

Swinging Steak
100 Main Ave.
Mexican Hat, UT 84531
☎ (435) 638-2222
www.mexicanhat.net
Gemütliches Open-Air-Restaurant der Mexican Hat Lodge mit riesigem Schwenkgrill und uriger Atmosphäre. $$–$$$

Desert Rose Inn & Suites
701 Main St.
Bluff, UT 84512
☎ (435) 672-2303 oder (888) 475-7673
www.desertroseinn.com
Sehr charmante Lodge im Blockhaustil mit hübschen Zimmern. $$

Rudimentärer Komfort, maximales Naturerlebnis: Camping in Utah

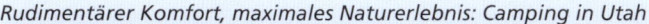

8 Die Königsetappe
Capitol Reef National Park

8. Tag: Mexican Hat – Escalante (405 km/252 mi)

km/mi	Route
0	Von **Mexican Hat** auf Hwy. 163 N bis Abzweigung Hwy. 261, dort links und bald wieder links auf Hwy. 316 zum
13/8	**Goosenecks State Park** (kurzer Fotostopp). Auf Hwy. 316 zurück zum Hwy. 261, nach ca. 7,6 mi über Schotterauffahrt zum
32/20	**Mokee Dugway Vista Point** (auch Moki Dugway, Aussichtspunkt). Weiter entlang Hwy. 261 bis zum Hwy. 95, auf den links abbiegen (bei Bedarf Abstecher zum **Natural Bridges N. M.**, ca. 15 km). Vorbei an **Fry Canyon** und kurz vor Lake Powell links nach
145/90	**Hite Marina** zur Tankstelle (nächste Tankstelle in Hanksville). Zurück und weiter auf Hwy. 95 nach
225/140	**Hanksville**. Von dort auf Hwy. 24 nach Caineville zum
251/156	**Luna Mesa Oasis** (Mittagspause). Anschließend auf Hwy. 24 zum
286/178	**Capitol Reef N. P.** (Visitor Center), weiter bis kurz vor **Torrey**, dort links auf Hwy. 12 nach
360/224	**Boulder** und weiter durch das **Grand Staircase National Monument** nach
405/252	**Escalante**.

Am Ostende des Lake Powell

Mokee Dugway heißt die in den Berg gefräßte Schotterauffahrt

Lassen Sie sich nicht allzu viel Zeit mit dem Aufbruch in **Mexican Hat**, denn es liegen einige Meilen auf dieser Königsetappe vor Ihnen. Aber mit »Kilometerfressen« hat die Route 8 rein gar nichts zu tun, jede einzelne Meile ist ein Genuss. Die gesamte Strecke führt durch Wildwest-Bilderbuchlandschaft, Verkehr ist nur rudimentär vorhanden, und wenn Sie am Abend glücklich und zufrieden in Escalante sind, dann haben Sie einen veritablen Kurvenrausch hinter sich.

Sollten Sie im Restaurant des San Juan Inn frühstücken, werfen Sie ab und zu mal einen Blick auf die kleinen Plastikbehälter, die vor den Fenstern hängen. Häufig können Sie Kolibris beobachten, die sich dort ihr Zuckerwasser-Frühstück abholen. Bevor Sie starten, prüfen Sie noch einmal den Benzinstand, die nächste Tankstelle bietet sich erst wieder in Hite an, am Ostende des Lake

Powell, und das ist noch ein ordentliches Stück entfernt.

Starten Sie auf dem Highway 163 Richtung Bluff. Kurz nachdem Sie den »Mexican Hat« passiert haben – einen auf einer Sandsteinformation balancierenden Felsen, der mit etwas Fantasie an einen Sombrero erinnert und der Ortschaft zu ihrem Namen verhalf –,

Owachomo Bridge, die älteste Sandsteinbrücke im Natural Bridges National Monument

zweigt linker Hand der Highway 261 ab, von dem es nach nur knapp einer Meile wieder links zum **Goosenecks State Park** geht. Dieser endet an einer Aussichtsplattform, von der man einen guten Blick auf den San Juan River hat, der sein Bett schlangenartig oder – wie der Name andeutet – Gänsehälsen ähnlich in den roten Fels gefressen hat. Der kleine Umweg kostet Sie nicht mehr als eine Viertelstunde.

Zurück auf dem Highway 261 wirkt dieser auf den ersten Blick wie eine Sackgasse, denn die Straße führt schnurstracks auf eine riesige Felswand zu. Sie scheint am Felsen zu kleben und führt in waghalsigen Kehren den Felsen empor. Nach drei Meilen wird der Asphalt von losem Schotter abgelöst. Im weiteren Verlauf wurde die Schotterstraße von Wohnmobilen und anderen Fahrzeugen zur Wellblechpiste verdichtet – ein denkbar unangenehmer Untergrund zum Motorradfahren, es sei denn, Sie sitzen auf einer Enduro mit entspre-

chender Federung. Dem Harley-Piloten blutet wahrscheinlich das Herz. Besser ist das für Fahrer und Maschine zu ertragen, wenn Sie vorsichtig am Gashahn drehen und nicht allzu langsam über die erstaunlich häufigen Querrillen rollen. Aber Vorsicht: Die Kehren sind eng, und entgegenkommende Wohnmobile machen es einem nicht gerade einfacher. Kein Traumrevier für Harleys, aber nach ein paar Kilometern hat der »Spaß« ja schon wieder ein Ende. Halten Sie etwas Abstand zum übrigen Verkehr, falls vorhanden, sonst ist diese Etappe nicht nur holprig, sondern auch recht staubig.

Der **Mokee Dugway** – so heißt dieser in den Berg gefräste Abschnitt der Straße – wurde im Jahr 1958 für die Lkws einer Zinn- und Uranmine gebaut, die ihre Fracht von Fry Canyon nach Mexican Hat transportieren mussten. Das Wort Mokee hat seinen Ursprung in dem alten Begriff »Moqui«, mit dem die Spanier und frühen Siedler die Indianer bezeichneten. Am **Mokee Dugway Vista Point** (vgl. Foto S. 177) werden Sie für die Mühen reichlich entschädigt, der Ausblick über das Valley of the Gods bis hinüber zum Monument Valley ist fantastisch. Hier fasziniert vor allem die Weite und Unberührtheit des Landes, die roten Sandsteinformationen im Valley of the Gods sind eher unauffällig.

Vom Mokee Dugway sind es nur noch wenige Hundert Meter, bis Sie wieder griffigen Asphalt unter den Reifen spüren. Die karge Wüste hat hier oben einer spärlichen Vegetation Platz gemacht, das Auge saugt das Grün geradezu auf. Nach etwa einer halben Stunde erreichen Sie den Highway 95. Schon bald bietet sich ein Abstecher an, allerdings ein etwas zeitaufwendiger: Der etwa 15 Kilometer lange Bridge View Drive, eine Rundstrecke durch das **Natural Bridges National Monument**, führt zu mehreren Aussichtspunkten über die drei natürlichen, namensgebenden Felsbrücken (Sipapu, Kachina und Owachomo) und zu Ruinen von Anasazi-Siedlungen.

Zurück auf dem Highway 95 geht es vorbei an **Fry Canyon** – einer ehemaligen Minensiedlung, von der heute nur noch die Fry Canyon Lodge übrig geblieben ist – bis ans Ostufer des Lake Powell. In **Hite Marina**, etwas abseits der Hauptstraße, gibt es eine Chevron-Tankstelle mit kleinem Laden, die normalerweise ab 11 Uhr geöffnet hat. Die Bootsrampe dort ist wegen Niedrigwassers seit geraumer Zeit außer Betrieb, aber das kann dem Motorradfahrer egal sein. Fahren Sie nach dem Tanken zurück zum Highway 95, der bald einen Fluss mit dem schönen Namen Dirty Devil River und gleich darauf den Colorado River überquert. Verpassen Sie nicht den Panoramablick vom Hite Lookout (Hinweisschild: »Scenic View«) kurz vor dem Ende des Aufstiegs nach der Colorado River Bridge! Unter Ihnen breiten sich dort Lake Powell und Glen Canyon in all ihrer Schönheit aus.

Durch ein hübsches, kleines Tal schlängelt sich der Highway nun Richtung Norden. **Hanksville** ist trotz der nur 200 Einwohner seit 1999 offiziell als Stadt anerkannt. Gegründet wurde sie bereits 1885 vom Mormonenpionier Ebenezer Hanks und diente erst als Station des legendären Pony-Express und Versorgungsposten unter anderem für Butch Cassidy und seine Bande. Später gewann die Region wegen der Uranfunde einige Bedeutung, heute ist Hanksville vor allem Tank- und

Mondlandschaft: unterwegs in den Caineville Badlands

Wanderer im Capitol Reef National Park

Lunchstopp für die meisten Reisenden. Das liegt zum einen an der Lage an der Kreuzung von Highway 95 und 24 (die allerdings beide kaum befahren sind), zum anderen daran, dass es weit und breit keine andere Siedlung gibt, die größer wäre. Wenn Sie der Hunger noch nicht allzu sehr quält, warten Sie noch kurz mit der Mittagspause.

Von Hanksville folgen Sie dem Highway 24 Richtung Westen. Der führt Sie durch die unwirkliche Mondlandschaft der **Caineville Badlands** mit seinen vielfarbigen Felshügeln und Lavakugeln, die trotz oder wegen ihrer Kargheit seltsam faszinierend sind. Die Indianer nannten diese Gegend »das Land des schlafenden Regenbogens«. Auf dem Weg zum Capitol Reef National Park bietet sich das **Luna Mesa Oasis** in Caineville für die Mittagspause an. Caineville ist kaum als eine Ortschaft wahrnehmbar, aber das Café macht weithin sichtbar auf sich aufmerksam: Den Namen des Cafés haben die Inhaber mit großen Buchstaben auf das Dach pinseln lassen. Auch hier gilt wie so oft im dünn besiedelten Westen: Es erwartet Sie keine Gourmet-Küche, dafür werden Sie herzlich willkommen geheißen.

Im **Capitol Reef National Park** gibt es keine Eingangsstation, an der Sie zahlen müssen. Die Straße durch den Park ist gleichzeitig Durchgangsstraße für den allgemeinen Verkehr. Durch den Park verläuft in Nord-Süd-Richtung die Waterpocket Fold, eine Verwerfung, zu der auch der markante, weiße Felsendom gehört, dem der Park seinen Namen verdankt und der die ersten Ankömmlinge an ein Riff erinnerte. Kurz nach Parkeintritt liegt rechter Hand ein kleiner Parkplatz, von dem ein kurzer Weg zu den Stromschnellen des Fremont River führt. Etwas weiter entlang des Highways 24 finden sich die Petroglyphen, die man ebenfalls über einen kurzen Spaziergang erreicht. Die 700 Jahre alten, in den Fels geritzten Zeichnungen stammen von den Fremont-Indianern, die hier lebten und vor etwa 500 Jahren und somit ungefähr zur gleichen Zeit von hier verschwanden wie die Anasazi aus dem Grand Canyon. Die Gründe dafür sind bis heute unklar. Die im Nationalpark befindliche Ghost Town **Fruita** mit ihrem alten Schulhaus und den schönen noch immer gepflegten Obstgärten ist deutlich jüngeren Datums: Sie wurde 1879 von Mormonen gegründet und 1966 aufgegeben.

Sie werden schnell feststellen, dass im Capitol Reef National Park erheblich weniger Touristenrummel herrscht als in allen anderen Parks, die Sie bisher besucht haben. Das liegt an der etwas isolierten Lage, aber wohl auch am Mangel an Superlativen. Hier gibt es kein größtes ..., tiefstes ..., längstes ..., schnellstes ... oder ältestes ... zu bestaunen. Bei einer Wanderung auf einem der zahlreichen Trails und selbst vom Sattel Ihres Motorrads werden Sie den ganz eigenen Reiz dieses Nationalparks aber schnell für sich entdecken. Vor allem, wenn im Indian Summer die Laubfärbung einsetzt.

Torrey wurde wie fast alle Siedlungen der Region 1880 von Mormonen gegründet. Durch die Nähe zum Nationalpark hat sich hier eine kleine touristische Infrastruktur gebildet. Auch eine Tankstelle gibt es – die nächste erst wieder in Boulder. Kurz vor Torrey geht's links auf den Highway 12, einen der zahlreichen National Scenic Byways und zudem eine der schönsten Motorradstrecken im gesamten amerikanischen Westen.

Zunächst schlängelt sich die Straße durch ein fruchtbares Tal, vorbei an Pferdekoppeln, Weiden und Ranches. Dann gewinnt der Highway langsam an Höhe und führt bald durch dichte Birkenwälder auf den Boulder Mountain. Verschiedene Aussichtspunkte geben den Blick auf den Capitol Reef National Park, die Henry Mountains und die Circle Cliffs (vielfarbige Felsformationen mit so klingenden Namen wie »Hell's Kitchen«) frei. Auch dieser Streckenabschnitt ist im Indian Summer besonders schön.

Die Straße steigt übrigens höher, als es den Anschein hat. Sie kratzen wieder mal an der 3000-Meter-Marke. Auch wenn Sie sich in Torrey noch die Schweißtropfen von der Stirn gewischt haben, kann es gut sein, dass Sie nun wieder zum Fleecepullover greifen müssen. Achten Sie auf dieser Strecke unbedingt auf Wildwechsel. Es gibt sehr viele Rehe, und manch eines hat die Angewohnheit, wie hypnotisiert hinter einer der unzähligen Kurven zu stehen. Auch Kühe werden nicht durch

Beliebtes Fotomotiv: Fruita Farm im Capitol Reef National Park

Zäune vom Spaziergang auf der Fahrbahn abgehalten.

Nach gut 50 traumhaften Kilometern erreichen Sie das verschlafene **Boulder**. Erst seit 1947 fließt hier Strom. Boulder war auch die letzte Stadt in den USA, in der die Post noch per Muli zugestellt wurde. Milch, die man damals von Escalante geliefert bekam, verwandelte sich auf dem Weg nach Boulder regelmäßig in Butter. Hier können Sie das **Anasazi State Park Museum** besuchen, das neben einem kleinen Museum Ausgrabungsstätten einer Pueblo-Siedlung präsentiert, die wahrscheinlich 1160 bis 1235 von Anasazi bewohnt war. Sie wäre somit nach US-amerikanischen Maßstäben nicht nur uralt, sondern auch eine der größten westlich des Colorado River. Wieder empfiehlt sich ein Blick auf die Tankuhr, die nächste Zapfsäule lässt diesmal bis Escalante auf sich warten.

Nicht weniger bemerkenswert als der erste Abschnitt des Highway 12 ist der nun folgende. Hinter Boulder erklimmt die Straße **Hell's Backbone**, das Rückgrat der Hölle, und spätestens wenn Sie oben angelangt sind, offenbart sich der Grund für diese Namenswahl. Auf einem schmalen Grat tastet sich der Highway entlang des Felsrückens, links und rechts fallen die Flanken steil ab und geben den Blick auf die Schluchten des **Grand Staircase-Escalante National Monuments** frei. Kein Wunder, dass es so lange gedauert hat, die Straße fertigzustellen. Personen, die nicht schwindelfrei sind, sollten beim Fahren den Blick besser auf den Mittelstreifen richten.

Das riesige National Monument besticht durch seine vielfarbige Felslandschaft mit Bergen und Tälern. Felsklippen und -terrassen steigen nach Norden an und bilden die große Treppe, die bei der Namensgebung Pate stand. Durchschnitten werden die pittoresken

Felsformationen von diversen Canyons, etwa vom Calf Creek Canyon und seinen malerischen Wasserfällen, dem Paria Canyon in den Vermillion Cliffs oder vom Escalante River Canyon. Die meisten Regionen des National Monuments sind schwer zugänglich und unerschlossen, und abgesehen vom Highway 12 im Norden, von dem man einen sehr guten ersten Eindruck vom Gebiet gewinnt, und dem Highway 89 im Süden, gibt es keine befestigten Straßen, dafür aber zur Freude der Enduristen knapp 1000 Meilen unbefestigte Tracks, die nach Regenfällen aber selbst für 4WD-Fahrzeuge häufig unpassierbar sind. So bleibt es trotz der großartigen Landschaft ziemlich einsam.

Seit die zahllosen Canyons, Felsplateaus und geologischen Formationen der Region im Jahr 1996 von Bill Clinton als Grand Staircase-Escalante National Monument etabliert wurden, nimmt die Zahl der Besucher langsam zu. Eine genauere Erkundung ist wegen der großen Fläche der Grand Staircase jedoch ziemlich aufwendig, zumal die meisten der Backways Schotterpisten sind, was der Enduro-Fraktion natürlich entgegenkommt. Wanderwege gibt es nur sehr wenige, einer führt beispielsweise zu den Calf Creek Falls.

Ausgangspunkt für die vielen Ausflüge – und gleichzeitig Ihr Etappenziel für heute – ist **Escalante**, das sich selbst als »The Heart of Highway 12« bezeichnet. Als Quartier empfiehlt sich das alte Circle D Motel. Das gegenüberliegende Prospector Inn mag zwar komfortabler sein, aber ein kühles Bier auf der Veranda des Circle D bei Sonnenuntergang lässt Cowboystimmung aufkommen und entschädigt für den eher spärlichen Komfort.

Felsstücke flankieren den Weg durch ▷
das Grand Staircase Escalante National
Monument

Funky – das Luna Mesa Café in Caineville

🏛 **Goosenecks State Park**
Am Hwy. 316, UT 84511-0788
✆ (435) 678-2238
www.utah.com/stateparks/goosenecks.htm
Ganzjährig geöffnet, Eintritt frei
Von einer Aussichtsplattform überblickt man
den sich eng windenden San Juan River und
seinen Canyon. Der Abstecher schlägt nur
mit einer guten Viertelstunde zu Buche.

🏛 **Natural Bridges National Monument**
Am Hwy. 275
Lake Powell, UT 84533-0001
✆ (435) 692-1234, www.nps.gov/nabr
Ganzjährig geöffnet, Visitor Center: April–

Sept. tägl. 8–18, Okt.–März tägl. 8–17 Uhr
Eintritt $ 3
Drei natürliche Felsbrücken (Sipapu, Kachina
und Owachomo) sowie Reste von Anasazi-
Indianer-Siedlungen sind hier die Attraktion.
Aussichtspunkte entlang des neun Meilen
langen Scenic Drives und bequem zu Fuß
zu erreichen, mitunter ist ein Abstieg in die
Canyons möglich.

✕ 🛏 **Luna Mesa Oasis**
Hwy. 24 (ca. Meilenstein 101)
Caineville, UT 88775
✆ (435) 456-9122
Alles andere als ein Gourmetschuppen, aber
dafür ein herrliches kleines und nett deko-
riertes Lokal. Im Hinterhof gibt es sogar zwei
sehr einfache Gästezimmer und Tipis. $

🏛 **Capitol Reef National Park**
52 Scenic Dr.
Torrey, UT 84775
✆ (435) 425-4111, www.nps.gov/care
Ganzjährig geöffnet
Visitor Center: Sommer tägl. 8–18, Winter
tägl. 8–16.30 Uhr, Eintritt $ 5 (für Scenic
Drive, nicht für Hwy. 95)
Imposant ragen farbige Sandsteinklippen
über dem Fremont River auf. Auch Felsbil-
der der Fremont-Indianer und die verlassene Mormonensiedlung Fruita sind Teil des
Parks. Am besten auf Schusters Rappen zu
erkunden. Einer der weniger besuchten,

aber nicht minder schönen Parks. Wer Zeit hat, sollte sich ruhig ein paar Extrastunden gönnen.

🏛 Anasazi State Park Museum

460 N. Hwy. 12, Boulder, UT 84716-1429
☏ (435) 335-7308
www.stateparks.utah.gov
April–Okt. tägl. 8–18, Nov.–März Mo–Sa 9–17 Uhr, Eintritt $ 5
Neben den spärlichen Überresten der beinahe tausendjährigen Siedlung gibt es eine Ausstellung mit ebenso alten Fundstücken aus dem indianischen Alltag.

⛰ Grand Staircase-Escalante National Monument

Kanab, UT 84741
Zufahrt über Hwy. 12
☏ (435) 644-4300
www.utah.com/nationalsites/grand_stair case.htm
Ganzjährig geöffnet, Eintritt frei
Ein Wanderweg zu den Wasserfällen **Calf Creek Falls** mit schönem Farbenspiel aus roten Felsen, grünem Moos und kristallklarem Wasser beginnt an der **Calf Creek Recreation Area**, wo es für Selbstversorger auch einen idyllischen Campingplatz gibt. Die Wanderungzu den Upper Calf Creek Falls sei nur Kletteraffinen empfohlen. Schatten ist leider Mangelware. Sehenswert ist auch **Coyote Gulch**, ein Slot Canyon des Escalante River

Unterwegs im Capitol Reef National Park

und seiner Zuflüsse (Vorsicht vor Sturzfluten!). Der Hike dorthin ist recht lang und anstrengend (Rundweg: 11,5 mi). Quartiere gibt's in Escalante, Kanab oder Page.

🏨 Circle D Motel & Eatery

475 W. Main St.
Escalante, UT 84726
☏ (435) 826-4297
www.escalantecircledmotel.com
Typisches altes Motel, das unspektakuläre Wildwestatmosphäre vermittelt. Größtenteils frisch renoviert und mit neuem und erheblich besserem Restaurant. $–$$ (Motel und Restaurant) ✳

Goosenecks State Park – vom San Juan River geformt

9 A Hell of a Place to Lose a Cow
Bryce Canyon National Park

9. Tag: Escalante – Springdale (272 km/169 mi)

km/mi	Route
0	Von **Escalante** weiter auf Hwy. 12 über Henrieville und Cannonville. Von dort u. U. Abstecher zum **Kodachrome Basin State Park** (zusätzlich 16 mi hin und zurück). Weiter auf Hwy. 12 über **Tropic** bis zur Kreuzung mit Hwy. 63, dort links und in Richtung Bryce Canyon zum
76/47	**Ruby's Inn**. Weiter in den **Bryce Canyon N. P.**, dort u. U. auf Scenic Drive bis zum
108/67	**Rainbow Point**. Auf demselben Weg zurück (Abstecher zu diversen Aussichtspunkten, evtl. Wanderung entlang Navajo Loop oder Queens Garden Trail zum Sunset Point) zum Hwy. 12, diesem links durch den **Red Canyon** zum Hwy. 89 folgen. Wieder links und weiter bis
232/144	**Mount Carmel Junction**. Dort rechts auf Hwy. 9 und diesen durch den **Zion N. P.** bis nach
272/169	**Springdale** fahren.

Ab **Escalante** geht es weiter entlang des Highways 12, seit gestern unser für Abwechslung sorgender Begleiter. Saftige Weiden mit grasenden Pferden, kristallklare Bäche, bewaldete Bergrücken und schroffe Felswände sorgen erneut für ein Panorama wie aus einem Bilderbuch. In der Ortschaft Cannonville zweigt die etwa sieben Meilen lange geteerte Straße zum **Kodachrome Basin State Park** ab, der seinen Namen – in Anlehnung an das über Jahrzehnte beste Diafilmmaterial – dem bunten Farbenspiel aus gelb, rot und braun leuchtenden Felsen, der oftmals grünen Vegetation und dem blauen Himmel erhielt. Die Firma Kodak stimmte der Nutzung des Markennamens zu.

Das kleine Touristenzentrum Tropic verdankt sein Dasein der Nähe zum Bryce Canyon. Der 1892 gegründete und nach seinem milden Klima benannte Ort bietet Zugang zu den tiefer gelegenen Regionen des **Bryce Canyon National Park**. Die meisten Besucher gelangen aber durch den Haupteingang in den Nationalpark, und das würde ich auch Ihnen empfehlen: Fahren Sie also noch ein Stückchen weiter auf dem links abzweigenden Highway 63, der Sie zum riesigen Touristenhotel Ruby's Inn vor dem Parkeingang bringt. Das Ruby's Inn ist auf Busladungen von Touristen eingerichtet, entsprechend viel ist hier auch immer los. Dem Hotel sind Tankstelle, Cafeteria, Souvenirshops und ein

Restaurant angeschlossen. Hier können auch Hubschrauberflüge über den Canyon gebucht werden.

Der Bryce Canyon National Park befindet sich auf einer Höhe von 2400 bis 2700 Metern und gehört erdgeschichtlich zu den jüngsten Landschaften des Colorado Plateau. Er ist kein Canyon im eigentlichen Sinne wie beispielsweise der Grand Canyon, sondern bildet quasi ein natürliches Amphitheater, dessen Ränge von den sogenannten Hoodoos besetzt sind – durch Eis, Wind und Wasser geformte Türme und Zinnen, die in den unterschiedlichsten Rot-Schattierungen leuchten. Je nach Tageszeit und Sonnenstand ändern sich die Farben. Auch der Bryce Canyon präsentiert sich besonders schön, wenn die Schatten länger sind. Im Visitor Center werden Sie wie üblich mit allerlei interessan-

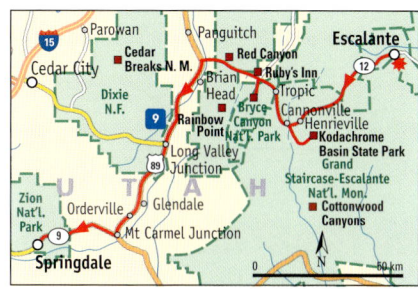

ten Informationen zum Park versorgt. Auf alle Fälle sollten Sie einige der Aussichtspunkte entlang des knapp 30 Kilometer langen Scenic Drive ansteuern. Die entfernteren bieten weniger aufregende Blicke auf die Felstürme, dafür eine hervorragende Fernsicht und weniger Besucher. Wenn Sie sich also dafür entscheiden, die 30 Kilometer bis zum **Rainbow Point** zu fahren, tun Sie

Junge Erdgeschichte im Zuckerbäckerstil: der Bryce Canyon

Felstunnel im Red Canyon National Park

stellung, der Bryce Canyon sei »*a hell of a place to lose a cow*« (ein höllischer Platz, um eine Kuh zu verlieren bzw. diese wiederzufinden). Wer zwischen den zahllosen engstehenden Felsnadeln wandert, glaubt das gerne, ebenso, dass sich Butch Cassidy und Sundance Kid hier dem langen Arm des Gesetzes entziehen konnten.

Tragen Sie bei allen Wanderungen der großen Höhe Rechnung. Auch wenn man es nicht unbedingt merkt, die Sonne brennt sehr intensiv vom meist wolkenlosen Himmel. Eine Kopfbedeckung, Sunblocker und ausreichend Wasser dürfen im Handgepäck nicht fehlen. Und lassen Sie sich ruhig Zeit. Zum Etappenziel am Zion Canyon sind es nicht einmal drei Stunden auf dem Motorrad.

Mangels attraktiverer Alternativen verschlägt es Sie auf dem Rückweg zur Lunchpause doch noch ins Ruby's Inn, bevor Sie wieder zum Highway 12 aufbrechen. Nach etwa zehn Meilen erreichen Sie auf diesem ein weiteres kleines Highlight, den **Red Canyon**, durch den sich die Straße windet. Mit dem Bryce Canyon kann er zwar nicht mithalten, aber die enge Schlucht mit den roten Felswänden und dem malerischen Felstunnel sind beliebte Fotomotive. Die auf dem roten Fels schräg über Ihnen thronenden Hoodoos heißen »Salt and Pepper«, ihre Form erinnert an die Streuer, die auf jedem Restauranttisch zu finden sind. Auf dem großen Parkplatz befindet sich ein kleines Visitor Center, in dem es nicht nur Infos zum Red Canyon gibt, sondern – für Sie etwas verspätet – auch über den Scenic Byway, auf dem Sie hierhergekommen sind.

dies am besten zuerst und heben sich die Ausblicke über den Bryce Canyon bis zum Schluss auf. Zu den schönsten Vista Points zählen der Sunrise, der Sunset sowie der Inspiration Point.

Keinesfalls verzichten sollten Sie auf eine kurze oder wenn möglich auch etwas längere Wanderung. Der Rim Trail etwa führt, wie der Name verrät, den Rand entlang, die Länge ist beliebig variierbar. Noch besser lässt sich die Märchenwelt der Hoodoos aber erkunden, wenn man einen der beschilderten Wanderwege nimmt, die sich zwischen den Felstürmchen ins Tal schlängeln. Am beliebtesten sind dabei der Navajo Loop Trail, der am Sunset Point startet, sowie der Queens Garden Trail, der vom Sunrise Point ins Tal hinab führt. Beide kann man bestens miteinander kombinieren.

Mit etwas Fantasie erkennen Sie in den bizarren Felsformationen die unterschiedlichsten Figuren und Gesichter. Im unübersichtlichen Labyrinth der Hoodoos kam der namensgebende Pionier Ebenezer Bryce zu jener häufig zitierten und recht pragmatischen Fest-

Kurz darauf biegen Sie links auf dem Highway 89, mit dem Sie schon vor einigen Tagen etwas weiter südlich Bekanntschaft gemacht haben. Auf den nächsten 45 Meilen führt Sie dieser durch die kleine Ortschaft Hatch und vorbei an der Abzweigung zum Cedar Breaks National Monument, das an den Bryce Canyon erinnert, jedoch weniger überlaufen und auch weniger einladend ist. Orderville wurde nach der United Order benannt, einer christlich fundamentalistischen Glaubenslehre nach Joseph Smith, dem Gründer der Latter-Day-Saint-Bewegung (der sogenannten Mormonen-Bewegung). Mount Carmel Junction schließlich wird vom Best Western Golfhotel dominiert. Wenn Sie das Gefühl haben, es sei Zeit für Kaffee und Kuchen, dann ist das Thunderbird Café dort genau das Richtige für Sie.

Direkt vor dem Café zweigt auch der Highway 9 zum Eingang des **Zion Canyon National Park** ab. Für ein besonderes Fahrgefühl sorgt der rote Asphalt. Die Straße windet sich durch die Checkerboard Mesa (*checkerboard* = Schachbrett), die von schachbrettartig durchfurchten Felsrücken dominiert wird, und führt schließlich durch den knapp zwei Kilometer langen, schmalen Tunnel, der einst der weltweit längste seiner Art war. Er ist so eng, dass für Wohnmobile oder andere, etwas breitere Fahrzeuge eine Einbahnregelung besteht. Machen Sie sich also auf kurze Wartezeiten gefasst. Setzen Sie, wenn möglich, die Sonnenbrille ab, bevor Sie hineinfahren, ansonsten entpuppt sich das Ganze schnell als Blindflug.

Kurz hinter dem Tunnel mäandert die Straße in zahlreichen Serpentinen tief hinab ins Tal. Um Ihr Etappenziel **Springdale**, das direkt am Westeingang des Nationalparks liegt, zu erreichen, folgen Sie der Hauptstraße, vorbei an der Zion Canyon Road, dem Visitor Center und den beiden Campgrounds. Denken Sie daran, Ihre Eintrittsquittung für den Nationalpark aufzubewahren, sie gilt am nächsten Tag wieder als Eintrittskarte.

In Springdale gibt es zwar zahlreiche Motels, aber vor allem am Wochenende und in den Ferien sollten Sie eine Reservierung in der Tasche haben. Las Vegas ist nah, und die Bewohner der Spielerstadt nutzen jede Gelegenheit, der sengenden Wüstenhitze zu entkommen. Zudem ist Springdale eindeutig eine angenehme Ortschaft, in der man gern seine Freizeit verbringt.

Zum Abend lohnt ein kleiner Spaziergang zum Bit & Spur Saloon am westlichen Ortsausgang. Dort wird nicht nur lokal gebrautes Bier gezapft – in Utah alles andere als eine Selbstverständlichkeit –, auch das mexikanische Essen, das auf der hübschen Terrasse serviert wird, ist ausgesprochen lecker.

Checkerboard Mesa im Zion National Park

9 Service & Tipps

Am Bryce Canyon sollten Sie das Motorrad gegen Wanderstiefel tauschen

▣ Kodachrome Basin State Park

9 mi südl. Hwy. 12
Cannonville, UT 84718-0238
☎ (435) 679-8562, www.utah.com/stateparks
Tägl. 6–22 Uhr, Eintritt $ 6
Teilnehmer einer Expedition der National Geographic Society gaben dem Gebiet, das aus etwa 67 monolithischen bunt leuchtenden Felsformationen besteht, den Namen Kodachrome, nach einem beliebten Diafilmmaterial. Ab Cannonville ausgeschildert.

⨉⧗ Ruby's Inn

26 S. Main St.

Bryce Canyon City, UT 84764
☎ (435) 834-5341 oder (866) 866-6616
www.rubysinn.com
Die ideale Lage am Eingang zum Bryce Canyon National Park lässt einen über den Touristenrummel hinwegsehen. Neben diversen Restaurants von Fast Food ($) bis Fine Dining ($$–$$$) gibt es hier auch einen riesigen Souvenirladen.

▣ Bryce Canyon National Park

Bryce Canyon, UT 84764-0201
☎ (435) 834-5322
www.nps.gov/brca
Ganzjährig geöffnet
Visitor Center: tägl. Mai–Sept. 8–20, April und Okt. 8–18, Nov.–März 8–16.30 Uhr
Eintritt $ 12
Die aus **Hoodoos** (Säulen aus Kalkstein) geschaffene Märchenwelt gehört zum Pflichtprogramm jeder Rundreise durch den amerikanischen Südwesten. Unten im natürlichen Amphitheater präsentieren sich die skurrilen Felsnadeln besonders eindrucksvoll.

Der 18 Meilen lange **Scenic Drive** endet am **Rainbow Point**. Unterwegs gibt es mehrere Aussichtspunkte, von denen man das Gebiet auf unterschiedlich langen Wanderwegen erkunden kann. Ein kostenloser Shuttlebus startet am Ruby's Inn. Mit dem Motorrad findet sich aber eigentlich immer ein Parkplatz an den Aussichtspunkten.

▣ Cedar Breaks National Monument

Von Hwy. 89 bei Long Valley Jct. rechts auf

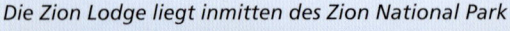

Die Zion Lodge liegt inmitten des Zion National Park

Hwy. 14, nach 23 mi rechts auf Hwy. 148 und diesem 4 mi folgen
UT 84720
℡ (435) 586-0787 (Monument, nur im Sommer) oder (435) 586-9451 (Verwaltung)
www.nps.gov/cebr
Visitor Center: Mai–Okt. 9–18 Uhr, im Winter geschl.
Scenic Drive: Ende Mai bis zum ersten heftigen Schneefall, Eintritt $ 4
Kleiner Bruder des Bryce Canyon mit einem ähnlichen, aber weniger eindrucksvollen Amphitheater voller vielfarbiger Felsnadeln. Nach der Schneeschmelze, die wegen der extremen Höhenlage spät einsetzt, blühen auf den Wiesen unzählige Wildblumen.

▣ Thunderbird Café
Hwys. 89 und 9
In der Best Western East Zion Thunderbird Lodge, Mount Carmel, UT 84755
℡ (435) 648-2203
www.bestwesternutah.com
Wer Lust auf Kaffee und Kuchen bekommt, ist im Thunderbird Café an der richtigen Adresse. $–$$

▣ Zion Canyon National Park
Vgl. Infos Route 10, S. 196.

ℹ Springdale Visitor Information
℡ (435) 772-3434
www.springdaletown.com

✕▯ Bit & Spur Restaurant and Saloon
1212 Zion Park Blvd., Springdale, UT 84767
℡ (435) 772-3498, www.bitandspur.com
Tägl. ab 17 Uhr
Leckeres mexikanisches Essen auf der Veranda mit beeindruckender Kulisse und frisch gezapftes Bier im urigen Saloon. $$

✕ Thai Sapa
198 Zion Park Blvd.
Springdale, UT 84767
℡ (435) 772-0510
http://thaisapa.tripod.com
Betont unprätentiöses Lokal mit frischem Thai Food zu ausgesprochen fairen Preisen am östlichen Ortsende von Springdale. Wer will, kann seinen Curry im Freien löffeln.
$–$$ ✺

Überlebenskünstler: die Bäume im Bryce ▷
Canyon

10 Landeplatz der Engel

Wohltuende Motorradpause im Zion National Park

10. Tag: Ein Tag im Zion National Park (max. 42 km/26 mi)

Ruhetage sind ein Garant dafür, dass eine Tour trotz einer beachtlichen Kilometerzahl nicht in Stress ausartet, sondern vor allem auch Erholung ist. Für solch einen Day off bietet sich der **Zion National Park** an. Und in Springdale, in dem es sich selbst auch ein paar Tage aushalten lässt, empfiehlt es sich durchaus, dem Motorrad eine Pause zu gönnen und stattdessen in den Shuttlebus des Zion National Parks zu steigen, der die Besucher zu den verschiedenen Trailheads bringt, von wo sie zu kleinen Spaziergängen und Wanderungen aufbrechen können.

Wegen seiner isolierten Lage wurde der Zion Canyon erst recht spät von Weißen besiedelt. Aber bereits um 300 n. Chr. ließen sich hier sowohl die Anasazi- als auch die Fremont-Indianer nieder. Beide verschwanden etwa 1000 Jahre später aus ungeklärten Gründen und wurden von den Paiute abgelöst, die bis heute mit dem Zion Canyon

religiös verbunden sind. Mitte des 19. Jahrhunderts kamen die ersten (mormonischen) Siedler und vertrieben die wenigen verbliebenen Indianer aus dem Canyon, nur um bald darauf selbst weiterzuziehen. Geblieben ist – wie so oft in Utah – die alttestamentarische Namensgebung. Nach Wegzug der Mormonen blieb das Gebiet weitgehend unbeachtet. Das änderte sich erst, als der Zion Canyon 1909 zum National Monument und zehn Jahre später zum Nationalpark erklärt wurde.

Geologisch betrachtet liegt das Gebiet des Zion Canyon mit etwa 250 Millionen Jahren auf einer Stufe zwischen dem sehr viel älteren Grand Canyon (1,5 Milliarden Jahre) und dem relativ jungen Bryce Canyon (50–70 Millionen Jahre). Der Boden des Bryce Canyon entspricht geologisch dem oberen Rand des Zion Canyon, dessen Boden wiederum dem oberen Rand des Grand Canyon. In dem etwa 579 Quadratkilometer großen Park, der aus zahlreichen Canyons besteht, sind die verschiedenen, unterschiedlich alten und übereinanderliegenden Gesteinsschichten gut zu erkennen. Diese Gesteinsarten verleihen der Schlucht seine vielfältigen Farben und Formen.

Wenn Sie den neun Kilometer langen **Zion Canyon Scenic Drive** befahren wollen, müssen Sie Ihr Motorrad spätestens am Visitor Center parken und in einen der kostenlosen Shuttlebusse umsteigen. Sie können aber genauso gut bereits in Springdale den Bus nehmen. Die Sperrung der Straße in den Zion Canyon für den Individualverkehr, die von März bis September gilt, ist in Anbetracht des Parkplatzsuchverkehrs eine ausgesprochen probate Lösung. Die wichtigsten Ziele im Zion Park steuert der Shuttlebus an.

Wärmstens empfohlen sei hier eine Wanderung zu und vor allem in **The Narrows**, einer engen Schlucht mit senkrechten Felswänden, durch die der Virgin River rauscht. Vom letzten Shuttle-Stopp »Temple of Sinawava« führt ein knapp halbstündiger und ebener Weg zum »Gateway to the Narrows«. Lassen Sie sich von den Menschenmassen hier nicht abschrecken, es ist wie so oft: Nach 15 Minuten und der dritten Flussbiegung sind Sie mehr oder weniger allein. Sie müssen in den Narrows sehr häufig durch den Fluss waten, erst knie-, später auch hüfttief, gegen Ende müssen Sie sogar schwimmen. Der Virgin River nimmt häufig den gesamten Raum zwischen den engstehenden, bis zu 600 Meter hohen Felswänden ein. Wenn Sie keine Lust auf ein Vollbad haben, drehen Sie an der Stelle einfach um und erkunden einen Seiten-Canyon.

Jedenfalls sollten Sie sicherstellen, dass Sie Schuhe tragen, die durch und durch nass werden dürfen und dass ihr Fotoapparat, Handy und sonstige Wertgegenstände, sofern sie nicht im Hotelsafe liegen, wasserdicht verpackt sind. Wenn Sie keine geeigneten Schuhe im Gepäck haben, besorgen Sie sich

Rottöne bestimmen auch den Ausflug in den Zion National Park

in Springdale billige Stoffturnschuhe oder Neoprenschlappen. Gehen Sie auf keinen Fall barfuß! Die Kiesel und Wackersteine im Fluss sind oft rutschig und die Strömung an manchen Stellen verhältnismäßig stark. Am Eingang zu den Narrows finden Sie, zumindest wenn Sie nicht allzu spät dran sind, meist eine beeindruckende Auswahl an Wanderstöcken. Nehmen Sie sich einen, er macht das Laufen im Fluss sehr viel angenehmer. Und vergessen Sie nicht, ihn nach der Rückkehr für den Nächsten wieder abzugeben. Je weiter Sie in die Narrows vordringen, desto enger werden diese. Im Orderville Canyon können Sie manchmal beide Felswände gleichzeitig berühren.

Bevor Sie sich aber auf den Weg machen, sollten Sie unbedingt dem **Visitor Center** einen Besuch abstatten. Sie bekommen dort nicht nur die üblichen umfassenden Informationen zum Nationalpark, sondern auch das aktuellste Wetter-Update. Selbst weit entfernte Gewitter, von denen man bei strahlendem Sonnenschein über Springdale nichts ahnt, können den Virgin River in der engen Schlucht schnell zur tödlichen Gefahr werden lassen. Im Frühling sind die Narrows wegen der Schmelze häufig gesperrt, außerdem ist das Wasser dann empfindlich kalt, es bietet dafür ein imposantes Schauspiel in der Schlucht. Der Virgin River entspringt auf etwa 2700 Metern Höhe und legt auf seinem Weg zum Lake Mead etwa 2400 Höhenmeter zurück; er hält damit den amerikanischen Rekord.

Es lassen sich jedoch auch eine Vielzahl kürzerer oder längerer Wanderungen im Park unternehmen, bei denen Sie trockene Füße behalten. Zu empfehlen ist etwa der einfache Weg zum **Weeping Rock** (Weinender Felsen) und zu den **Hanging Gardens** (Hängende Gärten), wo Wasser, nachdem es über

1000 Jahre durch den Fels gesickert ist, in kleinen und größeren Kaskaden aus dem »Weinenden Felsen« tritt und die »Hängenden Gärten« bewässert. Farne, Wildblumen und Moose suchen sich zwischen den Felsen ihre schmalen Nischen.

Eine Tour zu den smaragdfarbenen **Emerald Pools** (emerald = Smaragd) ist anstrengender, der zu **Angels Landing**, von wo aus sich immer wieder ein sehr schöner Blick übers Tal auftut, noch beachtlicher: Der Weg zum »Landeplatz der Engel« verläuft meist in der prallen Sonne, ist zwischenzeitlich steil, auf dem letzten Stück recht eng und setzt auch mal aus, sodass im Fels Eisenketten verankert wurden, an denen man sich festhalten kann. Nichts für Leute mit Höhenangst, aber allen anderen dringend ans Herz gelegt: Sie werden mit einem atemberaubenden Rundblick belohnt. Karten für alle Wanderungen gibt es im Visitor Center.

Und auch abseits des Zion Canyon Scenic Drive hat der Park einiges zu bieten. Wenn Sie mit dem Motorrad auf dem Highway 9 in den östlichen Teil des Parks fahren, dominiert zunächst der **Great Arch** die Landschaft. Der riesige steinerne Bogen ist noch mit der gewaltigen, senkrechten Felswand verbunden, aus der er von den Elementen geformt wurde und noch wird – Geologie zum Anfassen. Danach schrauben sich die Serpentinen in die Höhe. Fahren Sie wie bei der gestrigen Anfahrt durch den langen Felsentunnel und steuern Sie am Ende den kleinen Parkplatz an. Folgen Sie von dort dem Weg zum **Zion Canyon Overlook**, sofern Sie dies nicht schon getan haben – sie werden mit einem schönen Blick über den Lower Zion Canyon mit West Temple, East Temple und Tower of the Virgin (allesamt Bergmassive) belohnt.

Steht Ihnen der Sinn nach Entspannung, bietet sich als Alternative zum

Satteltausch: die Schönheiten des Zion Canyon hoch zu Ross erkunden

Motel-Pool das Ufer des Virgin River zum Baden an. Es gibt bei ausreichendem Wasserstand immer wieder Plätze, an denen man ganz gut ins Wasser tauchen kann. Die Stellen können sich ändern, aber die Campgrounds im und vor dem Park eignen sich normalerweise ganz gut.

Eine recht unterhaltsame Variante, den Canyon oder zumindest Teile davon zu sehen, bieten außerdem die Vermieter von River Tubes: In einem alten Lkw-Schlauch sitzend lässt man sich über die Mini-Stromschnellen des Virgin River treiben. Schnappen Sie sich in Springdale so einen Schlauch, nehmen Sie ihn mit in den Shuttlebus und fahren Sie beispielsweise bis zur Zion Lodge. Wenn Sie den Fluss in Höhe eines der Campgrounds wieder verlassen, kommen Sie über den Campingplatz wieder zur Straße, wo Sie bei Bedarf den Shuttlebus zurück nach Springdale bzw. zum Visitor Center nehmen können. Entscheiden Sie sich für diesen Tubing-Spaß Ihrem Steißbein zuliebe nur bei ausreichendem Wasserstand.

Auch in Springdale selbst kann man es aushalten. Neben einigen interessanten Shops und netten Cafés gibt es auch ein IMAX-Kino. Und die Sportlichen unter Ihnen finden etwas südlich der Ortschaft in der **Gooseberry Mesa** ein wahres Mountainbike-Paradies, das keinen Vergleich mit den Slickrock Trails nahe Moab (Utah) zu scheuen braucht. Nähere Infos dazu gibt es bei den lokalen Mountainbike-Vermietern.

State Hwy. 9
Springdale, UT 84767-1099
✆ (435) 772-3256
www.nps.gov/zion
Ganzjährig geöffnet
Visitor Center: Sommer tägl. 8–19.30, Herbst 8–18, Frühling und Winter 8–17 Uhr
Zion Human History Museum: Sommer tägl. 9–19, Sept./Okt. 9–18, Nov.–April 10–17, Mai 10–18 Uhr
Eintritt $ 12
Es gibt zwei kostenlose Shuttlebus-Routen: eine bedient Springdale, die andere bringt Sie in den Zion Canyon. Beide beginnen und enden am Visitor Center, das somit auch als Umsteigestation fungiert. Die Busse verkehren je nach Jahreszeit von 6.30 bis 21.30 oder 23 Uhr in kurzen Abständen. Von April bis Okt. ist der Bus in den Zion Canyon das einzige Verkehrsmittel der Wahl, der Canyon ist während der Saison für den Individualverkehr gesperrt.

Der Zion Canyon bildet mit seinen saftigen Wiesen und dem Virgin River den Kern des 579 km² großen Nationalparks aus zahlreichen Canyons. In der Höhe beherrschen die Tafelberge der **Checkerboard Mesa** das Bild. Besonders schön ist eine Wanderung zur Felsformation **Angels Landing** oder durch **The Narrows**, einer Engstelle des Virgin River. Etwas bequemer ist der kurze Trail zu den **Emerald Pools**. Für einen Besuch sollten Sie sich mindestens einen Extratag gönnen. Informationen zu Wanderwegen gibt es im Visitor Center. Das kleine **Park-Museum** liegt am ersten Shuttlebus-Stopp im Park und beherbergt Ausstellungen zur Flora und Fauna sowie zur Siedlungsgeschichte der Region.

ℹ **Zion Hiking Information**
www.utah.com/nationalparks/zion/zion-narrows.htm
Diese Website bietet wichtige Tipps für Wanderungen im Zion N. P. Jeder, der eine genehmigungspflichtige Zweitageswanderung plant und/oder die Narrows in ihrer gesamten Länge flussabwärts bezwingen will, sollte sich im Vorfeld sehr genau informieren. Wer vom Canyon in die Narrows wandert, darf dies ohne Genehmigung tun, sollte sich aber auch mit dem Wetterbericht für die Umgebung vertraut machen.

🎦 **Giant Screen Theatre Springdale**
145 Zion Park Blvd.
Springdale, UT 84767
✆ (435) 772-2400 oder (888) 256-3456
www.zioncanyontheatre.com
Tägl. geöffnet
Film »Zion Canyon Treasure of the Gods« tägl. 11–19 Uhr, alle 2 Std.
Tickets ab $ 8
Beeindruckende Landschaftsbilder auf Riesenleinwand. Es werden auch 3-D-Filme, Hollywood-Filme und Super-Bowl-Spiele gezeigt. ✺

Fahrvergnügen im Zion National Park

Landeplatz der Engel: Blick über den ▷
Zion Canyon von Angels Landing

11 Durch das Tal des Feuers in die Wüstenstadt

Valley of Fire und Las Vegas

11. Tag: Springdale – Las Vegas (360 km/224 mi)

km/mi	Route
0	Von **Springdale** (Utah) auf Hwy. 9 nach Hurricane. Von dort weiter auf der I-15 S nach
63/39	**St. George**. Anschließend auf I-15 S durch Arizona nach
126/78	**Mesquite** in Nevada. Auf I-15 bis Exit 93, dort dem Hwy. 169 S nach
190/118	**Overton** (Mittagspause) folgen. Ab Hwy. 169 rechts auf Valley of Fire Hwy. in den
216/129	**Valley of Fire State Park** (Entrance Station, Elephant Rock). Weiter bis Abzweigung Visitor Center (ca. 3 mi), dort rechts (u. U. Rundgang Petroglyph Canyon & Mouse's Tank) bis Ende (Rainbow Vista) und zurück zum
232/144	Valley of Fire Hwy. Rechts auf diesen abbiegen und bis Abzweigung Campground Road/**Atlatl Rock** (Rundgang) fahren. Danach zurück zur
251/156	Kreuzung mit Hwy. 169, rechts abbiegen und entlang des **Lake Mead** (Northshore Rd.) bis zur Kreuzung mit
320/199	Hwy. 147. Diesen entlang (Lake Mead Blvd.) auf I-15 S, Exit Flamingo Rd. East bis zum
360/224	Las Vegas Boulevard in **Las Vegas**.

Alternativrouten nach Las Vegas

Heute ist Las Vegas das zweite Mal auf dieser Tour Etappenziel. Das liegt weniger an der unwiderstehlichen Anziehungskraft der Glitzermetropole als an ihrer außerordentlich verkehrsgünstigen Lage. Es gibt drei verschiedene Möglichkeiten, dorthin zu kommen. Wenn Sie möglichst bald wieder am Black-Jack-Tisch sitzen wollen, können Sie über die Interstate 15 auf schnellstem Weg nach Las Vegas brettern. Wollen Sie dem Freeway zumindest für einen Teil der Strecke entkommen, fahren Sie die Schleife über den Valley of Fire State Park. Entscheiden Sie sich hingegen für einen schönen, wenn auch wahrscheinlich heißen Motorradtag, dann nimmt Ihre Route nach dem Valley of Fire einen Umweg entlang des Lake Mead. Das ist auch die im Folgenden beschriebene Variante.

Die Route startet auf dem Highway 9 von **Springdale** kommend Richtung Westen, vorbei an Virgin und La Verkin und führt nach **Hurricane**. Die 10 000 Einwohner zählende Stadt liegt in der südwestlichsten Ecke von Utah und wächst langsam mit dem Nachbarort St. George zusammen. Für den Touristen bietet sie außer Tankstellen, Motels und Restaurants nichts Sehenswertes. Kurz hinter Hurricane endet der Highway 9 und mündet in die Interstate 15. Für die nächsten knapp 80 Meilen müssen Sie diese Straße notgedrungen unter die Reifen nehmen, denn es gibt weit und breit keine andere.

Schon bald grüßt Sie auf der rechten Seite der imposante, weiße Mormonentempel von **St. George**, der älteste Mormonentempel in Utah. Die 1850 als Baumwollplantage von Mormonenführer Brigham Young gegründete Stadt zählt heute immerhin 65 000 Einwohner und ist bei Weitem der größte Ort der Region. Die Gründerväter hätten sich sicher nicht träumen lassen, dass ihre Siedlung 160 Jahre später eine der am schnellsten wachsenden Städte der USA sein würde. Viele Ruheständler aus den gesamten USA haben sich St. George wegen des milden Klimas und der reizenden Landschaft als Alterswohnsitz auserkoren. Auch touristisch spielt St. George durch seine Nähe zum Zion Canyon eine nicht unbedeutende Rolle. Und nicht zuletzt dürfte die verkehrsgünstige Lage zum rasanten Wachstum von St. George beitragen. Aber die Stadt mit dem Beinamen »Where the sun spends the winter« hat auch eine Kehrseite. In den 1950er- und 1960er-Jahren bekam St. George während der frühen Atomwaffentests in der Wüste immer wieder radioaktive Duschen ab, die heftigste durch die Explosion der Megabombe »Dirty Harry« – die Belastung war teilweise hundert- bis tausendmal höher als damals im ameri-

Motorradfahren im Valley of Fire ist eine schweißtreibende Angelegenheit

Der Elephant Rock im Valley of Fire

kanischen Durchschnitt gemessen wurde. Die stärkste Belastung verursachte das Jod-131, das zwar eine Halbwertszeit von nur acht Tagen hat und somit längst wieder verschwunden ist, aber noch bis in die 1980er-Jahre wurde in St. George (und ganz Südutah) eine eindeutig höhere Krebsrate festgestellt.

Bald hinter St. George verlassen Sie den »Beehive State«, so der Spitzname von Utah. Die Interstate verläuft nun für etwa 30 Meilen durch die nordwestlichste Ecke von Arizona, den größten Teil davon durch das tief eingeschnittene Tal des Virgin River. Wenn Motorradfahren auf der Autobahn überhaupt Spaß machen kann, dann hier in der Virgin River Gorge, durch die sich der Freeway in Bergstraßenmanier schlängelt. Lediglich die vierspurige Straße und die vielen Trucks erinnern daran,

Inside Scoop: Eiscreme in nostalgischem Ambiente in Overton

dass man sich auf einer der großen Nord-Süd-Achsen befindet.

Kurz nachdem der Freeway die Schlucht verlässt, erreichen Sie auch schon die Grenze zu Nevada. Sie können sie nicht übersehen, denn direkt an der Stateline stehen die ersten Casinos. Diesen ist es in erster Linie zu verdanken, dass sich **Mesquite** zu einer Stadt von beachtlicher Größe gemausert hat. Der riesige Golfplatz mitten in der Wüste befremdet in Anbetracht des notorischen Wassermangels etwas, aber schließlich sind Sie im Land der unbegrenzten Möglichkeiten.

Wenn Sie bisher »oben ohne« unterwegs waren, so müssen Sie den Freeway am ersten Nevada Exit (Nr. 122) kurz verlassen. Ab nun herrscht wieder Helmpflicht, und die wird auch penibel kontrolliert. An derselben Ausfahrt liegt auch das **Nevada Welcome Center**, wo Sie sich mit Programmheften, Stadtplänen und zahlreichen mehr oder weniger sinnvollen Gutscheinheften für Las Vegas eindecken können. Danach müssen Sie noch einmal zurück auf den Freeway, jedoch nicht allzu lange. Nehmen Sie nach etwa 30 ereignislosen Meilen den Exit 93 und folgen Sie dem Highway 169 durchs fruchtbare Moapa Valley.

Logandale ist ein Wüstenstädtchen wie viele andere hier. In **Overton** ist das Lost City Museum für diejenigen empfehlenswert, die ihr Wissen über die Geschichte der früher hier ansässigen Indianer vertiefen wollen. Den Hunger kann man im örtlichen Inside Scoop stillen, wo neben einer beeindruckenden Auswahl an Eis auch Sandwiches serviert werden, und das in unverfälschter 1950er-Jahre-Atmosphäre. Von Overton folgen Sie der Straße weiter bis zur Abzweigung des Valley of Fire Highway.

Rote Felsen und glühende Hitze: ▷
Das Valley of Fire

Wächter über die Spielhallen: die Sphinx vor dem Luxor-Casino in Las Vegas

Der Name des Tals bezieht sich nicht, wie man glauben mag, auf die hier üblicherweise herrschende Hitze, sondern auf die feuerrote Färbung der vor 150 Millionen Jahren aus Wanderdünen entstandenen Sandsteinformationen.

Wenn Sie in den **Valley of Fire State Park**, den größten und ältesten State Park Nevadas, fahren, passieren Sie kurz nach der Eingangsstation (Self Registration, bei Kleingeldmangel Anmeldung auch im Visitor Center möglich) den **Elephant Rock** (vgl. Foto S. 200), der – wie sollte es bei dem Namen anders sein – bei richtigem Blickwinkel die Umrisse eines Elefanten samt Rüssel ziemlich detailgetreu wiedergibt. Kurz danach erkennen Sie linker Hand die **Seven Sisters**, sieben beeindruckende, fotogene Sandstein-Monolithen, zwischen denen ein Picknickplatz eingerichtet wurde.

Vom Visitor Center zweigt schließlich die Stichstraße ab, die Sie in den schönsten Teil des Valley of Fire bringt.

Die erste Haltemöglichkeit ist ein Parkplatz, von dem ein etwa 800 Meter langer Rundweg durch den **Petroglyph Canyon** führt, dessen Wände mit sehenswerten indianischen Felsritzungen verziert sind (vgl. Foto S. 198). Das Ende des Weges markiert der **Mouse's Tank**, ein natürliches Auffangbecken für Regenwasser, das dem Paiute-Indianer »Little Mouse«, der angeblich im Suff zwei Goldgräber erschossen hatte, in den 1890er-Jahren als Versteck vor den Gesetzeshütern diente. Vom Aussichtspunkt **Rainbow Vista** schweift der Blick über das Tal mit seinen Sandsteinformationen, die, wenn auch nicht in allen Regenbogenfarben, so doch von Weiß über Pink bis zu sattem Rot leuchten. Die Straße endet am Aussichtspunkt an den **White Domes** und gibt hier noch einmal einen fantastischen Blick über die karge und farbige Felswüste frei.

Zurück am Valley of Fire Highway empfiehlt es sich, die nächste Abzweigung (Campground Road) zu nehmen. Dies ist eine etwa zwei Meilen lange Schleife (Scenic Loop) durch einen weiteren Abschnitt des Parks, von der ein Weg zu den **Petrified Logs**, den versteinerten Baumstämmen eines Waldes führt, der hier vor etwa 225 Millionen Jahren stand. Bald danach kommen Sie zu einer Treppe, die Sie zum **Atlatl Rock** bringt, einem Felsen, der ebenfalls interessante indianische Steinritzungen birgt. Hier spannt sich auch der Bogen des **Arch Rock** zwischen zwei Felsmassiven.

Beachten Sie, dass es im gesamten Park kein Wasser und mit wenigen Ausnahmen auch keinen Schatten gibt. Zudem ist das Ökosystem Wüste ausgesprochen fragil, verhalten Sie sich dementsprechend! Abgesehen von der landschaftlichen Schönheit des Valley of Fire gehören übrigens auch die Straßen im Park zu ausgesprochenen »Motorrad-Leckerbissen« – der Umweg lohnt schon allein deswegen. Dies gilt wieder einmal in besonderem Maße, wenn die Schatten länger sind und das Licht weicher wird.

Aus dem Valley of Fire führen zwei Wege hinaus. Entweder Sie folgen dem Valley of Fire Highway weiter bis zur Interstate oder aber Sie fahren zurück zur Abzweigung, an der Sie ins Valley of Fire abgebogen sind. Folgen Sie von dort der Northshore Road. Die diversen Stichstraßen zum Lake Mead lohnen den Umweg nur bedingt: Echo Bay und Calville Bay sind vor allem als Bootshafen für die powerboatbegeisterten Amerikaner angelegt. Zum Baden gibt es schönere Ecken.

Trotzdem werden Sie es nicht bereuen, wenn Sie sich für die Northshore Road entschieden haben; die Strecke ist wie gemacht für Motorradfahrer, und die Landschaft bietet mit ihren vielfarbigen Felsformationen und dem tiefblauen **Lake Mead,** der immer wieder ins Blickfeld kommt, eine schöne Szenerie. Einziger Wermutstropfen sind die Bitumenstreifen, mit denen die Fahrbahnschäden ausgebessert wurden und die – Sie kennen das schon – vor allem in der Hitze für Bikes einen ähnlichen Effekt wie Schmierseife haben.

Kurz nachdem Sie rechts auf den Highway 147 gebogen sind, erklimmen Sie eine Passhöhe, hinter der sich **Las Vegas** in seiner ganzen Schönheit vor Ihnen ausbreitet. Die Suburbs der Stadt klettern immer weiter den Bergrücken hinauf, und schon bald finden Sie sich im Großstadtgetümmel der Wüstenmetropole wieder. Aber Sie kennen sich hier ja mittlerweile aus, die Skyline der Casinos am Las Vegas Boulevard ist schon von Weitem sichtbar und weist Ihnen den Weg zu Ihrem Ziel.

Der Eiffelturm von Las Vegas macht auch bei Tageslicht eine gute Figur

11 Service & Tipps

ℹ St. George Area Chamber of Commerce
℡ (435) 628-1650
www.stgeorgechamber.com

ℹ Nevada Welcome Center
460 N. Sandhill Blvd.
Mesquite, NV 89027
℡ (702) 346-2702 oder (877) 637-7848
www.visitmesquite.com
Mo–Fr 8–16.30 Uhr
Nützliche Infos für die Weiterreise, viele
Gutscheinheftchen für Las Vegas.

🏛 Lost City Museum
721 S. Moapa Valley Blvd.
Overton, NV 89040
℡ (702) 397-2193
www.sunsetcities.com/lost-city-museum.
html
Do–So 8.30–16.30 Uhr
Eintritt $ 5/Kinder frei
Wer sich für die Geschichte der Indianer im
Moapa Valley interessiert, dem wird hier ein
vertiefender Einblick gewährt.

✖ Inside Scoop
395 Moapa Valley Blvd.
Overton, NV 89040
℡ (702) 397-2055

*»Vegas Vic«, der schmauchende Cowboy
ist ein Wahrzeichen von Las Vegas*

Hier gibt es neben Sandwiches und dem
typischen amerikanischen Fast Food knapp
40 Eissorten in nostalgischer Atmosphäre.
Kein Gourmettempel, aber für eine Mittagspause allemal gut.
$

🏔 Valley of Fire State Park
29450 Valley of Fire Rd.
Overton, NV 89040
℡ (702) 397-2088
http://parks.nv.gov/vf.htm
Ganzjährig geöffnet
Visitor Center: tägl. 8.30–16.30 Uhr
Eintritt $ 10
Faszinierende Sandsteinformationen in al-
len Formen und Farbschattierungen von
blassem Pink zu Feuerrot. Am schönsten ist
ein Besuch am späten Nachmittag, wenn die
Schatten länger werden und die Sonne nicht
mehr ganz so stark ist. Neben einmaligen
Formationen (**Elephant Rock, Seven Sisters,
White Doms**) gibt es versteinerte Bäume
(**Petrified Logs**) und indianische Petrogly-
phen (**Petroglyph Canyon**) zu sehen.

Wenn Sie im Valley of Fire die Wander-
stiefel schnüren, bedenken Sie, dass die
Sonne in der Regel gnadenlos vom Himmel
brennt und das Klima sich von dem im Death
Valley nicht allzu sehr unterscheidet. Selbst
für den kleinen und durchaus empfehlens-
werten Rundweg durch den Slot Canyon am
Ende des Scenic Drive an der White Domes
Picnic Area, auf dem Sie gerade mal 45 Minu-
ten unterwegs sind, sollten Sie ausreichend
Wasser einpacken und einen geeigneten
Sonnenschutz tragen.

Falls Sie eine Panne haben, so gilt auch
hier: Bleiben Sie am Motorrad und warten
Sie auf das nächste Auto, das in der Regel
nicht lange auf sich warten lässt.

**Serviceinformationen zum Lake Mead fin-
den Sie unter Tag 4, S. 150.**

**Serviceinformationen zu Las Vegas finden
Sie unter Tag 3, S. 140 f.** ✺

*Majestätische Szenerie: Hinter dem ▷
Tunnel im Zion-Nationalpark bestimmen
die Gipfel des »Court of the Patriarches«
das Panorama*

12 Schnurgerade Highways in flirrender Hitze

Mojave-Wüste

12. Tag: Las Vegas – Pioneertown (394 km/245 mi)

km/mi	Route
0	In **Las Vegas** (Las Vegas Blvd./Flamingo Rd) über Flamingo Rd. E auf I-515 S/Hwy. 93 S/Hwy. 95 S, diesen rechts bis
34/21	Abzweigung Hwy. 95 und auf Hwy. 95 S nach
98/61	**Searchlight**. Weiter auf Hwy. 95 S bis Abzweigung Goffs Rd. (= Route 66), diese rechts über Goffs und Essex nach
272/169	**Amboy** (Mittagspause Roy's Café). Nach Bahnübergang links auf N. Amboy Rd. bis
349/217	**Twentynine Palms**. An der Ampel links auf Adobe Rd. und bald darauf rechts auf Hwy. 62 W, diesen über **Joshua Tree** nach
388/241	**Yucca Valley**. Dort rechts auf Pioneertown Rd. und dieser bis zur
394/245	**Pioneertown Lodge** folgen.

Alternativrouten ab Las Vegas

Für die Fortsetzung der Tour ab Las Vegas gibt es mehrere Varianten:
Wenn Ihr Zeitkonto am Limit ist, so können Sie einen langen (und ziemlich spaß-freien) Autobahntag über die I-15 einlegen, um am Abend ein Bierchen an der Pazifikküste in **Santa Monica** zu schlürfen. Beachten Sie, dass bei einer Rückgabe des Motorrads in Los Angeles eine Einweggebühr anfällt.

Santa Barbara Church in Randsburg

Haben Sie noch ein paar Tage in Reserve, können Sie über die I-15 S nach Barstow und dann über Hwy. 58, Hwy. 395 und Hwy. 178 den **Lake Isabella** ansteuern, wo Sie auf den Streckenverlauf der California Dreaming Tour treffen. Zwei Tipps für diese empfehlenswerte Variante: Stoppen Sie in **Randsburg**, einer sogenannten *living ghost town* (Abzweig vom Hwy. 395 bei Johannesburg beschildert). Und übernachten Sie nicht in der Ortschaft Lake Isabella sondern fahren Sie lieber ans Nordende des Sees nach **Kernville**. Vom Lake Isabella können Sie die ersten drei Etappen der California Dreaming Tour in umgekehrter Reihenfolge nach Santa Barbara und schließlich auf dem Highway 1 entlang des Pazifiks zurück nach **San Francisco** fahren.

Der 12. Tag startet in Richtung Los Angeles und hat mit dem Besuch des Joshua Tree National Park ebenfalls ein besonderes Highlight zu bieten. Aber bis dahin sind es noch viele heiße und staubige Meilen. Von **Las Vegas** geht es los über den bereits bekannten Weg des 4. Tags (vgl. S. 142 ff.) Richtung Hoover Dam. Kurz vor Boulder City zweigt rechts der ziemlich monotone und auf weiten Strecken schnurgerade verlaufende Highway nach Searchlight ab. Auf dem Weg dorthin passieren Sie das Solarwärmekraftwerk Nevada Solar One, das 2007 ans Netz ging und seither immerhin das drittgrößte Solarkraftwerk der Welt ist. Die Standortwahl ist nicht verwunderlich, brennt hier doch die Sonne weit über 300 Tage im Jahr vom Himmel. Dahinter klettert der Highway in die höheren Gefilde der

Mojave-Wüste, wo die anspruchsvollen Joshua Trees (Josua-Palmlilien) für etwas Abwechslung im Landschaftsbild sorgen.

Searchlight verdankt seine Existenz dem Gold. Überliefert ist, dass Ende des 19. Jahrhunderts einer der Goldsucher angeblich erklärte, in diesem Ort müsse man die Taschenlampe einsetzen, um das wertvolle Metall zu finden. Kurz darauf wurde er fündig – daher wohl der Ortsname. In Folge dieses Goldfunds war Searchlight zwischenzeitlich größer als das nahegelegene Las Vegas, das allerdings zu der Zeit nur eine bescheidene Größe aufwies.

Nicht weit hinter Searchlight heißt Sie der Sonnenstaat Kalifornien wieder willkommen. Die Goffs Road, die Sie bald danach befahren, war Teil der Route 66. Von der Geisterstadt **Goffs** 207 geht es weiter durch die flirrende Hitze der Mojave-Wüste nach Essex und Amboy – beides gottverlassene Käffer mitten in der Wüste. Dieser Abschnitt der Route 66 war in den 1930er-Jahren bei Reisenden und vor allem bei den »Okies« – Farmern aus Oklahoma, die sich, um der Dürre ihres Landstrichs zu entfliehen, auf den Weg nach Kalifornien machten – besonders gefürchtet: Extreme Hitze und die (fast) menschenleere Wüste machten jede Panne, und die kamen häufig vor, zu einer echten Herausforderung. Die fehlenden Werkstätten auf der Strecke waren angeblich Anlass für die Gründung von **Essex**, das sich in der Folge zu einer nicht unbedeutenden Station auf der Route 66 mauserte und sich bei den Reisenden durch die kostenlose Ausgabe von Wasser einen guten Ruf erwarb. Heute ist das Nest auf dem allerbesten Weg, eine Geisterstadt zu werden.

Wie mit dem Lineal gezogen verläuft die Straße weiter bis nach Amboy. Schon von Weitem sichtbar ist das riesige Werbeschild für **Roy's Café und Motel**, ein architektonisches Juwel im 1950er-Jahre-Stil in *the middle of nowhere*, das seine besten Tage auch längst hinter sich hat. Bis zur Fertigstellung der Interstate war Roy's Café der einzige Rastplatz weit und breit und deshalb auf diesem Teil der Route 66 Anlaufstelle für nahezu alle Reisenden. Heute ist es nur noch Anziehungspunkt für nostalgische Route-66-Cruiser, die einen Bogen um die einige Meilen wei-

Wieder gut für eine Kaffeepause: Roy´s Café in Amboy

Zurück in der Zivilisation: Blessed Sacrament Church in 29 Palms

ter nördlich verlaufende Interstate 40 machen.

Die verbliebenen sieben Einwohner von Amboy sorgten für einigen Wirbel, als sie 2003 ihren Ort bei Ebay zur Versteigerung anboten. Für 1,9 Millionen US-Dollar hätte man auf 60 Hektar ein Motel mit Café, ein Postamt, eine Tankstelle, einen Laden und sogar eine Kirche ersteigern können. Das wollte jedoch niemand, und so blieb in Amboy vorerst alles beim Alten.

Im Jahr 2005 fand Amboy dann doch einen Käufer namens Albert Okura. Der allerdings musste nur 425 000 Dollar auf den Tisch legen. Dafür versprach Okura, das 1950er-Jahre-Flair zu erhalten und das damals verlassene Roy's Café wiederzueröffnen, was im April 2008 sehr zur Freude zahlreicher 66-Aficionados auch geschah.

Auf Ihrem Weg von Amboy Richtung Süden passieren Sie bald den ausge-

trockneten Bristol Lake, der heute der Salzgewinnung dient. Riesige Salzfelder und mit Wasser gefüllte Wannen und Teiche, wo das begehrte Mineral durch Verdunstung gewonnen wird, geben ein surreales und durchaus fotogenes Bild. Dahinter ragt der **Amboy Crater**, ein erloschener Vulkankegel, aus dem Wüstenboden und bestimmt das Bild. Kurvenlos zieht sich die Amboy Road weiter Richtung Süden. Highlights? Fehlanzeige! Aber dennoch kommt hier das für Amerika typische Hochgefühl auf. Grund ist wieder einmal die scheinbar endlose Weite des Landes. Vorbei ist der Zauber erst, wenn im Morongo Valley die ersten Häuser von Twentynine Palms auftauchen.

Twentynine Palms wird Ihnen nach dem heutigen Vormittag wie eine veritable Metropole vorkommen. Das Erste, was hier auffällt, sind die zahlreichen Murals – Wandgemälde von 209 vergleichsweise hoher Qualität. Überhaupt scheint das Städtchen eine Anziehungskraft auf Künstler auszuüben, was Sie zum Beispiel auch im 29 Palms Inn erkennen können. Diese ungewöhnliche Lodge mit dazugehörigem Restaurant ist wärmstens zu empfehlen, falls es Ihnen für heute reicht. Seinen Namen verdankt der Ort übrigens der Tatsache, dass die Gründungsväter gegen Ende des 19. Jahrhunderts hier eine Oase vorfanden, die von 29 Palmen umgeben war.

Wenn Sie sich gegen eine Übernachtung in Twentynine Palms entscheiden und noch ein paar Meilen weiterfahren, müssen Sie eine Wahl treffen. Sie können den Weg entweder direkt nach Pioneertown fortsetzen, was in Anbetracht der bereits hinter Ihnen liegenden Kilometer und der vermutlich hohen Temperatur verlockend ist, oder aber Sie nutzen die Gunst der Stunde

Sehr rustikal: die Rezeption des Pioneertown Motel

und statten dem **Joshua Tree National Park** heute schon einen Besuch ab. Das Licht in der Nachmittagssonne ist wunderbar, und wenn die Sonne schließlich langsam hinter den eigenartig, aber interessant geformten Josua-Palmlilien und Felsformationen untergeht, ist das schlichtweg beeindruckend (nähere Infos zum Nationalpark vgl. Tag 13).

Die beiden Wüstenstädtchen Joshua Tree und Yucca Valley sind alles andere als aufregend, umso netter sind dagegen sowohl die letzten paar Meilen zu Ihrem Etappenziel als auch das Städtchen **Pioneertown** selbst. Es ist nicht etwa eine authentische Westernsiedlung, sondern wurde in den 1940er-Jahren als Filmkulisse für mehr als 50 Hollywoodproduktionen und diverse TV-Shows errichtet. Das Pioneertown Motel sowie die meisten anderen Gebäude beherbergten damals Schauspieler und Film-

»Desert wonderland of rocks«: Joshua Tree National Park

crews, die tagsüber am Filmset vor der Tür ihre Arbeit verrichteten. Die kurze Mane Street beginnt direkt dahinter. Heute sind in Saloon, Gefängnis, Hufschmied und Co. diverse Touristenshops untergebracht. Während man unter der Woche ziemlich entspannt zwischen den alten Filmkulissen spazieren und filmreife Wildwestluft schnuppern kann, steppt am Wochenende der Bär, inklusive Schießereien und zahlreichen Freiwilligen, die die Mane Street in historischen Kostümen zur Freude der Besucher bevölkern.

Wenn Sie die Füße auf der Holzveranda des Pioneertown Motel hochgelegt haben und den Blick über die Wüste schweifen lassen, können Sie sich jedenfalls ganz wie John Wayne fühlen. Es fehlt Ihnen zwar ein am Geländer festgebundenes Pferd, aber auch das Motorrad macht sich als Ersatz nicht schlecht. Um schließlich Hunger und Durst zu stillen, haben Sie es nicht weit. An der nächsten Ecke lockt das sehr rustikale Pappy & Harriet's nicht nur mit Texmex-Küche und frisch gezapftem Bier, sondern auch mit Livemusik und vor allem am Wochenende mit Party. Mit etwas Glück kann man hier neben lokalen Bands durchaus auch internationalen Größen wie Eric Burdon lauschen. Bevor das Pappy & Harriet's vor 30 Jahren seine Pforten öffnete, beherbergte es mit der »Cantina« eine bekannte Outlaw-Biker-Bar. Dienstags und mittwochs ist das Lokal geschlossen, dann bleibt einem, für ein Abendessen, nur die Fahrt ins fünf Meilen entfernte Yucca Valley. 211

12 Service & Tipps

⊠⊠ **Nugget Casino Searchlight**
100 N. Hwy. 95
Searchlight, NV 89046
℃ (702) 297-1201
www.searchlightnugget.com
Etwas glanzloses Kleinstadtkasino, dafür aber sehr viel persönlicher mit akzeptablem Essen zu mehr als akzeptablen Preisen. Die Alternativen beschränken sich auf McDonald's. $

⊠ **Cal-Nev-Ari Casino**
1 Paiute Valley Dr.
Cal Nev Ari, NV 89039
℃ (702) 297-1118
Das unvermeidliche und alles andere als mondäne Casino an der Staatsgrenze, hier im Dreiländereck Arizona, Kalifornien und Nevada. Der hauseigene Parkplatz für Flugzeuge zeugt von der abgeschiedenen Lage. Allzu gut scheinen die Geschäfte nicht zu gehen, die Ortschaft steht mehr oder weniger komplett zum Verkauf.

⊠ **Roy's Café**
87520 Hwy. 66, Amboy, CA 92034
℃ (760) 766-1066
www.amboyroute66.com
Tägl. außer Mi 7–20, Mi 7–8 Uhr
2008 wiedereröffnetes Route-66-Wahrzeichen – sehr zur Freude des Schatten suchenden Motorradfahrers. Kulinarisch kein Highlight, würde hier aber auch niemand erwarten. $

Unterwegs in Kaliforniens High Desert

ℹ **Twentynine Palms**
℃ (760) 367-6197, www.visit29.org

⊟⊠ **Palms Inn**
73950 Inn Ave.
Twentynine Palms, CA 92277
℃ (760) 367-3505
www.29palmsinn.com
Eine Oase, in der sich Besucher seit 1928 von den Strapazen der Wüste erholen. Einfache Lehm- und Holzcabins im Adobe-Stil, teils am hoteleigenen Teich. Beliebt bei Künstlern und Kreativen und eine gute Alternative zum Pioneertown Motel. Leckere amerikanische Küche. $$

⊠⚑ **Route 62 Old Time Diner**
55405 29 Palms Hwy.
Yucca Valley, CA 92284
℃ (760) 792-5211
Der richtige Platz für ein kerniges Frühstück. Das klassische 50er Diner teilt sich seine Adresse mit einem Harley Shop, in dem es auch zahlreiche alte Harleys zu bestaunen gibt. Bikerfreundlich! $

⊞ **Joshua Tree National Park**
Vgl. Tag 13, S. 220.

⊟ **Pioneertown Motel**
5040 Curtis Rd. (hinter Pappy & Harriet's)
Pioneertown, CA 92268
℃ (760) 365-7001
www.pioneertown-motel.com
Sehr urige Unterkunft im rustikalen Cowboystil. Weder Telefon noch Fernseher stören das Wildwestambiente. Schattige Veranda mit Blick über die Mojave-Wüste. $–$$

⊠⬛⚑ **Pappy & Harriets**
53688 Pioneertown Rd.
Pioneertown, CA 92268
℃ (760) 365-5956
www.pappyandharriets.com
Do–So 11–2, Mo 17–24, Di/Mi geschl.
Sehr rustikales Restaurant mit Saloon, das so etwas wie Kultstatus in der Region genießt. Dementsprechend hoch her geht es hier bei Livemusik und Partystimmung. Auf der Speisekarte finden sich die amerikanischen Klassiker und Texmex-Food. $$ ✺

Fast schon zu kitschig: Sonnenuntergang ▷ im Joshua Tree National Park

13 Aller Abschied ist schwer

Von den Joshua Trees in die City of Angels

13. Tag: Pioneertown – Santa Monica (420 km/261 mi)

km/mi	Route
0	Vom **Pioneertown Motel** auf der Pioneertown Rd. zurück zum Hwy. 62, diesen links bis
19/12	**Joshua Tree**. Dort rechts auf Park Blvd. (im weiteren Verlauf Quail Springs Rd./Monument Rd.) in den **Joshua Tree National Park** bis
42/26	**Hidden Valley** (Rundgang). Weiter zum Aussichtspunkt **Keys View** (Stichstraße) und zu den **Jumbo Rocks** bis zur Kreuzung mit
79/49	Pinto Basin Rd., diese rechts zum
127/79	**Cottonwood Visitor Center**. Weiter bis I-10 W, diese rechts, bei Bedarf Exit 125, auf Indian Canyon Dr. nach
224/139	**Palm Springs** (Palm Canyon Dr., Mittagspause), auf N. Palm Canyon Dr. (= Hwy. 111) zurück zum Freeway und dem bis zum Ende in
420/261	**Santa Monica** (Ocean Blvd.) folgen.
	Eine Karte mit dem Routenverlauf finden Sie auf Seite 207.

Eine Karte mit dem Routenverlauf finden Sie auf Seite 207.

Gehören Sie zu den Frühaufstehern, dann machen Sie sich am besten sehr zeitig vom **Pioneertown Motel** auf den Weg in den **Joshua Tree National Park**.

Durch den Joshua Tree National Park

Sie werden mit dem schönen Licht der Morgensonne und angenehmen Temperaturen belohnt. Der Joshua Tree, Namensgeber des Parks, verdankt seinen Namen wiederum den mormonischen Siedlern, die sich durch die Form der zu den Yucca-Gewächsen zählenden Josua-Palmlilien an den mit erhobenen Händen betenden Propheten Joshua erinnert fühlten. Die Äste der Palmlilien stellten angeblich für andere Mormonen die Arme des Propheten Joshua dar, mit denen er den Kindern Israels den Weg ins gelobte Land (bzw. den mormonischen Siedlern den Weg nach Westen) weist. Die Yucca Brevifolia, so der lateinische Name, kann bis zu 18 Meter hoch und 900 Jahre alt werden.

Bemerkenswert ist die Landschaft des Nationalparks aufgrund seiner großen

Höhenunterschiede. Der Park erstreckt sich von etwa 300 Metern im Pinto Basin bis zu 1772 Metern Höhe am Gipfel des Quail Mountain und verbindet zwei Wüstenformen Südkaliforniens, die *low* und die *high desert.* Im südlichen Teil wird der Park von der **Colorado-Wüste** und im nördlichen Teil von der höher gelegenen und feuchteren Mojave-Wüste geprägt. Die Joshua Trees kommen nur in dem Parkteil vor, der zur Mojave-Wüste gehört.

Neben den Joshua Trees finden sich im Park auch riesige Felsblöcke, die wirken, als hätte man sie in die Landschaft gewürfelt. Sie üben auf Kletterer aus der ganzen Welt eine magische Anziehungskraft aus. Zum einen, weil die meisten unkompliziert nach einem kurzen Spaziergang zu erreichen sind, zum anderen, weil man hier im Gegensatz zu den Hochgebirgsregionen auch und vor allem im Winter wunderbar *bouldern* (klettern ohne Kletterseil und -gurt) kann. Erdbeben haben über Jahre zahlreiche Risse und Löcher in den Fels gesprengt – ideal für einen festen Griff und Tritt. J-Tree heißt der Park bei der Freeclimber-Gemeinde. Wenn Sie selbst Lust verspüren, die Felswände zu bezwingen, können Sie einen der vor allem in den kühleren Jahreszeiten angebotenen Kletterkurse buchen.

Die riesigen Granitbrocken geben in Kombination mit den knorrigen Joshua Trees aber auch für Nichtkletterer ein ausgesprochen pittoreskes und fast schon überirdisches Bild ab. Besonders schön ist der Park im Frühling, wenn nicht nur die Joshua Trees blühen, sondern auch ein Wildblumenteppich und die kurze Kakteenblüte in der tiefer gelegenen Colorado-Wüste die sonst so karge Landschaft mit Farbklecksen auflockern. Unterwegs tun Sie also gut daran, Ihre Jacke halbwegs dicht zu verschließen – es gibt hier haufenweise Bienen, die sich an den Blüten von

J-Tree: Eldorado für Kletterer

Yucca, Kaktus und Wildblumen gütlich tun oder auch nur etwas Feuchtigkeit suchen.

Den ersten Stopp im Park sollten Sie am Parkplatz des **Hidden Valley** einlegen. Von dort führt ein einfacher und kurzer Wanderweg (1 Meile) durch das kleine, von zahllosen Felsbrocken umgebene Hidden Valley, das früher aufgrund seiner versteckten Lage Viehdieben als Unterschlupf gedient haben soll.

Wenn Sie Ihr Bike heute in **Los Angeles** abgeben müssen, so können Sie die hier beschriebene Tagesetappe etwas abkürzen. Solange Sie nicht auf den ersten Programmpunkt, den Besuch des Joshua Tree National Park, verzichten, versäumen Sie auch nichts wirklich Wesentliches. Nach einer Schleife durch den nördlichen Teil des Parks können Sie sich auf direktem Weg Richtung Pazifik machen.

Klimatisch angenehmer dürfte der nächste Halt sein. Die fünf Meilen lange Stichstraße zum **Keys View** windet sich auf immerhin knapp 1600 Metern Höhe. Unter Ihnen liegt das Coachella Valley, der Salton Sea und der deutlich sichtbare San-Andreas-Graben, in dem sich die pazifische und die nordamerikanischen Platte reiben und damit die Erde immer wieder gehörig zum Beben bringen. Bei guter Sicht können Sie nicht nur Palm Springs und die San Jacinto Mountains erkennen, sondern den Blick sogar bis nach Mexiko schweifen lassen. Spätestens bei den **Jumbo Rocks**, den nächsten riesigen Felsbrocken, ist klar, warum dieser Teil des Parks den klingenden Namen »Wonderland of Rocks« trägt.

Auf Ihrem Weg in den Süden verlassen Sie die Mojave-Wüste und finden sich in der Colorado-Wüste wieder. Das merken Sie nicht nur an dem Anstieg der Temperatur, auch die Vegetation hat sich völlig geändert. Die markanten Josua-Palmlilien werden durch Cholla-Kakteen abgelöst. Die bis zu zwei Meter hohen Kakteen tragen ein dichtes Stachelkleid, das aus unzähligen, gut zwei Zentimeter langen Stacheln mit vielen mikroskopisch kleinen Widerhaken besteht.

Den kurzen Rundgang durch den **Cholla Cactus Garden** sollten Sie sich trotz der Hitze gönnen. Aber Vorsicht: Die Kakteen wissen, wie sie sich vor hungrigen Tieren und allzu neugierigen Spaziergängern schützen können! Vor allem die Jumping Cholla, die ihre Stacheln bei der kleinsten Berührung absprengt. Die Stacheln wieder aus der Haut zu ziehen ist nicht nur langwierig, sondern auch schmerzhaft. Neben dem Cholla Cactus Garden hat der Südteil des Joshua Tree National Park nicht allzu viel zu bieten. Letzte Station ist das **Cottonwood Visitor Center** etwa acht Meilen vor der Interstate, die Sie, von einer Lunchpause in Palm Springs abgesehen, direkt nach Santa Monica bringt.

Palm Springs hat mit einem durchschnittlichen amerikanischen Wüstenkaff wenig gemein. Früher nutzten zahlreiche Stars die Nähe zu Hollywood

Der Wüste abgetrotzt: Palm Springs ist bekannt für seine Golfplätze

und richteten sich hier häuslich ein oder hatten zumindest ein Wochenenddomizil – die Stadt war der Inbegriff für ein mondänes Leben. Die High Society ist verschwunden, seit man mit dem Flugzeug von überall her schnell nach Los Angeles gelangt – und mit ihr auch viel der alten Grandesse. In den 1970er-Jahren geriet die Stadt regelrecht in Vergessenheit und glich viele Sommer lang einer Geisterstadt. Heute hat sich Palm Springs wieder berappelt, wenn auch in etwas bescheidenerem Stil.

Die Villen der Schönen und Reichen, die nahezu alle im Mid Century Modern Style errichtet wurden, sind zum Glück erhalten geblieben und legen heute wieder im alten Glanz ein beeindruckendes Zeugnis von der Architektur der 1950er- und 1960er-Jahre ab. Der Baustil wird auch als California Modern Style bezeichnet, ist eine Weiterentwicklung der Architektur von Frank Lloyd Wright und der Bauhaus-Epoche und besticht durch eine klare Schlichtheit mit organischen Formen. Einige der bekanntesten Villen wie **The Twin Palms Estate** von Frank Sinatra kann man mieten, wenn auch zum Preis von knapp 3000 Dollar – nicht etwa pro Monat, sondern pro Nacht.

Viele Künstler und Kreative haben seit den 1950er-Jahren den Grundstein für ein vergleichsweise liberales Klima in der Stadt gelegt. So übt die Stadt inzwischen eine große Anziehungskraft auf Homosexuelle aus, deren Bevölkerungsanteil auf gut ein Drittel geschätzt wird. Gänzlich untypisch für das »Land of the Free« sind die Freiheiten, die sich die Gäste einer Handvoll FKK-Resorts herausnehmen. »Clothing optional« heißt das dann offiziell.

Die größte Gruppe der Zuzügler machen aber die sogenannten Snowbirds aus, wohlhabende Ruheständler, die dem langen Winter der Ostküste oder des Nordens bei hier über 350 Sonnen-

Palm Canyon bei Palm Springs

tagen im Jahr entfliehen. Inzwischen zählt Palm Springs über 40 000 Einwohner. Seit den späten 1990er-Jahren lebt es sich in Palm Springs wieder ganz gut, wie man auf den beiden Hauptstraßen Palm Canyon Drive und Indian Canyon Drive unschwer erkennen kann. Das wichtigste Standbein der lokalen Wirtschaft ist dabei nach wie vor der Tourismus.

Wenn Sie Ihren Aufenthalt in Palm Springs etwas ausdehnen wollen, finden Sie im Sommer problemlos ein bezahlbares und meist noch dazu nettes Hotel oder Motel, inklusive palmenbestandenem Pool und klassischer Architektur. Für Kunstsinnige hat Palm Springs mit dem **Art Museum** auch eine interessante (klimatisierte) Alternative mit breit gefächerten Ausstellungen, von der Kunst der Indianer über Fotografie, Glasskulpturen, Architektur der 1950er-Jahre bis hin zur zeitgenössischen kalifornischen Kunst, zu bieten. 217

Wer der Hitze im Tal ganz entfliehen will, der kann sich mit der **Aerial Tram** auf fast 2600 Meter bringen lassen. Die Gondel dreht sich auf ihrem Weg nach oben zweimal um sich selbst, und so wechselt das Panorama von Wüste zu den San Jacinto Mountains, ohne dass Sie sich den Hals verrenken müssen.

Keinesfalls versäumen sollten Sie den Besuch der **Agua Caliente Indian Canyons** auf dem Gebiet der Cahuilla-Indianer mit dem eindrucksvollen Palm Canyon, in dem es mitunter voll sein kann, dem Andreas Canyon und dem Murray Canyon, allesamt enge Felsschluchten und kleine Täler, durch die ein munterer Bach plätschert und die von gewaltigen Palmen gesäumt werden, einige von ihnen Jahrhunderte alt. Eine gute Gelegenheit, sich auf einem der Wanderwege die Füße zu vertreten, und für ein Bad. Um dorthin zu gelangen, folgen Sie einfach dem Palm Canyon Drive Richtung Süden aus der Stadt.

Die riesigen Windkraftanlagen im Coachella Valley zeugen davon, dass sich auch in Palm Springs ein neues Umweltbewusstsein breitmacht und die Zeiten, in denen es als Fortschritt galt, der Wüste einen Golfplatz nach dem anderen abzutrotzen, vorbei sind. Die Windräder werden bald von Los Angeles' östlichsten Suburbs abgelöst. Hier endet der Motorradspaß, der Moloch **Los Angeles** mit seinen achtspurigen Autobahnen und endlosen Vorstädten hat Sie wieder. Um halbwegs stressfrei nach Santa Monica zu kommen, bleiben Sie auf der Interstate 10, bis diese kurz vor dem Pazifik endet. Das sind wahrscheinlich die Meilen, die Ihnen auf der gesamten Tour die meiste Konzentration abverlangen werden.

Nach der Ost-West-Durchquerung der Megacity werden Sie wahrscheinlich keine große Lust mehr zum urbanen Biken verspüren. Santa Monica lässt sich sowieso besser zu Fuß erkunden. Parken Sie also das Motorrad am Motel oder bringen Sie es gleich zurück zum Vermieter. Jeder Tag Motorradmiete in der City of Angels ist meiner Meinung nach schlecht angelegtes Geld.

Mit seinen feinen Sandstränden und dem wunderschönen Hinterland mit der Steilküste gehört **Santa Monica** zu den beliebtesten und auch teuersten Wohngegenden von Los Angeles (und weit

Santa Monica Pier aus der Vogelperspektive

darüber hinaus), was sich leider auch in den Hotelpreisen niederschlägt. Mit dem benachbarten Malibu und Venice Beach bildet Santa Monica das touristische Zentrum von Greater Los Angeles. Durch seine Nähe zu Hollywood wundert es nicht, dass zahlreiche Schauspieler, Drehbuchautoren, Regisseure und Musiker hier zu Hause sind.

Wahrzeichen von Santa Monica ist der **Santa Monica Pier**, der bereits zu Beginn des 20. Jahrhunderts erbaut wurde, damals vor allem, um das Abwasser hinter der Brandung ins Meer zu leiten. Auf dem Pier findet sich der kleine **Pacific Park** mit Riesenrad, Geschäften, Restaurants, Karussell und Aquarium. Eine Fahrt mit dem Riesenrad eröffnet Ihnen einen wunderschönen Blick über die Küste und West Los Angeles. Auch der Blick auf die Küstenlinie vom Ende des Stegs, der immerhin 300 Meter in den Pazifik ragt, ist sehr hübsch. Zahlreiche Straßenkünstler und Schausteller sorgen für unterhaltsame Abwechslung. In der **Third Street** finden Sie in der Fußgängerzone ein entspanntes Shoppingparadies und zahlreiche Restaurants, die bis spät abends für viel Leben in den Straßen sorgen. Sie sehen, in Santa Monica lässt es sich durchaus aushalten. Keinesfalls versäumen sollten Sie, auf dem **Ocean Front Walk** nach **Venice Beach** zu laufen, oder – viel stilvoller – mit Rollerblades zum **Muscle Beach** in Venice zu skaten. California Feeling pur!

An dieser Stelle auf alle Sehenswürdigkeiten von Los Angeles einzugehen, würde den Rahmen sprengen, zumal Sie einen Motorrad Guide in den Händen halten und Motorräder für Sightseeing in Greater Los Angeles nicht besonders geeignet sind. Los Angeles bietet natürlich genug Attraktionen für einen mehrtägigen Aufenthalt. Der Besuch bei Mickey Mouse in Disneyland und ein Blick hinter die

Baywatch Santa Monica

Kulissen in den Universal Studios sowie der Spaziergang über den Walk of Fame und zum Grauman's Chinese Theatre in Hollywood gehören schon fast zum touristischen Pflichtprogramm. Ein Einkaufsbummel oder ein Kreditkarten schonender Schaufensterbummel am Rodeo Drive sowie eine Tour durch Bel Air bringen einem das Leben der Reichen und Schönen zumindest gefühlt ein Stückchen näher. Beachlife, Konzerte, Museen, Shoppingmalls und brodelndes Nachtleben – in der City of Angels gibt es nichts, was es nicht gibt.

Wollen Sie Ihre Tour von hier aus fortsetzen, bringt Sie der Pacific Coast Highway No. 1 schnell Richtung Norden nach Malibu, wo das Motorradfahren wieder Spaß macht. Richtung San Diego sieht es etwas trauriger aus: Sie müssen sich in jedem Fall Ihren Weg in den Süden noch meilenlang durch Blechlawinen bahnen. Wenn Ihre Tour hier zu Ende ist, dann ist der Internationale Flughafen LAX wahrscheinlich Ihr Ziel. Der liegt nur etwa zehn Meilen südlich von Santa Monica.

Palm Canyon Drive in Palm Springs

Joshua Tree National Park
Twentynine Palms, CA 92277
℡ (760) 367-5500, www.nps.gov/jotr
Ganzjährig geöffnet
Oasis Visitor Center (Twentynine Palms bei den Headquarters) tägl. 8–17, Joshua Tree Visitor Center (Joshua Tree, Park Blvd., ein Block südl. Hwy. 62) tägl. 8–17, Cottonwood Visitor Center (8 Meilen nördl. I-10 bei Cottonwood Spring) tägl. 9–15 Uhr, Eintritt $ 5
Im Nationalpark treffen zwei Wüsten, die Colorado- und die Mojave-Wüste, mit ihrer Vegetation und ihrem Klima aufeinander. Felsquader und knorrige Joshua Trees verleihen der Landschaft eine eigentümliche Atmosphäre. Für Fotografen, Kletterer und Motorradfahrer gleichermaßen ein Traum. Nehmen Sie ausreichend Wasser mit, wenn Sie durch den Park fahren oder wandern. Bei einer Panne muss man Wartezeiten einkalkulieren.

Palm Springs Visitor Center
2901 N. Palm Canyon Dr.
Palm Springs, CA 92262
℡ (760) 778-8418 oder (800) 347-7746
www.visitpalmsprings.com

Palm Springs Art Museum
101 Museum Dr., Palm Springs, CA 92262
℡ (760) 322-4800, www.psmuseum.org
Di/Mi und Fr–So 10–17, Do 12–20 Uhr

Eintritt $ 12.50, jeden 2. So und Do 16–20 Uhr (während des wöchentlichen Village Fest) frei
Interessante Sammlung von Indianerkunst, Landschaftsmalerei des 19. Jh., aber auch Pop-Art, zeitgenössische Malerei, Skulpturen und Fotografie. Zudem hochkarätige Wechselausstellungen.

Palm Springs Aerial Tramway
One Tram Way
Palm Springs, CA 92262
℡ (760) 325-1391 oder (888) 515-8726
www.pstramway.com
Mo–Fr 10–21.45, Sa/So 8–21.45 Uhr
Eintritt $ 23.95, Kinder $ 16.95, Ride'n'Dine (Seilbahnfahrt inkl. einfachem Abendessen im Pines Café, nach 16 Uhr) $ 36, Kinder $ 23.50
Wenn im Tal die Hitze steht, kann man auf dem Mount San Jacinto frische Bergluft schnuppern, die Aussicht über das Coachella Valley und Palm Springs genießen und sich die Füße vertreten. Wer den 9 km langen Wanderweg zum Gipfel angeht, kann bei klarem Wetter angeblich bis Catalina Island vor Los Angeles und bis nach Las Vegas blicken. In der Bergstation kann man den Hunger im **Pines Café** ($) oder im gediegeneren **Peaks Restaurant** ($$–$$$) stillen, wobei in letzterem vor allem die Aussicht das Geld wert ist.

Agua Caliente Indian Reservation – Indian Canyons
38500 South Palm Canyon Dr.
Palm Springs, CA 92264
℡ (760) 323-6018, www.indian-canyons.com
Sept.–Juni tägl. 8–17, Juli und Aug. Fr–So 8–17 Uhr, Eintritt $ 9/5
Oase in der Wüste etwas außerhalb der Stadt auf dem Gebiet der Cahuilla-Indianer. Wanderwege führen durch den **Palm Canyon,** den **Andreas Canyon** und den **Murray Canyon.** Aber Vorsicht, die Sonne brennt hier im Sommer gnadenlos vom Himmel, deshalb sind die Canyons im Juli/Aug. nur am Wochenende zugänglich. Nehmen Sie sich in Acht vor Klapperschlangen! An der **Trading Post** beim Palm Canyon kann man sich mit Snacks und Souvenirs versorgen.

Santa Monica Visitor Information
℡ (310) 393-7593 oder (800) 544-5319
www.santamonica.com

ℹ️ Santa Monica Visitor Information Kiosk
1400 Ocean Ave.
Santa Monica, CA 90401
✆ (310) 393-0410 oder (800) 544-5319
Tägl. 10–16 Uhr

ℹ️ Santa Monica Visitor Information Desk Pier
322 Santa Monica Pier
Santa Monica, CA 90401
Tägl. 11–16.30 Uhr

Santa Monica Pier
200 Santa Monica Pier
Santa Monica, CA 90401
✆ (310) 458-8901, www.santamonicapier.org
Tägl. geöffnet, Eintritt frei
Der Pier, Wahrzeichen der Stadt, beherbergt den kleinen **Pacific Park**, von dessen Riesenrad man einen netten Blick über den Strand und die Stadt genießt. Außerdem gibt es ein Aquarium, eine Trapez-Schule, diverse Shops, Restaurants und Bars sowie regelmäßig Livemusik und ein Open-Air-Kino.

⊙ Muscle Beach Venice
1800 Ocean Front Walk
Venice, CA 90921
✆ (818) 922-4626
www.musclebeach.net
Hier kann man entweder selbst Gewichte stemmen oder den Bodybuildern mit den stahlharten Muskeln die erwartete Aufmerksamkeit zollen.

☒ Sidewalk Café
1401 Ocean Front Walk
Venice, CA 90291
✆ (310) 399-5547
www.thesidewalkcafe.com
Tägl. 8–23 Uhr
Das Essen zieht einen hier nicht unbedingt hin, aber das bunte Treiben auf dem **Ocean Front Walk** von der Terrasse zu beobachten, ist den Besuch auf alle Fälle wert. $–$$

☒ Boa Steakhouse
101 Santa Monica Blvd.
Santa Monica, CA 90401
✆ (310) 899-4466, www.boasteak.com
Lunch tägl. 12–15, Dinner So–Mi 17.30–22.30, Do 17.30–23, Fr/Sa 17.30–23.30, Happy Hour 17–19 Uhr
Hier können Sie die letzten Urlaubs-Dollar in perfekt gebratene Steaks investieren. Das alles in sehr gediegenem Ambiente und zu ebenso gediegenen Preisen. Reservierung dringend empfohlen! $$$–$$$$

☒ Blue Plate Oysterette
1355 Ocean Ave.
Santa Monica, CA 90401
✆ (310) 576-3474
www.blueplatesantamonica.com
Tägl. 11.30–22 Uhr
Lokal für Fischliebhaber, direkt neben dem Boa Steakhouse. Auf der Karte finden sich vor allem Austern, Muscheln und Krustentiere, für Landratten gibt es auch Burger und Hühnchen. $$

🛏️ Sea Shore Motel
2637 Main St., Santa Monica, CA 90405
✆ (310) 392-2787
www.seashoremotel.com
Eine Rarität in Santa Monica – gute Lage, bezahlbar und auch eine Parkmöglichkeit für das Motorrad im Hof. $$$

🛏️☒ The Georgian Hotel
1415 Ocean Ave.
Santa Monica, CA 90401
✆ (310) 395-9945 oder (800) 538-8147
www.georgianhotel.com
Wer sich am Ende der Tour etwas Besonderes gönnen will, der ist in diesem schönen Art-déco-Hotel an der richtigen Adresse. Blick über den Pazifik, Terrasse für einen entspannten Sundowner und Top-Lage. Das alles hat natürlich auch seinen Preis. $$$$

Strandhäuser in Santa Monica

Tour 3
Pacific Coast

Wilde Steilküste, an der sich die Wellen des Pazifiks brechen, lange einsame Sandstrände, kleine Küstenstädte, üppig wuchernder Regenwald und riesige Mammutbäume – das alles hält die »Traumstraße der Welt« für den Reisenden bereit. Wunderschöne kurvige Strecken entlang kristallklarer Flüsse, zerklüfteter Vulkanlandschaften mit tiefblauen Seen und den schneebedeckten Viertausendern der Pacific Range. Das ist der richtige Cocktail für eine perfekte Motorradtour. Als Kontrast zur unberührten Natur liegen mit San Francisco, Portland und Seattle zudem drei der attraktivsten und beliebtesten US-amerikanischen Metropolen auf dem Weg – jede für sich schon eine Reise wert.

Auch wenn die Pacific Coast Tour klimatisch nicht mit den Touren im Südwesten mithalten kann und die Regenkombi immer griffbereit sein sollte, wird das Wetter durch die Vielfalt und Großartigkeit der Natur mehr als wettgemacht. Wer die klassischen Highlights der USA schon kennt, dem sei diese Tour ans Herz gelegt – sie hat durchaus das Zeug zur Lieblingstour.

Route: San Francisco – Point Reyes Station – Mendocino – Fort Bragg – Avenue of the Giants – Humboldt Redwoods State Park – Eureka – Willow Creek – Ashland – Crater Lake National Park – Diamond Lake – Lava Butte – Bend – McKenzie Pass – Detroit – Portland – Mount St. Helens – Mount Rainier – Seattle – Olympic National Park – Forks – Hoh Rain Forest – Lake Quinault – Long Beach – Astoria – Cannon Beach – Newport – Port Orford – Redwood National and State Parks – Fern Canyon – Willow Creek – Lassen Volcanic National Park – Mineral – Gold Country – Napa Valley – Point Reyes Station – Golden Gate – San Francisco

Empfohlene Mindestdauer: 17 Tage
Beste Reisezeit: Juni–September
Meilen/Kilometer insgesamt: ca. 3000/4800

Eine Übersichtskarte mit dem grün eingezeichneten Tourenvorschlag finden Sie in der vorderen Umschlagklappe.

Haystack Rock – Symbolberg der Oregon Coast

1 Traumstraße der Welt
Pacific Coast Highway

1. Tag: San Francisco – Fort Bragg (364 km/226 mi)

km/mi	Route
0	Je nach Übernahmeort der Motorräder; hier beschrieben von **Eagle Rider** in der 8th St. in **San Francisco**: von der Bryant St. auf 9th , dann über Market St., links auf Hayes St. und gleich wieder rechts auf Van Ness Ave./Hwy 101. Dem Verlauf des Hwy. 101 folgen über Lombard St. und Doyle Dr. über die **Golden Gate Bridge** zum
15/9	Vista Point an der Conzelman Rd. (Golden Gate National Recreation Area). Danach über Alexander Ave. nach **Sausalito**. Dort der Hauptstraße bis Downtown folgen und weiter zum Waldo Point Harbor (Rundgang). Weiter auf Hwy. 101 N bis zum nächsten Exit (Hwy. 1/ Mill Valley/Stinson Beach), auf Hwy. 1 nach
42/26	**Stinson Beach**. Weiter auf Hwy. 1, nach etwa 4 Meilen links auf Olema Bolinas Rd. abbiegen für Abstecher nach
53/33	**Bolinas** (Mittagspause).
	Zurück zum Hwy. 1 und diesem bis **Point Reyes Station** folgen, dort links auf Sir Francis Drake Blvd. abbiegen und weiter bis zum
108/67	**Point Reyes Lighthouse** (Besichtigung). Zurück zum Hwy. 1, auf diesem bis
190/118	**Bodega Bay** und weiter über **Fort Ross** und **Mendocino** nach
364/226	**Fort Bragg**.

Jede der drei in diesem Reiseführer beschriebenen Touren startet in San Francisco, zwei enden auch dort. Deshalb haben wir San Francisco ein eigenes Kapitel gewidmet und dieses den Touren vorangestellt (vgl. S. 30 ff.). Hier beschrieben ist der Start von den Vermietstationen von Eagle Rider und Dubbelju (vgl. S. 230), die in unmittelbarer Nähe zum Freeway liegen. Der Weg zum Highway 101 und zur Golden Gate Bridge ist jedoch in ganz San Francisco beschildert und leicht zu finden. Wenn Sie an einem der Motels in der Lombard Street starten, so bringt Sie diese bzw. die weiterführende Hauptstraße auf direktem Wege zur Golden Gate Bridge.

Die Pacific Coast Tour beginnt mit einem Highlight – der Fahrt über die **Golden Gate Bridge**. Ist diese im Grunde auch nichts anderes als eine sechsspurige Autobahn, so jagt einem der Blick auf die Skyline von **San Francisco** oder auf die roten Kabel und Träger der Brücke, die sich oft im Nebel verlieren, einen wohligen Schauer über den Rücken. Bei ihrer Fertigstellung im Jahr 1937 war sie mit knapp 2,8 Kilometern die längste Hängebrücke der Welt, heute belegt sie immerhin noch Rang neun. Auch die 227 Meter hohen Pfeiler und die 2332 Meter langen und 92 Zentimeter dicken Kabel brachen Rekorde. Die orangerote Farbe wählte man übrigens aus einem ganz pragmatischen Grund – um das Bauwerk vor Rost zu schützen, denn es handelt sich um Rostschutzfarbe. Als »tödlichste Brücke der Welt« erlangte die Brücke auch traurige Berühmtheit: Etwa 2000 Verzweifelte stürzten sich bisher in die Tiefe, nur etwa 26 überlebten.

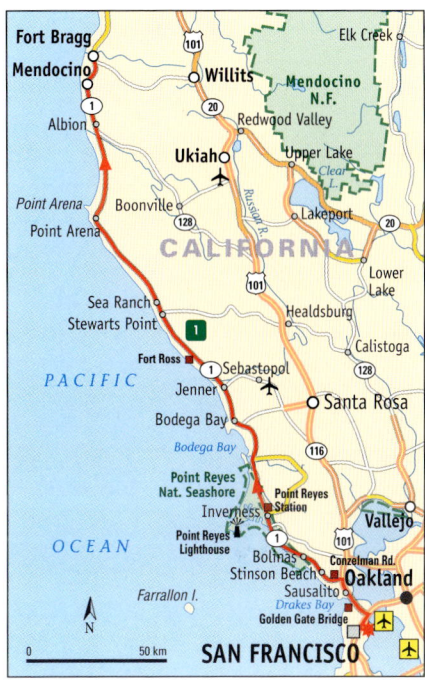

Wenn Sie bei Ihrer Sightseeingtour durch San Francisco noch keinen nebelfreien Blick auf die Golden Gate Bridge erhaschen konnten, das Wetter dies aber nun zulässt, können Sie den Freeway an der ersten Ausfahrt nach der Brücke verlassen, um vom Parkplatz direkt am Brückenende noch einmal zurückzublicken. Wesentlich beeindruckender ist die Aussicht, wenn Sie die zweite Ausfahrt wählen, und die Conzelman Road bergauf bis zum Vista Point an der **Golden Gate National Recreation Area** fahren. Dort breitet sich ein beeindruckendes Panorama der City, der Bay und natürlich auch der Golden Gate Bridge vor Ihnen aus.

Ausrüstung

Für die Pacific Coast Tour sollten Sie sich ähnlich ausrüsten wie für eine sommerliche Alpentour. Extrem heiße Etappen gibt es im pazifischen Nordwesten kaum, dafür müssen Sie immer mal wieder mit Küstennebel und kurzen Regenschauern rechnen. Die grandiose Natur, die traumhaften Motorradstraßen und die erfreulich geringe Wohnmobildichte entschädigen dafür reichlich.

Die Resonanz auf diese Tour war vor allem bei denen, die viel Wert auf Naturerlebnisse legen, immer sehr hoch, auch wenn etwas weniger der bekannten »Super-Highlights« auf der Strecke liegen. Vielmehr führt diese Tour durch wunderschöne Landschaften und sehr häufig über kleine Straßen abseits der Hauptrouten durchs Hinterland. Versäumen Sie auf keinen Fall, an der Küste frischen Fisch und Seafood zu bestellen. Sie werden Ihre Vorurteile über die US-amerikanische Küche über Bord werfen.

Berühmte Hausbootkolonie von Sausalito

Der nächste kleine Abstecher lockt direkt im Anschluss. Das kleine Städtchen **Sausalito** liegt nördlich der Golden Gate Bridge und lädt zu einem Bummel auf der Promenade mit ihren Shops und dem schönen Blick auf die Bay samt Alcatraz und San Francisco ein. Hauptmagnet Sausalitos ist die berühmte Hausbootkolonie, einst fantasievolle Domizile der Beatniks und der Flower-Power-Generation, heute teils skurrile Behausungen der alternativen Szene, teils auch Statussymbol und durchaus luxuriöses Heim erfolgreicher Yuppies.

Kurz hinter Sausalito trennen sich die Highways 101 und 1. Während der Highway 101 als Autobahn ins Landesinnere führt, schlängelt sich der Highway 1 an der wilden Küste entlang und ist die deutlich bessere Wahl für einen schönen Tag auf dem Motorrad. Sein Abschnitt nördlich von San Francisco muss keinen Vergleich mit dem am Big Sur scheuen. Im Gegenteil. Bei ähnlich sehenswerter Natur ist der Verkehr hier deutlich dünner. Verlassen Sie also den Highway 101 südlich von Mill Valley, einer ziemlich exklusiven kleinen Stadt, in der sich zahlreiche Prominente niedergelassen haben. Hier beginnt nun ein Kurvenrausch, der den ganzen Tag über nicht unterbrochen wird.

Bald erreichen Sie **Stinson Beach**, das nur etwa eine halbe Autostunde nördlich von San Francisco liegt und als Naherholungsgebiet bei den Städtern entsprechend beliebt ist. Am Wochenende ein Motelzimmer ohne Reservierung zu bekommen, dürfte ein aussichtsloses Unterfangen sein. Lokale Berühmtheit hat Stinson Beach durch seine auffallend hohe Anzahl an *shark attacks* (Haiattacken) auf Surfer erlangt. Die spektakulärste ereignete sich 2002, als ein knapp fünf Meter langer Weißer Hai angriff.

Kurz hinter Stinson Beach zweigt links die Olema Bolinas Road ab, die Sie nach **Bolinas** bringt, ein kleines und sehr spezielles Städtchen mit etwa 2000 Einwohnern. Die Bewohner von Bolinas haben die Angewohnheit, Wegweiser, die vom Highway 1 zu ihrem Küstenort weisen, sehr schnell wieder abzumontieren, um vom Massentourismus verschont zu bleiben. Das Department of Transportation hat es vor einiger Zeit schlicht aufgegeben, wieder neue Schilder aufzustellen. Der Schuss ging allerdings nach hinten los, Bolinas hat in Kalifornien dadurch so etwas wie Kultstatus erreicht. Dieser Marotte ungeachtet sind Besucher in dem alternativ angehauchten Küstenstädtchen mit seinem netten Café, dem Smiley's Saloon und dem schönen Sandstrand herzlich willkommen.

In der Ortschaft **Point Reyes Station** am Highway 1 bietet sich die Möglichkeit zu einem etwas zeitaufwendigeren Abstecher. Fahren Sie links auf den Sir Francis Drake Drive nach Inverness und folgen Sie den Wegweisern zum Lighthouse. Der Abstieg zum 1870 erstmals entzündeten Leuchtturm führt über gut dreihundert Stufen und bringt auf dem Rückweg den Kreislauf in Schwung. Bei Sturm und hohem Seegang (beides gibt es hier häufig) bietet sich ein beeindruckendes Schauspiel, auch wenn die Stufen hinab dann aus Sicherheitsgründen gesperrt sind. Im Frühjahr haben Sie zudem eine gute Chance, von der Klippe einen Grauwal samt Jungen auf Wanderschaft zurück von Mexiko nach Alaska zu erspähen.

Zurück in Point Reyes stehen Sie übrigens genau auf dem San-Andreas-Graben und am Epizentrum des großen Erdbebens, das San Francisco 1906 in Schutt und Asche legte.

Folgen Sie nun dem Highway 1 weiter entlang der Tomales Bay, die die Point-Reyes-Halbinsel vom Festland trennt. In

Abendstimmung an der Point Reyes National Seashore

Traumhafte Szenerie: die Küste bei Bodega Bay

Bodega Bay spielte Alfred Hitchcocks Meisterwerk »Die Vögel«. Eine Tatsache, die der etwa 1500 Einwohner zählende Ort auch heute noch erfolgreich vermarktet. Die Gebäude im Film waren allerdings allesamt Kulisse, im realen Bodega Bay werden Sie kaum etwas aus dem Streifen wiedererkennen.

Der Highway 1 schlängelt sich weiter zum kleinen Nest Jenner an der Mündung des Russian River und zum **Fort Ross**, einer ehemaligen russischen Pelzhändlerstation (1812–41) und dem letzten verbleibenden Zeugnis russi-

scher Präsenz an der US-amerikanischen Westküste. So stammt der Name wahrscheinlich auch von einer Abkürzung für »Russia«. Seit 1906 befindet sich die ehemalige Dependance der Russisch-Amerikanischen Handelskompanie im Besitz des Staates Kalifornien, der sie unter Denkmalschutz stellte. Der Zahn der Zeit hat ordentlich an den alten Holzgebäuden genagt, das Erdbeben von 1906 tat sein Übriges, und so sind die meisten Gebäude heute originalgetreue Rekonstruktionen. Lediglich das Haus des letzten Kommandanten befindet sich noch im Originalzustand. Mit seinen hölzernen Wachtürmen und Schutzmauern, den Mannschaftsunterkünften und der orthodoxen russischen Kapelle vermittelt die Anlage einen guten Eindruck vom frühen russischen Leben in Kalifornien. Im Visitor Center findet man Antworten auf Fragen zur russisch-amerikanischen Handelsgeschichte und zum Fort Ross.

Ein paar Meilen weiter nördlich passieren Sie das **St. Orres Inn**, dessen Holzkonstruktion mit seinen zwei Zwiebeltürmen den russischen Baustil von Fort Ross aufnimmt, auch wenn das Haus in seiner heutigen Form erst gut 35 Jahre auf dem Buckel hat. Ist der Tag schon fortgeschritten, können Sie die Etappe hier beenden, in ein Cottage oder ein Hotelzimmer einchecken und sich auf ein leckeres Abendessen freuen. Wenn Sie noch weiterfahren, freuen sich stattdessen erst einmal über die weiterhin wilde und nahezu unberührte Steilküste, die immer wieder von Buchten mit kleinen Stränden aufgelockert wird.

In **Point Arena**, etwas südlich des ehemaligen Hippie-Mekkas Mendocino, ist wie in so mancher kleinen Aussteigergemeinde Nordkaliforniens der Marihuana-Anbau eine zwar illegale, aber auch die größte Einnahmequelle, noch vor dem Tourismus. *Non-tax-paying industry* heißt das hier.

Unbedingt eine Pause einlegen sollten Sie in **Mendocino**, dem Ort, der in den 1960er-Jahren in Deutschland durch den gleichnamigen Schlager berühmt wurde und damals wie ein Magnet auf Hippies aus ganz Kalifornien wirkte. Heute sind hier viele Künstler zu Hause, man gibt sich alternativ und umweltbewusst, und der verbeulte Volvo mit den »Love & Peace«-Aufklebern wird langsam vom japanischen Hybridfahrzeug von so mancher Garagenauffahrt vertrieben. Die bunten viktorianischen Holzhäuschen mit ihren blühenden Gärten bieten ein ausgesprochen idyllisches Bild, und die traumhafte Lage auf der Halbinsel tut ihr Übriges, um die Immobilienpreise in Mendocino in schwindelerregende Höhen zu treiben.

Von Mendocino ist es nur noch ein Katzensprung zu Ihrem Etappenziel nach **Fort Bragg**. Natürlich ist es auch möglich, in Mendocino zu übernachten, aber die Auswahl ist geringer, die Preise dafür höher. Mit gut 7000 Einwohnern ist Fort Bragg die größte Stadt an der Küste zwischen San Francisco und Eureka. Früher spielten hier die Holzfäller und Fischer die erste Geige, heute ist der Tourismus die Haupteinnahmequelle der Stadt. Am Nordende von Fort Bragg an der Elm Street finden Sie den **Glass Beach**, ein Stückchen Strand, das so nicht von Mutter Natur geschaffen wurde, sondern größtenteils aus bunten, rund geschliffenen Glasscherben besteht. Bis in die 1960er-Jahre hinein warfen die Bewohner hier ihre Haushaltsabfälle und allen möglichen sonstigen Müll die Klippen hinunter, unter anderem viel Glas und Porzellan, das im Laufe der Jahre vom Ozean glattgeschliffen wurde. Fort Bragg bietet kulinarisch für jeden Geschmack etwas – die North Coast Brewing Company neben solidem Essen zudem eine große Auswahl an selbst gebrauten Bieren.

Typisches Holzhaus und Blumengarten in Mendocino

229

1 Service & Tipps

Eagle Rider San Francisco
488 8th St.
San Francisco, CA 94103
℡ (415) 503-1900 oder (888) 390-6400
Fax (415) 503-1901
www.eaglerider.com, tägl. 9–17 Uhr
Bewährter Motorradvermieter.

Dubbelju Motorcycle Rentals
689 A Bryant St.
San Francisco, CA 94107
℡ (415) 495-2774 oder (866) 495-2774
Fax (415) 495-2803
www.dubbelju.com
Mo–Sa 9–16 Uhr
Alternativen zur Harley gibt es bei Wolfgang Taft von Dubbelju – auch so manchen »Exoten«. Man spricht deutsch.

Golden Gate Bridge
℡ 511 (kostenfrei) oder (415) 455-2000 (Hilfe und Info in über 150 Sprachen)
www.goldengate.org
Maut: Auto $ 6, Motorrad $ 3 (stadteinwärts mautpflichtig)

Die Kapelle von Fort Ross

Die Fahrt mit dem Motorrad über die wohl berühmteste Brücke der Welt ist ein ganz besonderes Erlebnis mit Gänsehaut-Potenzial.

Sausalito Chamber of Commerce
℡ (415) 331-7262, www.sausalito.org

Sausalito Visitor Center
℡ (415) 332-0505

Point Reyes National Seashore
1 Bear Valley Rd.
Point Reyes Station, CA 94956
℡ (415) 464-5100
www.nps.gov/pore
Ganzjährig von Sonnenaufgang bis -untergang geöffnet
Bear Valley Visitor Center: Mo–Fr 9–17, Sa/So 8–17 Uhr
Lighthouse Visitor Center: tägl. 10–16.30 Uhr
Treppen zum Lighthouse und Ausstellung: Do–Mo 10–16.30 Uhr, Eintritt frei
Die Küste bei Point Reyes gehört zu den schönsten in Kalifornien. 308 Stufen führen zum **Leuchtturm**, der wegen des häufigen Nebels nicht etwa am höchsten, sondern an einem möglichst tiefen Punkt gebaut wurde. Bei starkem Wind (ab 40 mi/Std.) wird die Treppe gesperrt. Der Sir Francis Drake Boulevard ist während der Hauptsaison fürs **Whale Watching** (Ende Dez.–April) gesperrt, die Benutzung des Shuttlebusses ist dann obligatorisch ($ 5).

Bodega Bay Chamber of Commerce
℡ (707) 875-3866
www.bodegabay.com

Fort Ross State Historic Park
19005 Coast Hwy. 1, Jenner, CA 95450
℡ (707) 847-3286
www.fortrossstatepark.org
Tägl. 30 Min. vor Sonnenaufgang bis 30 Min.

Unberührte Küste in den Mendocino Headlands

nach Sonnenuntergang
Visitor Center tägl. 10–16.30 Uhr
Eintritt $ 8 pro Fahrzeug
Etwas deplatziert mutet das russische Fort mit seinen hölzernen Festungsanlagen und den Zwiebeltürmen der orthodoxen Kapelle an der US-amerikanischen Westküste an. Fort Ross war eine Niederlassung der Pelzhändler der Russisch-Amerikanischen Handelskompanie.

⊙✕⊨ St. Orres Inn

36601 Pacific Coast Highway 1
Gualala, CA 95445
℡ (707) 884-3303 (Lodging) oder
(707) 884-3335 (Restaurant)
www.saintorres.com
Auffälliges Holzhaus im russischen Stil mit Zwiebeltürmen. Im Hauptgebäude gibt es neben dem Restaurant ($$$) ein paar Hotelzimmer, auf dem Grundstück verstreut liegen diverse Cottages von einfach bis gediegen. $$–$$$$

ℹ Visit Menodocino County

120 S. Franklin St.
Fort Bragg, CA 95437
℡ (707) 462-7417 oder
(866) 466-3636
www.visitmendocino.com

ℹ Fort Bragg Visitor Information

416 N. Franklin St.
Fort Bragg, CA 95437
www.fortbragg.com

✕◧ North Coast Brewing Company

455 N. Main St.
Fort Bragg, CA 95437
℡ (707) 964-2739
www.northcoastbrewing.com
Neben handfestem Essen ($$) kann man hier vor allem den Durst mit zahlreichen selbst gebrauten Biersorten stillen. Am Morgen danach gibt es das nötige Frühstück; die hübschen Bieretiketten für den Enthusiasten auch auf T-Shirts. ✾

2 Auf der Straße der Giganten
Redwoods von Nordkalifornien

2. Tag: Fort Bragg – Eureka (235 km/146 mi)

km/mi	Route
0	Von **Fort Bragg** auf Hwy. 1 nach
69/43	**Leggett**. Eventuell Fahrt durch den **Chandelier Tree**, links auf Hwy. 101 N nach
106/66	**Garberville** (kurze Pause) und weiter auf Hwy. 101 N bis zur Abzweigung der **Avenue of the Giants** (State Route 254), auf dieser zum
145/90	**Humboldt Redwoods State Park** (Visitor Center, Rundgang bzw. Wanderung).
	Weiter entlang der Avenue of the Giants, die wieder in den Hwy. 101 N mündet. Hinter Fortuna links auf Hwy. 211 S, Abstecher nach
204/127	**Ferndale** (Pause und Rundgang). Danach zurück zu Hwy. 101 und auf diesem bis nach
235/146	**Eureka**.

Auf der »Traumstraße der Welt«

Kurz hinter **Fort Bragg** passieren Sie auf dem Highway 1 Richtung Norden die kleine Randy-Fry-Gedenkstätte, die an den passionierten Taucher und Hochseeangler Fry erinnert, der in Fort Bragg zu Hause war und 2004 von einem Great White (Weißen Hai) angegriffen und augenblicklich getötet wurde. Die Kunde von Haiattacken verbreitet sich jedes Mal wie ein Lauffeuer an der Westküste der USA und versetzt Hunderttausende in Angst und Schrecken. Wenn man aber bedenkt, dass der unglückliche Mr. Fry das bisher zehnte Todesopfer an der gesamten kalifornischen Küste ist, so kann man den Sprung ins kühle Nass doch einigermaßen beruhigt wagen.

Genießen Sie die nächsten 30 Meilen, denn danach heißt es erst einmal, Abschied nehmen vom Pazifik und vom

Highway 1. Er verliert aber auf seinem Weg durch die Küstenberge nach Legett nichts von seiner Schönheit und bietet auch auf den letzten Kilometern Motorradspaß pur. In **Legett** schließlich, an der Kreuzung mit dem Highway 101, endet der Highway 1, der seinen Anfang im Orange County südlich von Los Angeles nimmt. Der Ort ist bekannt als Heimat des Drive-Thru Tree Park. Denn hier haben Sie die Möglichkeit, durch den ausgehöhlten Stamm des **Chandelier Tree** zu fahren. Der Tunnel wurde Anfang der 1930er-Jahre in den Mammutbaum gesägt. Um dort hinzukommen, biegen Sie kurz vor dem Highway 101 rechts auf den Highway 271, der Sie dann zur unübersehbaren Drive-Thru Tree Road bringt. Wenn Sie das auslassen möchten, biegen Sie stattdessen an der T-Kreuzung links auf den Highway 101, der hier Redwood Highway heißt und entlang des Eel River durch die Redwoods nach Garberville führt.

Garberville wurde 1853 unter dem Namen Dogtown gegründet, ein Name, der dem Zustand der Pioniere nach den Gründungsbauarbeiten geschuldet war; sie waren nämlich *dog-tired*, sprich hundemüde. Heute profitiert das Städtchen touristisch von seiner Nähe zum Humboldt Redwoods State Park und von rund 300 Sonnentagen im Jahr. Das Klima ist nicht zuletzt mitverantwortlich dafür, dass Garberville zu einem Zentrum des Marihuana-Anbaus geworden ist. Früher waren die Wälder rund um den Ort Schauplatz regelrechter Kriege zwischen Cannabis-Farmern und Gesetzeshütern. Seit den 1990er-Jahren hat sich die Situation aber entspannt, einerseits durch eine etwas liberalere Auslegung des Gesetzes, andererseits durch die teilweise Legalisierung des Anbaus zu medizinischen Zwecken.

Nördlich von Garberville beginnt ein veritabler Märchenwald. Lassen Sie sich ausgiebig Zeit für die **Avenue of**

Umweltsünde vergangener Tage: Tunnel im Chandelier Tree

233

the Giants (gemeint sind die riesigen Redwood-Bäume), die vom nun autobahnähnlich ausgebauten Highway 101 abzweigt und gut 30 Meilen durch die Redwoods nach Scotia führt. Die Avenue of the Giants verläuft auf der Fahrbahn des alten Highway 101, die größere Ausbaustrecke wurde erst in den 1960er-Jahren fertiggestellt.

Auf dem Weg liegen mehrere Redwood-Haine des **Humboldt Redwoods State Park**. Am meisten beeindrucken der Rockefeller Forest und der Founder's Grove durch die unglaubliche Größe der Bäume – zumindest einer der beiden ist hier ein touristisches Muss. Founder's Grove, das man auf dem gleichnamigen, 0,6 Meilen langen Nature Loop Trail durchstreifen kann, mag der etwas imposantere sein, dafür stört auf dem 0,7 Meilen langen Loop Trail des Rockefeller Forest kein Verkehrslärm. Beide Haine befinden sich nördlich der Park Headquarters und des kleinen Städtchens Weott.

Die Lichtverhältnisse auf der Avenue of the Giants können etwas anstrengend sein, man weiß nie, ob man die Sonnenbrille auf- oder absetzen soll. Die Bäume sind hoch und stehen dicht, im Wald ist es entsprechend dunkel, und auf Lichtungen, oder wenn die Bäume weniger eng stehen, präsentiert die kalifornische Sonne ihre Kraft und sorgt für eine irritierende Lightshow.

Die Siedlung **Scotia** war bis vor Kurzem eine sogenannte *company town* – die letzte in Kalifornien: Die Stadt gehörte mitsamt Kino, Touristeninformation und Supermarkt der Pacific Lumber Company, und so konnten sich im Ort nur bei der Company Beschäftigte und deren Angehörige niederlassen – war das Unternehmen doch der einzige Vermieter. 2008 meldete Pacific Lumber Konkurs an; die Stadt wird nun peu à peu an Privatpersonen und Investoren verhökert.

Auf der anderen Seite des Flusses liegt das Städtchen Rio Dell. Folgen Sie von dort dem Highway 101 weiter durch Fortuna und versäumen Sie nicht, kurz hinter der Stadt links den Highway 211 nach Ferndale zu nehmen. Auf dem

Gefallener Riese im Redwood Forest

Weg dorthin werden die Wälder lichter und die Baumriesen bald von fruchtbarem Weideland abgelöst.

Ferndale ist dank seiner original erhaltenen viktorianischen Häuser ein Städtchen wie aus dem Bilderbuch. Die Stadtväter besaßen die nötige Weitsicht, sowohl übertriebene Renovierungen als auch unpassende Neubauten zu unterbinden. Überregional bekannt ist Ferndale wegen des Kinetic Grand Championship, bis vor einigen Jahren bekannt als Kinetic Sculpture Race, das hier seit 1969 alljährlich am Memorial Day Weekend im Mai stattfindet. Das Rennen wird bestritten von bizarren, lustigen, kunstvoll zusammengebauten Fahrzeugen. Einzige Vorgabe ist, dass die Vehikel mit Muskelkraft bewegt werden – egal ob im Wasser, auf dem Land oder in der Luft. Viele der Fahrzeuge werden von Künstlern gestaltet; wenn Sie also zufällig am letzten Maiwochenende hier sind, lassen Sie sich das Schauspiel nicht entgehen. In Ferndale verstecken sich auch einige kleine Motels und Bed & Breakfasts hinter den viktorianischen Fassaden.

Die letzten Meilen bis zum Etappenziel folgt man wieder dem Highway 101 Richtung Norden, vorbei an Loleta, bei Kaliforniern bekannt wegen der **Loleta Organic Cheese Factory**, die ganz nach amerikanischem Geschmack bei der Käseherstellung auf alles verzichtet, was einen käsetypischen Geruch verströmen könnte, für europäische Gaumen daher nicht ganz so aufregend sein dürfte. Dafür ist alles bio und man kann die fast 40 Käsesorten probieren.

Entlang der Humboldt Bay geht es schließlich in die mit knapp 50 000 Einwohnern bei Weitem größte Stadt der kalifornischen Nordküste – **Eureka**. Die hier üblicherweise herrschenden Temperaturen entsprechen so gar nicht dem Klima, das man sich als Europäer für

Viktorianisches Meisterwerk: die Carson Mansion in Eureka

Kalifornien vorstellt. Die durchschnittlichen Höchsttemperaturen liegen das ganze Jahr über zwischen zehn und 18 Grad Celsius. Ursprünglich als Versorgungszentrum für die Goldgräber der umliegenden Berge gegründet, verlegte sich Eureka schon bald auf die Holzverarbeitung und Fischerei, beides auch heute noch die wichtigsten Wirtschaftszweige, die durch Überfischung und Kahlschlag allerdings vor einigen Problemen stehen.

Einen Besuch ist die Altstadt von Eureka wert. Sie ist zwar nicht so sensationell, wie es die Prospekte in den Motels gern vermitteln, aber für einen Spaziergang, einen Einkaufsbummel, einen guten Cappuccino in einem der hübschen Cafés oder ein leckeres Dinner sind Sie hier genau richtig. Sehenswert ist die alte **Carson Mansion** in der M Street, ein beeindruckendes Beispiel viktorianischer Architektur, das Sie allerdings nur aus der Ferne besichtigen können – seit 1950 hat hier der private Ingomar Club sein Domizil. Dessen ungeachtet ist die Mansion eines der am meisten fotografierten viktorianischen Gebäude der USA.

235

2 Service & Tipps

👁 Chandelier Tree/Drive-Thru Tree
67402 Drive Thru Tree Rd.
Leggett, CA 95585
☎ (707) 925-6363
www.drivethrutree.com
Tägl. von Sonnenauf- bis Sonnenuntergang
Eintritt $ 3
Der Stamm des gewaltigen Küsten-Redwood
wurde in den 1930er-Jahren ausgehöhlt und
ist seitdem eine Touristenattraktion.

ℹ Garberville Chamber of Commerce
☎ (800) 923-2613
http://garberville.org

🗐 One Log House
705 US Hwy. 101
Garberville, CA 95542
☎ (707) 247-3717
www.oneloghouse.com
Wie schon der Name verrät, wurde im ausgehöhlten Baumstamm eines über 2000 Jahre
alten Redwood eine komplette Wohnung
untergebracht. Gute Gelegenheit für eine
Kaffeepause.

👁 Avenue of the Giants
Parallel zum Hwy. 101
http://avenueofthegiants.net
Eintritt frei
30 berühmte Meilen entlang des alten
Streckenverlaufs des Hwy. 101 – ein echter
scenic drive. Auf alle Fälle dem neuen, parallel verlaufenden Hwy. 101 vorzuziehen. Die
Strecke beginnt hinter Garberville und hört

*Licht- und Schattenspiele auf der Avenue
of the Giants*

kurz vor Scotia wieder auf. Nach Möglichkeit nicht nur durchfahren, sondern diverse
kleine Wanderungen (Rockefeller Forest,
Founder's Grove) zu den Baumriesen ein-
schieben.

🏛 Humboldt Redwoods State Park
17119 Avenue of the Giants
Weott, CA 95571
☎ (707) 946-2409 und (707) 946-2263
www.parks.ca.gov/?page_id=425
http://humboldtredwoods.org
Ganzjährig geöffnet
Visitor Center April–Okt. 9–17, Nov.–März
10–16 Uhr
Eintritt frei (außer Williams Grove Day Use
Area: $ 8)
Das Visitor Center befindet sich an der
Avenue of the Giants zwischen Weott und
Myers Flat. Hier befinden sich majestätische
alte Redwood-Haine, mit dem Rockefeller
Forest sogar der größte zusammenhängen-
de mit solch alten Bäumen weltweit. Durch-
zogen wird der Park von dem märchenhaften
Highway und von einem insgesamt hundert
Meilen langen Wanderwegenetz.

ℹ Scotia Company Town LLC
☎ (707) 764-5063
www.townofscotia.com

ℹ Ferndale Chamber of Commerce
☎ (707) 786-4477
www.victorianferndale.com

🚴 Kinetic Grand Championship
Ferndale
http://kineticgrandchampionship.com
Dreitägiges Rennen am Memorial-Day-
Wochenende über 42 Meilen auf Straßen, im

Zuckerbäcker-Architektur in Ferndale

Sand, im Schlamm und im Wasser mit selbst gebauten Fahrzeugen aller Art. Den sogenannten Triathlon der Kunstwelt gibt es seit 1969 und wurde unter dem Namen Kinetic Sculpture Race bekannt.

📖 Loleta Organic Cheese Company
252 Loleta Dr.
Loleta, CA 95551
✆ (707) 733-5470 oder (800) 995-0453
www.loletacheese.com
Tägl. 9–17 Uhr
1982 von Bob and Carol Laffranchi gegründete Käserei. Hier können Sie die knapp 40 im Hause hergestellten Käsesorten testen.

ℹ Eureka Chamber of Commerce
✆ (707) 442-3738 oder (800) 356-6381
www.eurekachamber.com

⊛ Carson Mansion/Ingomar Club
143 M St.
Eureka, CA 95501
✆ (707) 443-5665

www.ingomar.org
Auch wenn das Herrenhaus von 1885 für Besucher geschlossen bleibt, lohnt sich ein kurzer Abstecher in die M Street. Die Carson Mansion diente als Vorbild für so manche typische viktorianische Villa von Disneyland bis zur Filmkulisse und gehört zu den am meisten fotografierten Gebäuden dieser Epoche der USA.

🍷✕ Lost Coast Brewerie & Café
617 4th St.
Eureka, CA 95501
✆ (707) 445-4480
www.lostcoast.com
So–Do 11–22, Fr/Sa 11–23, Happy Hour 16–18 Uhr
Der richtige Platz für müde Biker, um sich die vom Staub der Straße ausgetrocknete Kehle mit einem der preisgekrönten, selbst gebrauten Biere zu befeuchten. Wer kein Kneipenessen mag, stillt seinen Hunger besser woanders.
$–$$ 🌵

Big Lagoon in Nordkalifornien

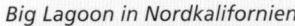

3 Unbekanntes Motorradparadies

Im Kurvenrausch nach Oregon

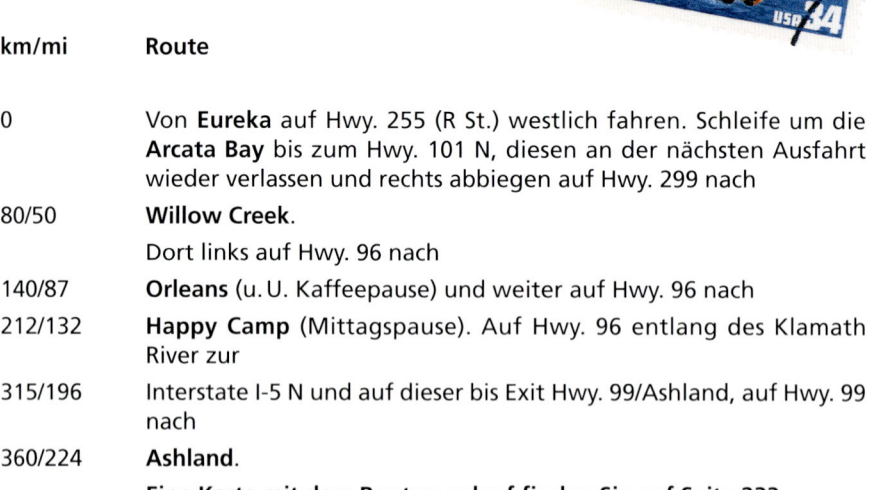

3. Tag: Eureka – Ashland (360 km/224 mi)

km/mi	Route
0	Von **Eureka** auf Hwy. 255 (R St.) westlich fahren. Schleife um die **Arcata Bay** bis zum Hwy. 101 N, diesen an der nächsten Ausfahrt wieder verlassen und rechts abbiegen auf Hwy. 299 nach
80/50	**Willow Creek.** Dort links auf Hwy. 96 nach
140/87	**Orleans** (u. U. Kaffeepause) und weiter auf Hwy. 96 nach
212/132	**Happy Camp** (Mittagspause). Auf Hwy. 96 entlang des Klamath River zur
315/196	Interstate I-5 N und auf dieser bis Exit Hwy. 99/Ashland, auf Hwy. 99 nach
360/224	**Ashland.**

Eine Karte mit dem Routenverlauf finden Sie auf Seite 233.

Prachtexemplar gegenüber der Carson Mansion: die »Pink Lady« in Eureka

Das erste Ziel, nachdem Sie die Motoren in **Eureka** gestartet haben, heißt Arcata. Wer den vierspurigen Highway 101 dorthin meiden will, der fährt die kleine Schleife auf dem Highway 255 um die Arcata Bay und fädelt sich erst in Arcata für ein kurzes Stück in den Autobahnverkehr ein. **Arcata** gilt in Kalifornien als ausgesprochen liberale Stadt. Die Stadtväter lehnten beispielsweise den Patriot Act, ein Bundesgesetz, das zum Zweck der Terrorismusbekämpfung die Bürgerrechte drastisch beschneidet, als verfassungswidrig ab und untersagten eine Zusammenarbeit mit CIA und FBI, solange diese nicht verfassungskonform arbeiteten. Außerdem begrenzte Arcata die Zahl der Restaurantketten im Stadtbereich und verbot als erster Ort in den USA den Anbau von gen-

150 Meilen Motorradspaß auf dem Highway 96 entlang des Klamath River

technisch veränderten Organismen. Die Mehrheit der Stadträte, und das ist in den USA einzigartig, war 2004 und 2006 Mitglied der kleinen Green Party. Ein Grund für die Liberalität und Fortschrittlichkeit mag sein, dass ein gutes Drittel der Bevölkerung an der progressiven Humboldt State University immatrikuliert ist und als Bürgermeister und Stadträte auch schon Studenten gewählt wurden.

Verlassen Sie kurz hinter Arcata den Highway 101 und folgen Sie dem Highway 299 Richtung Osten. Bei der Ortschaft Blue Lake wird die Straße endlich schmaler – Sie finden sich schlagartig im Motorradwunderland wieder. Und das wird eine ganze Weile so bleiben. Nach knapp 40 Meilen auf diesem Highway taucht **Willow Creek** am Trinity River auf, das ausgesprochen beliebt bei Kajakfahrern, Anglern und sonstigen Outdoor-Freunden ist.

Im Ortszentrum grüßt die Statue eines Bigfoot, eines legendären, behaarten und großfüßigen Wesens, das angeblich immer wieder in den Bergen der USA und Kanadas, wo es allerdings Sasquatch heißt, sein Unwesen treibt und eben große Fußabdrücke hinterlässt. Besonders häufig wird rund um Willow Creek von der Sichtung des Fabelwesens berichtet. Der Bigfoot ist wohl ein entfernter Verwandter des Yeti und des Wolpertinger. Das Willow Creek – China Flat Museum widmet ihm eine Ausstellung.

Biegen Sie in Willow Creek links auf den Highway 96. Dort erwarten Sie einige der besten Motorradkilometer, die Kalifornien und der gesamte Westen zu bieten haben. Die Straße folgt dem Klamath River auf knapp 150 Meilen ohne Ampel und so gut wie ohne Verkehr. Im Gegenzug hat der Highway unzählige Kurven, endlose Wälder sowie kristallklare Bäche und Flüsse zu bieten. Die wenigen Ortschaften, die am Weg liegen, sind kaum der Rede wert. Wenn sich eine der seltenen Gelegenheiten zu einem Kaffee oder zum Tanken bieten, packen Sie sie beim Schopf, die nächste könnte auf sich warten lassen.

Bei Weitchpec fließt der Trinity River in den Klamath River. Auf dieser Etappe werden einem die Vorteile, die NorCal

Treuer Begleiter: der Klamath River

(Northern California) gegenüber SoCal (Southern California) bietet, besonders deutlich. Zwar ist es hier kühler, der Pazifik ist gar saukalt, und auch Albert Hammonds bekanntes Lied heißt nicht umsonst »It never rains in Southern California«. Dafür ist die Natur hier noch so gut wie unberührt und das Land ist nicht zersiedelt. Im Gegenteil, es wünschte sich vielleicht so manch ein Einheimischer, der nächste Nachbar würde nicht ganz so weit weg wohnen. Die Menschen sind freundlich und gelassener als in der hektischen Plastikwelt der Greater Los Angeles Area.

Auf dem gesamten Highway 96 lassen sich keine touristischen Highlights hervorheben, aber dennoch ist es sehr wahrscheinlich, dass er bei Ihnen einen bleibenden Eindruck hinterlassen wird und Sie sich noch so manches Mal bei einer heimischen Motorradtour im Wochenendverkehr wehmütig hierher zurücksehnen werden.

Beim kleinen Ort mit dem einladenden Namen **Happy Camp** wird nach gut hundert Kilometern »Wildnis« die Infrastruktur etwas dichter. Nach dem Ende dieses Kurvenrauschs verschmerzen Sie es sicher, wenn Sie mangels Alternative die letzten Meilen des Tages auf der Interstate 5 hinter sich bringen müssen. Die überschreitet am **Oregon Pass** die Grenze zwischen Kalifornien und Oregon.

Noch etwa 15 Meilen, und Sie haben die sehr angenehme Kleinstadt **Ashland**, und somit das heutige Etappenziel, erreicht. Mit etwa 20 000 Einwohnern ist die Stadt aber dennoch um einiges größer als jede Ortschaft, die Sie heute gesehen haben. Ashland ist im ganzen Land wegen des Oregon Shakespeare Festival bekannt, das jährlich über 100 000 Besucher anlockt. Dementsprechend groß ist die Auswahl an Restaurants und Übernachtungsmöglichkeiten. Sehr zentral ist das Best Western Bard's Inn gelegen. Von dort aus können Sie das überschaubare Stadtzentrum problemlos zu Fuß erkunden.

3 Service & Tipps

ℹ️ **Willow Creek Chamber of Commerce**
📞 (530) 629-2693 oder (800) 628-5156
www.willowcreekchamber.com

🏛️ **Willow Creek – China Flat Museum**
38949 California Hwy. 299
Willow Creek, CA 95573
📞 (530) 629-2653
http://bigfootcountry.net
Mai–Sept. Mi–So 10–16, Okt. Fr–So 12–16
Uhr, Nov.–April nur nach Vereinbarung
Eintritt frei
Neben der üblichen Ausstellung zur Pioniergeschichte der Region dreht sich hier natürlich alles um den legendären Bigfoot.

ℹ️ **Ashland Chamber of Commerce**
📞 (541) 482-3486
www.ashlandchamber.com

🎭 **Oregon Shakespeare Festival**
Ashland, OR 97520
Tickets 📞 (541) 482-4331

www.osfashland.org
Das bekannte Festival führt während der
Spielzeit zwischen Februar und Oktober elf
Stücke auf drei Bühnen auf.

❌ **Greenleaf Restaurant**
49 N. Main St.
Ashland, OR 97520
📞 (541) 482-2808
www.greenleafrestaurant.com
Tägl. 8–20 Uhr
Eines von zahlreichen Restaurants in
Ashlands Main Street, und nicht das schlechteste. Zeitgenössische Küche mit großer Auswahl auch an Vegetarischem. Wer will, kann
im Freien essen. $$

🛏️ **Best Western Bard's Inn**
132 N. Main St.
Ashland, OR 97520
📞 (541) 482 0049
www.bestwestern.com
Nicht gerade ein Schnäppchen, aber guter
Best-Western-Standard in fußläufiger Nähe
zum Zentrum.
$$$ ❄️

»Elizabethan Stage« ist eine der Bühnen des Oregon Shakespeare Festivals in Ashland

4 The Deep Blue
Crater Lake National Park

4. Tag: Ashland – Diamond Lake (240 km/149 mi)

km/mi	Route
0	Von **Ashland** auf Hwy. 99 N nach **Medford**, dort rechts auf Hwy. 62 (Crater Lake Hwy.) über Eagle Point nach
56/35	**Shady Cove**. Weiter auf Hwy. 62 vorbei am **Lost Creek Lake** nach **Prospect** und von dort zum
92/57	Trailhead der **Barr** und **Mill Creek Falls** (Spaziergang) fahren. Danach auf Hwy. 62 zum
111/69	**Union Creek Resort** (evtl. Lunch- oder zweite Frühstückspause in Beckie's Café). Weiter auf Hwy. 62 bis zur
138/86	Munson Valley Rd. (Eingangsstation **Crater Lake National Park**), diese links zum **Crater Lake** (Rim Village). Auf dem Rim Drive einmal im Uhrzeigersinn um den See zur
196/122	**Crater Lake Lodge** (Rim Village), dann Crater Lake Hwy. N (zum zweiten Mal, ist Teil des Rim Drive) und Hwy. 138 zum
240/149	**Diamond Lake Resort**.

Der Crater Lake ist der tiefste See der USA

Folgen Sie von **Ashland** entweder der Interstate 5 oder, wenn Sie den Autobahnverkehr umgehen wollen, dem mehr oder weniger parallel verlaufenden Highway 99 15 Meilen bis Medford. Die Stadt, 1880 als Middle Fort gegründet, hat heute 75 000 Einwohner, ist somit die größte Stadt im südlichen Oregon. Biegen Sie in Medford auf den Crater Lake Highway (Hwy. 62). Dieser führt Sie durch Eagle Point Richtung Norden nach **Shady Cove** am Rouge River. Sollten Sie Petrijünger sein, so sind Sie hier auf der Suche nach Regenbogenforelle und Lachs goldrichtig. Aber auch allen anderen bieten der Fluss und die dichten Wälder eine schöne Szenerie. Kurz nach Shady Cove lädt der **Lost Creek Lake** zu einem Sprung ins ziemlich frische Nass.

Einen Besuch sind auch die benachbarten **Barr Creek Falls** und **Mill Creek Falls** wert. Beide Wasserfälle erreicht man leicht nach einem kleinen Spaziergang vom Trailhead (Ausgangspunkt) direkt südlich der kleinen Ortschaft Prospect. Das historische Prospect Hotel bietet Essen und Unterkunft in stilvollem Ambiente, für beides dürfte es auf Ihrer Etappe aber noch zu früh sein.

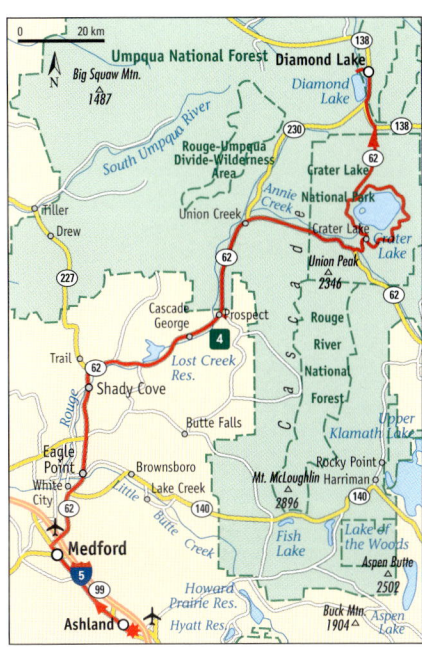

Weiter geht es durch die endlosen Wälder Oregons zum **Union Creek Resort**. Hier ist die letzte Möglichkeit vor dem Crater Lake National Park, Hunger und Durst zu stillen. Verhungern müssen Sie auch im Park nicht, aber Beckie's Café verspricht eine deutlich ruhigere

Der malerische Diamond Lake

Pause als die Crater Lake Lodge, die mit ihrer Lage punktet, deshalb das Ziel der meisten hungrigen Touristen ist.

Der **Crater Lake** ist der mit Regen- und Schmelzwasser gefüllte Krater des Vulkans Mount Mazama, der bei einem heftigen Ausbruch vor etwa 7000 Jahren entstanden ist. Von den Klamath-Indianern ist folgende Legende über die Entstehung des Sees überliefert: Llao, Häuptling der Unterwelt, und sein Gegenspieler Skell aus der Oberwelt bekamen sich aufgrund Llaos zurückgewiesener Liebe zu einer Häuptlingstochter in die Haare. Der Streit eskalierte und gipfelte in der Zerstörung von Llaos Heim, dem Mount Mazama. Übrig geblieben ist der Crater Lake.

Der See ist mit knapp 600 Metern übrigens der tiefste See der USA, der siebttiefste weltweit und sogar der tiefste, dessen gesamtes Becken über Meereshöhe liegt. Das Wasser, das sich durch Regen, Schneeschmelze – mit etwa 13 Metern Schneefall pro Jahr gehört der Crater Lake zu den schneereichsten Gebieten der USA – und Verdunstung etwa alle 250 Jahre auswechselt, ist kristallklar und unglaublich blau. Der Versuch, das tiefe Blau des Sees bei Sonnenschein auf Foto oder Video einzufangen, scheitert. Jedes Foto ist nur eine schwache Kopie der Schönheit dieses Sees.

Das Wasser ist tatsächlich so sauber und klar, dass auch Gegenstände, die sich 30 Meter unter der Wasseroberfläche befinden, mit bloßem Auge sichtbar sind. Die meiste Zeit des Jahres liegt rund um den Crater Lake sehr viel Schnee, wobei der See selbst kaum zufriert. Die riesige Wassermenge wärmt sich im Sommer so weit auf, dass der Frost kaum eine Chance hat.

Der **Scenic Drive** (Rim Drive) um den See wird wegen der Schneemenge manchmal erst im Juli geöffnet, und auch die nördliche Zufahrt bleibt oft bis in den Juni hinein gesperrt. Ist der Rim Drive für den Verkehr freigegeben, machen Sie sich auf die etwa 50 Kilometer lange Schleife; die vielen Aussichtspunkte eröffnen Ihnen eindrucksvolle Ausblicke über den tiefblauen See, an dem man sich nicht sattsehen kann, und über Wizard Island. Die kleine Insel kam durch ihre Ähnlichkeit mit einem spitzen Zauberhut zu ihrem Namen. Eine zweite winzige Insel trägt wegen ihrer bootsähnlichen Form den passenden Namen Phantom Ship und taugt ebenfalls bestens als Fotomotiv. Gesäumt wird der Vulkankrater von steilen Klippen, in der Ferne ragen die Gipfel der Cascade Mountains in den Himmel. Einer der markantesten gehört Mount Thielsen, der eine matterhornähnliche Form aufweist.

Lassen Sie sich ausgiebig Zeit für die Besichtigung des Sees und den Besuch des Visitor Centers, bevor Sie den Nationalpark am Nordausgang verlassen. Sie haben nur noch wenige Meilen zum malerischen, wenn auch weit weniger aufregenden **Diamond Lake** vor sich.

Das Diamond Lake Resort bietet Cabins und Motelzimmer direkt am See, eingerahmt vom Mount Bailey und dem Mount Thielsen. Auch hier empfiehlt sich eine Reservierung, denn die Lodge ist häufig ausgebucht. Die Zimmer hätten beim letzten Besuch jedoch etwas mehr Zuwendung vertragen können.

4 Service & Tipps

ℹ **Medford Visitor Information Center**
✆ (800) 469-6307
www.visitmedford.org

ℹ **Shady Cove-Upper Rogue Chamber Visitors & Convention Bureau**
21800 Crater Lake Hwy. 62 (nahe der Brücke)
Shady Cove, OR 97539
✆ (541) 878-2404
www.shadycoveupperrogue.org

⚏☒ **Lost Creek Lake**
35211 Hwy. 62 , Trail, OR 97541
✆ (541) 560-3646, www.lostcreeklake.com
Im Herzen der Cascade Mountains, entlang des Hwy. 62, zieht dieses Reservoir vor allem Wassersportfreunde und Angler an. Auch für das leibliche Wohl wird im Marina-Restaurant typisch amerikanisch mit Burgern und Co. gesorgt. $–$$

◉ **Barr Creek Falls & Mill Creek Falls**
In Prospect führt die Mill Creek Road zum Mill Creek Trailhead (Wanderstartpunkt). Von dort geht es eine halbe Meile zu Fuß bis zum Ende des Trails. Beide Wasserfälle stürzen sich malerisch im Wald von hohen Klippen, der Mill Creek ziemlich konstant, der Barr Creek im Frühjahr recht imposant, bevor er im Sommer recht sparsam tröpfelt.

⚏☒ **The Prospect Historic Hotel & Dinner House**
391 Mill Creek Dr., Prospect, OR 97536
✆ (541) 560-3664 oder (800) 944-6490
www.prospecthotel.com
Restaurant: Mai–Okt. tägl. 17–21 Uhr
Historisches Hotel von 1880 auf dem Weg zum Crater Lake. In den 14 angebauten Motel Units übernachtet man günstiger als im heute als Bed & Breakfast betriebenen Hotel. Das Restaurant gilt mit Stolz als das beste zwischen Medford und dem Crater Lake. Allzu viele Mitbewerber gibt es allerdings nicht. $$

⚏☒⚏ **Union Creek Resort**
56484 Hwy. 62, Prospect, OR 97536
✆ (541) 560-3665 oder (866) 560-3565
www.unioncreekoregon.com
Sommer tägl. 8–21, Winter So–Do 8–19, Fr/Sa 8–20 Uhr

Beckie's Café und Restaurant am rustikalen Union Creek Resort ist kein Schlemmerlokal, aber entspannter als die touristische Massenspeisung im Crater Lake National Park. $

⚏☒⚏ **Crater Lake National Park**
Crater Lake, OR 97604
✆ (541) 594-3100, www.nps.gov/crla
Ganzjährig geöffnet
Steel Visitor Center: Mai–Okt. tägl. 9–17, Nov.–April tägl. 10–16 Uhr
Rim Visitor Center: Ende Mai–Ende Sept. tägl. 9.30–17 Uhr, Okt.–Mai geschl.
Rim Village Café: tägl. 10–16.30 Uhr, im Sommer meist länger
Annie Creek Restaurant: Ende Mai–Anfang Sept. tägl. 8–20 Uhr, Parkeintritt $ 5
Der vulkanische See, vor mehr als 7000 Jahren entstanden, gilt mit 592 m als tiefster der USA. Er gehört mit seinem klaren blauen Wasser zu den Höhepunkten der Tour – lassen Sie sich ausgiebig Zeit. Das gilt leider nicht für das Café und das Restaurant. Die sind vor allem ziemlich überteuert, besser können Sie Ihren Hunger außerhalb der Nationalparkgrenzen stillen.

Im Winter und oftmals auch im Frühling sind der East und West Rim Drive und die North Entrance Road (nördl. Zufahrt) aufgrund der Schneemassen in dieser Region geschlossen. Informationen zu Wetter- und Straßenverhältnissen gibt es unter: ✆ (541) 594-3000 oder auf der o. a. Homepage.

⚏☒ **Diamond Lake Resort**
350 Resort Dr.
Diamond Lake, OR 97731
✆ (541) 793-3333 oder (800) 733-7593
www.diamondlake.net
Die Lodge hat definitiv schon bessere Zeiten gesehen, aber die Lage am Ufer des hübschen Diamond Lake entschädigt reichlich dafür. Für das Dinner stehen der Mt. Thielsen Dining Room ($$) und das Café ($) zur Auswahl. ❋

Backenhörnchen – bitte nicht füttern

5 Durch den Beaver State
Wälder, Lavafelder und Oregons High Desert

5. Tag: Diamond Lake – Detroit (348 km/216 mi)

km/mi	Route
0	Vom **Diamond Lake Resort** auf Hwy. 138 E (anfangs ein Stück zurück Richtung Crater Lake), dann links auf Hwy. 97 N und auf diesem über Beaver Marsh, Gilchrist und La Pine zum
142/88	**Lava Butte** (zwischen Sunriver und Bend, direkt neben Hwy. 97, beschildert), kurze Besichtigung. Danach weiter auf Hwy. 97 N nach
164/102	**Bend** (Pause und Rundgang). Von dort auf Hwy. 20 W nach
200/124	**Sisters** (Pause). Anschließend weiter auf Hwy. 242 W (McKenzie Hwy.) zum
225/140	**McKenzie Pass** (Lavafeld), weiter auf Hwy. 242, dann rechts auf **McKenzie Pass – Santiam Pass Scenic Loop** (Hwy. 126). Weiter auf Hwy. 20, dann links auf Hwy. 22 nach
348/216	**Detroit Lake**.

Fahren Sie vom **Diamond Lake** zuerst den Highway 138 ein Stück zurück nach Süden. An der Kreuzung mit der North Entrance Road, auf der Sie gestern den Crater Lake National Park verlassen haben, halten Sie sich links und bleiben somit auf Highway 138. Der führt Sie geradewegs durch den Wald zum größeren Highway 97.

Über die Ortschaften Beaver Marsh, Gilchrist und La Pine bei den Cascade Lakes geht es Richtung Bend. **Gilchrist** war die letzte *lumber company town* in Oregon, bevor die Gilchrist Timber Company pleite ging und die Wohn- und Geschäftshäuser schrittweise an Bewohner und Investoren verkaufte. Die gesamte Strecke verläuft ziemlich kurvenlos durch die riesigen Nadelwälder Oregons, der Blick auf die majestätischen Gipfel der Cascade Range entschädigt aber für das für Motorradfahrer eher langweilige Stück. Die zahl-

Evergreen: Oregons Wälder

reichen Logging Trucks zeugen vom wichtigsten wirtschaftlichen Standbein der Region – der Holzwirtschaft. Etwas Besonderes ist die etwa 20 Meilen südlich von Bend abseits des Highway liegende Gemeinde **Sunriver**, eine komplett privat organisierte Stadt mit etwa 2000 Einwohnern, die Feuerwehr, Polizei, Einkaufszentren, Ferienwohnungen etc. selbst verwaltet, nach einem von allen Bewohnern abgesegneten Regelwerk.

Zwischen Sunriver und Bend liegt direkt neben dem Highway, gut beschildert, der Vulkankegel **Lava Butte** (sprich: *bjuut*). Lava Butte ist nur einer von vielen Aschekegeln, -kuppen und -kratern, die rund um Bend pockennarbig aus der Landschaft ragen und Teil des Newberry National Volcanic Monument sind. Wenn es so etwas wie einen idealen Vulkankegel mit Proportionen wie aus dem Geometriebuch gibt, dann ist der Lava Butte ein geeigneter Aspirant für diesen Titel. Eine einzelne Eruption schuf vor etwa 7000 Jahren diesen Bilderbuch-Vulkan, der sich gute 150 Meter aus der Ebene erhebt. Im neu gestalteten Lava Lands Visitor Center kann man sein Wissen über die vulkanische Aktivität und die Geschichte der Region vertiefen, beim Spaziergang zum Aussichtspunkt oder durch die Lavafelder wird die schnöde Theorie auf beeindruckende Weise greifbar. Als i-Tüpfelchen gibt der Aussichtspunkt einen fantastischen Blick auf die Gipfel der Cascade Range frei. Wenn Sie die Lavafelder an eine Mondlandschaft erinnern, so sind Sie damit nicht allein – in den 1960er-Jahren trainierten hier die US-amerikanischen Astronauten für die Apollo-Missionen. Da der Andrang beachtlich und die Parkkapazität am Aussichtspunkt bescheiden ist, werden dem Besucher 30-minütige Zeitfenster zugeteilt, während der man zuerst die spiralförmige Straße unter die Räder

nehmen und dann den Blick schweifen lassen kann.

Kurz vor Bend können Sie im High Desert Museum für stolze 15 US-Dollar einen vertiefenden Einblick in die Flora, Fauna, Geschichte und Kultur der Region gewinnen. Das Museum hat zwei Schwerpunkte: zum einen die Natur der High Desert, zum anderen einen Bereich, der unter dem Motto »Living History« läuft. Zu Ersterem gehört neben einem Otter- und einem Raubvogelgehege eine Ausstellung zum Vulkanismus, der diese Wüste geprägt hat, sowie zur Rolle des Waldes in Oregon und speziell im kargen Umfeld der High Desert. Ein Terrarium mit Klapperschlangen und allem, was in der Wüste im Südosten Oregons so kreucht und fleucht, rundet das Bild ab. Die Siedlungsgeschichte wird mit einer alten Sägemühle, einer ebenso alten Siedlerhütte und der »Spirit of the West«-Ausstellung inklusive Postkutsche, Westernsiedlung und Planwagen lebendig. Ein Bereich widmet sich der Geschichte der lokalen Indianer und ihrer Identität im 20. und 21. Jahrhundert. Wem nach so viel Input der Magen knurrt, der kann im museumseigenen Rimrock Café Abhilfe schaffen. Wenn Sie sich für einen Besuch des Museums entscheiden, planen Sie genügend Zeit ein, zwei bis drei Stunden sollten es schon sein.

Bend ist mit etwa 60 000 Einwohnern die größte Stadt in Oregons High Desert, die sich von hier nach Südosten und Osten erstreckt. Wüste ist nicht unbedingt eine Landschaftsform, die man mit Oregon in Verbindung bringen würde, und der Begriff ist auch nur bedingt zutreffend. Steppe wäre aufgrund der zwar spärlichen, aber durchaus vorhandenen Vegetation passender. Zudem liegt der jährliche Niederschlag mit etwa 300 Millimeter pro Jahr etwas über dem wüstenüblichen Niveau. Der prasselt allerdings nur zur Hälfte in Form erfrischender Regentropfen auf den Boden. Ein guter Teil legt sich im Winter als Schnee über das Land.

Bend wirkt auf den ersten Blick wie jede x-beliebige US-amerikanische Kleinstadt, aber sobald man die Einfallstraße verlässt, ändert sich das. Die Stadt am Deschutes River, die erst zu Beginn des 20. Jahrhunderts gegründet wurde, wartet mit einer stilvoll restaurierten Innenstadt (Wall St. & Bond St.) und einem gepflegten Stadtbild auf. Sie ist dank ihrer Nähe zum Mount Bachelor, der vor allem Snowboarder wie ein Magnet anzieht, bestens auf Touristen eingestellt. Die grünen Rasenflächen des Drake Park mitsamt kleinem See

stehen im angenehmen Kontrast zu den alten Ziegelhäusern. Die ehemaligen Sägemühlen, denen Bend seine Daseinsberechtigung verdankte, sind im Old Mill District einem Einkaufszentrum und einer Freilichtbühne gewichen. Für eine Stadt dieser Größe und Abgeschiedenheit ist die Atmosphäre in Bend fast schon kosmopolitisch, das Umland für Winter- und Wassersportler, Mountainbiker, Wanderer, Angler und Outdoor-Freunde grandios. So wundert es nicht, dass Bend in einer Umfrage des »Newsmax Magazine« 2009 sogar den vierten Rang auf der Liste von Amerikas *most unique cities* belegen konnte.

Wer sich einen Überblick verschaffen will, der sollte einen kleinen Ausflug auf den stadteigenen Vulkankegel Pilot Butte unternehmen. In einem der zahlreichen Pubs kann man sich schließlich noch von der Qualität des lokalen Biers überzeugen, das hier in mehreren *microbreweries* (Kleinbrauereien) gebraut wird und wenig mit dem Dünnbier aus dem Supermarkt gemein hat. Verbunden werden die sieben ortsansässigen Breweries durch den sogenannten Ale Trail. Den Weg ins »Beervana« sollte man aber erst angehen, wenn man ein Nachtquartier gefunden hat. Fahren Sie noch weiter, nehmen Sie sich lieber eine Flasche Bier mit.

Am Ortsende von Bend verzweigt sich die Straße. Verlassen Sie hier den Highway 97 und folgen nun dem Highway 20 Richtung Nordwesten. Bald taucht die Silhouette der Vulkangipfel der **Three Sisters** auf. Während North Sister und Middle Sister schon länger inaktiv sind, brach die jüngste und höchste der Schwestern, die South Sister, erst kürzlich, sprich vor 1600 Jahren, aus. Und es brodelt weiter unter der Erdkruste. Wissenschaftler rechnen mit einem weiteren Ausbruch in absehbarer Zeit, was immer das im geologischen Zeitrahmen bedeuten mag.

Die kleine Stadt **Sisters** ist mit ihrem Wildwestcharme der ideale Platz für eine Pause. Nach einem kurzen Spaziergang auf der Cascade Avenue (= Hwy. 20) können Sie sich im alten Sisters Hotel, das heute Bronco Billy's Ranch Grill & Saloon beherbergt, in Cowboymanier mit Burger und Spareribs (mittags) oder einem saftigen Steak (abends) stärken. Und sollten Sie zufällig am zweiten Juniwochenende durch Sisters kommen, werden Sie dies in Gesellschaft einiger echter Cowboys tun, die hier auf dem alljährlichen Sisters Rodeo versuchen, sich möglichst lange auf dem Rücken der Mustangs und Bullen zu halten. Passend dazu haben Sisters' Stadtväter vor gut 40 Jahren beschlossen, dass alle Fassaden der Stadt zukünftig im Wildweststil der 1880er-Jahre gehalten werden müssen. Das mag zwar nicht authentisch sein, macht aber optisch ohne Frage etwas her.

In Sisters beginnt der **McKenzie Pass – Santiam Pass Scenic Loop**, der durch bizarr anmutende schwarze Lavafelder in die Cascade Mountains führt – ein unbedingt zu empfehlender Umweg. Nehmen Sie ab Sisters den Highway 242 zum McKenzie Pass. Dort können Sie sich noch mal kurz die Füße vertreten und auf dem Lava River Trail die scharfkantigen Lavabrocken aus der Nähe begutachten. Nachdem Sie die Passhöhe überquert haben, ändert sich die Landschaft schlagartig, die kargen Geröllfelder werden durch üppige Vegetation und dichte Wälder, das monotone Schwarz durch sattes Grün abgelöst. An der T-Kreuzung folgen Sie dem McKenzie River, bis Sie wieder auf den Highway 20 stoßen.

Wenn Sie in Eile sind, können Sie auf den Umweg über den McKenzie Pass verzichten und von Sisters direkt zur Kreuzung der Highways 20 und 22 fahren. Das ist auch ganz nett, aber mit dem McKenzie Pass kann diese Variante landschaftlich und motorradtechnisch nicht mithalten.

Da der McKenzie Pass aber häufig und lange gesperrt ist, kann der Santiam Pass (Hwy. 20) notgedrungen die Route Ihrer Wahl sein. So oder so bringt der Highway 22 Sie schließlich zum **Detroit Lake**, einem Speichersee in malerischer Kulisse, der, wenn das Wetter mitmacht, zu einem Bad einlädt. Die Übernachtungsmöglichkeiten in der kleinen Ortschaft sind sehr limitiert. In der Hochsaison oder am Wochenende ist eine Reservierung empfehlenswert, zumal es kaum Alternativen in der Region – abgesehen von zwei Campgrounds – gibt.

Wildblumen vor den Vulkankegeln North und Middle Sister

5 Service & Tipps

ℹ Sunriver Area Chamber of Commerce & Visitor Center
℡ (541) 593-8149 oder (877) 593-8149
www.sunriverchamber.com

🏔 Lava Butte/
Newberry National Volcanic Monument
11,2 Meilen südl. von Bend am Hwy. 97
℡ (541) 593-2421
www.fs.usda.gov/goto/centraloegon/nnvm
Visitor Center: Mai–Mitte Okt. Mi–So 9–17 Uhr, Eintritt $ 5
Da der Andrang an diesem Bilderbuch-Vulkankegel groß, die Anzahl der Parkplätze am Aussichtspunkt aber limitiert ist, bekommt jeder Besucher eine halbe Stunde, in der er die spiralförmige Straße zum Krater befahren kann. Belohnt wird er mit einem umwerfenden Blick über die Lavafelder und auf die schneebedeckten Gipfel der Cascade Range. Da ein neues Visitor Center gebaut wird, kann sich der Anfahrtsweg kurzzeitig ändern. Bitte im Vorfeld informieren.

ℹ Bend Visitor Bureau
℡ (541) 382-8048
www.visitbend.com

🏛🖼 High Desert Museum
59800 S. Hwy. 97
Bend, OR 97702
℡ (541) 382-4754
www.highdesertmuseum.org
Mai–Okt. tägl. 9–17, Nov.–April tägl. 10–16 Uhr, Eintritt $ 15, Kinder (5–12 Jahre) $ 9, im Winter $ 10 bzw. $ 6
Sehenswerte Ausstellungen zur US-amerikanischen Indianer- und Pioniergeschichte, zur Natur der High Desert sowie ein kleiner Zoo mit Ottern, Raubvögeln, Stachelschweinen und Klapperschlangen.

🍺 Bend Brewing Company
1019 N.W. Brooks St.
Bend, OR 97701
℡ (541) 383-1599
www.bendbrewingco.com
Tägl. ab 11.30 Uhr
Urige Brauerei-Gaststätte mit Blick auf den Deschutes River, langer Theke und Pub Food, die regelmäßig überregionale Bier-Trophäen absahnt. Mit Hefeweizen, diversen Ales und Bitter sowie dunklem Porter und Doppelbock werden sämtliche Geschmäcker bedient. $–$$

🍺 Deschutes Brewery & Public House
1044 N.W. Bond St.

Abendstimmung vor Bend, im Hintergrund der stadteigene Vulkankegel Pilot Butte

Bend, OR 97701
© (541) 382-9242
www.deschutesbrewery.com
Mo–Do 11–23, Sa/So 11–24, So 11–22 Uhr
Eine der populärsten Kneipen in Bend, wovon abends die Warteschlange vor der Tür
zeugt. Auch hier beschränkt sich die Speisekarte auf Pub Food, das allerdings ausgesprochen lecker ist. Bei schönem Wetter
kann man draußen sitzen. $–$$

Smith Rock State Park
9241 N. E. Crooked River Dr. (3 Meilen östl.
Terrebonne/US-97, Terrebonne, OR 97760
© (541) 548-7501
www.oregonstateparks.org/park_51.php
In der Nähe von Bend treffen sich Kletterer
aus aller Welt in diesem State Park, um sich an
den Felsen aus Tuffstein über dem Crooked
River zu versuchen. Kletter-Enthusiasten
legen hier eine Pause ein.

Sisters Area Chamber of Commerce
© (451) 549-0251 oder (866) 549-0252
www.sisterscountry.com

Bronco Billy's Ranch Grill & Saloon
190 E. Cascade Ave.
Sisters, OR 97759
© (541) 549-7427
www.broncobillysranchgrill.com
Bronco Billy's hat täglich für Lunch und Dinner geöffnet, ein Gourmettempel ist es aber
nicht. Das Restaurant und der Saloon sind
im alten Sisters Hotel untergebracht, das
authentischen Wildwestcharme versprüht.
Würde plötzlich Lucky Luke auf dem Rücken
seines treuen Pferdes Jolly Jumper auftauchen, man würde sich kaum wundern.
$–$$

Three Sisters Wilderness Area
Anfahrt über Old McKenzie Hwy. (242)
Die Vulkangipfel der drei Schwestern (North
Sister, 3074 m, Middle Sister, 3062 m und
South Sister, 3159 m) liegen in der fast 1000
km² großen Wilderness Area, die insgesamt
von fast 260 Meilen Wanderwegen durch-
zogen wird.

All Seasons Motel
130 Breitenbush Rd.
Detroit, OR 97342
© (503) 854-3421 oder (877) 505-8779
www.allseasonsmotel.net

Smith Rock State Rock: Kletterparadies

Eine der wenigen Übernachtungsmöglichkeiten in Detroit. Einfach und günstig.
$–$$

Lodge at Lake Detroit
175 Detroit Ave.
Detroit, OR 97342
© (503) 854-3344
www.lodgeatdetroitlake.com
Die Lodge at Lake Detroit öffnete im Juli
2010 ihre Pforten und ersetzte das arg heruntergekommene Detroit Motel. Die beste
Wahl für eine Nacht in Detroit. $$

Entspanntes Cruisen

6 Oregons Märchenwälder
Auf dem Weg nach Portland

6. Tag: Detroit – Portland (161 km/100 mi)

km/mi	Route
0	Von **Detroit** auf der Breitenbush Rd. zu den
16/10	**Breitenbush Hot Springs** (evtl. Badepause).
	Danach weiter entlang der Breitenbush Rd. immer der Hauptstraße folgen, die dann zum Hwy. 224 W wird. Auf diesem nach
113/70	**Estacada** und durch Portlands Vororte. In Portland am Ende von Hwy. 224 (Milwaukee Expressway) rechts auf Hwy. 99 E (SE McLoughlin Blvd./SE Grand Ave.), dann links über Morrison Bridge und nach sechs Blocks wieder links auf SW Broadway nach
161/100	**Downtown Portland**.

Endlose Wälder bestimmen das Bild in weiten Teilen Oregons

Nach einer sicherlich erholsamen Nacht in der Abgeschiedenheit **Detroits** können Sie die heutige kurze Etappe entspannt angehen. Verlassen Sie noch in der Ortschaft die Hauptstraße und biegen rechts auf die Breitenbush Road. Nach etwa zehn Meilen erreichen Sie so die **Breitenbush Hot Springs**. Die heißen Quellen ergießen sich mit gut 80 Grad Celsius in diverse Pools und Wannen. Durch Zufuhr von kaltem Wasser lässt sich die Temperatur regeln. Ein Bad im Thermalwasser belebt Körper und Geist; besser kann der Tag kaum beginnen. Rund um die Quellen haben sich einige Aussteiger angesiedelt, die auch das dazugehörige Resort betreiben und mit vielfältigen Kursangeboten Alternative und Esoteriker anlocken. Aber auch wenn Sie damit nichts am Hut haben, lohnt es sich, beim Bad im heißen Wasser herrlich zu entspannen. Um dies zu tun, müssen Sie Ihren Pool allerdings im Vorfeld reservieren und auch bezahlen.

Folgen Sie nach dieser willkommenen Abwechslung der kleinen Straße,

die sich immer weiter und in zahllosen Kurven durch Oregons Märchenwälder zieht. Tankstellen gibt es hier nicht, denken Sie also vor der Abfahrt

Gute Aussicht von Portlands Aerial Tram

daran vollzutanken. Der Highway 224 bringt Sie zur Stadt **Estacada** – auch diese Strecke bietet Motorradmeilen vom Feinsten. Von Estacada sind es dann nur noch 30 weit weniger aufregende Meilen bis nach Portland. Hinter Eagle Creek mündet der Highway 224 in den Highway 212, und etwa hier beginnt auch der Ballungsraum von Portland. Am besten ist es, sich eine Unterkunft in zentraler Lage zu suchen, dann können Sie die Stadt, in der gut eine halbe Million Menschen wohnen (knapp zwei Millionen im Ballungsraum), zu Fuß erkunden.

Portland steht seit vielen Jahren ganz oben auf der Liste der beliebtesten und lebenswertesten Großstädte der USA. Landschaftlich wird sie sowohl vom mächtigen Columbia River und dessen Nebenfluss Willamette River als auch von der Silhouette des stets schneebedeckten Mount Hood, ganzjährig Mekka von Snowboardern aus aller Herren

Länder, dominiert. Und Portland ist eine ausgesprochen fortschrittliche Stadt; Umweltschutz wird großgeschrieben, und das kommt auch Ihnen als Besucher zugute. Die Nutzung der Bahnen im Innenstadtbereich ist kostenlos, ebenso die Parkplätze für Elektromobile – für Motorradfahrer noch Zukunftsmusik. Als eine der wenigen Städte in den USA leistet sich Portland eine Straßenbahn, die es für die Bewohnern attraktiver machen soll, das sonst unverzichtbare Auto auch mal stehen zu lassen.

Portland trägt den schönen Beinamen »City of Roses«, der vom ältesten Rosengarten der USA rührt, sowie den Namen »City of Bridges«, überspannen doch immerhin zwölf Brücken die beiden Flüsse der Stadt. Trotz der (im Vergleich eher bescheidenen) Skyline ist sie keine hektische Großstadt, sondern bietet eine angenehme Mischung aus großstädtischer Weitläufigkeit und kleinstädtischer Gelassenheit. Stolz nennt sich Portland auch »The Microbrew Capital of the World«: Es gibt hier mehr Brauereien pro Einwohner als in jeder anderen Stadt, zumindest in den USA. Das Gleiche gilt übrigens auch für Kinos und Restaurants. Zahlreiche Museen, Theater, Musikkneipen und Festivals sorgen für kulturelle Highlights jeglicher Couleur. Der bunt bemalte Bus **ART – The Cultural Bus** mit der Nummer 63 bringt Sie für gut zwei Dollar zu den diversen kulturellen Zielen der Stadt. Die kostenlose Karte für eine City Walking Tour bekommen Sie im riesigen **Powell's Bookshop**. Auch das **Visitor Information Center** im Untergeschoss des Pioneer Courthouse Square bietet viele hilfreiche Informationen.

Der **Pioneer Courthouse Square** ist zentraler Platz der Stadt, hier schlürfen die Portlander ihren Kaffee, hören Straßenmusikern zu und gehen in der angrenzenden Mall shoppen (und das in Oregon steuerfrei). Überall in Portland erblickt man Public Art, Ergebnis einer Verordnung, die besagt, dass pro Bauvorhaben ein Prozent der Baukosten für eine künstlerische Verschönerung ausgegeben werden muss. Das Ergebnis ist nicht immer frei von Kitsch, aber dem Stadtbild tut das trotz allem gut.

Downtown, Oldtown mit dem Skidmore District, der Washington- sowie der Waterfront Park lassen sich hervorragend zu Fuß erkunden. Im **Washington Park** suchen und finden die Portlander Erholung. Vom **Rosengarten** eröffnet sich ein fantastischer Blick auf Mount Hood und Mount St. Helens. Im historischen **Skidmore District** findet von März bis Weihnachten der Saturday Market statt, trotz seines Namens jedoch nicht nur samstags, sondern auch sonntags. Der **Waterfront Park** ist Heimstätte des Waterfront Blues Festival, des Oregon Brewers Festival und einiger Veranstaltungen im Rahmen des alljährlichen Rose Festivals – man gewinnt den Eindruck, dass die Portlander gern feiern.

Auch einige international bekannte Firmen haben in Portland ihren Sitz: So

Viel Wald – wenig Verkehr: Biken in Oregon

stammt das Multifunktionswerkzeug Leatherman aus Oregons größter Stadt, ebenso wie die Outdoor-Klamotten von Columbia Sportswear oder die Sporttreter von Nike.

Die Orientierung in Portlands Innenstadt ist übrigens einfach: Avenues verlaufen in Nord-Süd-Richtung, Streets von Ost nach West. Wenn Ihr Zeitrahmen es erlaubt, sollten Sie überlegen, eine zusätzliche Nacht in Portland zu bleiben, um die Stadt näher kennenzulernen.

Portland: ganz oben auf der Liste der lebenswertesten Großstädte der USA

6 Service & Tipps

⌨🏊 Breitenbush Hot Springs Resort
5300 Breitenbush Rd.
Detroit, OR 97342
℡ (503) 854-3320
www.breitenbush.com
Tägl. 9–18 Uhr
Eintritt ab $ 14, Kinder zahlen die Hälfte
Ein Bad in den heißen Quellen weckt die
Lebensgeister. Um das zu genießen, müssen
Sie sich allerdings anmelden. Ganz unameri-
kanisch tauchen die meisten Gäste textilfrei
ins dampfende Wasser.

ℹ Travel Portland Information Center
701 S.W. Sixth Ave., Pioneer Courthouse Sq.
Portland, OR 97204
℡ (503) 275-8355 oder (877) 678-5263
www.travelportland.com
Das Center ist ein guter Platz, um die Erkundung Portlands zu beginnen. Sie können sich
hier mit allen nötigen Infos und Karten eindecken.

🚌 ART – The Cultural Bus
Der farbenfrohe Bus mit der Nummer 63
bringt Sie für $ 1.55 zu vielen der kulturel-
len (und auch sonstigen) Sehenswürdigkeiten Portlands. Auf der Strecke liegen unter
anderem das Oregon Museum of Science &
Industry, der Washington Park, das Oregon
History Center, der Waterfront Park, das
Portland Art Museum, der Riverplace und
zu guter Letzt der Oregon Zoo.

🏛 Portland Art Museum
1219 S.W. Park Ave., Portland, OR 97205
℡ (503) 226-2811
www.portlandartmuseum.org
Di/Mi, Do/Fr 10–20, Sa 10–17, So 12–17 Uhr
Eintritt $ 15, Kinder frei
Ältestes Museum seiner Art an der Westküste. Die großen Namen fehlen zwar weitgehend, aber die permanente Sammlung sowie
wechselnde Ausstellungen sind vielseitig
und reichen von Gemälden und Skulpturen
sowie einer guten Abteilung über die Kunst
des Nordwestens bis hin zu Fotografie, Video
und Installationen.

✿ Hoyt Arboretum
4000 S.W. Fairview Blvd. (im Washington
Park)

Portland, OR 97221
℡ (503) 865-8733
www.hoytarboretum.org
Tägl. 6–22 Uhr
Für Botanikfreunde ein idea-
les Ziel. Etwa 1000 Spezies aus
aller Welt wachsen hier, eine
ruhige Zuflucht inmitten der
quirligen Großstadt.

✿ Portland's Rose Gardens
400 S.W. Kingston Ave.
Portland, OR 97205
℡ (503) 823-3636
www.rosegardenstore.org
Tägl. 7.30–21 Uhr, Eintritt frei
Hier im ältesten Rosengarten der USA kann man ent-
spannen, den Duft von über
7000 Rosenbüschen einatmen
und den Blick über die Stadt
schweifen lassen.

🚡 Portland Aerial Tram
3303 S.W. Bond Ave.
Portland, OR 97239
www.portlandtram.org
Mo–Fr 5.30–21.30, Sa 9–17, So 13–17 Uhr
Ticket $ 4 *(round trip)*
Die Aerial Tram wurde ganz seilbahn-
untypisch nicht etwa für Touristen, sondern
für das Personal und die Studenten der Uni
(und Unikliniken) auf dem Marquam Hill errichtet. Das erklärt auch, warum die Seilbahn
ausgerechnet an Feiertagen nicht in Betrieb
ist. Sie ist aber Teil des öffentlichen Nahver-
kehrsnetzes. Sie können am South Waterfront Terminal einsteigen und den Blick über
Portland und den Mt. Hood genießen.

🎪 Saturday Market
S.W. Ankeny St. & Naito Pkw.
Portland, OR 97204
www.saturdaymarket.org
März–Dez. Sa 10–17, So 11–16.30 Uhr
Der richtige Platz zum Stöbern in angeneh-
mer Umgebung am Fluss.

📖 Powell's City of Books
1005 W. Burnside
Portland, OR 97209
℡ (503) 228-4651
www.powells.com
Tägl. 9–23 Uhr
Rare Book Room: Sa/So 11–19 Uhr

Eine Institution in Portland. Der angeblich weltweit größte unabhängige Buchladen hat je nach Quelle zwischen einer und vier Millionen neuer und gebrauchter Bücher auf Lager. Im Bookshop gibt es eine Karte, damit man im Regal-Labyrinth nicht verloren geht.

ℹ Willamette Week
Die Wochenzeitung zur Kulturszene liegt in Kneipen, Cafés, Buchläden gratis aus.

🍺 Bridgeport Brewpub
1313 N.W. Marshall St.
Portland, OR 97209
☎ (503) 241-3612
www.bridgeportbrew.com
Di–Do 11.30–23, Fr/Sa 11.30–24, So 11.30–22 Uhr
Der Bridgeport Brewpub im Pearl District ist nur eine von zahlreichen Brauereikneipen mit gutem Bier und typischem Kneipenessen. Eine Liste aller Läden, die *beer tastings* anbieten, gibt es bei der Visitor Info und sogar schon als App für das iPhone.
$–$$

🍺 Deschutes Brewery & Public House
210 N.W. 11th Ave.
Portland, OR 97209
☎ (503) 296-4906
www.deschutesbrewery.com
So–Do 11–23, Fr/Sa 11–24 Uhr
Ebenfalls im Pearl District gelegen bietet die Deschutes Brewery neben einer guten Bierauswahl auch ein gutes Speisenangebot, aber das dürfte für den Besuch eines Brewery Pubs eher zweitrangig sein.
$–$$

✕ Portland City Grill
111 S.W. 5th Ave., 30th Floor
Portland, OR 97204
☎ (503) 450-0030
www.portlandcitygrill.com
Lunch Mo–Fr 11–16, Dinner Mo–Do 16–24, Fr/Sa 16–1, So 16–23 Uhr, Happy Hour 16–19 und ab 21 sowie So 16–23 Uhr
Das Essen mit stark asiatischem Einschlag ist gut, aber nicht unbedingt seinen wahrlich stolzen Preis wert. Die Dollars wert ist aber auf alle Fälle der Blick vom 30. Stockwerk über Portland. Wer seinen Hunger anderswo stillt, kann hier zur späten Happy Hour den Blick über die Stadt genießen.
$$$

✕ 🍸 Andina
1314 N.W. Glisan St.
Portland, OR 97209
☎ (503) 228-9535
www.andinarestaurant.com
Lunch tägl. 11.30–14.30, Dinner So–Do 17–21.30, Fr/Sa 17–22.30 Uhr
Bar schon früher und länger: Happy Hour tägl. 16–18 Uhr
Peruanisches Restaurant im Pearl District, das sich bei den Locals großer Beliebtheit erfreut. Die Karte bietet eine willkommene Abwechslung zum Gewohnten, ohne dass das Essen geschmacklich allzu exotisch daherkommt. Und als Abwechslung zum in Portland omnipräsenten Bier werden an der Bar Mojitos gemixt. Reservierung empfohlen! $$–$$$

✕ Screen Door
2337 E. Burnside St.
Portland, OR 97214
☎ (503) 542-0880
www.screendoorrestaurant.com
Di–Sa 17.30–22, So/Mo 17.30–21, Brunch Sa/So 9–14.30 Uhr
Auf der anderen Seite des Willamette River zeugen die häufigen Warteschlangen vor dem Screen Door von der Beliebtheit des unscheinbaren kleinen Restaurants und vor allem von dessen *fried chicken*. Wenn Ihnen der Sinn nach Hühnchen steht, stellen Sie sich an! Satt sind Sie hinterher mit Sicherheit. $–$$ ✺

Alternative Wellness-Oase: das Breitenbush Hot Springs Resort

7 **Washingtons Pulverfass**

Durchs Trümmerfeld des Mount St. Helens

7. Tag: Portland – Packwood (264 km/164 mi)

km/mi	Route
0	Vom Pioneer Courthouse Square in **Portland** über den SW Broadway rechts auf Alder St. und über Morrison Bridge auf I-5 N über Vancouver weiter bis
27/17	Exit 9/Battle Ground, dort auf Hwy. 502 E und auf diesem bis nach
40/25	**Battle Ground.** Dort links auf Hwy. 503 N (N. W. 10th Ave) und diesem folgen über **Amboy** nach
87/54	**Cougar** (u. U. zweites Frühstück). Der Hauptstraße vorbei am Yale Lake und Swift Creek Reservoir (Forest Rd. 25) zur
156/97	Forest Rd. 99 folgen. Auf dieser links zum
183/114	**Mount St. Helens** (Windy Ridge View Point).
	Auf Forest Rd. 99 zurück zur Forest Rd. 25 N, entlang dieser nördlich nach Randle (u. U. sehr späte Mittagspause), dann rechts auf Hwy. 12 E bis nach
264/164	**Packwood.**

Je nachdem, wo Sie in Downtown **Portland** die Nacht verbracht haben, nehmen Sie die nächstbeste Brücke zurück über den Fluss. Sie landen zwangsläufig auf dem Freeway (Interstate 5), der Sie am bequemsten aus der Stadt bringt. Wenn Sie dem Freeway einige Meilen Richtung Norden gefolgt sind und den Columbia River überquert haben, finden Sie sich im Staat Washington wieder. Genauer in **Vancouver**, nicht zu verwechseln mit dem bekannteren Namensvetter 300 Meilen weiter nördlich im kanadischen British Columbia. Da diese Verwechslung häufig vorkommt, gibt es regelmäßig Diskussionen darüber, den Ort umzubenennen, auch wenn er im Grunde die älteren Namensrechte hat. Mit etwa 150 000 Einwohnern ist die Stadt, die der Portland Metropolitan Area zugerechnet wird, immerhin die viertgrößte des Staates.

Folgen Sie auch in Washington noch der Interstate 5, bis nach etwa zehn Meilen der Highway 502 abzweigt. Dieser führt Sie nach **Battle Ground**, einer kleinen Ortschaft, die kurioserweise nach einer Schlacht, die nur beinahe stattgefunden hat, benannt wurde. An der Kreuzung mit dem Highway 503 (10th Avenue) biegen Sie links auf eben diesen. Vorbei an der kleinen Ortschaft Amboy führt der Highway 503 auf recht verwinkelten Wegen zum Lake Mervin und nach Cougar am Yale Lake. **Cougar** liegt nur gut zehn Meilen süd-

Treppensteigen am Mount St. Helens

lich des Mount St. Helens und wurde beim großen Ausbruch 1980 komplett evakuiert (was bei lediglich ein paar Hundert Einwohnern durchaus machbar war). Wenn Sie nicht ausgiebig gefrühstückt haben, holen Sie dies am besten jetzt nach – die Gelegenheiten dazu sind im weiteren Verlauf der Strecke sehr begrenzt.

Am Ende des Swift Creek Reservoirs, an dessen Ufern Sie gleich nach dem Yale Lake entlangfahren, geht es links auf die Forest Road 25 und weiter bis zur Abzweigung der kleinen Forest Road 99, auf die Sie einbiegen. Am Spirit Lake wird deutlich, wie heftig der Vulkanausbruch des **Mount St. Helens** vor gut 30 Jahren war. Tausende von Baumstämmen liegen noch immer, abgeknickt wie Streichhölzer auf den Berghängen und im See, wohin sie von der Druckwelle der Eruption geschleudert wurden. Etwas weiter erreichen Sie den Windy Ridge View Point am Mount St. Helens, der auch als Ausgangspunkt für verschiedene Wanderungen dient. Wenn Sie die etwa 400 Stufen hinaufsteigen, haben Sie den besten Blick über den Spirit Lake und den Mt. Rainier im Hintergrund.

Der Mount St. Helens ist heute 2549 Meter hoch, vor seinem Ausbruch am 18. Mai 1980 ragte er noch gut 400 Meter höher in den Himmel. Trotz des Ausmaßes der Eruption – immerhin wurden drei Kubikkilometer Stein in die Luft gesprengt, die Asche gar 18 Kilometer hoch – kamen »nur« 57 Menschen ums

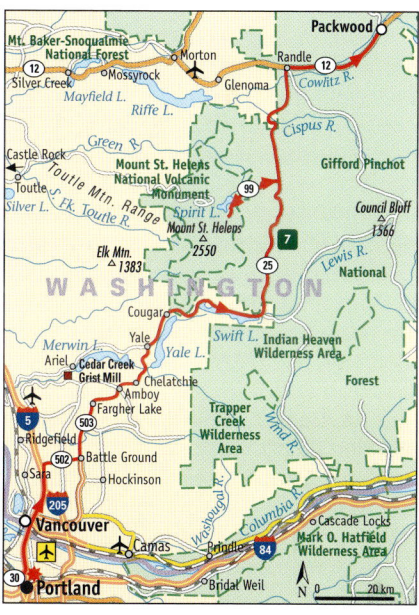

259

Ruhe nach (und vor) dem Sturm: der Mount St. Helens macht Pause

Leben, was der dünnen Besiedlung zu verdanken ist. Das Landschaftsbild hat sich durch den Ausbruch nachhaltig verändert. Die Vegetation wurde auf weite Strecke unter einem Lava-, Asche- und Schlammstrom begraben oder von der Druckwelle schlicht weggeblasen, der Krater ist nach Norden hin aufgebrochen. Nur langsam erobert sich das Grün seinen Platz wieder zurück. Die Bezeichnung »Desaster Area« scheint hier durchaus passend.

Nach dem großen Ausbruch blieb der Mount St. Helens aktiv, viele kleinere Eruptionen folgten. Im Jahr 2004 erhöhte sich die Aktivität erneut: Zahlreiche kleine Erdbeben und Ausbrüche führten zu einer Einschränkung der Besuchsmöglichkeiten. Seitdem bilden sich immer wieder Lavadome im Krater, mit der Folge, dass der Vulkan wieder wächst. Erdgeschichte hautnah! Holen Sie sich detaillierte Information ein, bevor Sie die Wanderstiefel schnüren. Und auch wenn es heute wieder ruhiger ist, können einige Trails, wie der auf den »Gipfel« des Mount St. Helens, nur mit Erlaubnis betreten werden. Ein Ausflug in den Krater ist generell untersagt.

Wenn Sie das Visitor Center oder das **Johnston Ridge Observatory** besuchen

wollen, müssen Sie den Vulkan von der anderen Seite ansteuern und von Portland kommend auf dem Interstate 5 bleiben. Bei Castle Rock zweigt dann die Stichstraße in den touristisch besser erschlossenen Teil ab. Landschaftlich, motorradtechnisch und auch für die weitere Route ist jedoch die zuerst beschriebene Variante die bessere. Es ist möglich, beide zu kombinieren, unterschätzen Sie aber den Zeitaufwand und die Strecke nicht.

Besser also, Sie fahren vom Windy Ridge Viewpoint zurück, noch einmal vorbei am Spirit Lake und zur Kreuzung mit der Forest Road 25, der Sie weiter nach Norden folgen. Diese wechselt im weiteren Verlauf noch des Öfteren Namen und Nummer, nicht aber die Attraktivität für Motorradfahrer. Sie endet schließlich am Highway 12. Nachdem Sie dort rechts abgebogen sind, haben Sie nach weniger als 20 Meilen das Etappenziel Packwood erreicht.

Packwood ist eine recht angenehme kleine Siedlung, die wegen Ihrer Nähe zum Mount Adam, zum Mount St. Helens und vor allem zum Mount Rainier National Park in bescheidenem Rahmen alles bietet, was das Touristenleben vereinfacht – im Wesentlichen also Kost, Logis und Benzin.

7 Service & Tipps

⊠🍴 **Cougar Bar & Grill**
16849 Lewis River Rd., Cougar, WA 98616
☎ (360) 238-5252
Bikerfreundliches Lokal *am Ende der Welt.*
Hausgemachte amerikanische Klassiker.
Passend zum Mount St. Helens gibt es den
Volcano Burger. $

🗻 **Mount St. Helens National Volcanic
Monument**
42218 N. E. Yale Bridge Rd.
Amboy, WA 98601
☎ (360) 449-7800
www.fs.fed.us/gpnf/mshnvm
Eintritt $ 8, Kinder frei
Als am 18. Mai 1980 der Mount St. Helens
ausbrach, schleuderte er drei Kubikkilometer
Fels in die Luft und war, nachdem er drei
Tage Feuer gespuckt hatte, 400 Meter kleiner. Die Gewalt der Eruption und der Druckwelle sieht man sehr eindrücklich am **Spirit
Lake,** auf dessen Oberfläche wie auch auf
den ihn umgebenden Bergrücken Tausende
Baumstämme wie abgeknickte Streichhölzer
liegen und treiben.

⊙ **Johnston Ridge Observatory**
24000 Spirit Lake Hwy., Toutle, WA 98649
☎ (360) 274-2140
Sommer tägl. 10–18 Uhr, Winter geschl.
Eintritt $ 8
Näher kommen Sie vom Westen nicht an den
rauchenden Lavadom heran. Benannt wurde
das Observatory nach dem bedauernswerten Vulkanologen David A. Johnston, der am
18. Mai 1980 auf Beobachtungsposten war

Pacific Range: Kurven bis zum Abwinken

und zu den 57 Opfern des Ausbruchs zählt.
Neben Ausstellungen und Ranger-Vorträgen
zum Thema Vulkanismus wird ein 15-min.
Film mit überraschendem Ende gezeigt.

ℹ **Cascade Peaks Visitor Information**
Hwy. 99, kurz vor Windy Ridge
Das Infocenter bietet Tagespässe, Infos,
Snacks und Bücher.

⊠ **Big Bottom Bar & Grill**
9791 Hwy. 12, Randle, WA 98377
☎ (360) 497-0561
Eine knappe halbe Stunde vor Ihrem Etappenziel können Sie hier noch mal bei Burger & Co. eine Pause einlegen. Und wenn
am Wochenende die Locals auf ein (paar)
Feierabendbier(e) vorbeikommen, ist die
Atmosphäre rau, aber herzlich. $–$$

ℹ **Packwood Visitor Information**
Hwy. 12, Packwood, WA 98361-0064
☎ (360) 494-2223
www.destinationpackwood.com

Blick vom Johnston Ridge Observatorium auf die »Desaster Area«

8 Der schlafende Riese und die hellwache Metropole

Mount Rainier und Seattle

8. Tag: Packwood – Seattle (290 km/180 mi)

km/mi	Route
0	Von **Packwood** über Hwy. 12 E und Hwy. 123 N links auf Stevens Canyon Rd. (Hwy. 706 W) zum
55/34	**Mount Rainier National Park** (Paradise Visitor Center, Pause und Spaziergang). Zurück zum Hwy. 123 N, weiter auf Hwy. 410 N, dann links auf Sunrise Park Rd. zum
137/85	**Sunrise Visitor Center** (Lunchpause und Spaziergang). Zurück zum Hwy. 410 N, den bis
222/138	**Enumclaw** fahren. Dort auf Hwy. 169 N nach
262/163	**Renton.** An der Kreuzung rechts auf I-405 N, dann bei Factoria links auf I-90 W, die, nach E. Channel Bridge und Lacey V. Murrow Memorial Bridge, am Ende in die 4th Ave. mündet, links halten (Beschilderung City Center) nach
290/180	**Downtown Seattle** (4th Ave. & Pike St.).

Die großartige Kulisse, die Ihnen gestern den ganzen Tag über geboten wurde, begleitet Sie heute weiter, und auch die Qualität der Straßen verspricht wieder Motorradspaß pur. Verlassen Sie

Straßensperren

Einige Straßen im Mount Rainier National Park können bis Anfang Juli aufgrund von Schneeresten gesperrt sein. In diesem Fall müssen Sie sich auf die bereits geöffneten, tiefer gelegenen Straßen beschränken oder sich damit begnügen, den höchsten Vulkan der Cascade Range aus der Ferne zu bewundern. Die Zufahrt über die Sunrise Park Road wird in der Regel zuletzt freigegeben.

Packwood auf dem Highway 12 Richtung Norden. Nach etwa zehn Meilen halten Sie sich links und nehmen den Highway 123. Der erste Abstecher in den **Mount Rainier National Park** bietet sich schon bald: Biegen Sie nach ca. fünf Meilen links auf die Stevens Canyon Road. Nach vielen Kurven in beeindruckender Landschaft erreichen Sie so Paradise an der Südflanke des Mount Rainier. Seinen Namen verdankt der Ort der jungen Martha Longmire, Schwiegertochter des Pioniers James Longmire, die beim Anblick der üppigen Wiesen voller Wildblumen, die hier im Frühsommer blühen, entzückt ausrief: »Oh, what a paradise!« Keine Übertreibung werden Sie feststellen, wenn sich die farbenprächtigen Wiesen vor dem schneebedeckten Mount Rainier vor Ihnen auftun – ein ausgesprochen pittoreskes Motiv. Es heißt, dass Paradise der schneereichste Ort der Welt sei. Sind solche US-amerikanischen Superlative auch immer mit Vorsicht zu genießen, so kann man diesem bei einem Rekordschneefall von 28 (!) Metern im Winter 1971/72 und einem Minimum von immerhin noch acht Metern 1939/40 wohl Glauben schenken. Der Loop durch das Paradise Valley bringt Sie zum neuen **Paradise Jackson Visitor Center**, wo auch die meisten Wanderungen in Gletschernähe ihren Ausgangspunkt haben. Das alte Visitor Center musste 2008 weichen, zum einen aus ästhetischen Gründen (es passte mit seiner in Beton und Glas gegossenen Form einer fliegenden Untertasse so gar nicht in die Landschaft), zum anderen aus ökologischen (man benötigte an kalten Tagen allein 500 Gallonen Diesel, um die Dachheizung zu befeuern, die den Schnee zum Schmelzen brachte, damit das Dach nicht unter dem Gewicht der weißen Pracht kollabierte). Die sehenswerten Ausstellungen und der Film über den Mount Rainier können auch im wesentlich kleineren und sich ziemlich harmonisch in die Vulkanlandschaft einfügenden neuen Visitor Center betrachtet werden. Zumindest kurz sollten Sie das Bike vor dem Visitor Center noch stehen lassen und dem gemütlichen Nisqually Vista Trail folgen. Die Wanderung nimmt insgesamt nur eine dreiviertel Stunde in Anspruch, belohnt werden Sie mit blühenden Bergwiesen und einem wunderbaren Blick auf den Nisqually-Gletscher.

Der **Mount Rainier** ist mit knapp 4400 Metern der höchste Berg der Cascade Range. Sein vulkanischer Gipfel ist problemlos von Seattle aus zu sehen. Hin und wieder künden kleine Rauchwolken vom Brodeln und Grummeln im Innern des majestätischen Vulkans. Der

Carbon Glacier, einer von 26 Gletschern, die den Berg bedecken, ist der größte der USA (abgesehen vom Malaspina-Gletscher in Alaska).

Die Tatsache, dass Sie nach diesem Zwischenstopp umdrehen und zurück zum Highway 123 fahren müssen, ist nicht weiter schlimm, denn die Straße führt durch den schönsten Teil des

Motorradfahrer am Mount Rainier

Nationalparks und die Perspektive ändert sich in der Gegenrichtung natürlich. Zurück auf der Hauptstraße bietet sich schon bald ein weiterer sehr empfehlenswerter kleiner Abstecher zum Mount Rainier an, diesmal in die Sunrise-Region nördlich des Vulkans. Vor traumhafter Kulisse führen Serpentinen zum **Sunrise Visitor Center**, das Sie mit allen nötigen und detaillierten Informationen versorgt. Bei schönem Wetter hat man von hier den besten Blick auf den majestätischen Berg.

Nach diesem Ausflug geht es kurvenreich zurück zum Highway 410, dem Sie durch die winzige Ortschaft Greenwater und weiter nach Enumclaw folgen. Dieser Highwayabschnitt ist Teil der Chinook Scenic Byway, Washingtons malerischer Straße entlang des wilden White River. Die dichten Wälder geben immer wieder Blicke auf den schneebedeckten Mount Rainier frei. Und wenn Sie nicht gerade an einem sonnigen Sommerwochenende unterwegs sind, dann wird der Fahrspaß auch durch keinen nennenswerten Verkehr getrübt.

Enumclaw ist nach Portland mit immerhin gut 10 000 Einwohnern die erste »richtige« Stadt auf der Route. Der Name ist indianisch und bedeutet »Ort des bösen Geistes«, da die Indianer im nahe gelegenen, gleichnamigen Berg die Heimstatt des Donnervogels wähnten, der die Stammesmitglieder für immer in Donner verwandeln konnte.

Die schönsten Meilen des Tages liegen nun hinter Ihnen, aber mit Seattle haben Sie ein nicht minder attraktives Ziel vor sich. Und bis dorthin ist es nun nicht mehr weit. Um dem hektischen Großstadtverkehr möglichst lange auszuweichen, biegen Sie in Enumclaw rechts in die Porter Street, auf den Highway 169. Dieser läuft entlang der Foothills der Cascade Range über Black Diamond und Maple Valley nach **Renton**. Spätestens dort haben Sie den Großraum Seattle erreicht. Hier werden nicht nur die chromblitzenden Kenworth Trucks gebaut, auch Jimi Hendrix wurde hier geboren. An seinem Grab im Greenwood Memorial Park kann man ihm die letzte Ehre erweisen.

Am besten, Sie entscheiden sich jetzt für die Interstate 405 in Richtung Norden. Vorbei an Newcastle und immer mit etwas Abstand zum Ostufer des Lake Washington kommen Sie nach wenigen Meilen zum Autobahnkreuz mit der Interstate 90, der Sie in Richtung Westen über die Washington Lake Bridge ins Herz von Seattle folgen.

Seattle wird wegen der vielen Parks und Bäume auch liebevoll »The Emerald City«, also Smaragdstadt, genannt. Weniger erfreulich, vor allem für Biker, ist Seattles zweiter Beiname »The Rain City«. Den Grund hierfür müssen Sie hoffentlich nicht am eigenen Leib erfahren. Die Stadt ist mit knapp 600 000 Einwohnern die nördlichste Großstadt der USA und liegt auf einer hügeligen Landenge zwischen dem Puget Sound im Westen und dem Lake Washington im Osten. Seattle ist eine ausgesprochen angenehme Stadt, die großstädtische Betriebsamkeit aufs Beste mit entspannter Gelassenheit verbindet.

Die Freizeitmöglichkeiten sind aufgrund der nahe gelegenen Berge, zahlreicher Seen, des Puget Sounds und des Pazifiks das ganze Jahr über riesig. Auch deshalb zählt Seattle trotz des wahrlich nicht idealen Klimas zu den beliebtesten Städten der USA. Sie gilt als hip – also als fortschrittlich, tolerant und den schönen Dingen des Lebens nicht abgeneigt. In den letzten Jahren übte sie eine noch höhere Anziehungskraft auf viele US-Amerikaner aus. Vor allem feuer- und erdbebenmüde Kalifornier zieht es gen Norden.

Der Aufstieg Seattles begann Ende des 19. Jahrhunderts wie so oft mit der Fertigstellung der Eisenbahn. Die Stadt

Fast obligatorisch: Wandern im Mount Rainier National Park

war somit für unzählige Glücksritter das Tor zum Klondike sowie nach Alaska und wurde zur Versorgungsstation für den Nordwesten. Kulturell hat sie heute neben diversen Museen und Theatern in erster Linie musikalisch etwas zu bieten. Nicht erst seit dem Erfolg des Seattle-Sounds, der Bands wie Nirvana und Pearl Jam hervorgebracht hat, ist die Stadt eine der Musikhauptstädte der USA. Zu den bekanntesten Musikern und Bands zählen neben Kurt Cobain und Jimi Hendrix auch Punk-Heroen wie Black Flag, Dead Kennedys und Mudhoney, aber auch Musikproduzent Quincy Jones ist hier aufgewachsen.

Die Altstadt von Seattle rund um den **Pioneer Square**, nach dem das ganze Viertel benannt ist, weist noch zahlreiche Gründerzeithäuser auf, von denen viele restauriert wurden und heute häufig Restaurants, Galerien und Boutiquen beheimaten. Wie auch in Portland

gibt es in Seattle in der Innenstadt eine sogenannte *ride free area*, innerhalb derer öffentliche Verkehrsmittel kostenlos sind. Vom Pioneer Square ist es nur ein Katzensprung zur **Waterfront**. Die Piers dort sind vollgepackt mit Lokalen und Souvenirshops und gehören zu den beliebtesten Ausflugszielen der Stadt.

Einen guten ersten Eindruck kann man sich bei einer der zahlreichen angebotenen Stadtrundfahrten verschaffen. Downtown Seattle bietet die übliche US-amerikanische Skyline, allerdings gespickt mit durchaus interessanter Architektur jüngeren Baujahrs. Am auffälligsten ist die **Space Needle** (Weltraumnadel), 1962 anlässlich der Weltausstellung erbaut und seitdem Wahrzeichen der Stadt. Eine Liftfahrt hinauf ist mit 18 Dollar Eintritt zwar nicht ganz billig, der Ausblick bei klarer Sicht dafür aber Tag und Nacht atembe-

Moderne Architektur im Doppelpack: Space Needle und Experience Music Project

raubend. Sie erreichen die sogenannte Weltraumnadel von Downtown per Monorail. Bei ihrer Einweihung 1962 hat die Space Needle dem **Smith Tower** den Rang des höchsten Gebäudes westlich des Mississippi abgerungen. Diesen Titel konnte der Smith Tower mit seinen 42 Stockwerken seit seiner Errichtung im Jahr 1914 lange stolz für sich verbuchen. Auch wenn die 159 Meter des neoklassizistischen Gebäudes heute eher bescheiden wirken, so ist der Blick vom Observation Deck über Downtown und den Puget Sound auch heute noch großartig.

Seattles Touristenmagnet ist aber der **Pike Place Market**. Kaum ein Besucher verlässt Seattle, ohne nicht zumindest einmal durch die Hallen und Innenhöfe geschlendert zu sein. Ursprünglich war der Pike Place Market ein Fisch- und Bauernmarkt. Das ist er zwar auch heute noch, aber zu den Fisch- und Gemüseständen gesellen sich Secondhand-Shops, Andenken- und Antiquitätenläden, Restaurants und Kneipen. Kunsthandwerker und Straßenkünstler sorgen vor allem am Wochenende für Volksfeststimmung.

Nur ein paar Blocks weiter bietet der **Olympic Sculpture Park** Open-Air-Kunst zum Nulltarif, und das garniert mit einem sehr schönen Blick über den Sound.

Eines der angenehmsten und buntesten Viertel von Seattle ist **Capitol Hill** östlich von Downtown, auf der anderen Seite der Interstate, mit unzähligen Cafés und Restaurants, die meisten davon in und um den Broadway, der Hauptstraße des Viertels. Vor allem nachts ist immer etwas los. Ebenfalls sehenswert ist das **Queen-Anne-Viertel** mit seinen hübschen kleinen Häuschen sowie netten Lokalen und Shops. Am **Lake Union** dümpeln Hausboote, die bei den Amerikanern *floating homes* heißen. Sie sind ziemlich komfortabel und zumeist kreativ gestaltet. Ein solches Hausboot nannte übrigens Tom Hanks im Spielfilm »Schalflos in Seattle« sein Zuhause.

Rund um den **Lake Washington** finden sich die besseren Wohngegenden, und im Norden der Stadt hat die **University of Washington** ihre Heimat. Auf dem University Way herrscht reges (Studenten-)Leben. Auch dieser Teil von Seattle ist durchaus einen Abstecher wert.

Da die Chancen auf einen Regentag häufig nicht allzu schlecht stehen (man bedenke Seattles unrühmlichen Titel als »Rain Capital«), kann man einen Einblick in Seattles kulturelle Vielfalt an einem solchen bestens vertiefen. Das **Seattle Art Museum** grüßt mit dem überdimensionalen »Hammering Man« des Künstlers Jonathan Borofsky und zeigt internationale und amerikanische Kunst (speziell auch die des Nordwestens); die Zeitspanne reicht vom alten Ägypten bis heute, die Präsentation ist ansprechend.

Wer weniger zum visuellen Typ gehört und eher der Musik zugeneigt ist, sollte den Besuch des **Experience Music Project** (EMP) vorziehen. Das von Frank Gehry entworfene Gebäude polarisiert seit seiner Fertigstellung im Jahr 2000. Man verlieh dem Bau so wenig schmeichelhafte Attribute wie »eines der zehn hässlichsten Gebäude der Welt« (Forbes Magazine), und ungeachtet der Tatsache, dass es an eine auf der Bühne zertrümmerte E-Gitarre erinnern soll, trägt es Spitznamen wie »The Hemorrhoids« (die Hämorrhoiden) oder »Blob« (der Klecks) – nicht ganz zu Unrecht. Gedacht als Hommage an Jimi Hendrix huldigt das EMP heute vielen der bekannteren Pop- und Rockmusiker aus Seattle und dem gesamten pazifischen Nordwesten in Wort, Ton und Bild. Das **Science Fiction Museum** ist unter demselben Dach eingerichtet.

Dem Technik- und Wissenschaftsaffinen sei eher ein Besuch bei **Boeing** oder **Microsoft** empfohlen. Der Flugzeugbauer lässt sich im weltgrößten Ge-

bäude bei der Montage der Jumbo-Jets 747, 767, 777 und 787 über die Schulter blicken. Auch die Softwaretüftler von Microsoft gewähren einen Blick hinter die Kulissen; eine Ausstellung zeigt einen Rückblick auf die Anfänge und die enorm einflussreiche und innovative Rolle der Firma. Der berühmteste Bürger Seattles ist wahrscheinlich Bill Gates, der hier die Zentrale seines Microsoft-Imperiums angesiedelt hat. **Starbucks** ist die dritte Firma von Weltruf, die in Seattle beheimatet ist. Die Kaffeerösterkette hat sich von hier aus aufgemacht, das Land mit Kaffeevariationen zu erobern. Wie Sie sehen, bietet sich Seattle auch für einen mehrtägigen Aufenthalt an.

Seattles Skyline eingerahmt von Puget Sound und Cascade Mountains

Service & Tipps

🏔 Mount Rainier National Park
55210 238th Ave. East
Ashford, WA 98304
✆ (360) 569-2211
www.nps.gov/mora
Ganzjährig geöffnet, jedoch Wintersperren
Eintritt $ 5
Der schlafende große Bruder des Mount St. Helens lockt mit seinen blumenübersäten Wiesen, den Wildbächen und Wasserfällen sowie insgesamt 26 Gletschern alljährlich knapp zwei Millionen Besucher an.

Bitte erfragen Sie die **aktuelle Verkehrslage** (gesperrte Straßen) unter: ✆ (360) 569-2211 oder www.nps.gov/mora. Für alle **Visitor Center** des Mount Rainier N. P. gilt: Alle Öffnungszeiten sind abhängig von der aktuellen Schneelage und der Wintersperre:

ℹ️✖ Paradise Jackson Visitor Center
Von Hwy. 123 links auf Stevens Canyon Rd.
✆ (360) 569-6036
Ende Mai–Anfang Okt. tägl. 10–18, Winter Sa/So, Fei 10–17 Uhr
Der am stärksten besuchte Ort im Park. Aufgrund der hohen Besucherzahlen besonders

Paradiesisch: Wildblumen am Mount Rainier

im Juli und August hat man verschiedene Parkplätze und einen kostenlosen Shuttleservice eingerichtet. Von Paradise bieten sich Day Hikes an. Eine Stärkung erfährt man im **Paradise Inn**.

ℹ️✖ Sunrise Visitor Center
Von Hwy. 410 links auf Sunrise Park Rd.
✆ (360) 663-2425
Juli–Anfang Sept. tägl. 10–18 Uhr
Sunrise, der am zweitstärksten besuchte Ort im Park, ist der höchste Punkt, den man mit dem Wagen bzw. Bike im Nationalpark erreichen kann. Daher bietet sich von hier ein schöner Blick auf Mount Rainier, den Emmons-Gletscher und zahlreiche Vulkane. Das gut ausgebaute Wegesystem lädt zur Wanderung ein. In der **Sunrise Day Lodge** kann man sich stärken.

👁🚵 Chinook Scenic Byway
Von Naches bis Enumclaw (Hwy. 410)
www.chinookscenicbyway.com
Eine der Traumstraßen des Landes. Sie führt durch den Mt. Rainier N. P. und durch dichte Wälder entlang des von Gletschern gespeisten White River. Immer wieder entsteht ein atemraubender Blick auf die Gletscher des höchsten Berges der Cascade Mountains. Im Winter kann es zu Sperrungen kommen. Infos zur Strecke gibt es unterwegs in der Nähe von Greenwater (Silver Creek Guard Station, 0,5 Meilen westl. vom Eingang des Mt. Rainier N. P.) und in Enumclaw (Enumclaw Chamber of Commerce, 1421 Cole St., ✆ 360-825-7666).

ℹ️ Renton Chamber of Commerce
✆ (425) 226-4560 oder (877) GoRenton
www.gorenton.com

👁 Jimi Hendrix Memorial
Im Greenwood Memorial Park
350 Monroe Ave. N.E.
Renton, WA 98056
✆ (425) 255-1511
www.jimihendrixmemorial.com
Hier kann man dem Ausnahme-Gitarristen an seinem Grabmal, einer Art griechischem Minitempel aus Marmor und Granit, die letzte Ehre erweisen.

ℹ Seattle's Convention & Visitors Bureau
www.visitseattle.org
– Downtown Visitor Center
Pike St. & 7th Ave.
Seattle, WA 98101
✆ (206) 461-5840 oder (866) 732-2695
Sommer tägl. 9–17, Winter Mo–Fr 9–17 Uhr
– Market Information Center
Im Pike Place Market
Seattle, WA 98101
✆ (206) 461-5840 oder (866) 732-2695
Tägl. 10–18 Uhr

🏛 Seattle Art Museum (SAM)
1300 First Ave.
Seattle, WA 98101-2003
✆ (206) 625-8000
www.seattleartmuseum.org
Mi, Sa/So 10–17, Do/Fr 10–21 Uhr, Mo/Di geschl., Eintritt $ 15, Kinder $ 9 (erster Do im Monat frei)
Das Museum verfügt über eine umfangreiche Sammlung, die Kunst aus allen Regionen, Epochen und Genres umfasst. Von der Antike bis zur modernen Videoinstallation, von Afrika über Australien bis Amerika (und da mit einem Schwerpunkt auf die Kunst des Nordwestens) dürfte für jeden Geschmack etwas dabei sein. Es finden regelmäßig hochkarätige Sonderausstellungen statt, die allerdings meist Extra-Eintritt kosten.

🖼✗ Space Needle
400 Broad St.
Seattle, WA 98109
✆ (206) 905-2100
www.spaceneedle.com
Skydeck: Mo–Do 10–23, Fr/Sa 9.30–23.30, So 9.30–23 Uhr
Eintritt $ 18, Kinder $ 11, Day-and-night-Ticket (2 Besuche) $ 24, Kinder $ 15
Atemberaubender Blick über Seattle. Das Day-and-night-Ticket lohnt sich trotz des stolzen Preises. Die Sicht kann man auch während des Essens im sich drehenden **Sky City Restaurant** genießen, *revolutionary dining* heißt das dann (Brunch, Lunch und Dinner, $$$).

🖼🏛 Future of Flight Aviation Center & Boeing Tour
8415 Paine Field Blvd.
Mukilteo, WA 98275
✆ (425) 438-8100 oder (800) 464-1476
www.futureofflight.org

Seattles Waterfront ist Besuchermagnet

Tägl. 8.30–17.30 Uhr
Eintritt $ 20, Kinder $ 14 (Hochsaison), sonst $18, Kinder $ 10
Hier können Sie im weltgrößten Gebäude im Rahmen einer Führung die Montage von bis zu acht Großraumflugzeugen gleichzeitig aus nächster Nähe beobachten, zudem gibt es viel Wissenswertes aus der Geschichte der Luftfahrt. Auch die bewegte Firmengeschichte von Boeing, dem größten Arbeitgeber der Region, kommt natürlich nicht zu kurz. Flugsimulatoren sorgen für Spaß.
Bitte beachten Sie, dass Kinder erst ab einer Größe von 122 cm teilnehmen dürfen.

🖼 Microsoft Visitor Center
15010 N.E. 36th St., Richmond, WA 98052
✆ (425) 703-6214
mvc@microsoft.com
Mo–Fr 9–19 Uhr
Ein Paradies für »Nerds«, für die hier vom ersten Computer bis hin zu den neuesten Innovationen und Visionen aus dem Hause Microsoft der digitalen Welt im Allgemeinen und der Firma von Bill Gates im Speziellen gehuldigt wird. Zudem kann man die neues-

»Hammering Man«: Skulptur von Jonathan Borofski vor dem Seattle Art Museum

ten Xbox-Spiele auf einem riesigen Monitor spielen.

🏛 Pike Place Market
Pike & Virginia Sts.
Seattle, WA 98101
www.pikeplacemarket.org
1st Ave. level: Mo–Sa 9–18, So 9–17 Uhr

Einladung zum Kaffee am Pike Place Market von Seattle

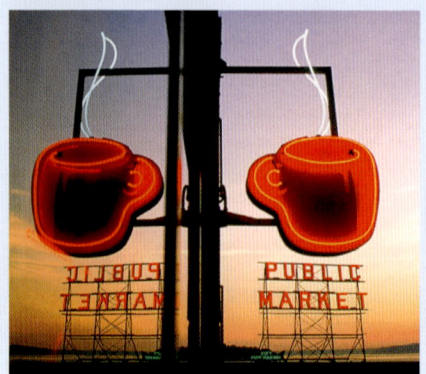

Downunder Stores: tägl. 11–17 Uhr
Seit 1907 werden hier Fisch, Meeresfrüchte, Obst und Gemüse feilgeboten. Damit ist der Pike Place Market der älteste Bauernmarkt in den USA. Heute ist er ein Touristenmagnet.

✕ Dahlia Lounge
2001 4th Ave.
Seattle, WA 98121
✆ (206) 682-4142
www.tomdouglas.com
Lunch Mo–Fr 11.30–14.30, Dinner Mo–Do 17–22, Fr/Sa 17–23, So 17–21, Brunch Sa/So 9–14 Uhr
Tom Douglas ist in Seattle eine kulinarische Legende. Er betreibt neben der Dahlia Lounge, in der Fisch, Fleisch und Vegetarisches auf der Karte stehen, zahlreiche weitere Lokale, schreibt Kochbücher und beliefert seine Restaurants mit Bioprodukten von der eigenen Farm. Das Reservierungssystem auf der Homepage zeigt, zu welchen Zeiten noch Tische zu haben sind. $$$

✕ Wild Ginger
1401 Third Ave.

Seattle, WA 98101
☏ (206) 623-4450
www.wildginger.net
Lunch Mo–Sa 11.30–15, Dinner Mo–Fr 17–23,
Sa 16.30–23, So 16–21 Uhr
Pazifische Küche mit stark asiatischem Einschlag vom Feinsten. Dabei kommen fast alle
Länderküchen des ostasiatischen Raums zu
ihrem Recht. Beeindruckende Auswahl exoti-
scher Cocktails. Das Lokal ist riesig, Reservierung aber trotzdem empfehlenswert. $$–$$$

⊠ Pike Place Chowder
Im Pike Place Market
1530 Post Alley
Seattle, WA 98101
☏ (206) 267-2537
www.pikeplacechowder.com
Tägl. 11 Uhr bis Marktschluss
Hier können Sie die preisgekrönte, dickflüs-
sige Fisch- und Krabbensuppe genussvoll
löffeln, wenn Sie beim Besuch des Public
Market eine Pause einlegen wollen. $

⌸ Übernachtungstipps
sind für Seattle (wie
für die meisten Großstädte) schwierig abzugeben, da die Stadthotels oft sehr teuer sind
und keine Parkmöglichkeiten für Motorräder haben, außer in öffentlichen, teuren
und nur bedingt sicheren Parkhäusern, was
für Biker immer ein Ärgernis darstellt. Eine
Ausnahme ist:

⌸ Travelodge Seattle By The Space Needle
200 6th Ave. North, Seattle, WA 98109
☏ (206) 441-7878, www.travelodge.com
Kein Palast, dafür aber mit Parkplatz und nur
zwei Blocks von der Space Needle entfernt.
Zudem für Seattle-Verhältnisse ziemlich be-
zahlbar. Reservieren! $$$

⌘ Bumbershoot Festival
305 Harrison St., am Campus des Seattle
Center, Seattle, WA 98109
www.bombershoot.org
Das Festival bietet Musikern und Künstlern
jeglicher Couleur eine Plattform, vom Su-
perstar bis zum Local Hero, von der Grunge
Band bis zum Bildhauer, vom Comedian bis
zur Dance Company. Dazu gibt´s reichlich Es-
sen und Krimskrams der eher alternativen
Art. Wer Anfang September in Seattle ist,
sollte sich das nicht entgehen lassen. Jeweils
am Labour-Day-Wochenende. ✺

Paradies für Seafood-Freunde in Seattle: der Pike Place Market

9 Zum Wohnsitz der Götter (und Vampire)

Um die Olympic Peninsula

9. Tag: Seattle – Forks (377 km/234 mi)

km/mi	Route
0	Von Downtown **Seattle** über die Madison St. zum Ferry Terminal. Mit der Fähre nach
27/17	**Bremerton**. Dort auf Hwy. 304 W, der kurz darauf in den Hwy. 3 S mündet. Nach ca. 12 Meilen rechts auf Hwy. 106 W über
76/47	Union und Skokomish zur Kreuzung mit Hwy. 101. Auf diesen rechts abbiegen und nach
151/94	**Quilcene** (evtl. Lunchpause im Olympic Timber House). Weiter über Sequim nach
227/141	**Port Angeles** (evtl. Lunchpause im Café Garden). Danach je nach Bedarf Abstecher zum **Olympic N. P./Hurricane Ridge** und wieder zurück zum
285/177	Hwy. 101 in Port Angeles. Auf diesem vorbei am Lake Crescent nach
377/234	**Forks**.

Ein Duft liegt in der Luft: Bei Sequim wächst und gedeiht Lavendel

Wenn Sie sich etwas Abwechslung gönnen und zugleich so wenig wie möglich vom alltäglichen Verkehrschaos des Großraums Seattle-Tacoma mitbekommen möchten, verlassen Sie **Seattle** am besten mit der Fähre. Die ist von Downtown gut zu erreichen, die Schiffe über den Puget Sound legen von Pier 52 an der Waterfront ab. Als Zugabe zum komfortablen Transport gibt es noch einen tollen Blick auf Seattles Skyline und Waterfront sowie den Mount Rainier, für den Sie bei einer Hafenrundfahrt teuer zahlen müssten. Die Überfahrt nach Bremerton ist günstig, den Sprit für die nicht sehr attraktive Umrundung des südlichen Puget Sound können Sie sich also ruhig sparen. Die Schiffe legen etwa alle 90 Minuten ab.

Wenn Sie nach ungefähr einer Stunde in **Bremerton** von der Fähre rollen, finden Sie sich in einer Stadt mit immerhin 50 000 Einwohnern wieder. Folgen Sie vom Ferry Terminal dem Highway 304, vorbei an den riesigen Flugzeugträgern, die hier auf das Reparaturdock oder die Verschrottung warten, und dann dem Highway 3 weiter in südöstlicher Richtung über die Kitsap Peninsula. Kurz nachdem Sie das Städtchen

Belfair hinter sich gelassen haben, biegen Sie rechts auf den Highway 106 und fahren entlang des Hood Canal nach Union. Der Betreiber des Robin Hood Pubs in Union konnte dem naheliegenden Wortspiel offensichtlich nicht widerstehen.

Wenig später treffen Sie bei Skokomish auf den Highway 101, der von nun an Ihr ständiger Begleiter sein wird. Folgen Sie dem Olympic Highway (so heißt er hier) Richtung Norden, der erst einmal die gesamte **Olympic Peninsula** und den gleichnamigen Nationalpark umrundet, bevor er sich auf den Weg nach Süden bis Los Angeles macht. Ihren griechischen Namen verdankt die Halbinsel übrigens Captain John Meares, der 1788 beim Anblick der schneebedeckten Gipfel und üppigen Wälder die Gegend spontan als Wohnsitz der Götter für würdig befand und sie mit dem Namen des griechischen Berges taufte, der in der griechischen Mythologie als eben solcher beschrieben wird.

Sollten Sie langsam ein Grummeln im Magen verspüren, können Sie dem – zumindest wenn Sie ein Freund von Seafood sind – im **Olympic Timber House Restaurant** in Quilcene Abhil- 273

Erfreulich regenarm: die Ostseite der Olympic Halbinsel

fe schaffen, egal ob Sie Austern aus der Schale schlürfen wollen oder sich eher konservativ für Fish & Chips entscheiden.

Die erste größere Ortschaft auf Ihrer Fahrt über den Highway 101 ist das Fischerstädtchen **Sequim** (sprich: *Skwim*). Obwohl Sequim auf dieser ausgesprochen regenreichen Halbinsel liegt, herrschen hier mit weniger als 40 Zentimetern Niederschlag im Jahr fast schon Wüstenbedingungen. Die zahlreichen Regenwolken aus dem Westen regnen sich alle an den Olympic Mountains ab. Das ist auch der Grund für den Duft, der vor allem im Sommer in der Luft um Sequim liegt: Das Klima ist ideal für Lavendel, er wächst so üppig und von solch guter Qualität wie sonst nur in manchen Regionen Südfrankreichs.

Nicht weit hinter Sequim liegt **Port Angeles**, mit knapp 20 000 Einwohnern die größte Stadt der Olympic Peninsula. Das Land, das Sie auf der anderen Seite der Meerenge, der Straight of Juan de Fuca, sehen, ist Vancouver Island mit der Stadt Victoria und gehört bereits zu Kanada. Die Fährverbindung dorthin ist einer der Gründe für die ausgeprägte touristische Infrastruktur der Stadt. Ein weiterer ist die Nähe zum **Olympic National Park**, zumindest dessen alpinem Teil. Seine gemäßigten Regenwälder

sind die nördlichsten der Welt, weshalb er auch den Status eines UNESCO-Weltnaturerbes genießt. Ihn können Sie morgen im westlichen Teil sehen. In Port Angeles finden Sie auch das Visitor Center des Nationalparks. Wie üblich bekommen Sie dort alle nötigen Informationen und Tipps.

Wenn Sie mit der Mittagspause noch gewartet haben, holen Sie diese in Port Angeles nach. Bevor Sie ins Zentrum kommen, lockt das Café Garden zu einem frischen Snack – ein wohltuender Kontrast zum meist eher gesichtslosen gastronomischen Angebot im Ort, das sich dem schmucklosen Erscheinungsbild der Hafen- und Durchgangsstadt angepasst zu haben scheint. Sind Sie danach einem kleinen Umweg in die Bergwelt der Olympic Mountains nicht abgeneigt, dann folgen Sie der Beschilderung zur **Hurricane Ridge Road**. Diese steigt immer höher und gibt schöne Ausblicke auf die Olympic Mountains und die Meerenge frei. Es gibt nicht sehr viele Stichstraßen in diesem Nationalpark, aber für Wanderfreunde dafür ein hervorragendes Wegenetz. Naturschützer mussten lange darum kämpfen, dass der Park gegen den Widerstand der Holzindustrie und der Jagdfreunde zum Forest Reserve und schließlich zum Nationalpark erklärt wurde. Wenn Sie keine Extrazeit haben, verschieben Sie den kurzen Erkundungstrip des Nationalparks auf morgen und genießen einfach die wunderbare Szenerie der Olympic-Halbinsel.

Zurück auf dem Highway 101 geht es weiter durch urwüchsige Wälder zum **Lake Crescent**. Der See ist fast 200 Meter tief, das Wasser kristallklar, was ihm bei Sonnenlicht eine tiefblaue Farbe verleiht, wie Sie das schon vom Crater Lake kennen. Mit dessen Farbenrausch kann der Lake Crescent aber nicht ganz mithalten. Hier gibt es mit der alten Lake Crescent Lodge und dem Log Cabin Resort gleich zwei Übernachtungsalternativen zum Etappenziel Forks, das noch etwa 35 schöne Motorradmeilen entfernt ist.

Forks wurde von und für die Holzindustrie gegründet. Extensive Forstwirtschaft ist auch heute noch das wirtschaftliche Standbein der Stadt und der Region. Am Südende des Städtchens lässt sich im Forks Timber Museum ein Blick auf die Geschichte der Holzfällung dieser Gegend werfen. Bei Teenagern dürfte Forks einen relativ hohen Bekanntheitsgrad haben, da hier die Abenteuer der romantischen Vampirsaga »Twilight« von Stephanie Meyer spielen. Der Tourismus in Forks hat sich seit Erscheinen und Verfilmung der Twilight-Trilogie sage und schreibe versechsfacht. Weniger erfreulich ist der Grund für die Wahl von Forks als Schauplatz der Story: Es ist die regenreichste Gegend der USA, die Sonne scheint vergleichsweise selten, was den netten Vampiren zwar entgegenkommt, für Motorradfahrer aber eher suboptimal ist.

Forks ist Ausgangspunkt für Ausflüge zum etwa 40 Meilen entfernten **Cape Flattery**, dem nordwestlichsten Punkt der USA und zu vielen schönen und einsamen Stränden der Olympic Halbinsel. Mit etwas Glück können Sie an den Stränden auch Wale und Seeadler sehen. Erwarten Sie allerdings kein mediterranes Klima oder Badewetter, die Regenkombi ist hier in der Regel das am besten geeignete Kleidungsstück.

Ein Abstecher auf die Hurricane Ridge Road lohnt sich

9 Service & Tipps

⬛ Seattle–Bremerton Ferry
Pier 52, Ferry Terminal
801 Alaskan Way
Seattle, WA 98104
✆ (206) 464-6400 oder (888) 808-7977
www.wsdot.wa.gov/ferries
Nebensaison: $ 5.65 (Fahrer und Motorrad),
Hauptsaison: $ 6.65 (Fahrer und Motorrad)
Entspannte und günstige Möglichkeit, dem
Stadtverkehr zu entkommen und stattdessen eine Minikreuzfahrt zu genießen. Von
der Fähre bietet sich ein schöner Blick auf
Seattles Skyline, für den man bei einer Hafenrundfahrt ein Vielfaches zahlen müsste.

⊠ Olympic Timber House Restaurant
295534 Hwy. 101
Quilcene, WA 98376
✆ (360) 765-3500
Kein schlechter Platz für eine Mittagspause,
vor allem wenn Sie eine gewisse Vorliebe
für Meeresgetier haben. Hier gibt es alles
mögliche Maritime, von der Auster über die
Fischsuppe bis zu Fish & Chips. $–$$

ℹ Sequim Dungeness Chamber of Commerce
✆ (360) 683-6197
www.cityofsequim.com
http://visitsun.com

🌿 Sequim Lavender Festival
www.lavenderfestival.com
Das Lavendel-Festival findet jährlich im Juni
in Sequim statt, auch »Lavender Capital of
North America« genannt.

ℹ Port Angeles Chamber of Commerce
✆ (360) 452-2363
www.portangeles.org

📷ℹ Olympic National Park
3002 Mount Angeles Rd.
Port Angeles, WA 98362
✆ (360) 565-3130
www.nps.gov/olym/index.htm
Ganzjährig geöffnet
Eintritt $ 5
Die Berge der Olympic Mountains und die
Regenwälder und wilden Küsten im Westen sind ein Eldorado für Naturliebhaber
und Wanderfreunde. Der Park bietet ent-

Es gibt viele einsame Strände wie den Second Beach auf der Olympic Peninsula

lang des Hwy. 101 zahlreiche Zugänge. Das Visitor Center und die Verwaltung des Parks befinden sich jedoch in Port Angeles. Im Winter kann es jedoch zu Einschränkungen kommen.

☒ Café Garden Restaurant
1506 East 1st St.
Port Angeles, WA 98362
✆ (360) 457-4611
www.cafegardenpa.com
Frühstück Mo–Fr 6.30–11, Sa 6.30–12, So 6.30–14.30, Lunch Mo–Fr 11–14.30, Sa 12–14.30, Dinner Di–Sa ab 14.30 Uhr
Freundliches kleines Café mit frischen Salaten, Sandwiches, Pasta und dem omnipräsenten Seafood. $–$$

⬒☒ Lake Crescent Lodge
416 Lake Crescent Rd.
Olympic National Park, WA 98363
✆ (360) 928-3211
www.olympicnationalparks.com
Eine friedliche Oase inmitten grandioser Natur am gleichnamigen See. Der große *fireplace* in der Lobby des knapp hundertjährigen Haupthauses, dessen Zimmer sowie das Sonnendeck versprühen den Charme der Jahrhundertwende. Die Zimmer in den Nebengebäuden sind etwas moderner. Weder Telefon noch TV stören die Ruhe. Den relativ hohen Preis zahlt man weder für Komfort der Zimmer noch für besonders erlesene Speisen, sondern für die traumhafte Lage. $$$

⬒ Log Cabin Resort
3183 E. Beach Ave.
Port Angeles, WA 98363
✆ (360) 928-3325
www.logcabinresort.net
Sehr einfach und rustikal, dafür auch hervorragend am Lake Crescent im Olympic N. P. gelegen. Um sich an die Werbung eines bekannten Kreditkartenunternehmens zu halten: Blockhütte: $ 70, Abendessen: $ 20, Lagerfeuer unter Sternenhimmel am See: unbezahlbar.

ℹ Forks Chamber of Commerce
✆ (360) 374-2531 oder (800) 443-6757
www.forkswa.com

🏛 Forks Timber Museum
1413 South Forks Ave.

Tief und blau: der Lake Crescent

Forks, WA 98331
✆ (360) 374-9292
www.forks-web.com/fg/timbermuseum.htm
Erwarten Sie hier keine allzu kritische Auseinandersetzung mit dem Schaden, den die Holzindustrie im pazifischen Nordwesten jahrzehntelang angerichtet hat. Das Museum huldigt eher dem Pioniergeist und dem rauen Leben, dem die Lumberjacks früher ausgesetzt waren.

⬒ Pacific Inn Motel
352 S. Forks Ave.
Forks, WA 98331
✆ (360) 374-9400 oder (800) 235-7334
www.pacificinnmotel.com
Nur eines einer Handvoll guter Motels in Forks. Einige der Zimmer tragen dem »Twilight«-Tourismus Rechnung und sind dementsprechend dekoriert. $$

◉ Cape Flattery
Das Kap am Pazifischen Ozean markiert den nordwestlichsten Punkt der USA (ohne Alaska). Der **Cape Flattery Trail** führt einen zu Fuß zum Kap. ✳

🔟 Raindrops Keep Falling on Your Head

Regenwald und wilde Küste

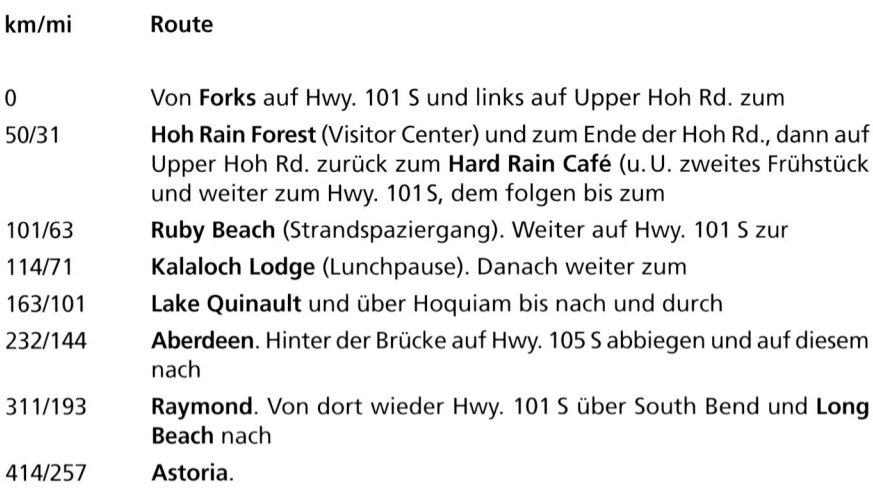

10. Tag: Forks – Astoria (414 km/257 mi)

km/mi	Route
0	Von **Forks** auf Hwy. 101 S und links auf Upper Hoh Rd. zum
50/31	**Hoh Rain Forest** (Visitor Center) und zum Ende der Hoh Rd., dann auf Upper Hoh Rd. zurück zum **Hard Rain Café** (u. U. zweites Frühstück und weiter zum Hwy. 101 S, dem folgen bis zum
101/63	**Ruby Beach** (Strandspaziergang). Weiter auf Hwy. 101 S zur
114/71	**Kalaloch Lodge** (Lunchpause). Danach weiter zum
163/101	**Lake Quinault** und über Hoquiam bis nach und durch
232/144	**Aberdeen**. Hinter der Brücke auf Hwy. 105 S abbiegen und auf diesem nach
311/193	**Raymond**. Von dort wieder Hwy. 101 S über South Bend und **Long Beach** nach
414/257	**Astoria**.

Von Moosen bewachsene Baumriesen im Hoh Rain Forest

Das erste Highlight erwartet Sie bereits etwa eine halbe Stunde, nachdem Sie **Forks** verlassen haben: Vom Highway 101 zweigt links die Upper Hoh Road zum **Hoh Rain Forest** ab. Die kleine Stichstraße führt ins Hoh Valley, in einen wahren Märchenwald mit Tausenden verschiedenen Schattierungen von Grün, mit von Moosen bewachsenen und Lianen überwucherten Baumriesen, mit gewundenen Bachläufen und mit feucht dampfender Luft. Durch die häufigen Niederschläge, immerhin bis zu 420 Zentimeter im Jahr, wächst hier alles etwas schneller und höher als anderswo. Der Hoh Rain Forest ist einer der wenigen Regenwälder in den gemäßigten Klimazonen. Nach etwa 20 Meilen durch den Wald erreichen Sie das kleine Visitor Center, in dem Sie nicht nur Ihren Wissensdurst stillen, sondern sich auch unterstellen können. Das kann leicht nötig werden, der Regenwald macht seinem Namen meist alle Ehre. Davon zeugen auch die moosbewachsenen Dächer der Telefonzelle und der Toilettenhäuschen.

Nachdem Sie die Landschaft gebührend genossen und hoffentlich das Bike auch einmal stehen gelassen haben, um zu Fuß auf einem der kurzen Wanderwege durch das satte Grün zu streifen, fahren Sie zurück zum Highway 101. Bevor Sie diesen erreichen, können Sie sich im **Hard Rain Café** am Eingang zum Hoh Rain Forest noch einmal stärken. Der Highway 101 bringt Sie dann direkt an die Pazifikküste, zunächst zum **Ruby Beach**, einem wilden Strand mit unzähligen angespülten Baumstämmen und der kleinen vorgelagerten Abbey Island. Den »rubinroten Strand« kann man nach einem kurzen Spaziergang erreichen. Seinen Namen verdankt er kleinen Häufchen roten Sandes, der gelegentlich angespült wird.

Nun folgt der Highway erst einmal der Pazifikküste und bietet immer wie-

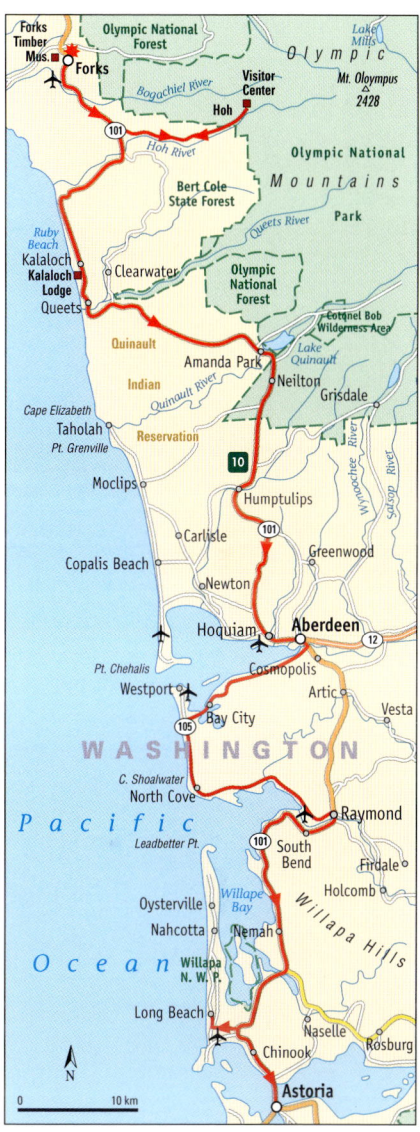

der einen schönen Blick auf den Ozean. In den Wäldern finden sich viele Riesen-Lebensbäume (Red Cedar), angeblich sogar die größten der Welt. Kurz nach **Kalaloch**, einem hübschen Resort mit Restaurant, wendet sich die Straße noch einmal ins Landesinnere – Regenwald dominiert wieder das Landschaftsbild. Außerhalb der Grenzen des geschützten Nationalparks lassen sich leider oft die Folgen der exzessiven Holzwirtschaft erkennen – Kahlschlag und Wiederaufforstung in Monokultur lösen die Urwälder vielerorts ab. Aber auch in den USA spielt der Natur- und Artenschutz eine immer größere Rolle und schiebt der hemmungslosen Ausbeutung der natürlichen Ressourcen einen Riegel vor.

Bald erreichen Sie **Lake Quinault**, einen von hohen Gipfeln und kleinen Wasserfällen umgebenen See. Die alte Lodge am See bietet eine stilvolle Übernachtungsmöglichkeit für den Fall, dass Sie Ihre Etappe schon beenden und diese schöne Gegend etwas genauer erforschen wollen. Hier können Sie sich auch geführten Wanderungen in den Regenwald anschließen.

Gut hundert Meilen (ohne Abstecher) südlich von Forks, Ihrem heuti-gen Startpunkt, erreichen Sie **Hoquiam** (sprich: *houkwiäm*), die erste größere Siedlung auf dieser Etappe. Hoquiam ist indianisch und bedeutet so viel wie »hungrig nach Holz«. Die vielen entgegenkommenden Holztransporter geben dieser prophetischen Namenswahl heute noch Recht, und auch die riesigen Baumstümpfe, die von den Motorsägen übrig gelassen wurden, sprechen eine deutliche Sprache. Auf der anderen Seite des Wishkah River liegt **Aberdeen**, das mit knapp 20 000 Einwohnern bereits eine Kleinstadt und ebenfalls von der Holzwirtschaft geprägt ist. Aberdeen begrüßt die Besucher auf ihrem Willkommensschild mit der Aufforderung »Come as You Are«, einem Songtitel der legendären Band Nirvana, deren Sänger Kurt Cobain hier geboren wurde. Dieser Tatsache verdankt Aberdeen seine Reputation als Geburtsstätte der Grunge-Musik –

Klassisches Ferienhotel in bester Lage: Lake Quinault Lodge

Trägt seinen Namen nicht von ungefähr: das Cape Disappointment

kaum zu glauben, in Anbetracht der hier herrschenden kleinstädtischen Beschaulichkeit.

Direkt hinter der Brücke über den Fluss haben Sie die Möglichkeit, sich für einen kleinen Umweg entlang der Küste zu entscheiden. Biegen Sie rechts auf den Highway 105 und folgen Sie ihm, bis er in **Raymond**, einer kleinen Holzfäller- und Fischerstadt an der Mündung des Willapa River, die sich ebenfalls ein kleines Stückchen vom verlockenden Tourismuskuchen sichern will, wieder auf den Highway 101 trifft. Schneller – aber weniger schön – geht es, wenn Sie in Aberdeen nach der Überquerung der Brücke stattdessen gleich auf dem Highway 101 bleiben.

Von Raymond ist es nur ein Katzensprung nach **South Bend**. Hier kollabierte im Mai 2006 die denkmalgeschützte, aber leider altersschwache Fassade des Lumber Exchange Buildings, was in dem

nicht gerade von Sensationen verwöhnten Städtchen ordentlich für Aufregung sorgte. Etwa 40 Meilen weiter erwartet Sie einer der weltweit längsten Strände mit dem passenden Namen **Long Beach**. 28 Meilen erstreckt sich der Sandstrand entlang der gleichnamigen Halbinsel. Das wetterbedingt nicht gerade seltene Grau wird Ende August während des Kite Festivals vom bunten Treiben unzähliger Flugdrachen abgelöst, und in der kurzen Saison zwischen Juli und September treten sich hier die Touristen am Wochenende schon mal auf die Füße. Bei näherem Hinsehen entpuppt sich das Städtchen dann auch als durchaus attraktiver Ferienort, in dem es sich gut ein Weile aushalten lässt. Wer hier nicht vom Tourismus lebt, holt Austern aus dem Wattenmeer oder erntet Preiselbeeren.

Unbestritten schön sind hier auf alle Fälle die Küste und der Leuchtturm, der

Imposante Querung: die Astoria Bridge über den Columbia River Mouth

die Schiffe ums **Cape Disappointment** leitet. Das »Kap der Enttäuschung« markiert die Einfahrt in den Columbia River Mouth, der Columbia River wiederum die Grenze zu Oregon. Der wenig ermutigende Name wurde dem Kap von Captain John Meares im Jahre 1788 verliehen, als dieser hier vergeblich eine schiffbare Einfahrt in den Columbia River suchte. Heute tummeln sich Besucher im **Cape Disappointment State Park**. Der bietet nicht nur fantastische Ausblicke auf Pazifik und Columbia River Mouth, auch der älteste Leuchtturm der USA thront malerisch auf einer Klippe und versieht seit 1856 ununterbrochen seinen Dienst. 1805 erreichte die Lewis-und-Clark-Expedition an dieser Stelle ihr Ziel.

Wenn Sie das **Lewis & Clark Interpretive Center** hier nicht besuchen, können Sie Ihr Wissen über die erste US-amerikanische Expedition in Richtung Westen morgen im Fort Clatsup nachholen.

Sie überqueren das Mündungsdelta des Columbia River auf der etwa 6,5 Kilometer langen **Astoria Bridge**, einer Metallträgerbrücke, die bei ihrer Einweihung 1966 die letzte Lücke im Highway 101 schloss und damit ein durchgehendes Asphaltband von der kanadischen bis zur mexikanischen Grenze komplettierte.

Auf der Südseite des Columbia River liegt schon Ihr Etappenziel **Astoria**. Der Ort wurde bereits 1811 als Pelzhandelsstützpunkt vom Pelzhändler John Astor gegründet und war die erste dauerhafte Siedlung von Weißen an der Pazifikküste. Im ersten Postamt jenseits der Rocky Mountains wurde hier zudem im Jahr 1847 der erste Brief abgestempelt. Durch den Zuzug der Siedler des Oregon Trail gewann die Stadt schnell an Bedeutung. Fischfang und

Holzwirtschaft florierten, und da sie das inzwischen nicht mehr in gleichem Umfang tun, lief ihnen der Tourismus wirtschaftlich den ersten Rang ab. Heute hat die immer noch bedeutende Hafenstadt etwa 10 000 Einwohner. Die Heimat des Softwareherstellers SAP, Walldorf bei Heidelberg, ist übrigens Astorias einzige Partnerstadt.

Geprägt wird das Bild Astorias durch die historischen Gebäude der Innenstadt und durch ihre Topografie – San Francisco lässt grüßen. Einen guten Blick über die Stadt, den Columbia River sowie die riesigen und heimtückischen Brecher vor der Mündung, durch die so mancher Schoner tragischen Schiffbruch erlitt, hat man von der **Astoria Column**, einem Turm auf dem Coxcomb Hill. Im Innern bringt Sie eine Wendeltreppe zur Aussichtsplattform. Außen zieht sich ein Wandgemälde spiralförmig den Turm hinauf, das

wichtige Ereignisse in der Geschichte Oregons und Astorias darstellt.

Und da sich auch Astoria mit dem Prädikat »regenreichste Stadt der Küste« schmückt, kann es gut sein, dass es Sie ins Trockene treibt. Etwa ins **Columbia River Maritime Museum**, wo Sie die Zeit nutzen können, um allerlei Wissenswertes über Schifffahrt und Schiffbruch der Region zu erfahren. Das Museum erinnert schon architektonisch an einen der bis zu zehn Meter hohen und für Hunderte von Schiffen verhängnisvollen Riesenbrecher. Für Landratten bietet sich alternativ das **Heritage Museum** an. Sie können in der alten City Hall neben indianischem Kunsthandwerk allerlei über die ethnisch bunte Siedlungsgeschichte Astorias erfahren. Neben außergewöhnlich vielen Skandinaviern und Chinesen fanden hier nämlich Siedler aus insgesamt 22 Nationen eine neue Heimat.

Nicht unbedingt an der Tagesordnung: sonnige Pause an der Küste

Hoh Rain Forest
Westl. Ende der Upper Hoh Rd.
Forks, WA 98363
℡ (360) 374-6925
www.nps.gov/olym/planyourvisit/visiting-
the-hoh.htm
Ganzjährig geöffnet, einige Camps und
Wege können im Winter geschlossen sein.
Eintritt $ 5 (gilt für den gesamten Olympic
National Park)
Der Hoh Rain Forest ist Teil des Olympic Na-
tional Parks. Er liegt in seinem westlichen
Teil 31 Meilen von Forks entfernt. Im Visitor
Center gibt's Infos, eine kleine Ausstellung
und Permits für Wanderungen. Zumindest
eine kleine Wanderung durch das üppige
Grün sollten Sie unternehmen, auch wenn
es regnet. Die dichten Wälder, die riesigen
Farne und das Moos, das alles überwuchert,
sorgen für eine fast schon mystische Atmo-
sphäre. Der Hoh Rain Forest ist einer der
nördlichsten und größten noch erhaltenen
Regenwälder, er ist Weltnaturerbe und
Biosphärenreservat.

Hard Rain Café
5763 Upper Hoh Rd.
Forks, WA 98331
℡ (360) 374-9288, www.hardraincafe.com
Kleines, nettes Café und Shop am Eingang
zum Hoh Rain Forest. Sie können sich hier
nicht nur mit Burgern und Snacks stärken,

Hinterlässt Narben: die nimmersatte Holz-
wirtschaft in Washington und Oregon

sondern bei Bedarf auch auf die nächste
Wolkenlücke warten. $

Kalaloch Lodge
157151 Hwy. 101, Forks, WA 98331
℡ (866) 525-256
www.olympicnationalparks.com
Hoch auf einer Klippe überblickt die Lodge
die überwältigende Pazifikküste. Nicht billig, aber die traumhafte Lage lässt sich die
Nationalparkverwaltung, unter deren Obhut
die Lodge steht, bezahlen. An der Küste vor
der Haustür ist die größte Population von
Weißkopfseeadlern, dem Wappentier der
USA, zu Hause. $$$–$$$$

Lake Quinault Lodge
345 South Shore Rd.
Quinault, WA 98575
℡ (360) 288-2900 oder (800) 562-6672
www.olympicnationalparks.com
Die stilvolle, klassische Lodge ist teilweise
schon etwas in die Jahre gekommen – sie ist
immerhin über 85 Jahre alt. Aber für alle,
die den Regenwald etwas genauer erkun-
den wollen, eine gute Wahl, denn sie liegt
idyllisch am **Lake Quinault** im Olympic Na-
tionalpark. $$$

Grays Harbour Tourism &
Visitor Information Center
℡ (800) 621-9625
http://visitgraysharbor.com
Das Tourismusamt informiert unter anderem
über die Städte Aberdeen, Hoquiam und
Quinault sowie deren Umland.

Cape Disappointment State Park/
Lewis & Clark Interpretive Center
2 Meilen südl. von Ilwaco (Hwy. 100)
Ilwaco, WA 98624
℡ (360) 642-3029
www.nps.gov/lewi/planyourvisit/caped.htm
www.capedisappointment.org
Ganzjährig zugänglich, Lewis & Clark Interpretive Center: tägl. 10–17 Uhr
Eintritt $ 3, Kinder $ 1
Der State Park befindet sich auf der Long
Beach Peninsula. Hier treffen Columbia River
und Pazifik aufeinander. Zwei Leuchttürme
weisen auf die Einfahrt in den Columbia
River hin. Besucher genießen den Ausblick
von der Steilküste – manchmal entdeckt man
auch Wale –, spazieren entlang der Sandstrände und machen sich im Besucherzen-

trum mit der **Lewis-und-Clark-Expedition** bekannt, die 1805 in Missouri startete und eineinhalb Jahre später genau hier endete. Übernachtungstipp: die 16 Jurten im Park in Strandnähe.

ℹ️ **Astoria-Warrenton Area Chamber of Commerce**
111 W. Marine Dr.
Astoria, OR 97103-0176
✆ (503) 325-6311 oder (800) 875-6807
www.oldoregon.com

◉ **Astoria Column**
2199 Coxcomb Dr.
Astoria, OR 97103
✆ (503) 325-2963
www.astoriacolumn.org
Tägl. Sonnenauf- bis Sonnenuntergang
Eintritt/Spende $ 1
Wenn Sie die 164 Stufen des Turms erklommen haben, werden Sie mit einem Ausblick über die Mündung des Columbia River, über die Küste und im Osten bei klarer Sicht mit einem Blick bis hin zum Mount Rainier belohnt.

Gute Ausblicke bietet die Astoria Column

🏛 **Columbia River Maritime Museum**
1792 Maritime Dr.
Astoria, OR 97103
✆ (503) 325-2323, www.crmm.org
Tägl. 9.30–17 Uhr
Eintritt $ 12, Kinder $ 5
Schiffe, Modelle und alles rund um Seefahrt und Schiffbrüche am Columbia River Mouth. Zahlreiche Sonderausstellungen.

🏛 **Heritage Museum**
In der alten City Hall
1618 Exchange St., Astoria, OR 97103
✆ (503) 338-4849
www.cumtux.org
Mai–Sept. tägl. 10–17, Okt.–April Di–Sa 10–16 Uhr, Eintritt $ 4/2
Neben Kunsthandwerk und Gebrauchsgegenständen der Indianer und frühen Siedler gibt es historische Fotos und Infos zu Astorias bewegter Siedlungsgeschichte.

❌ **Bridgewater Bistro**
20 Basin St., Suite A
Astoria, OR 97103
✆ (503) 325-6777 oder (877) 357-6777
www.bridgewaterbistro.com
Lunch Mo–Sa 11.30–15, Dinner tägl. ab 17, Brunch So 11–15, Snacks tägl. 15–17, Happy Hour tägl. 16–18 Uhr
Exzellenter Fisch mit traumhaftem Blick über die Mündung des Columbia River und die Brücke nach Washington und deshalb jeden Dollar wert. Besonderes Augenmerk wird auf all die Gäste gelegt, die sich glutenfrei ernähren müssen. $$–$$$

🛏 **Crest Motel**
5366 Leif Erickson Dr.
Astoria, OR 97103
✆ (503) 325-3141 oder (800) 421-3141
www.astoriacrestmotel.com
Die Innenarchitektur dürfte kaum der ausschlaggebende Grund für eine Übernachtung hier sein, sie benötigt in Gegenteil dringend eine Auffrischung. Auch nicht die Lage etwas außerhalb der Stadt. Aber der Blick macht das wett, und das zu Preisen von unter 100 Dollar. $–$$

🔢 Entlang der Oregon Coast
Von Astoria nach Port Orford

11. Tag: Astoria – Port Orford (463 km/288 mi)

km/mi	Route
0	Von **Astoria** auf Hwy. 101 S (u. U. Abstecher zum **Fort Clatsop**, südl. von Astoria beschildert) und weiter über **Seaside** nach
42/26	**Cannon Beach** (Rundgang, Haystack Rock). Weiter auf Hwy. 101 über Manzanita, Rockaway Beach und Bay City nach
106/66	**Tillamook** (u. U. Snack in der Tillamook Cheese Factory). Dort rechts auf 3rd St. und auf Küstenhighway 131 (Netarts Bay Rd., Cape Lookout Rd. und Sandlake Rd.) nach
146/91	**Pacific City** (Lunchpause). Von dort weiter zum Hwy. 101 und auf diesem nach
182/113	**Lincoln City**, weiter über **Depoe Bay** (u. U. Whale Watching) und **Newport** nach
261/162	**Yachats**. Auf Hwy. 101 bleiben, über
302/188	**Florence** nach
381/237	**Coos Bay** und schließlich über **Bandon** nach
463/288	**Port Orford**.

Auch am heutigen Tag wird der Pazifik Ihr ständiger Begleiter sein und sich von seiner besten und wildesten Seite präsentieren. Sie können **Astoria** entweder über die Old Youngs Bay Bridge auf dem Highway 101 verlassen, oder aber Sie wählen den Oregon Coast Highway 26 über die Youngs Bay Bridge. Beide Straßen führen über die Youngs Bay südlich der Stadt und treffen schon bald wieder aufeinander. Wenn Sie sich für Highway 101 entscheiden, können Sie nach wenigen Meilen den Nachbau des historischen **Fort Clatsop** besichtigen.

Die Blockhaussiedlung wurde von den Teilnehmern der Lewis-und-Clark-Expedition zu Beginn des 19. Jahrhundert errichtet. Meriwether Lewis und William Clark brachen im Auftrag des damaligen US-Präsidenten Thomas Jefferson mit 40 Teilnehmern im Mai 1804 in der Nähe von St. Louis (Missouri) auf, um den Westen zu erkunden. Hauptziel war, einen (binnen-)schiffbaren Weg zum Pazifik zu finden. Unterwegs gestaltete sich die Überquerung der Rocky Mountains jedoch als ziemlich anstrengend und zeitaufwendig. Weite Strecken musste die Expedition zu Fuß zurücklegen. Als sie im November 1805 nach eineinhalb mühsamen Jahren endlich den Pazifik auf dem Columbia River erreichten, mussten Sie ein Lager zum Überwintern bauen – Fort Clatsop. Benannt wurde das Fort nach dem Stamm der Clatsop-Indianer, mit dem sich die Expeditionsteilnehmer angefreundet hatten. 106 lange, feuchte, kalte Tage diente das Fort als Quartier. Eine schwere Zeit für die Männer. Die von Lewis und Clark geschriebenen Tagebücher gelten als wichtige historische Dokumente.

Seit seiner Restaurierung in den 1950er-Jahren erstrahlt das Fort in neuem Glanz und ist Schauplatz für *living history* – d. h. die alten Zeiten werden mit Originalkostümen und Werkzeugen anschaulich wieder zu Leben erweckt. Wirklich empfehlenswert ist dieser Abstecher vor allem dann, wenn Sie Ihre Kenntnisse der US-amerikanischen Siedlungsgeschichte im Detail vertiefen wollen.

Die erste größere Ortschaft auf Ihrer Etappe ist nach etwa 16 Meilen **Seaside**, das älteste und größte Seebad Oregons mit seinen weiten Sandstränden. Zahlreiche Hotels und Restaurants zeugen von Seasides Popularität als Urlaubsort für die Bewohner Portlands. Im Sommer vervielfacht sich deshalb die Einwohnerzahl, die Strände sind von Volleyballern, Surfern und Sonnenanbetern bevölkert. Hier, am

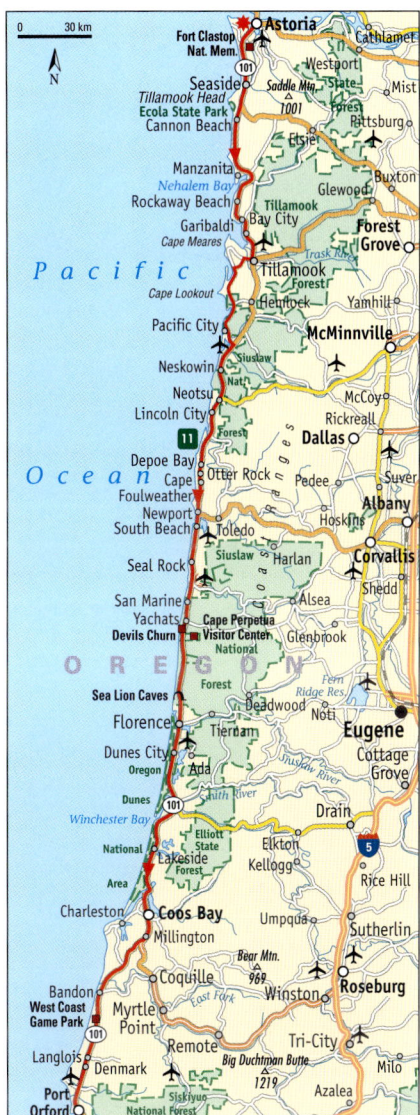

Wendeplatz des Broadway, steht das »End of Trail«-Denkmal, das seit 1990 offiziell den Endpunkt der Lewis-und-Clark-Expedition markiert. Da Sie Ihr Bike jedoch gerade erst warmgefahren haben, dürfte es für eine Pause noch etwas zu früh sein, Sie können Seaside also auch einfach rechts liegen lassen, zumal von der ehemals gediegenen At-

Living History in Fort Clatsup

mosphäre heute nicht mehr allzu viel zu spüren ist.

Eine Küste wie aus dem Bilderbuch – die sich am besten zu Fuß erkunden lässt – tut sich am **Ecola State Park** bei Cannon Beach auf. Vom Parkplatz führen unterschiedliche Pfade zu schönen Aussichtspunkten. Die Ortschaft **Cannon Beach** ist wie Seaside ein beliebtes Naherholungsziel für Oregons Hauptstädter. Aber nicht nur das: Auch auf Künstler übt Cannon Beach eine starke Anziehungskraft aus. Der Ort mit den zahlreichen Galerien freut sich heute über seine Reputation als kunstsinniges Städtchen. Seinen Namen verdankt es einer vor mehr als 150 Jahren am Strand angeschwemmten Kanone, die einst auf dem Schoner »Shark« Dienst tat, bis auch dieser Opfer der tückischen Brecher an der Columbia River Bar wurde. Das Wahrzeichen der Stadt ist der **Haystack Rock**, ein 72 Meter hoher Monolith in der Brandung, den man bei Ebbe zu Fuß erreichen kann. Jedes Jahr im Juni findet am Starnd ein großer Sandskulpturen-Wettbewerb statt. Wenn Sie zur rechten Zeit hier sind, lohnt sich der Spaziergang zwischen den vergänglichen Kunstwerken.

Folgen Sie von Cannon Beach dem Küstenhighway weiter Richtung Süden. All die malerischen und einsamen Strände an diesem Streckenabschnitt beim Namen zu nennen, würde den Rahmen sprengen, aber es lohnt sich, mindestens einen näher zu erkunden.

Nach dem kleinen Küstenstädtchen Manzanita umrundet der Highway 101 die Nehalem Bay. Die kleinen Orte Nehalem, Wheeler, Rockaway Beach und Bay City sind die nächsten Stationen auf der Fahrt nach **Tillamook**, einer Kleinstadt am Südende der Bay, die nach den Tillamook-Indianern benannt wurde, welche hier bis ins 19. Jahrhundert lebten. Für einen kleinen Snack bietet sich der Stopp an der **Tillamook Cheese Factory** an, die zu den bekanntesten und beliebtesten der Westküste zählt.

Die schroffe Küste wird hinter Tillamook von fruchtbarem Farmland abgelöst, sofern Sie auf dem Highway 101 bleiben. Alternativ können Sie in Tillamook rechts auf die 3rd Street biegen, die Sie zurück zum Pazifik bringt und im weiteren Verlauf in einem großen Bogen nach Pacific City führt, wo sie sich wieder mit dem Highway 101 vereint. Landschaftlich ist diese Strecke reizvoll, allerdings nervt in den Ferien und an Wochenenden der Quad- und Jeepverkehr am Strand und in den Dünen. Nicht nur Fans der Band Grateful Dead sollten eine Mittagspause in der Grateful Bread Bakery & Restaurant in Pacific City einlegen.

Nächste Station ist **Lincoln City**. Erholungssuchende finden am elf Kilometer langen Sandstrand Ruhe; Abwechslung bietet das von den lokalen Indianerstämmen betriebene Chinook Winds Casino, das größter Arbeitgeber der Stadt ist und an 365 Tagen im Jahr rund um die Uhr geöffnet hat. Mit seinem nur 36 Meter langen Devils River, der vom Devils Lake in den Pazifik fließt, beansprucht Lincoln City den Rekord, Heimat des kürzesten Flusses der Welt zu sein, wie auch ein Schild an der Brücke stolz verkündet.

In **Depoe Bay**, etwas weiter südlich, befindet sich ein Whale Watching Center. Von den etwa 18 000 Walen, die jeden Winter Richtung Süden wandern und zwischen März und Juni wieder auf dem Rückweg in kältere Gewässer sind, werden hier jährlich etwa 1000 gesichtet. Einige Wale haben die Bucht zu ihrer permanenten Heimat gemacht und sind somit das ganze Jahr über zu beobachten. Das Visitor Center bietet umfangreiche Informationen zu den Meeressäugern, zudem stehen den Besuchern Ferngläser zur Verfügung. In Depoe Bay wurde übrigens der Bootsausflug der Irrenhausbesatzung aus »Einer flog über das Kuckucksnest« gedreht.

Wenn Sie mit etwas Glück Wale gesehen haben, geht es dementsprechend stimmungsvoll weiter. An **Cape Foulweather** vorbei, das seinen Namen 1778 von Captain James Cook erhielt, kommen Sie nach Newport, einer weiteren kleinen Touristenstadt.

In **Newport** findet der Highway 20 sein Ende, der knapp 3400 Meilen weiter östlich am Atlantik beginnt und somit der längste Highway der USA ist – nicht etwa, wie weithin angenommen, die Route 66. An Sehenswürdigkeiten bietet die Stadt außer dem hübschen Yaquina Head Lighthouse auch das Oregon Coast Aquarium, das zu den besseren Aquarien der USA zählt.

Sie verlassen Newport über die Yaquina Bay Bridge, das Wahrzeichen der Stadt, folgen dem Highway 101 weiter nach Waldport und **Yachats** (sprich: *Jahaats*), dessen Name auch indianischen Ursprungs ist und etwa »am Fuße des Berges« bedeutet. Etwas südlich des Städtchens bietet sich bei halbwegs

hoher Brandung ein beeindruckendes Schauspiel: Bei **Devils Churn**, einer schmalen Flussmündung in den Pazifik, sprüht die Gischt bis zu 100 Meter hoch in die Luft, wenn die Brecher in die schmale Schlucht donnern. Am besten lassen sich die entfesselten Naturgewalten beobachten, wenn Sie vom Visitor Center am Aussichtspunkt, direkt am Highway 101, den Restless Waters Trail herunterlaufen.

Ein weiterer Stopp ist bei den **Sea Lion Caves** etwa 15 Meilen südlich von Yachats möglich, wo sich je nach Saison eine Kolonie von etwa 200 bis 300 Seelöwen auf den Felsen in der Höhle räkelt. Für empfindliche Nasen wird der Besuch der Höhle zur Herausforderung – die Tiere verbreiten einen infernalischen Gestank – und schlägt mit happigen zwölf Dollar zu Buche.

Von dort sind es noch etwa 20 Minuten nach **Florence**. Die Stadt ist nicht etwa nach ihrer berühmten italienischen

Wahrzeichen von Cannon Beach: der Haystack Rock

Tiefenentspannte Seelöwen in Newport

Namensvetterin benannt, sondern nach einem französischen Schiff, das hier in der Mündung des Siuslaw River im Jahre 1875 strandete. Florence erlangte im Jahr 1970 makabere Bekanntheit als Schauplatz des »Exploding Whale«. Ein bereits verendeter, gestrandeter Wal wurde wegen des zunehmend unangenehmen Geruchs und mangels besserer Ideen mit einer gehörigen Menge Dynamit in die Luft gejagt, in der vagen Hoffnung, dass die Möwen sich dann um die verbleibenden kleinen Einzelteile kümmern würden. Stattdessen rührte sich nach der gewaltigen Explosion ein guter Teil des Kadavers gar nicht von der Stelle, während der Rest mehrere Hundert Meter durch die Gegend flog, den Geruch großflächig verteilte und auch noch diverse Autos erheblich beschädigte. Und wer den Schaden hat, braucht für den Spott nicht zu sorgen: Die Geschichte wurde von den US-amerikanischen und auch den internationalen Medien genüsslich ausgeweidet.

Die wunderschönen Dünen südlich von Florence sind Teil der **Oregon Dunes National Recreation Area**, einer etwa 40 Meilen langen Dünenlandschaft Oregons. Die ist wie üblich von unzähligen Reifenspuren zerfurcht. Wenn Sie Stille und unberührte Natur suchen, dürfte der rege Quadverkehr Flucht-

reflexe bei Ihnen auslösen. Für Enduristen freilich bietet der tiefe Sand eine anspruchsvolle Herausforderung. Es gibt südlich von Florence verschiedene Gebiete, in denen Sie den Hinterreifen im Sand eingraben können – vom Siltcoos River und South Jetty über die Umpqua Riding Area bis hin zur Spinreel und Horsfall Area etwas nördlich von North Bend. Vom harten Sandstrand über angelegte Pisten bis hin zu Tiefsand auf den Dünen gibt es für Offroader Herausforderungen in allen Schwierigkeitsgraden. Aber bei allem Spaß: Eine Düne ist ein fragiles Gefüge, Naturschutz sieht anders aus.

Weiter durch Reedsport, Winchester Bay und Lakeside, die am Rande der Oregon Dunes liegen, erreichen Sie schließlich über die beeindruckende McCullough Memorial Bridge die Zwillingsstädte **North Bend** und **Coos Bay**. Als die Brücke 1936 eingeweiht wurde, war sie immerhin die längste Oregons, und auch heute noch ist die Fahrt über die grüne Stahlkonstruktion

beeindruckend. Zusammen haben die Städte etwa 25 000 Einwohner, liegen an der Coos Bay und sind auf drei Seiten von Wasser umgeben. Coos Bay ist ein recht netter Ort mit betriebsamem Hafen; die Dünen dienen auch hier – wen wundert's – als Rennstrecke für ATV-Piloten (All Terrain Vehicle = Quad).

Bandon ist die nächste und zugleich letzte nennenswerte Zwischenetappe auf dem Weg nach Port Orford. Der Strand von Bandon ist mit den vielen in Wasser und Sand verteilten Felsbrocken recht malerisch und bietet vor allem am späten Nachmittag nette Fotomotive. Die kleine Altstadt ist ideal für eine letzte Kaffeepause.

Direkt südlich von Bandon buhlt dann auch noch der **West Coast Game Park Safari** um Besucher. Auf einer Walk-in-Safari lassen sich heimische und exotische Tiere vom Waschbär bis zum Leopard beobachten. Das Ganze ist allerdings eher ein Zoo, für manche sogar ein *animal jail*. Hauptattraktion sind die Baby-Raubkatzen, die man mit etwas

Glück streicheln kann. Mit artgerechter Tierhaltung hat das alles nur bedingt zu tun. Die 16 Dollar Eintritt pro Nase kann man auch ins Abendessen investieren, ohne Wesentliches versäumt zu haben. Ein letztes Mal für heute müssen Sie nun in den Sattel, um die verbleibende halbe Stunde zum Etappenziel zu meistern.

Port Orford ist ein kleines Küstenstädtchen mit einem auffallend wärmeren Klima als in den nördlicher gelegenen Gebieten. Banana Belt nennt sich dieser Landstrich, auch wenn schwer vorstellbar ist, dass die windgepeitschten Zypressen durch Bananenstauden abgelöst werden könnten. Die Stadt hat nur etwas über 1000 Einwohner, entsprechend gemächlich geht es zu. Der geschützte Strand lädt dazu ein, die Zehen in den Sand zu graben und den Tag beschaulich ausklingen zu lassen. Am **Cape Blanco**, von dem ein Leuchtturm malerisch grüßt, befinden Sie sich – wieder ein Rekord – am westlichsten Punkt Oregons.

Malerisch: Yaquina Head Lighthouse bei Newport

Service & Tipps

Abendstimmung an der Yaquina Bay Bridge südlich von Newport

ℹ️ Oregon Coast Visitor Association
137 N.E. First St., Newport, OR 97365
✆ (541) 574-2679
http://visittheoregoncoast.com
Information zur Oregon Coast, von Astoria bis Brookings-Harbor entlang des Hwy. 101.

🏛️ Fort Clatsop National Memorial
92343 Fort Clatsop Rd.
Astoria, OR 97103
✆ (503) 861-2471
www.nps.gov/lewi
Mitte Juni–Labour Day tägl. 9–18, sonst tägl. 9–17 Uhr, Eintritt $ 3, Kinder frei
Das Fort der Lewis-und-Clark-Expedition ist historisches Heiligtum: Die von Lewis und Clark geschriebenen Tagebücher gelten als wichtige Dokumente. Nach Abzug der Expedition verfiel die Anlage und wurde 1955 als *living museum* wieder aufgebaut, um den Besuchern das Leben im Fort so wirklichkeitsnah wie möglich zu präsentieren.

ℹ️ Seaside Visitors Bureau
✆ (503) 738-3097, (888) 306-2326
www.seasideor.com

🅴 Ecola State Park
Westl. des Hwy. 101, 2 Meilen nördl. von Cannon Beach
www.oregonstateparks.org/park_188.php

Ganzjährig geöffnet, Eintritt $ 5
Vom Parkplatz führen Wege zu verschiedenen Viewpoints, die wunderbare Ausblicke u. a. über die Küste und den **Haystack Rock** sowie den im Meer liegenden **Tillamook Rock** mitsamt den Brechern trotzendem Leuchtturm freigeben. Ebenfalls Teil des State Parks ist der **Lewis & Clark Historic Park.**

ℹ️ Cannon Beach Chamber of Commerce
✆ (503) 436-2623
www.cannonbeach.org

🅲 Haystack Rock
Südl. Ende des Cannon Beach
Der über 70 m hohe Monolith, der aufgrund seiner Ähnlichkeit mit einem Heuhaufen diesen Namen trägt, steht im Meer am Cannon Beach. Bei Ebbe kann man zu ihm rüberlaufen, jedoch sollte man die zahlreichen Vögel, die ihn als Nistplatz auserkoren haben, nicht stören.

🅱️🍽️ Tillamook Cheese Factory
4185 Hwy. 101 North
Tillamook, OR 97141
✆ (503) 815-1300
www.tillamook.com/cheesefactory
Mitte Juni–Labour Day tägl. 8–20, sonst tägl. 8–18 Uhr, Eintritt frei
Hier kann man der Käserei bei der Arbeit zusehen, die Endprodukte probieren oder sich im dazugehörigen **Farmhouse Café** stärken, was knapp eine Million Käsefreunde jedes Jahr auch tun.

🅱️🗡️ The Grateful Bread Bakery & Restaurant
34805 Brooten Rd.
Pacific City, OR 97135
✆ (503) 965-7337
www.pacificcity.org/GratefulBread/home.html
Do–Mo 8–15, Bakery bis 16 Uhr
Kein Gourmetlokal, aber ein nettes Plätzchen für ein Sandwich, einen Salat oder eine Pizza. Nette Hommage an »The Grateful Dead«.

ℹ️ Lincoln City Convention & Visitors Bureau
www.oregoncoast.org

🅱️🗡️ Chinook Winds Casino Resort
1777 NW 44th St.
Lincoln City, OR 97367

© (541) 996-5825
www.chinookwindscasino.com
Das Casino, dem auch ein großes Hotel und
zwei Restaurants angeschlossen sind, werden von den konföderierten Stämmen der
Siletz-Indianer Oregons betrieben. $$–$$$

🦅🦭 Depoe Bay Whale Watching Center
119 S.W. Hwy. 101
Depoe Bay, OR 97341
© (541) 765-3407 oder (541) 765-3304
www.whalespoken.org
Memorial Day–Labour Day tägl. 10–17, sonst
Mi–So 10–16 Uhr
Eintritt frei
In Depoe ist selbst im Sommer die Wahrscheinlichkeit relativ hoch, einen der majestätischen Meeressäuger beobachten zu
können. Die Ranger des Walbeobachtungs-
centers beantworten Fragen und helfen einem, Wale zu sichten.

**🦭 Yaquina Head Outstanding Nature Area
& Yaquina Head Lighthouse**
750 N.W. Lighthouse Dr.
Newport, OR 97365
© (541) 574-3100

www.blm.gov/or/resources/recreation/ya
quina
Interpretive Center: Sommer tägl. 9–17,
Herbst 10–17, Winter tägl. 10–16.30 Uhr
Leuchtturm: Sommer tägl. 9–16, Winter tägl.
12–16 Uhr, Eintritt $ 7
Etwas nördlich von Newport findet sich die
Yaquina Head Natural Area (Cape Foulwea-
ther). Hier kann man Seehunde, verschiede-
ne Vogelarten vom Pelikan bis zum Seeadler
und mit etwas Glück auch einen der etwa
150 Wale, die vor der Küste Oregons hei-
misch sind, beobachten. Bei Ebbe werden die
Gezeitenbecken mit Seesternen, Muscheln,
Schnecken, Seeigeln und Krabben freigelegt
und laden zur Erkundung. Der alte Yaquina
Head Lighthouse thront malerisch auf der
Klippe: besonders beeindruckend, wenn
Wind und Wellen toben.

🦅🦭 Oregon Coast Aquarium
2820 S.E. Ferry Slip Rd.
Newport, OR 97365
© (541) 867-3474
http://aquarium.org
Memorial Day–Labour Day tägl. 9–18, sonst
tägl. 10–17 Uhr, Eintritt $ 15.95, über 65

Für Puristen: Harley-Davidson Fat Boy®

Gut für die Laune – schlecht für die Umwelt: Quads in der Oregon Dunes National Recreation Area

Jahre $ 13.95, Kinder $ 9.95
Eines der besten Aquarien Nordamerikas. Die Haie im Glastunnel und vor allem die Seeotter gehören zu den Attraktionen. Hier lebte auch Keiko, der Orca aus »Free Willy« zwei Jahre lang vor seinem Transport nach Island, wo man ihn auswilderte.

⊙ **Devils Churn**
Cape Perpetua Scenic Area
Hwy. 101, südl. von Yachats
Die Aussichtsplattform, von der man die Brandung beobachten kann, liegt direkt am Hwy. 101. Von dort führt der **Restless Waters Trail** (1 Meile lang) dichter ans Geschehen.

ℹ **Yachats Visitor Center &**
Chamber of Commerce
✆ (800) 929-0477
www.yachats.org

⛟⊙ **Sea Lion Caves**
91560 Hwy. 101 N (11 Meilen nördl. von Florence), Florence, OR 97439
✆ (541) 547-3111
www.sealioncaves.com
Tägl. 9–17 Uhr, Eintritt $ 12/8
Recht teure, aber sehenswerte Seelöwenkolonie in großer Meereshöhle, gilt als größte Seelöwenhöhle der Welt und wurde 1880 entdeckt. Die Tiere verbringen dort vor allem den Herbst und Winter. Mit einem Lift geht es in die Tiefe, wo man je nach Jahreszeit bis zu 350 Tiere beobachten kann.

ℹ **Florence Chamber of Commerce**
✆ (541) 997-3128
www.florencechamber.com

⊙⛟⛟ **Oregon Dunes National Recreation Area**
855 Hwy. 101, Reedsport, OR 97467
✆ (541) 271-3611
www.stateparks.com/oregon_dunes.html
Ein Teil von Oregons imposanter Dünenlandschaft. Allerdings ist es nicht immer einfach, hier Ruhe und Erholung zu finden. Im 50 km langen Dünengebiet tummeln sich vor allem ATV-Piloten, auch Enduristen finden einen sandigen Spielplatz. Die Offroad-Strecken sind beschildert. Ein Graus für Naturschützer.

ℹ **Coos Bay Visitor Center**
✆ (541) 269-0215 oder (800) 824-8464
www.oregonsbayarea.org

ℹ **Bandon Chamber of Commerce**
✆ (541) 347-9616
www.bandon.com

⚑⚐ West Coast Game Park Safari
46914 Hwy. 101
Bandon, OR 97411
✆ (541) 347-3106
www.gameparksafari.com
Jan./Feb. Sa/So 10–16.30, März tägl. 10–16.30, April–Mitte Juni tägl. 9.30–16.30/17, Mitte Juni–Labor Day tägl. 9–18, Sept. 9.30–17, Okt./Nov., letzte Dezemberwoche tägl. 10–16.30 Uhr
Eintritt $ 16.50, Kinder $ 9
Trotz Löwen, Schneeleoparden und Bären mehr Streichelzoo als Safaripark. Die Meinungen zum Park/Zoo sind geteilt: Die einen freuen sich daran, ein Löwenbaby streicheln zu können, die anderen kritisieren zu Recht die Tierhaltung.

ℹ Port Orford Visitor Center
520 Jefferson St.
Port Orford, OR 97465
✆ (541) 332-4106
www.portorford.org

⊠⊟ Redfish
701 Jefferson St.
Port Orford, OR 97465
✆ (541) 366-2200
www.redfishportorford.com
Mo–Fr 11–21, Sa/So 9–21 Uhr
Französisch angehauchte Pazifikküche mit viel Seafood, die keinen Vergleich zu scheuen braucht. Wer den Heimweg nach dem Essen kurzhalten will, kann sich im Loft des Hauses einmieten. Stilvolle Unterkunft mit Kamin und fantastischem Blick über den Pazifik für $ 300 die Nacht.
$$$ (Restaurant) $$$$ (Übernachtung)

⊟ Battle Rock Motel
136 Hwy. 101
Port Orford, OR 97465
✆ (541) 332-7331
Von außen eher unscheinbar, aber die Zimmer sind sauber, die Gastgeber nett und vor dem Fenster tobt der Pazifik.
$–$$ ✳

Sonnenuntergang an der Silatz Bay nahe Lincoln City

12 California Dreaming
Zurück im Golden State

12. Tag: Port Orford – Willow Creek (333 km/207 mi)

km/mi	Route
0	Von **Port Orford** auf Hwy. 101 S zu den
21/13	**Prehistoric Gardens** (u. U. Besichtigung) und weiter über Gold Beach nach
90/56	**Brookings** und nach
132/82	**Crescent City**, dort zum **Redwood Visitor Center**. Weiter auf Hwy. 101 durch den **Del Norte Coast Redwoods State Park** (Abschnitt des Redwood N.P.) nach
166/103	**Klamath**. Dann weiter über Hwy 101 S und den Newton B. Drury Scenic Parkway (alter Hwy. 101) durch den **Prairie Creek Redwoods State Park** (Abschnitt der Redwood National and State Parks). Dieser führt wieder zum Hwy. 101, diesem für ca. 2 Meilen folgen, dann rechts auf Davison Rd. und bis zum Straßenende zum
201/125	**Fern Canyon** fahren (kleine Wanderung). Anschließend zurück zum Hwy. 101 und den über Orick nach
249/155	**Trinidad** (späte Lunchpause) folgen. Weiter auf Hwy. 101 S nach
267/166	McKinleyville. Dort kurz auf Hwy. 200 (Exit North Bank Rd.) abbiegen und dann links auf Hwy. 299 N (Richtung Blue Lake), diesem folgen bis nach
333/207	**Willow Creek**.

Sobald Sie **Port Orford** verlassen, erwartet Sie die gewohnte Szenerie. Langweilig wird die wilde Küste Oregons aber kaum: Der Highway 101 verläuft zunächst direkt am Pazifik und erlaubt hinter jeder Kurve einen großartigen Blick. Eine Attraktion ganz nach US-amerikanischem Geschmack steht auf dem Programm, noch bevor die Maschine richtig warmgelaufen ist: Im Regenwald der **Prehistoric Gardens** »verstecken« sich zwischen Riesenfarnen lebensgroße Dinosaurier. Die Szenerie wirkt, auch wenn von den Betreibern wissenschaftlicher Anspruch erhoben wird, eher wie eine etwas bizarre Pop-Art-Installation.

Folgen Sie dem Highway 101 weiter Richtung Süden und genießen Sie die malerische Küstenlandschaft noch einmal in vollen Zügen, bald gilt es nämlich, sich vom Pazifik zu verabschieden.

Zuerst liegen Gold Beach und Brookings auf der Strecke, beide recht ansehnliche Orte und durchaus eine kleine Pause wert. Besonders gut eignet sich der Strand ein Stück hinter Gold Beach zu einem Strandspaziergang.

Etwas südlich von Brookings verlassen Sie Oregon und kommen wieder auf kalifornischen Boden, ein unübersehbares Schild heißt Sie im »Golden State« willkommen. Der Highway 101 heißt nun gemäß der Sie erwartenden Attraktionen nicht mehr Coast Highway, sondern Redwood Highway, und der bringt Sie schon bald nach **Crescent City**. Die Stadt hat etwa 4000 Einwohner, dazu kommen noch etwa 3000 Insassen des nahegelegenen Pelican Bay State Prison, in dem besonders schwere Jungs ihre Strafe verbüßen. Der Ort wurde bereits 17-mal von Tsunamis heimgesucht. Besonders schwere Schäden richtete die Welle an, die 1964 dem »Karfreitagsbeben« in Alaska folgte: Sie forderte zwölf Todesopfer und über hundert Verletzte. Auch nach dem großen Beben in Japan am 11. März 2011 wurde in

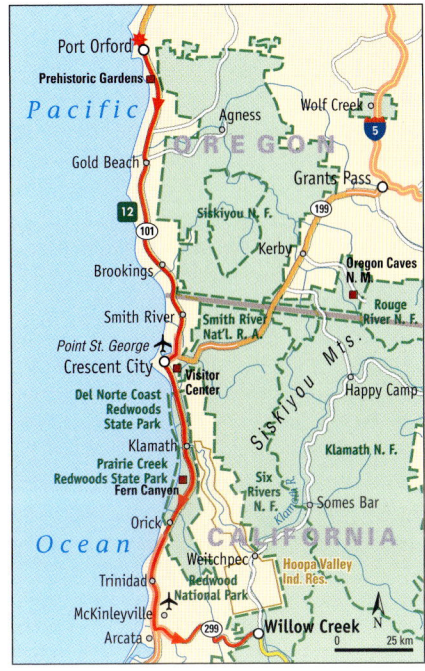

Crescent City Tsunami-Alarm ausgelöst. In der Stadt befindet sich das zentrale Besucherzentrum für den **Redwood**

Abschied von der Küste – hier in Brookings – fällt schwer

National Park, der direkt südlich der Stadt beginnt. Die bis zu 2000 Jahre alten, 100 Meter hohen und sechs Meter dicken Baumriesen finden sich zu beiden Seiten des Highways und in größeren Ansammlungen in kleinen Hainen etwas abseits der Straße. Mithilfe der Nationalparkbroschüre sind diese Wäldchen problemlos zu finden. Bereits in den 1920er-Jahren richtete der Staat hier geschützte State Parks ein (Jedediah Smith, Del Norte Coast und Prairie Creek), um die verbleibenden Sequoias (Riesenmammutbäume) vor den Äxten der Forstkonzerne zu schützen. 1968 vereinte man die einzelnen State Parks zum Nationalpark. Diese Wälder zählen zu den gemäßigten Regenwäldern, die Vegetation ist dementsprechend üppig und das Wetter oft so, wie man es in einem Regenwald eben erwarten kann. Die Sommermonate sind allerdings verhältnismäßig trocken. Im Redwood National Park befindet sich auch der mit 115 Metern höchste Baum der Welt. Die genaue Lage wird in weiser Voraussicht allerdings nicht bekannt gegeben, um Schädigungen der Wurzeln durch Besucherströme zu verhindern.

Mit dem Eintreffen der Pioniere in der Gegend des heutigen Nationalparks infolge des Goldrauschs im Jahr 1849, begann die Rodung der umliegenden Wälder. Die seit vielen Generationen in Einklang mit der Natur lebenden Yurok-Indianer wurden so systematisch dezimiert und vertrieben. Die rasante Besiedlung des Westens und der entsprechend hohe Bedarf an Bauholz – vor allem für Eisenbahnschwellen – rief das goldene Zeitalter der Holzindustrie hervor. Ausgesprochen beliebt waren die Küstenmammutbäume, sie waren nicht nur riesig (ein einziger Baum reichte für den Bau von 20 Häusern), sondern auch weitgehend schädlingsresistent.

Zum Nationalpark gehören nicht nur die Redwood-Wälder, sondern auch die über 50 Kilometer lange Küstenlinie, zahlreiche Seen und Flüsse sowie bewaldetes Hinterland. Wenn Sie das Haupt-Visitor-Center in Crescent City nicht besichtigen konnten, haben Sie hier ausreichend Gelegenheit, sich in den diversen kleineren Informationszentren über die Besonderheiten der einzelnen Abschnitte des Nationalparks zu erkunden. Unbedingt anschauen sollten Sie sich ein paar der Redwood-Haine *(groves)*. Auch der Fern Canyon in der Nähe von Klamath ist mit seinen farnbewachsenen Felswänden ein lohnendes Ziel.

Eine Touristenfalle ist **Trees of Mystery** kurz vor Klamath. Unübersehbar begrüßen die beiden Maskottchen der Parkanlage die potenziellen Besucher am Rand des Highways: Holzfäller Paul und sein blauer Ochse Babe, überlebensgroß in Holz geschlagen, unterhalten mit Plattitüden aus eingebauten Lautsprechern. Der Rundgang durch die Parkanlage, die an den Redwood National Park grenzt, führt vorbei an Küstenmammutbäumen und wird von pathetischer Musik und vorgetragenen Gedichten aus versteckten Lautsprechern begleitet – das alles ist eher Disneyland denn Waldspaziergang und für die meisten europäischen Besucher eher Frust statt Lust.

Die kleine Ortschaft **Klamath** liegt nicht auf dem Gebiet des Nationalparks, sondern auf privatem Land, also Indianerland. Kommerz und Gastronomie werden vom geschützten Gebiet hierher verbannt. Deshalb finden sich in Klamath ein paar touristische Einrichtungen, die die vielen Besucher versorgen. Biegen Sie etwa fünf Meilen hinter Klamath rechts auf den Newton B. Drury Scenic Parkway, der Sie durch das grüne Herz des **Prairie Creek Redwoods State Park** (Teil des Redwood National Park) bringt, bevor er nach knapp 15 Meilen wieder auf den Highway 101 trifft. Wollen Sie dem weiter oben erwähnten **Fern Canyon** einen Besuch abstatten, folgen Sie Highway 101 für etwa zwei Meilen weiter Richtung Süden und nehmen dann die acht Meilen lange Stichstraße zum Trail Parking. Von hier ist es ein schöner Spaziergang in den Canyon, wo Sie unter einem dichten grünen Dach zwischen farnbewachsenen bis zu 13 Meter hohen Felswänden und über moosüberwucherte Baumstämme entlang des Prairie Creek wandern – eine beinahe schon unwirkliche Atmosphäre.

Zurück am Highway 101 windet sich dieser noch weiter durch die Märchenwälder. Kurz nach Orick, das aus nicht mehr als ein paar Häusern besteht, trifft er wieder auf die Küste und führt bald durch **Trinidad**, ein hübsches Fischerdorf mit einem ebenso hübschen kleinen Leuchtturm und Strand. Dieser war wegen seines Naturhafens früher mal eine nicht unbedeutende Versorgungsstation für Goldgräber, bevor sich die

Bewohner mit Fischerei, Walfang und Holzfällerei über Wasser hielten. Heute ist Trinidad jedenfalls kein schlechter Ort für eine Pause und einen letzten Strandspaziergang.

Endgültig vom Pazifik Abschied nehmen heißt es am Moonstone Beach zwischen Trinidad und **McKinleyville**, das mit etwa 13 000 Einwohnern zu den größeren Städten in der dünn besiedelten Region gehört. Die Stadt fungiert vor allem als Trabantenstadt von Arcata und Eureka und ist dementsprechend uninteressant. Bleiben Sie also getrost ohne Abstecher auf dem Highway 101, bis der Highway 200 Richtung Osten abzweigt. Der bringt Sie nach wenigen Meilen zum Highway 299, den Sie schon vom Hinweg kennen (vgl. Tag 3 S. 238 f.). Die letzten Kilometer zu Ihrem Etappenziel **Willow Creek** fahren Sie also bereits zum zweiten Mal, was dem Fahrspaß aber keinen Abbruch tun sollte. Bald grüßt Sie wieder der Bigfoot, und Sie haben Ihr Ziel erreicht.

Unter Riesen: ein Spaziergang durch die Redwoods ist Pflichtprogramm

Service & Tipps

Kurvenhatz macht auch mit dem Dickschiff Spaß

◉◉ Prehistoric Gardens
36848 Hwy. 101, Port Orford, OR 97465
℡ (541) 332-4463
www.prehistoricgardens.com
Tägl. 9–19 Uhr, Eintritt $ 10, Kinder $ 8
Inmitten des satten Regenwaldes hat der Bildhauer E. V. Nelson im Laufe von 40 Jahren zwei Dutzend Dinosaurier in der Landschaft verteilt. Das sieht im Urwaldambiente gar nicht mal schlecht aus. Liebhaber der ausgestorbenen Riesenechsen und solche mit einem Faible für etwas bizarre Installationen kommen auf ihre Kosten, alle anderen können getrost vorbeifahren.

ℹ Crescent City/ Del Norte County Visitors Bureau
℡ 1-800-343-8300
www.exploredelnorte.com

▣ Redwood National and State Parks
1111 Second St.
Crescent City, CA 95531
℡ (707) 465-7335
www.nps.gov/redw
Ganzjährig geöffnet
Eintritt frei
Wegen der Bedrohung der Küstenredwoods in den 1920er-Jahren als Park ausgewiesen und 1968 zum Nationalpark ernannt. Seit 1980 sogar Weltnaturerbe der UNESCO. Die

Küstenmammutbäume sind übrigens die höchsten Bäume der Erde. Zum Park gehört auch eine sehr abwechslungsreiche Küste. Jeder der drei ehemaligen State Parks **(Jedediah Smith, Del Norte Coast und Prairie Creek)** hat sein eigenes Visitor Center, wo man umfassende Informationen und Tipps für kurze Wanderungen bekommt.

◉▣▣ Trees of Mystery
15500 Hwy. 101 N
Klamath, CA 95548
℡ (707) 482-2251 oder (800) 638-3389
www.treesofmystery.net
Juni–Aug. tägl. 8–19, Sept.–Mai tägl. 9–17 Uhr, Eintritt $ 14, Kinder $ 7
Ein Wanderweg führt durch die Parkanlage vorbei an Redwoods, poetisch und musikalisch untermalt. Mit der Seilbahn geht's in die Baumkronen. Außerdem Teil des Parks: das **The End of the Trail Museum**, ein Indianermuseum. Für manche ein Highlight, für andere eine Touristenfalle.

ℹ Klamath Chamber of Commerce
℡ (707) 884-5193 oder (800) 200-2335
www.klamathcc.org

◉ Fern Canyon
Prairie Creek Redwoods SP
3 mi nördl. von Orick von Hwy. 101 auf Davison Rd. abbiegen und dieser folgen
℡ (707) 465-7347
www.parks.ca.gov/?page_id=415
Ganzjährig geöffnet
Auf dem Hwy. 101 Richtung Fern Canyon fahren und am Ende der Davison Rd. parken. Zu Fuß geht's weiter durch den schmalen Canyon mit steilen Farn überwucherten Wänden entlang des Prairie Creek und unter einem Dach aus dichtem Grün. Steven Spielberg drehte hier Teile von »Jurassic Park«.

ℹ Greater Trinidad Chamber of Commerce
www.discovertrinidadca.com

▣▣ Beachcomber Café
363 Trinity St., Trinidad, CA 95570
℡ (707) 677-0106
Mo–Di 7–21, Mi–Fr 7–16, Sa/So 9–16 Uhr
Organic und *Fair Trade* sind hier wie so oft in Northern California die Zauberwörter auf der kleinen, aber feinen Karte. Alles ist frisch und schmeckt. Suppenfreunde können sich besonders freuen. $

ℹ Willow Creek Chamber of Commerce
38919 Hwy. 299
Willow Creek, CA 95573
✆ (530) 629-2693 oder (800) 628-5156
www.willowcreekchamber.com

🏛 Willow Creek – China Flat Museum
38949 California Hwy. 299
Willow Creek, CA 95573
✆ (530) 629-2653
http://bigfootcountry.net
Mai–Sept. Mi–So 10–16, Okt. Fr–So 12–16
Uhr, Nov.–April nur nach Vereinbarung
Eintritt frei
Neben der üblichen Ausstellung zur Pioniergeschichte der Region dreht sich hier natürlich alles um den legendären Bigfoot.

✗ Cinnabar Sam's Restaurant
19 Willow Way (Ecke Hwy. 299)
Willow Creek, CA 95573
✆ (530) 629-3437
Mo–Do 17–21, Fr 9–21, Sa/So 8–21 Uhr, im
Winter kürzer und evtl. geschl.

Das Cinnabar Sam's ist eine gute Wahl für
lecker Essen in Goldgräberambiente.
$$

🛏 Coho Cottages
76 Willow Rd.
Willow Creek, CA 95573
✆ (530) 629-4000 oder (800) 672-1511
www.cohocottages.com
Geschmackvolle und komfortable Cottages
mit Sonnendeck und privatem Grillplatz,
dazu ein Stückchen Privatstrand am Trinity
River. Die erste Wahl, aber nicht ganz billig.
$$$

🛏 Bigfoot Motel
39039 Hwy. 299
Willow Creek, CA 95573
✆ (530) 629-2142
www.bigfootmotel.com
Günstiger und einfacher als Coho Cottages.
Reservieren ist wegen der sehr überschauba-
ren Kapazitäten in Willow Creek auf jeden
Fall eine gute Idee. $$ ☼

Der Battery Point Lighthouse bei Crescent City ist ein treuer Lotse

13 In Teufels Küche

Lassen Volcanic National Park

13. Tag: Willow Creek – Mineral (327 km/203 mi)

km/mi	Route
0	Von **Willow Creek** auf Hwy. 299 S nach
90/56	**Weaverville** (kurzer Rundgang). Dort links auf Hwy. 3 N, nach etwa 8 Meilen rechts auf Trinity Dam Blvd., am Ende links auf Hwy. 299 und diesem folgen bis zum
172/107	**Whiskeytown Lake**. Weiter auf Hwy. 299 über Shasta nach
188/117	**Redding** (kurzer Rundgang, u. U. Besichtigung Sundial Bridge). In Redding Rechts-links-Kombination (beschildert) auf Hwy. 44 E über
237/147	**Shingletown** (Lunchpause). Weiter auf Hwy. 44 bis zur Kreuzung mit Hwy. 89. Auf diesen rechts abbiegen und weiter zum
265/165	**Manzanita Lake** (Eingang Lassen Volcanic National Park).
	Von dort weiter auf Hwy. 89 S durch den **Lassen Volcanic National Park** zum
301/187	Parkplatz »Bumping Hell« (Wanderung) und weiter nach
327/203	**Mineral**.

Alternativrouten

Abkürzung: Wenn Sie ab Weaverville auf dem Hwy. 299 bleiben, sparen Sie sich die Schleife entlang des Lewiston Lake. Dafür muss man eine größere Straße und mehr Verkehr in Kauf nehmen. Die Route ist im Kartenausschnitt gestrichelt dargestellt.
Bei Schnee: Wenn im Lassen Volcanic National Park für den Hwy. 89 noch Wintersperre verhängt ist, und das kann bis in den Juni hinein gut sein, dann müssen Sie den Park umfahren: entweder östlich auf den Hwys. 44 und 36 (Achtung, auch Hwy. 44 könnte noch geschlossen sein) oder weniger aufregend vom Central Valley über den Highway 36 von Westen kommend. Erkundigen Sie sich auch, ob Sie von Mineral ein Stückchen in den Park hinein können, bevor der Schnee ein Weiterkommen unmöglich macht.

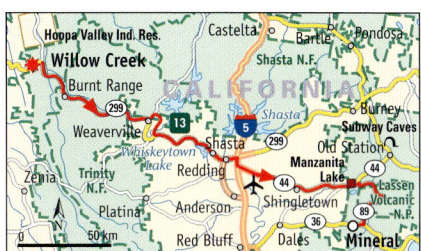

Der Tag beginnt landschaftlich ausgesprochen reizvoll, der Highway 299 folgt dem Verlauf des Trinity River durch die menschenleeren Wälder Nordkaliforniens. Vergessen Sie nicht in **Willow Creek** zu tanken, die Möglichkeiten dazu sind für knapp 100 Kilometer dünn gesät.

Erst in **Weaverville**, einer typischen kalifornischen Goldrauschstadt, hat Sie die Zivilisation wieder. Heute leben hier immerhin 3500 Menschen, eine recht ansehnliche Zahl, wenn man bedenkt, dass vor 80 Jahren dort gerade einmal 16 Seelen zu Hause waren. In ihrer Blütezeit zählte die Stadt unter anderem 2000 chinesische Goldgräber. An deren Chinatown erinnert heute noch das 1874 erbaute **Joss House**, der älteste chinesische Tempel der USA. Im Historic District stehen 25 Gebäude unter Denkmalschutz, viele von ihnen mit einer Veranda und einer Wendeltreppe, die sich an der Außenfassade

zum im ersten Stock befindlichen Balkon windet. Es lohnt sich also, sich zur Einstimmung aufs Goldgräberland die Füße auf der Main Street ein bisschen zu vertreten, bevor man sich wieder in den Sattel schwingt.

Folgen Sie ab Weaverville dem Highway 3 Richtung Norden und dann dem Trinity Dam Boulevard, einer kleinen Straße, deren Verkehr (noch) dünner ist als der des Highway 299. Die Strecke entlang des Trinity Lake und dem Lewiston Lake sorgt in den endlosen

Whiskeytown Lake: Naherholungsziel im Shasta County

Wäldern für etwas Abwechslung. Am Ende dieser kleinen Schleife landen Sie wieder auf dem Highway 299.

Dieser bringt Sie kurvenreich in die Whiskeytown-Shasta-Trinity National Recreation Area, genau genommen zum **Whiskeytown Lake**, in dem sich die Bewohner des nahen Redding im Sommer gerne abkühlen. Seinen klingenden Namen verdankt der See dem gleichnamigen Goldgräbernest, das beim Aufstauen des Sees überflutet wurde. Angeblich fiel einem der trinkfesten Goldschürfer ein Fässchen mit Whiskey in den Bach, an dem das Städtchen lag, der Name Whiskey Creek war geboren.

Shasta war zu Goldrauschzeiten eine wahre Boomtown. Sie wurde aber mehr oder weniger zur Ghost Town, als die Pacific Railroad sich entschloss, einen Bogen um die Stadt zu machen. Heute leben hier noch einige Hundert Menschen. Die Ruinen der alten Minenstadt wurden zum State Park erklärt, in dem sich so manch passendes Film- oder Fotomotiv finden lässt.

Von Shasta ist es nur noch ein Katzensprung nach **Redding**, der Kreisstadt des Shasta County. Hier ticken die Uhren anders als im Hinterland, etwa 90 000 Einwohner und die verkehrsgünstige Lage an der Interstate 5, der großen Nord-Süd-Achse des Westens, sorgen für geschäftige Betriebsamkeit. Jedoch für weniger Eile als in den Großstädten des Südens, sodass immer mehr Rentner ihren Wohnsitz hierher verlegen, auch aufgrund der niedrigeren Lebenshaltungskosten. Seit 2004 kann Redding mit einer Top-Attraktion aufwarten: der **Sundial Bridge**, entworfen vom spanischen Stararchitekten Santiago Calatrava. Die Fußgängerbrücke verfügt nicht nur über ein interessantes Design, sondern ist angeblich die größte Sonnenuhr der Welt. Die zeigt zwar nur einmal im Jahr, am 21. Juni, die genaue Zeit an, aber daran stört sich niemand. Der Brückenpfeiler ist so hoch, dass sich der Schatten pro Minute über 30 Zentimeter bewegt, dementsprechend groß ist das »Zifferblatt« ausgefallen. Dass die Brücke den Sacramento River überspannt, ohne sich auf Pfeiler im Wasser zu stützen, geschieht zum Schutz der gefährdeten Lachspopulation.

Redding liegt am nördlichen Ende des Central Valley, dem landwirtschaftlichen Zentrum Kaliforniens, das sich fast bis Los Angeles erstreckt. Im Gegensatz zu Shasta profitierte Redding von der Streckenwahl der Pacific Railroad und wuchs fast kontinuierlich. Abgesehen von der Sonnenuhrbrücke gibt es aber, wie erwähnt, wenig zu sehen. Falls sich hier jedoch der kleine Hunger meldet, werden Sie in der netten Downtown kein Problem haben, ein Lokal nach Ihrem Geschmack zu finden. Ansonsten schauen Sie, dass Sie Redding möglichst zügig hinter sich lassen, zumal es hier im Sommer fürchterlich heiß werden kann – Temperaturen um die 40 Grad Celsius sind an der Tagesordnung. Am besten wählen Sie zu diesem Zweck den Highway 44, in den der Highway 299 automatisch mündet. Nicht lange, und Sie befinden sich wieder in motorradtauglicheren Gefilden. Zu Ihrer Linken begleitet Sie der markante Mount Shasta, der mächtig im Norden thront.

Erkundigen Sie sich rechtzeitig, ob der Nordeingang in den Lassen Volcanic National Park und die Durchfahrt (Hwy. 89) schneefrei sind, die Straße ist regelmäßig bis in den Juni hinein gesperrt. CalTrans hat dafür (und auch für alle anderen Highways) eine Hotline eingerichtet, die unter der kostenlosen Nummer 1-800-427-7623 erreicht werden kann. Wenn es keine Wintersperre gibt, kommen Sie nach etwa 30 Meilen durch **Shingletown**, eine nette kleine Stadt am Fuße der Berge und fürs erste die letzte Möglichkeit, sich den Bauch vollzuschlagen. Langsam aber stetig steigt die Straße nun höher, und schon bald finden Sie sich – wie schon öfter auf dieser Tour – in den Cascade Mountains wieder.

Unverkennbar taucht der Lassen Peak auf, je nach Jahreszeit weiß oder kahl. Er ist der südlichste aktive Vulkan in der Cascade Range und Wahrzeichen des **Lassen Volcanic National Park**, dessen Eingangsstation sich am Manzanita Lake befindet. Gegründet wurde der Park bereits im Jahr 1916, als der große Ausbruch des Lassen Peak in vollem Gange war, der 1914 begann und mit Unterbrechungen bis 1917 dauerte. Die Asche soll damals sogar bis Reno geflogen sein.

Kochende Schlammlöcher, heiße Quellen und übel riechende, aufsteigende Dämpfe führen noch heute deutlich die anhaltende vulkanische Aktivität der Region vor Augen. Sie können am Parkeingang auch die alte Seismografenhütte sehen, in der man lange Zeit jedes Grummeln des Berges aufmerksam aufzeichnete. Die alten Geräte wurden aber schon längst durch neue Geräte im seismologischen Zentrum in Menlo Park bei San Francisco sowie durch diverse mobile Einheiten ersetzt. Bis 1974 befand sich am Manzanita Lake außer dem Visitor Center auch eine Lodge. Die wurde aber geschlossen, da Erdrutsche und Schlammlawinen bei eventuellen Vulkanausbrüchen genau die Richtung genommen und Gebäude wie Besucher unter sich begraben hätten. Heute ist hier ein kleines Museum untergebracht. Wenn Sie Ihren Proviant aufstocken müssen, können Sie dies im kleinen Laden des Lake Manzanita Campground tun.

Die Weiterfahrt auf dem Highway 89 mit dem Bike ist ein Höhepunkt in jeder Beziehung. Der Nadelwald wird mit zunehmender Höhe dünner und weicht immer öfter riesigen Geröllfel-

dern. Für Abwechslung sorgen auch satte Almwiesen mit eiskalten Bächen, die – wenn der Schnee noch nicht restlos geschmolzen ist – in grellem Türkis über die Schneefelder plätschern. Wundern Sie sich nicht, wenn sich neben der Straße, vor allem sobald Sie sich ihrem höchsten Punkt am Lake Helen nähern, auch im August noch die Schneeberge türmen. Der Highway klettert immerhin auf über 2500 Meter, Schneehöhen von zehn Metern und mehr sind hier im Winter keine Seltenheit.

Die hydrothermisch aktivsten und interessantesten Regionen des Lassen Volcanic National Park befinden sich in seinem südlichen Teil und tragen neben Diamond Point und Boiling Springs Lake diabolische Namen wie Devil's Kitchen, Sulphur Works, Bumpass Hell. Am bequemsten ist der kurze Rundgang bei **Sulphur Works**, wo ein paar rötliche und gelbe Lehmhaufen dampfen und blubbern und einen bestialischen Gestank

Die Fahrt durch den Lassen Volcanic National Park ist ein Highlight

Infernalische Thermalquellen: Bumpass Hell im Lassen Volcanic National Park

verbreiten. Mit fünf Kilometern Länge *(round trip)* etwas anstrengender und zeitraubender, dafür außergewöhnlich sehenswert, ist die Wanderung in die **Bumpass Hell**. Hier brodelt und raucht es an allen Ecken und Enden des kleinen Tals, über allem liegt der beißende Geruch von Schwefel – die Miniaturausgabe des Yellowstone National Park verbreitet Endzeitstimmung. Wer hier mit leerem Akku oder voller Speicherkarte kommt, wird sich ärgern.

Benannt wurde dieses Gebiet übrigens nach dem bedauernswerten Kendall Bumpass, der die brodelnden Pools entdeckte und tragischerweise ein Bein verlor, nachdem er in eines der kochend heißen Löcher getreten war und das Bein wegen der starken Verbrennungen amputiert werden musste. Heute schützen Holzwege davor, den heißen Löchern zu nahe zu kommen. Der Lassen Peak ist übrigens nicht der einzige

Vulkan des Nationalparks: Brokeoff Mountain war vor seinen lange zurückliegenden Ausbrüchen deutlich höher als alle anderen Vulkane (Cinder Cone, Mount Conard sowie Mount Diller). Wenn Sie den Park durch den Südeingang verlassen haben und Lassen Peak in Ihrem Rückspiegel immer kleiner wird, haben Sie Ihr Etappenziel bald erreicht.

An der T-Kreuzung mit Highway 36 biegen Sie noch einmal rechts ab, geben kurz Gas, und schon sind Sie in **Mineral**. Der Ort besteht nur aus ein paar Häusern, die Lassen Mineral Lodge ist eines davon und die einzige Übernachtungsmöglichkeit. Vor allem, wenn Sie am Wochenende oder in den Sommerferien unterwegs sind, empfiehlt es sich daher zu reservieren, wenn Sie auf der Suche nach einem weichen Bett und einer heißen Dusche nicht bis Chester oder noch weiter fahren wollen.

13 Service & Tipps

Trinity County Chamber of Commerce
✆ (530) 623-6101 oder (800) 487-4648
www.trinitycounty.com oder
www.weavervilleinfo.com

Whiskeytown National Recreation Area
8 Meilen vor Redding
Visitor Center: Hwy. 299 & 14412 Kennedy Memorial Dr., Whiskeytown, CA 96095
✆ (530) 242-3400 oder (530) 246-1225
www.nps.gov/whis
Ganzjährig zugänglich
Visitor Center: Memorial Day–Labour Day tägl. 9–18, sonst tägl. 10–16 Uhr
Eintritt $ 5
Am Whiskeytown Lake kühlen sich die Bewohner des nahe gelegenen Redding und des heißen Central Valley in den Sommermonaten ab, paddeln mit ihren Kajaks übers Wasser, rasen mit Mountainbikes die Singletrails hinunter oder wandern zu schattigen Wasserfällen. Der See dient der Energiegewinnung und der Wasserversorgung für die Landwirtschaft im Central Valley.

Sundial Bridge
Turtle Bay Exploration Park
Redding, CA 96001
Die Fußgängerbrücke, vom spanischen Stararchitekten Santiago Calatrava entworfen, führt über den Sacramento River im Stadtzentrum von Redding. Sie verbindet die beiden Teile des **Turtle Bay Exploration Parks** miteinander.

Cinnamon Bear Bakery & Restaurant
7355 Black Butte Rd. (Hwy. 44 & Black Butte Plaza)
Shingletown, CA 96088
✆ (530) 474-5000
Di–Sa 8–18, Fr bis 19 Uhr
Wenn Sie Ihren Hunger nicht schon in Redding gestillt haben, dann ist die Zimtbär-Bäckerei eine der letzten Gelegenheiten – und nicht die schlechteste. Neben Burgern und Sandwiches gibt es allerlei Süßkram aus der Bäckerei. $

Lassen Volcanic National Park
Mineral, CA 96063
✆ (530) 595-4480 oder (530) 595-6100
www.nps.gov/lavo
Ganzjährig geöffnet, jedoch ist die Zufahrt im Winter häufig gesperrt
Eintritt $ 5
Die Wanderung rund um den **Lassen Peak**, dem südlichsten Vulkan des »Ring of Fire« in den Cascade Mountains zwischen den brodelnden Tümpeln und schwefeligen Becken von **Bumpass Hell** gehört zu den interessantesten, die auf den **Lassen Peak** zu den anstrengendsten. Die Mühe wird belohnt durch einen fantastischen Blick über die *devastated area* (durch den Ausbruch 1915–17 verwüstetes Gebiet). Es gibt fünf Eingänge zum Park, die beiden Haupteingänge werden durch den Lassen Peak Hwy. (Hwy. 89/36) in Nord-Süd-Richtung verbunden.

Loomis Museum, Information & Bookstore
Hwy. 89
✆ (530) 595-6140
Memorial Day–Okt. tägl. 9–17 Uhr
Informationspunkt am nordwestlichen Parkeingang. Die Ausstellung zeigt die Geschichte des Parks und der Ausbrüche von Mount Lassen (Lassen Peak).

Kohm Yah-mah-nee Visitor Center & Lassen Café
Hwy. 36/89
✆ (530) 595-4480
Juni–Mitte Okt. tägl. 9–18, sonst bis 17 Uhr
Informationspunkt am südwestlichen Parkeingang. Ein Café ist angeschlossen.

Lassen Mineral Lodge
Hwy. 36 E, 9 Meilen vor dem Lassen N. P.
Mineral, CA 96063
✆ (530) 595-4422, www.minerallodge.com
Nichts Besonderes, dafür in hervorragender Lage. Übernachtung ist im Motel *(proudly without TV and phone)* oder auf dem Campingplatz möglich, ein rustikales Restaurant, eine urige Bar und ein General Store sind angeschlossen. Hat allerdings schon bessere Zeiten gesehen. $–$$

Purpur-Moosheide

14 Auf den Spuren der Goldgräber
Highway 49

14. Tag: Mineral – Grass Valley (323 km/201 mi)

km/mi	Route
0	Von **Mineral** auf Hwy. 36 E/89 nach
47/29	**Chester**. Dort rechts halten auf Hwy. 89 Richtung Lake Almanor und über Greenville nach
124/77	Quincy. Weiter auf Hwy. 89 S über Cromberg und Blairsden, dort geradeaus für kurzen Abstecher nach
175/109	**Portola** (u. U. Besuch des **Western Pacific Railroad Museum** oder frühe Lunchpause). Zurück nach Blairsden und links auf Hwy. 89 S, dann rechts auf Gold Lake Hwy. und an der Bassetts Station rechts auf Hwy. 49 S nach
228/142	**Sierra City**. Weiter auf Hwy. 49 S nach
248/154	**Downieville** und über Nevada City auf Hwy. 49 S nach
323/201	**Grass Valley**.

Fahren Sie von **Mineral** ein Stück des Wegs, über den Sie gestern gekommen sind, zurück. Wenn Sie auf dem Highway 36 bleiben, erreichen Sie nach 30 schönen Motorradmeilen **Chester** am Lake Almanor. In Chester schlafen diejenigen, die am Vortag in Mineral kein Zimmer mehr bekommen haben. Der Tourismus hat in Chester dank seiner Lage am See bescheidene Wurzeln schlagen können. Auch der Lassen Peak lässt sich von hier noch einmal aus einem anderen Blickwinkel bewundern.

Auf welcher Seite des Sees Sie Richtung Süden fahren, macht keinen großen Unterschied. Am Canyon Dam am Südende des Sees treffen die Highways 147 und 89 wieder aufeinander, wobei Ersterer dort endet und der Highway 89 Sie im weiteren Verlauf nach Greenville bringt.

Über Quincy und Cromberg erreichen Sie Blairsden, wo sich die Highways 70 und 89, die sich das Asphaltband für eine Weile geteilt haben, wieder trennen. Highway 89 sollte weiterhin Ihre Wahl sein, aber für Eisenbahnfreunde bietet sich zuvor der kleine Umweg über **Portola** an. Im Western Pacific Railroad Museum können Sie nicht nur knapp 40 Lokomotiven und diverse Waggons aus sämtlichen Epochen des Schienenverkehrs bestaunen, Sie können sich eventuell auch einen Kindheitstraum erfüllen und eine dieser Lokomotiven unter sachkundiger Anleitung selbst führen.

Nach dem Ausflug auf die Schiene folgen Sie dem Highway 89 bis zum Abzweig des **Gold Lake Highway**, der Sie nicht nur wie gewohnt durch dichte Wälder, sondern auch an über 40 kleineren und größeren Bergseen vorbeiführt . Neben dem Gold Lake, der dem Highway seinen Namen gab, sind dies unter anderem Lily Lake, Grassy Lake, Goose Lake, Haven Lake, Snag Lake, Upper, Lower Salmon Lake und Upper und Lower Sardine Lake. Diese Seen liegen nicht nur wenig abseits der Straße, der kurze Abstecher für eine Rast an dem einen oder anderem lohnt sich. Achtung, im Winter wird der Gold Lake Highway nicht geräumt, er ist vielmehr Spielwiese für Schneemobile und Wintersportler aller Art. Das kann sich bis in den Mai hineinziehen.

Nach etwa 15 Meilen trifft der Gold Lake Highway an der Bassetts Station auf den **Highway 49**, der die Nummer

49 nicht zufällig trägt. 1849 begann der große Goldrausch in Kalifornien, die Goldsucher und Glücksritter dieser Zeit und Gegend hießen entspre-

Durchzieht das Goldgräberland von Norden nach Süden: der Highway 49

chend Fourty-Niners (49er). Highway 49 durchzieht das klassische Goldgräberland in seiner ganzen Länge von Nord nach Süd. Die Bassetts Station liegt fast am nördlichen Ende und ist kein schlechter Platz für eine Mittagspause.

Ab jetzt ist auch der Yuba River Ihr Begleiter. Kurz vor **Sierra City**, deren Stadtname angesichts der gerade einmal 200 Einwohner etwas nach Hochstapelei klingt, bietet sich erneut die Gelegenheit für einen Museumsbesuch. Die alte **Kentucky Mine** gewährt einen Einblick ins harte Leben der Forty-Niner.

Die Kurvenhatz auf dem Highway 49 nimmt ihren Lauf, der Biker ist in seinem Element. Wer schon müde ist, kann nachsehen, ob im hübschen **Shangri-La Resort** bei Downieville ein Bett frei ist. **Downieville** war einst eine quicklebendige Goldgräberstadt, die sich sogar um den Titel als Kaliforniens

Das alte Fire House auf Nevada Citys Main Street

Hauptstadt bewarb. Das ist Vergangenheit – geblieben ist ein ausgesprochen freundliches Westernstädtchen, das zumindest zu einer Pause einlädt. Die meisten Biker, die Sie hier treffen werden, sind unmotorisiert unterwegs – die Gegend ist bei Mountainbikern ausgesprochen beliebt.

Ein ähnliches Schicksal wie Downieville teilt auch **Camptonville**. Einst eine blühende Stadt mit über 50 Saloons, Hotels und Bordellen ist sie heute, nach einer kurzen zweiten Blütezeit durch die Holzwirtschaft, ein verschlafenes, aber nettes Nest. Am **Bullards Bar Lake**, der durch eine knapp 200 Meter hohe Talsperre ausgestaut wird, schreibt man Wassersport groß. Wenn Sie ihr Bike gegen Jet-Ski oder ein Powerboat eintauschen wollen, ist dort der Platz dafür.

Nur wenige Meilen weiter überspannt die etwa 150 Jahre alte, überdachte **Oregon Creek Bridge** den gleichnamigen Bach kurz vor seinem Zusammenfluss mit dem Yuba River. Etwas nördlich von Nevada City haben Sie noch die Möglichkeit zu einem Abstecher in den **South Yuba River State Park**, ein Eldorado für geübte Fliegenfischer. Hier lässt sich die wilde Flusslandschaft besser erkunden als vom Sattel eines Motorrads.

Nevada City war ebenfalls einer der wichtigeren Orte des historischen Gold Country an der »Mother Lode«, der Hauptgoldader, die sich durch das gesamte Gold Country zieht. Dank seines relativ intakten Ortsbilds, gepaart mit dem Gespür für die Bedürfnisse der Städter nach Ursprünglichkeit und guter Erreichbarkeit, können sich in Nevada City am Wochenende die Touristen schon mal auf die Füße treten. Ob Sie in Nevada City oder im nahe gelegenen Grass Valley übernachten, spielt keine große Rolle. Beide Orte sind hübsch und pflegen stolz ihre 49er-Tradition,

Die Bourn Cottage im Empire Mine State Park

wobei Grass Valley deutlich größer ist als das beschauliche Nevada City und auch mehr Übernachtungsmöglichkeiten bietet.

In **Grass Valley** können Sie neben zahlreichen anderen historischen Gebäuden auch das ehemalige Haus von Lola Montez besuchen, die sich hier nach ihrer bewegten Zeit als Tänzerin und Geliebte des bayerischen Königs Ludwig I. für einige Jahre niederließ. Ihren Namen tragen im Nevada County sowohl ein Berg als auch ein See. In der Stadt lockt weiterhin die Empire Mine zum Besuch. Die Mine war bis zu ihrer Schließung 1956 eine der ältesten, tiefsten, längsten und ergiebigsten Goldminen im gesamten Westen.

Tourverlängerung

Wenn Sie noch Urlaub haben, können Sie ab Grass Valley den größten Teil der **California Dreaming Tour** anhängen. Sie müssen dafür lediglich die auf S. 46–111 beschriebene Route in entgegengesetzter Richtung unter die Reifen nehmen. Lake Tahoe, Yosemite National Park, Mono Lake, das Death Valley, Santa Barbara und der Highway 1 am Big Sur liegen dann noch vor Ihnen, ehe Sie San Francisco erreichen.

ℹ **Indian Valley Chamber of Commerce**
✆ (530) 284-6633
www.indianvalley.net

ℹ **Chester-Lake Almanor Chamber of Commerce**
✆ (530) 258-2426 oder (800) 350-4838
www.lakealmanorarea.com

🏛🚃 **Western Pacific Railroad Museum**
700 Western Pacific Way
Portola, CA 96122
✆ (530) 832-4131, www.wplives.org
April–Okt. tägl. 10–17 Uhr, Nov.–März geschl.
Eintritt $ 8, Lokführung $ 150–250
Das Museum beherbergt mehr als 35 Lokomotiven und 80 Waggons der Western Pacific Railroad. Und es werden Kindheitsträume wahr – zumindest für eine Stunde können Sie hier zum Lokführer werden.

🚶🎣 **Lakes Basin Recreation Area**
Eine Gebirgslandschaft, gesprenkelt mit einigen Dutzend Seen, von denen etliche nur zu Fuß erreichbar sind. Das Gros der Touristen fährt leider an ihnen vorbei, zu Unrecht: Wandern, schwimmen, fischen und mountainbiken gehört zu den Hauptbeschäftigungen. Man kann auch einfach nur die Landschaft genießen, z.B. vom **Frazier Falls Overlook**, vom **Mills Peak Fire Lookout** oder vom Ufer des Sardine Lake aus.

Nostalgisch: Downieville

🍴 **Bassetts Station**
100 Gold Lake Rd. & Hwy. 49
Sierra City, CA 96125
✆ (530) 862-1297
www.bassetts-station.com
Die Auswahl ist nicht riesig, aber das Essen im Café ist besser als man im »Nirgendwo« erwarten würde. Zudem kann man auf der sonnigen Terrasse relaxen und die Kolibris beobachten.

ℹ **Sierra County Chamber**
✆ (800) 200-4949
www.sierracountychamber.com
Zuständig u. a. für Sierra City und Downieville.

☀🏛♨ **Kentucky Mine Historic Park and Museum**
100 Kentucky Mine Rd.
Sierra City, CA 96125
✆ (530) 862-1310
www.kentuckymine.org
Memorial Day–Labour Day Mi–So 10–16 Uhr
Eintritt Museum $ 1, Tour $ 7 (11 und 14 Uhr)
Einblick in die gar nicht so guten alten Zeiten und das harte Leben der Arbeiter in den Goldminen.

🛏 **Sierra Shangri-La Resort**
Hwy. 49, Downieville, CA 95936
✆ (530) 289-3455
www.sierrashangrila.com
Stilvolle Unterkunft mit romantischen Cottages inmitten üppiger Vegetation. $$–$$$

🎣 **Bullards Bar Reservoir and Emerald Cove Marina**
12571 Marysville Rd.
Dobbins, CA 95935
✆ (877) 692-3201
www.bullardsbar.com
Der Stausee 20 Meilen nördlich von Nevada City ist fest in der Hand von Wassersportlern. Vom Jet-Ski über das Powerboat mit Wasserski im Schlepptau bis hin zum Hausboot kann man hier alles mieten.

🚶🎣 **South Yuba River State Park**
17660 Pleasant Valley Rd.
Penn Valley, CA 95946
✆ (530) 432-2546
www.southyubariverstatepark.org
Von Sonnenauf- bis Sonnenuntergang geöffnet

Schattenspiele: die letzten Meilen in der Abendsonne

Visitor Center: Do–So 11–16 Uhr
Idyllische ‚unberührte Flusslandschaften, *swimming holes* und überdachte Brücken. Hier dürfen Sie auch nach Gold schürfen. Vorsicht vor Poison Oak, einer Pflanze mit giftigen, dreizackigen Blättern, die bei Kontakt starke Hautreizungen hervorrufen.

ℹ Nevada City Chamber of Commerce
132 Main St.
Nevada City, CA 95959
☎ (530) 265-2692
www.nevadacitychamber.com

✕ ▾ Friar Tuck's Restaurant & Bar
111 N. Pine St.
Nevada City, CA 95959
☎ (530) 265-9093, www.friartucks.com
Tägl. ab 16, Dinner ab 17 Uhr
Bar und Restaurant mit guter Karte jenseits des üblichen Kneipenessens. Täglich Livemusik. Benannt wurde das Lokal nach dem gutmütigen, aber resoluten Mönch in der Gefolgschaft Robin Hoods. $$–$$$

ℹ ◉ Grass Valley/
Nevada County Chamber of Commerce
248 Mill St.
Grass Valley, CA 95945

☎ (530) 273-4667 oder (800) 655-4667
www.grassvalleychamber.com
Im **Haus von Lola Montez**. Die Sängerin und Tänzerin zog 1853 hierher.

◉ ◉ Empire Mine State Historic Park
10791 East Empire St.,
Grass Valley, CA 95945
☎ (530) 273-8522, www.empiremine.org
Mai–Labour Day 10–18, Labour Day–April 10–17 Uhr, Eintritt $ 7, Kinder $ 3
Größte und ergiebigste Goldmine in Kalifornien. In den gut hundert Jahren ihres Betriebs wurden 5,8 Mill. Unzen, also immerhin gut über 200 000 kg des Edelmetalls ans Tageslicht gefördert.

✕ ◪ The Owl Grill & Saloon
134 Mill St.
Grass Valley, CA 95945
☎ (530) 274-1144
Dinner tägl. 16–21 Uhr
Eine gute Wahl, wenn Sie in Grass Valley übernachten. Auf der Karte finden sich die Klassiker von Pasta über Steak bis Seafood, und alles schmeckt. Die günstige Lage des alten Ziegelgebäudes inmitten des historischen Grass Valley tut ihr Übriges. Reservierung dringend empfohlen! $$–$$$

15 Goldrausch, Wein und wilde Küste

Zurück nach San Francisco

15. Tag: Grass Valley – San Francisco (391 km/243 mi)

km/mi	Route
0	Von **Grass Valley** auf Hwy. 49 S über **Auburn** nach
79/49	**Placerville**, rechts auf Hwy. 50 W und den Wegweisern nach
150/93	Old **Sacramento** folgen (Pause und Rundgang).
	Zurück auf I-80 W/Hwy. 50 W bis Exit Hwy. 113 N/Woodland, in
177/110	**Davis** links auf W. Covell Blvd. bis nach
198/123	**Winters**, von dort über Hwy. 128 W und Hwy. 121 S bis nach
253/157	**Napa**. Weiter auf Hwy. 121 S, später rechts auf Hwy. 116 W nach
294/183	**Petaluma**. Dort unter Hwy. 101 geradeaus auf Lakeville Hwy. weiter, an Ampel links auf D St., die zur Point Reyes-Petaluma Rd. wird. Der Straße folgen bis nach
325/202	**Point Reyes Station**. Links auf Hwy. 1. Wer zum Point Reyes Lighthouse will, biegt gleich nach der Brücke wieder rechts auf den Sir Francis Drake Blvd. und folgt ihm bis zum Ende (Besichtigung Leuchtturm). Danach auf demselben Weg wieder zurück (ca. 40 Meilen). Hwy. 1 S bis zur Kreuzung mit
336/209	Olema-Bolinas Rd., auf der nach **Bolinas** (Pause), dann wieder zurück zum Hwy. 1 und dem über **Stinson Beach** zur Kreuzung mit Hwy. 101 bei **Mill Valley** folgen. Nach Abstecher zum **Aussichtspunkt Conzelman Rd.** auf die
381/237	**Golden Gate Bridge** und schließlich über Hwy. 101, links auf Golden Gate Ave., rechts auf Hyde St. und entlang der 8th St. durch
391/243	**San Francisco** zu **Eagle Rider** (8th St. Ecke Bryant St.).

Für den heutigen Tag gibt es zahlreiche Streckenvarianten. Die hier beschriebene Route stellt einen guten Kompromiss zwischen schönen Motorradstrecken, halbwegs zügigem Vorwärtskommen und weitestgehender Vermeidung der größten Straßen in der Bay Area dar. Welchen Weg Sie tatsächlich wählen, hängt sicherlich in erster Linie davon ab, ob Sie Ihr Mietmotorrad noch vor 17 Uhr zurückgeben müssen, ob Sie sich noch Zeit für einen anschließenden Einkaufsbummel in San Francisco nehmen wollen oder ob Sie beschließen, den letzten Tag auf dem Motorrad noch einmal in vollen Zügen zu genießen. Aber auch auf dem schnellsten Weg müssen Sie ungefähr vier Stunden reine Fahrzeit bis zur Golden Gate Bridge einplanen.

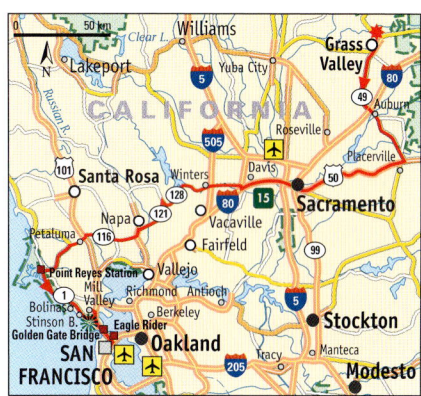

Die Tagesetappe beginnt, wie die gestrige geendet hat – mit der Fahrt auf dem Highway 49 gen Süden. Wieder schlängelt sich der Highway durch die Foothills, diesmal nach **Auburn**, in eine der ehemals bedeutenden Goldgräbersiedlungen. Von dieser Zeit künden heute ein Museum sowie das alte Gerichtsgebäude. Nach etwa 25 weiteren Meilen sind Cool, ein Nest, das im Sommer seinem Namen keine Ehre macht, und Coloma die nächsten Stationen.

In **Coloma** fiel der Startschuss zu Kaliforniens großem Goldrausch, als James W. Marshall beim Bau einer Sägemühle für den Schweizer Johann Sutter zufällig auf Gold stieß: Seine Schaufel steckte im Flussbett fest. Beim Freilegen fand er einen Goldklumpen, und die Schar derer, die dem Lockruf des Goldes folgten, erweckte Kalifornien aus seinem Dornröschenschlaf. Die Finger der Statue von Mr. Marshall zeigen genau auf die Stelle, an der die ersten Nuggets ans Tageslicht gefördert wurden.

Placerville, wo Sie den Highway 49 und somit das Gold County verlassen, trug aufgrund der häufig praktizierten Lynchjustiz während der ersten fünf Jahre nach 1849 den wenig vertrauenserweckenden Namen »Hangtown«, bevor er auf Betreiben unbescholtener Bürger und lokaler Kirchen in Placerville geändert wurde. Heute noch stehen einige der alten Galgen im Ort.

Wenn die Zeit knapp ist, empfehle ich, auf dem Freeway durch **Sacramento** zu fahren; Sie verpassen nichts Wesentliches. Kaliforniens Hauptstadt hat für den Motorradfahrer mit limitiertem Zeitbudget nicht wahnsinnig viel zu bieten. Sehenswert sind am ehesten der Capitol Park mit dem Sitz der kalifornischen Staatsregierung und vor allem die Old Town, ein zusam-

menhängender Komplex historischer Gebäude; ähnliche Gebäude haben Sie in den letzten Tagen allerdings schon einige gesehen. Alte Dampfloks am Bahnhof sowie die Schaufelraddampfer auf dem Sacramento River unterstreichen das nostalgische Flair. Getrübt wird die Atmosphäre durch zahlreiche Fast-Food-Restaurants und Souvenirshops. Wenn Sie die Altstadt besuchen wollen, folgen Sie den braunen Wegweisern nach Old Sacramento. Egal, wie Sie sich entscheiden, die Interstate 80 führt Sie aus Sacramento raus und begleitet Sie nach Davis.

Coloma: Goldwaschen könnte sich beim aktuellen Goldpreis wieder lohnen

Davis ist keine besonders auffällige oder hübsche Stadt, gilt aber innerhalb Kaliforniens als besonders progressiv und umweltfreundlich. Sicherlich auch dank der Studenten der hier ansässigen UCD (University of California Davis) gibt es ein ausgesprochen gut ausgebautes Fahrradwegenetz, was im Rest der USA alles andere als üblich ist. Folgen Sie von Davis den etwas verschlungenen Wegen nach **Winters** und zum Stausee **Lake Berryessa**, an dessen südlichsten Uferabschnitt eine der angenehmeren Strecken vom Central Valley in Richtung Küste entlangführt. Eine Besonderheit des Lake Berryessa ist das Glory Hole. Überschreitet das Wasser einen bestimmten Pegel, fließt es nicht etwa über oder in der Staumauer des Monticello Damms ab, sondern verschwindet in einem überdimensionalen, kreisrunden Abfluss im See – ein recht bizarrer Anblick.

Nach einiger Zeit gelangen Sie nach Napa, das als Stadt nicht weiter erwäh-

Gaumenfreuden in Sacramento

nenswert wäre, wenn es nicht mitten im **Napa Valley** liegen würde, dem größten und bekanntesten Weinbaugebiet der USA. Hier werden seit den 1960er-Jahren Spitzenweine, vor allem Cabernet, Zinfandel und Chardonnay, gekeltert. Wegen seines mediterranen Klimas und der reizvollen Landschaft ist das Napa Valley eine beliebte Wohngegend für die Besserverdienenden der Bay Area und aus Sacramento.

In **Petaluma**, einem netten Städtchen, sollten Sie die Augen aufhalten nach kleinen grünen Straßenschildern mit der Aufschrift D Street. In diese bitte links abbiegen. Wahrscheinlich werden Sie anfangs das Gefühl haben, Sie seien falsch abgebogen, denn die D Street führt durch ein idyllisches Wohngebiet und sieht so gar nicht nach Durchgangsstraße aus. Am Ortsende geht sie aber in die Point Reyes-Petaluma Road über, die sich schmal durch die Küstenberge schlängelt.

Sie erreichen den Highway 1 südlich der Tomales Bay, die von einer Landzunge vom offenen Ozean getrennt wird, und folgen fortan der Point Reyes National Seashore, einem großen Naturschutzgebiet an der Pazifikküste, etwa 50 Kilometer nördlich von San Francisco. Mit etwa zwei Millionen Besuchern im Jahr ist **Point Reyes** ein wichtiges Naherholungsziel für die Bewohner der Metropole. Der Mühe wert ist die kleine Wanderung zum Leuchtturm, der seit 1870 an der Landspitze den Elementen trotzt. Entgegen der sonst für Leuchttürme üblichen möglichst hohen und exponierten Lage wurde dieser tief unten an der Küste gebaut, damit die Steuermänner auch bei Nebel noch möglichst viel vom warnenden Licht sehen können. Dementsprechend ist er Wind und Wellen ausgesetzt, was für ein beeindruckendes Schauspiel sorgen kann. Um zum Leuchtturm zu gelangen, folgen Sie der Beschilderung kurz nach der Ortschaft Point Reyes Station. Bei starkem Wind können Sie sich den Umweg sparen, dann sind die etwa 300 Stufen, die zum Leuchtturm hinabführen, für Besucher gesperrt. Die Küste ist deshalb freilich nicht weniger sensationell – im Gegenteil. Außerdem ist hier einer der besseren Walbeobachtungsplätze Kaliforniens, vor allem im Frühjahr und Herbst, wenn die Grauwale entlang der Küste wandern.

Wenn Sie dem Highway 1 weiter Richtung San Francisco folgen, werden Sie feststellen, dass er keinen Vergleich mit dem sehr viel bekannteren Abschnitt am Big Sur scheuen muss. Nach wenigen Meilen zweigen die Horseshoe Hill Road und die Olema-Bolinas Road rechts ab und bringen Sie nach **Bolinas,** einem kleinen und sehr speziellen Nest. Die etwa 2000 Einwohner haben die Angewohnheit, Wegweiser, die vom Highway 1 zu dem kleinen Ort weisen, wieder abzumontieren, um vom Massentourismus verschont zu bleiben. Der

Wapiti-Hirsche bei Point Reyes

Schuss ging allerdings nach hinten los, denn Bolinas hat dadurch in Kalifornien so etwas wie Kultstatus errungen; Besucher sind übrigens durchaus willkommen. Dementsprechend viele drängen sich dann am Wochenende am kleinen, aber feinen Sandstrand und in den ziemlich alternativ angehauchten Cafés und Restaurants. In Bolinas ist die Flower-Power-Zeit noch nicht ganz vorbei.

Im Napa Valley hat man sich ganz dem Weinanbau verschrieben

Wiedersehen mit dem Pazifik

Etwas südlich von Bolinas, wieder am Highway 1, liegt **Stinson Beach**. Der Strand befindet sich nur etwa eine halbe Autostunde nördlich von San Francisco, dementsprechend lebhaft geht es hier in den Ferien und am Wochenende zu. Der Versuch, ein Zimmer ohne Reservierung zu bekommen, ist dann ein aussichtsloses Unterfangen. Traurige lokale Berühmtheit hat Stinson Beach durch die *shark attacks* (Hai-Attacken) auf Surfer erlangt. Die spektakulärste Attacke ereignete sich 2002, als ein etwa fünf Meter langer Weißer Hai einen Surfer angriff. Aber das scheint die Surfergemeinde nicht sonderlich zu beeindrucken.

Ab Stinson Beach wird der Verkehr zusehends dichter, in Mill Valley mündet der Highway 1 schließlich in den Highway 101. **Mill Valley** ist von San Francisco lediglich durch die Golden Gate Bridge getrennt und zählt dank seiner Lage und den illustren Bewohnern zu den wohlhabendsten Gemeinden des Staates. Krönender Abschluss der Tour ist schließlich die Fahrt über die **Golden Gate Bridge** ins Herz von **San Francisco**. Wenn die Brücke nicht völlig nebelverhangen ist, sollten Sie unbedingt die letzte Ausfahrt vor der Brücke nehmen und der Conzelman Road zum Aussichtspunkt in der Golden Gate National Recreation Area folgen. Genießen Sie den Traumblick über die Golden Gate Bridge, die Bay und die Skyline von San Francisco. Bevor Sie sich dann auf die beeindruckende und leider meist sehr verkehrsreiche Fahrt über die Brücke machen, vergewissern Sie sich, dass Sie drei Dollar griffbereit haben. Das Bezahlen an den Mauthäuschen ist meist etwas hektisch, und die Hintermänner verleihen ihrer Ungeduld lautstark Ausdruck, wenn Sie erst anfangen müssen, den Geldbeutel aus dem Gepäck zu kramen.

In San Francisco angekommen, empfehle ich, nur das Nötigste mit dem Motorrad zu fahren. Sollten Sie die Maschine noch behalten, so ist es sinnvoll, in einem der zahlreichen Motels an der Lombard Street einzuchecken; die sind zum einen etwas günstiger als die Quartiere am Fisherman's Wharf oder Union Square, zum anderen bekommen Sie hier einen sicheren Parkplatz für Ihr Bike. Wenn Sie von der Golden Gate Bridge der Hauptstraße folgen, landen Sie automatisch auf der Lombard Street und passieren ein Motel nach dem anderen.

Wenn Sie beim letzten Dinner dieser Tour die knapp 5000 Kilometer, die nun hinter Ihnen liegen, noch einmal Revue passieren lassen, dann werden Sie feststellen, dass zwar kaum eines der bekanntesten Touristenmagnete auf Ihrem Weg lag, sie aber dennoch kaum das Gefühl haben, etwas versäumt zu haben. Im Gegenteil: Die Vielfalt des pazifischen Nordwestens, die Unberührtheit der Natur, das brodelnde Leben in den attraktiven Metropolen und die traumhaften Motorradstraßen haben sich zu einem Cocktail zusammen gefügt, den man besser kaum mixen könnte. Da kann man sich auch über den einen oder anderen verregneten Kilometer auf dem Bike hinwegtrösten.

Fahrt auf dem nebeligen Highway 1 ▷
entlang der kalifornischen Pazifikküste

In Gold geprägt: Kaliforniens Staatssiegel

ℹ Auburn
www.auburn.ca.gov

◉◉ Marshall Gold Discovery State Historic Park
310 Back St., Coloma, CA 95613
℡ (530) 622-3470
www.coloma.com/gold/marshall-park.php
Memorial Day–Labour Day tägl. 8–19, Labour Day–Memorial Day tägl. 8–17 Uhr, Museum Mo geschl.
Eintritt $ 6
James W. Marshall stieß hier beim Bau einer Mühle im Januar 1848 das erste Mal auf Gold und gab damit trotz aller Geheimhaltungs-

versuche den Startschuss zum großen Goldrausch von 1849. Heute lässt man in Coloma die »guten alten Zeiten« wieder lebendig werden. In historischen Gebäuden tummeln sich Freiwillige in ebenso historischen Kostümen, und wer will, kann sein Glück beim *gold panning* im American River selbst versuchen.

ℹ Old Sacramento
℡ (916) 442-7644
www.oldsacramento.com

🏛◉◉ California State Railroad Museum
125 I St., Ecke Second St.
Sacramento, CA 95814
www.csrmf.org
Tägl. 10–17 Uhr
Eintritt $ 9, Kinder $ 4
Ein Highlight für Eisenbahnfans. Viele historische Dampfloks und zahlreiche Eisenbahn-Memorabilia aus der Mitte des 19. Jh. An den Sommerwochenenden verkehren historische Dampfzüge auf kurzer Strecke.

◉ Lake Berryessa
Stausee östlich des Napa Valley. Besonderheit des Sees ist das durch einen großen Trichter im See ablaufende Wasser – eine überdimensionale Badewanne und ein wahrlich surreales Bild.

ℹ Napa Valley
www.napavalley.org

Das letzte Mal: Sonnenuntergang am Pazifik

📓 Point Reyes National Seashore

Hwy. 1, 50 km nördl. von San Francisco
www.nps.gov/pore
Sonnenaufgang bis Mitternacht
Eintritt frei, Shuttlebus $ 5
Das Kap, an dem auch der Leuchtturm steht,
ist der windigste und einer der nebeligsten
Orte der USA (große Teile des Films »The
Fog – Nebel des Grauens« wurden folglich
hier gedreht). Point Reyes ist nichts für Wasserratten – das Wasser ist sehr kalt und die
Brandung gefährlich –, dafür ein Paradies für
Ornithologen. Restaurants und Motels sucht
man hier vergebens, die Halbinsel ist trotz
der hohen Besucherzahlen recht unberührt
und wild.

👁 Point Reyes Lighthouse

Sir Francis Drake Blvd.
Point Reyes National Seashore
✆ (415) 669-1534
Do–Mo 10–16.30 Uhr, Di/Mi geschl., Leuchtfeuer Do–Mo 14.30–16 Uhr, Di/Mi geschl.
Der Leuchtturm wurde 1870 erbaut, seit
1938 weist elektrisches Licht den Schiffen
den Weg, und 1975 hat die Automatisierung
den Leuchtturmwächter in den Ruhestand
geschickt. Bei starkem Wind sind die gut 300
Stufen, die zum Leuchtturm hinunterführen,
für Besucher gesperrt.

📓 Golden Gate National Recreation Area

www.nps.gov/goga
Dieses Erholungsgebiet besteht nicht etwa
aus einer zusammenhängenden Fläche, son-
dern ist ein wahrer Flickenteppich in und um
San Francisco. Es umfasst so unterschiedliche
Plätze wie Alcatraz, das Presidio, die Marin
Headlands nördlich der Golden Gate Bridge,
das historische Cliff House, in dem heute ein
Restaurant untergebracht ist, Surfstrände,
die Küstenmammutbäume in den Muir
Woods und einen Leuchtturm. Die Golden
Gate National Recreation Area ist eines
der am meisten genutzten Stadterholungsgebiete weltweit.

**Serviceadressen für San Francisco finden Sie
auf S. 38 ff.**

**Die Tagesetappe entspricht der 10. Etappe
der California Dreaming Tour vgl. S. 112 ff.**

Golden Gate Bridge: finaler Höhepunkt ▷

Service USA von A bis Z

An- und Einreise

Am angenehmsten sind Flüge ohne Zwischenlandung in den USA. Denn sonst muss man die Immigrations- und Zollformalitäten bereits am ersten Flughafen hinter sich bringen, das Gepäck abholen und wieder abgeben sowie die Sicherheitskontrollen erneut durchlaufen. Das ist nicht nur lästig, sondern bei kürzerem Zwischenaufenthalt auch ziemlich hektisch. Wer dennoch um eine Zwischenlandung etwa in New York nicht herumkommt, sollte darauf achten, dass er  mehr als zwei Stunden Zeit zum Umsteigen hat und zügig alle Stationen der Abfertigung durchläuft.

Wenn Sie den Flug über das Internet buchen, können Sie vielleicht ein paar Euro sparen, müssen aber auch auf die Zusatzleistungen, die ein Reisebüro Ihnen bietet, verzichten. Je früher Sie buchen, desto besser, vor allem in den Sommermonaten. Es ist empfehlenswert, für die erste Nacht ein Hotelzimmer zu reservieren.

In die geltenden Einreisebestimmungen ist seit dem 11. September 2001 ordentlich Bewegung gekommen. Zur Einreise in die USA benötigen Besucher aus Deutschland, Österreich und der Schweiz (auch Babys und Kleinkinder) einen **maschinenlesbaren Pass**, der mindestens bis zum Ende der geplanten Reise gültig sein muss. Für Deutsche ist nur der **bordeauxrote Pass** zulässig. Vorläufige Reisepässe, Kinderausweise und Einträge in den Reisepässen der Eltern werden nicht mehr akzeptiert. Pässe, die nach dem 25. Oktober 2006 ausgestellt wurden, müssen zusätzlich über **biometrische Daten** verfügen. Jeder USA-Reisende muss vorab, spätestens 72 Stunden vor Reisebeginn, eine Genehmigung über das **elektronische Reisegenehmigungssystem ESTA** (https://esta.cbp.dhs.gov) einholen. Der Antrag kann auch von einer dritten Person, d.h. einem Bekannten oder einem Reiseunternehmen, gestellt werden. Eine erteilte ESTA-Genehmigung ist noch keine Garantie für die Einreise, darüber entscheidet nach wie vor der zuständige Immigration Officer, also der Beamte der Einreisebehörde. Eine erteilte Genehmigung ist für mehrere Reisen und für bis zu zwei Jahre gültig. Seit 2010 wird eine **Einreisegebühr** in Höhe von $ 14 pro Person berechnet.

Am Einreiseflughafen gibt man das **Einreiseformular** ab, das die Flugbegleiter im Flieger verteilt haben und das man bereits ausgefüllt hat. Dort werden dann **Fingerabdrücke eingescannt** und ein **digitales Porträtfoto** erstellt. Der Immigration Officer erkundigt sich nach dem Zweck *(holidays)* und der Dauer der Reise.

Da sich die Bestimmungen in recht zügigem Rhythmus ändern, ist dringend anzuraten, den aktuellen Stand bei der US-amerikanischen Botschaft zu erfragen unter: www.us-botschaft.de.

Ihr **Reisegepäck** sollten Sie nicht verschließen, weil es sonst unter Umständen aufgebrochen wird.

Das Einhalten der **Zollbestimmungen** wird an allen Flughäfen streng kontrolliert. Drogenhunde spüren verbotene Substanzen auf, die Einfuhr von Waffen ist selbstverständlich verboten und auch bei Lebensmitteln gelten strenge Bestimmungen. Der frische Apfel und das gute Vollkornbrot von zu Hause landen, wenn nicht unter Aufsicht verzehrt, im zolleigenen Mülleimer (vgl. auch S. 339).

Bei drei der hier beschriebenen Touren kommen Sie am **San Francisco International Airport** (SFO, www.flysfo.com) an, der trotz der knapp 40 Millionen Passagiere im Jahr recht übersichtlich ist. Hotelshuttles und Taxis warten direkt vor der Ankunfts- bzw. Abflughalle auf Kundschaft. Wenn Sie einen Mietwagen reserviert haben, müssen Sie mit dem Air Train (Blue Line) zum Mietwagen-Center (Rental Care Center) fahren. Das Taxi in die Stadt schlägt je nach Verkehr und Ziel mit etwa $ 35 bis 45 zu Buche, ein Shuttle zum Hotel liegt bei rund $ 16 pro Person. Auf den Shuttles steht, ob sie Downtown San Francisco oder bestimmte Regionen der Bay Area bedienen. Öffentlicher Nahverkehr ist natürlich günstiger: Die BART-Züge (Bay Area Rapid Transit, www.bart.gov) verbinden die

Traumhaft: Motorradfahren im Westen der USA

Innenstadt und San Mateo County mit dem Flughafen. Von allen Terminals fährt der Air Train zur Station Garage G/BART, von wo aus Anschluss besteht. Die Fahrt kostet etwa $ 9.

Auskunft

Tourismusbüros:

Die Adressen sowie Telefonnummern der regionalen **Chambers of Commerce** bzw. **Convention & Visitor Bureaus** in den USA finden Sie bei den entsprechenden Orten in diesem Buch.

Im Internet:

Deutschsprachige touristische Informationen über die USA:

www.usa.de
www.magazinusa.com
www.discoveramerica.com/de
www.usatourist.com/deutsch
www.americanet.de
www.usa-infos.de
www.usa-ti.com
Infos über die Nationalparks (engl.):
www.nps.gov

Spezielle Informationen zu den einzelnen Bundesstaaten gibt es auch hier:

Arizona: www.arizonareise.de (dt.)
Kalifornien: www.visitcalifornia.de (dt.)
Nevada:
www.travelnevada.com (engl.) oder
www.visitlasvegas.de
(deutschsprachige Infos zu Las Vegas)
Oregon:
www.traveloregon.de (dt.) oder
www.wiechmann.de (dt.)
Utah: www.utah.com
(engl. mit Link auf dt. Seite)
Washington:
www.washingtonstate.de (dt.)
www.experiencewa.com (engl.)
www.wiechmann.de (dt.)

Wichtige Rufnummern:

Notruf-Polizei-Feuerwehr ✆ 911
Telefonauskunft ✆ 411
Zentrale Notrufnummer zum Sperren von
Kreditkarten ✆ +49 116 116

Vorwahl Deutschland: ✆ 01149 bzw +49,
Städtevorwahl ohne 0
Vorwahl Österreich: ✆ 01143 bzw +43
Vorwahl Schweiz: ✆ 01141 bzw +41
Vorwahl USA: ✆ 001 bzw. +1
Pannendienst des AAA: ✆ 1-800-AAA-HELP

Diplomatische Vertretungen

**Botschaft der Vereinigten Staaten von
Amerika in Deutschland**
Clayallee 170, 14195 Berlin
✆ (030) 830 50, www.usembassy.de

**Botschaft der Vereinigten Staaten von
Amerika in Österreich**
Boltzmanngasse 16, A-1090 Wien
✆ (01) 313 39-0
www.usembassy.at

**Botschaft der Vereinigten Staaten von
Amerika in der Schweiz**
Sulgeneckstr. 19, CH-3007 Bern
✆ (031) 357 70 11
http://bern.usembassy.gov

**Generalkonsulate der Bundesrepublik
Deutschland**
– 6222 Wilshire Blvd., Suite No. 500
Los Angeles, CA 90048
✆ (323) 930-2703
www.los-angeles.diplo.de

– 1960 Jackson St.
San Francisco, CA 94109
✆ (415) 775-1061
www.san-francisco.diplo.de

**Honorarkonsulate der Bundesrepublik
Deutschland**
4815 W. Russell Rd., Suite 10 J
Las Vegas, NV 89118
✆ (702) 873-6717
consul@vegasresidences.com

– 1007 E. Missouri Ave.
Phoenix, AZ 85014-2663
✆ (602) 264-2545
GermanConsulAZ@aol.com

Österreichisches Generalkonsulat
11859 Wilshire Blvd., Suite 501
Los Angeles, CA 90025
✆ (310) 444-9310
los-angeles-gk@bmeia.gv.at

Schweizer Generalkonsulat
11766 Wilshire Blvd., Suite 1400
Los Angeles, CA 90025
✆ (310) 575-1145, www.eda.admin.ch/la

Homepage der deutschen Botschaft, der
acht Generalkonsulate und des Deutschland-
zentrums in den USA: www.germany.info.
Unter www.auswaertiges-amt.de, www.
bmeia.gv.at und www.swissemb.org findet
man sämtliche Adressen der deutschen, ös-
terreichischen und schweizerischen Vertre-
tungen.

Elektrizität

Aus US-amerikanischen Steckdosen kommt
der Strom mit 110 Volt und 60 Hertz (in
Deutschland 220–240 Volt, 50 Hertz). Die
meisten mitgebrachten Elektrogeräte arbeiten auch mit der niedrigeren Spannung
problemlos. Für die Stecker benötigen Sie
einen Adapter, den Sie in den größeren
Elektrogeschäften, an den Flughäfen sowie
bei Reiseausstattern in Europa und den USA
bekommen.
Wenn Sie Elektrogeräte in den USA kaufen möchten, erkundigen Sie sich zunächst,
ob Sie diese zu Hause auch nutzen können.
Wenn das Gerät über ein separates Netzteil
verfügt, so kann man es oft auch einzeln
nachkaufen.

Essen und Trinken

Meistens werden Sie auf Ihrer Tour wohl im Restaurant einkehren, es sei denn, Sie sind mit dem Zelt unterwegs und brutzeln sich auf dem Campground Ihr Steak auf den überall vorhandenen Grills, oder Sie begnügen sich mit einem Sandwich von der Tankstelle.

In den großen Städten und an der Küste ist die Auswahl an Restaurants riesig. Es gibt für jeden Geschmack das Passende. Die **Fast-Food-Ketten** bieten die schnellste, einfachste und unspektakulärste Möglichkeit, seinen Hunger zu stillen. Neben McDonald's und Burger King, die sich – ähnlich wie Coca Cola und Pepsi – das Leben bei der Jagd auf die Kundschaft gegenseitig schwer machen, gibt es noch Wendy's, Carl's Jr., Kentucky Fried Chicken (KFC), Taco Bell, Subway und viele viele andere. Wenn schon Fast Food, dann probieren Sie Carl's Jr. oder Subway, der eine hat saftige Burger, der andere frische Sandwiches, aber das ist – wie so vieles – natürlich Geschmackssache.

Denny's ist eine große Restaurantkette, einfach, aber häufig rund um die Uhr geöffnet. Sizzler bietet außer Steaks und Shrimps vor allem eine All-you-can-eat-Salatbar, von der auch der Hungrigste satt wird, ohne die Reisekasse zu plündern. Außer Salate gibt es dort nämlich auch Suppen, Pasta und Tacos. Das IHOP (International House of Pancakes) serviert Pfannkuchen in allen Variationen. Nach einer Tour durch die USA wird jeder seinen Favoriten gefunden haben.

Individuell geführte **Restaurants** gibt es in allen Qualitäten und kulinarischen Richtungen, von bodenständig bis exotisch, von einfach bis luxuriös, von fad bis sterneverdächtig. Bevor Sie sich einen Tisch suchen,

Frühstück für starke Männer und Frauen

werden Sie meist durch ein Schild mit der Aufschrift »**wait to be seated**« darum gebeten, zu warten, bis die Bedienung Sie zu einem freien Platz führt. Der Kellner *(waiter)* oder die Kellnerin *(waitress)* wird sich normalerweise mit Namen vorstellen und darum bemüht sein, Ihnen alle Wünsche zu erfüllen.

Sie haben häufig die **Qual der Wahl** und werden mit Fragen konfrontiert wie: »*Italian, French, Ranch, Thousand Island or Blue Cheese?*« (Dressing), »*How do you like your eggs? Scrambled, over easy, over medium, sunny side up?*« (Eier), »*Brown, white, wheat or sour dough?*« (Brot), »*Rice pilaf, mashed potatoes, veggies, French Fries or baked potatoes?*« (Beilage). Am Anfang steht man diesem Fragengewitter etwas hilflos gegenüber und hat das Gefühl, sich sein Essen nach der Bestellung redlich verdient zu haben, aber das gibt sich bald, und man lernt die Auswahl zu schätzen.

Meist günstig und lecker kann man seinen Hunger in den zahlreichen **ethnischen Restaurants** stillen. Thailändische, mexikanische, indische oder chinesische Lokale und Köche aus aller Herren Länder verwöhnen Ihren Gaumen mit Exotischem. Das Lieblingsdinner der US-Amerikaner an warmen Sommerabenden ist und bleibt aber das **BBQ** (Barbecue oder ganz profan: das Grillen).

Generell gilt, dass die Amerikaner früher zu Abend essen, als wir das hierzulande gewohnt sind. Auf dem platten Land haben die Restaurants häufig schon um 21 Uhr geschlossen. In Anbetracht der oft gewaltigen Portionen, die einem aufgetischt werden, ist es in den USA völlig normal, sich einen Teil des Essens einpacken zu lassen. Auf dem Motorrad ist das zwar in der Regel nur be-

Gutgelaunter Burger

325

Cafés und Diners finden sich flächendeckend in den USA

dingt praktisch, aber man muss sich jedenfalls nicht scheuen, den Rest »to go« in einen Doggybag packen zu lassen; wobei dieser Begriff in den USA nicht so üblich ist, wie man vermuten würde.

Sehr günstig sind die **Softdrinks** von Coca Cola, Pepsi und Co., die man zum Essen ordert. Root Beer hat übrigens nichts mit dem Gerstensaft zu tun, sondern ist eine Limonade mit sehr speziellem Geschmack, um es wohlwollend auszudrücken. Die Softdrinks werden mit einer Unmenge zerhacktem Eis serviert. Mit dem Wunsch nach »No ice, please« ernten Sie zwar Unverständnis und geben sich eindeutig als Tourist zu erkennen, er wird aber gern erfüllt. Wenn Sie bei Eis eher an Vanille- oder Erdbeergeschmack denken, so bestellen Sie Ice Cream.

Der **Kaffee** ist unglaublich dünn, dafür wird er kostenlos nachgeschenkt, bis man abwinkt. Erfreulicherweise breitet sich auch in den USA seit einer Weile eine gewisse Kaffeekultur aus, angestoßen durch Starbucks, sodass man durchaus auch mal einen guten Milchkaffee oder Espresso kriegt.

Und der **Alkohol** sollte natürlich erwähnt werden: Auch wenn die Promillegrenze in den USA meist bei 0,8 liegt, so ist sie im Schadensfall deutlich niedriger, bei den meisten Vermietern liegt Sie gar bei 0,0. Sollte die Versicherung auch nur den leisesten Verdacht haben, dass bei einem Unfall Alkohol im Spiel gewesen sein könnte, so wird sich diese sehr schnell von sämtlichen Zahlungsansprüchen zurückziehen und alles tun, um die Schuld dem Fahrer zu geben. Bei den horrenden Schmerzensgeldzahlungen in den USA kann das ausgesprochen teuer werden. Die Amerikaner bevorzugen mehrheitlich

Dünnbier aus den Großbrauereien von Budweiser, Coors, Millers oder Michelob. Es gibt aber auch zahlreiche lokale Kleinbrauereien *(microbreweries)*, die **Bier** in den unterschiedlichsten Geschmacksrichtungen und Qualitäten herstellen. Bier wird in den meisten Kneipen und Lokalen, so es sich nicht um Fassbier handelt, ohne Glas in der Flasche serviert. Das ist erst mal ungewöhnlich, es schmeckt aber auch aus der Flasche. Wenn Sie ein Pint bestellen, bekommen Sie einen knappen halben Liter, ein Pitcher ist einer großen Plastikblumenvase nicht unähnlich und für mehrere Personen gedacht.

Guten **Wein** bekommt man vor allem in Kalifornien. Dort befinden sich die größten und bekanntesten Anbaugebiete. Sobald man sich Richtung Arizona und Utah aufmacht, wird die Qualität des Weins zur Glückssache. Oft erhält man dann auch keinen Wein. An **Spirituosen** wird in den Bars und Saloons die ganze Bandbreite angeboten, der Aperitif oder Digestif im Restaurant muss allerdings häufig ausfallen, da viele Lokale lediglich eine Lizenz zum Wein- und Bierausschank besitzen.

In den **Indianerreservaten** ist der Alkoholausschank generell verboten. In Utah schenken die Restaurants gemäß der Mormonenlehre oft keinen Alkohol aus und sonntags ist dort der Verkauf in einigen Landkreisen gänzlich verboten.

Wenn Sie den Tag am Lagerfeuer oder im Motelpool mit einem kühlen Bier ausklingen lassen wollen, so steuern Sie vorher am besten einen **Liquor Store** an. Dort bekommen Sie auch Hochprozentiges. Die allermeisten Supermärkte haben ebenfalls eine gut sortierte Bier- und Weinabteilung. Im Supermarkt kann es vorkommen, dass Sie

Wenn der kleine Hunger nagt: Snackbar in San Francisco

von Kids (d. h. jungen Erwachsenen unter 21 Jahren) gebeten werden, ihnen doch ein Sixpack mitzubringen. Tun Sie ihnen diesen vermeintlichen Gefallen nicht – Sie machen sich strafbar.

Und auch am Strand oder im Stadtpark können Sie das wohlverdiente Bier nicht genießen – **Alkoholkonsum in der Öffentlichkeit ist generell verboten.** Deshalb sieht man auch immer wieder Leute, die an einer braunen Papiertüte nuckeln, in der eine Flasche Schnaps oder Wein versteckt ist. Ausnahme hierzu ist Las Vegas, wo sich die Menschenmassen mit einem Drink in der Hand von Casino zu Casino schieben. Offene Alkoholbehälter, egal ob Büchsen oder Flaschen, sind im Auto strengstens verboten, selbst dann, wenn Sie leer sind und als Aschenbecher genutzt werden.

Die im Buch aufgeführten Restaurants sind nach folgenden **Preiskategorien** für ein Abendessen (ohne Getränke, Vorspeisen, Desserts, Steuer und Trinkgeld) gestaffelt:

$ – bis 15 Dollar
$$ – 15 bis 25 Dollar
$$$ – über 25 Dollar

Informationen zum Trinkgeld finden Sie auf S. 336.

Feiertage, Feste

Die US-Amerikaner haben die für Schüler und Arbeitnehmer schöne Angewohnheit, Feiertage, falls sie auf das Wochenende fallen, am darauffolgenden Montag nachzuholen. Generell gibt es viele Montagsfeiertage, sodass lange Wochenenden entstehen, die häufig zu Staus auf den Straßen führen. Als Beginn der Reisezeit gilt Memorial Day, als Ende Labor Day. Allerdings gibt es deutlich weniger freie Tage als hierzulande. Die offiziellen sind:

New Years Day (1. Januar)
Martin Luther King Day (3. Montag im Januar)
Presidents' Day (3. Montag im Februar)
Memorial Day (letzter Montag im Mai)
Independence Day (4. Juli)
Labour Day (Tag der Arbeit, erster Montag im September)
Columbus Day (2. Montag im Oktober)

Veterans Day (11. November)
Thanksgiving (Erntedank, 4. Donnerstag im November)
Christmas (Weihnachten, 25. Dezember)

Daneben gibt es regionale Feiertage und natürlich zahlreiche Feste und Veranstaltungen. Informationen zu Motorradtreffen finden sie auf S. 346 f.

Geld, Reisekosten

In den USA kennt man nur eine Währung, und das ist der Dollar (umgangssprachlich *buck*). Der Versuch, andere Währungen umzutauschen, wird außer am Flughafen und den größten Bankfilialen zum Scheitern verurteilt sein. Ein Dollar ist unterteilt in 100 Cent. Der Wechselkurs betrug im November 2011 1 € = 1,35 US$ bzw. 1 US$ = 0,70 €.

Folgende **Münzen** sind in Umlauf: Penny (1 Cent), Nickel (5 Cent), Dime (10 Cent), Quarter (25 Cent), Half Dollar (50 Cent) sowie recht seltene Dollarmünzen. Banknoten gibt es im Wert von 1, 2, 5, 10, 20, 50 und 100 Dollar. 500- und 1000-Dollar-Scheine sind ausgesprochen selten und spielen im Alltag keine Rolle. Sämtliche Scheine werden ihrer Farbe wegen auch *greenbacks* genannt. Alle **Dollarnoten** haben dieselbe Größe, sind grün und unterscheiden sich nur durch den Wertaufdruck und den abgebildeten Präsidenten (Ausnahme: pfirsichfarbene 20-Dollarnote). Durch ihr ähnliches Aussehen sind sie anfangs leicht zu verwechseln.

Bargeld ist zum Begleichen größerer Summen unüblich, wobei größere Summen bereits bei etwa $ 20 beginnen. Wenn Sie Fünfziger oder Hunderter an den Mann bringen wollen, so werden Sie in der Regel nicht auf viel Gegenliebe stoßen – es ist zu viel Falschgeld im Umlauf.

Am einfachsten ist das Bezahlen mit einer **Kreditkarte**. Weit verbreitet und fast überall akzeptiert sind Visa- und Mastercard. Wollen Sie ein Motorrad oder Auto mieten, benötigen Sie eine Kreditkarte für die Kaution. Über die Karte wird eine mögliche Abbuchung im Schadensfall autorisiert. Manchmal wird der Betrag auch tatsächlich abgebucht und bei Rückgabe des Fahrzeugs wieder gutgeschrieben. Mit Kreditkarten kann man – wenn auch meist gegen höhere Gebühren – bei vielen Banken Geld abheben. Besser geeignet für diesen Zweck ist aber die **Eurocheque-Karte**, sofern diese das Maestro-Logo trägt. Die meisten Geldautomaten (ATMs) akzeptieren diese mittlerweile.

Gut und sicher, wenn auch umständlicher, sind **Reiseschecks**. Achten Sie darauf, dass diese in US-Dollar ausgestellt sind; Euro-Reiseschecks können Sie nur schwer einlösen. Mit Reiseschecks *(traveller's cheques)* können Sie auch im kleinsten Laden wie mit Bargeld bezahlen, das Wechselgeld bekommen Sie cash zurück. Hier gilt wie bei Bargeld: Je kleiner der Betrag, desto lieber wird er akzeptiert. Bewahren Sie die Ausstellungsquittung der Reiseschecks unbedingt separat auf, unter Angabe der Nummern sind die Schecks bei Diebstahl oder Verlust versichert.

Die in den Läden ausgezeichneten Preise verstehen sich in der Regel ohne *sales tax* (Mehrwertsteuer). Der zu zahlende Betrag ist dann je nach geltendem Steuersatz um vier bis 17 Prozent höher. Das hat zur Folge, dass Endpreise wie $ 10.12 oder $ 17.01 keine Seltenheit sind und Sie binnen weniger Tage stolzer Besitzer einer beeindruckenden Sammlung von Pennies und Nickels sind.

Um böse Überraschungen beim Öffnen Ihrer Kreditkartenabrechnung nach Ihrer Rückkehr zu vermeiden, sollten Sie sich bereits im Vorfeld über die zu erwartenden **Reisekosten** im Klaren sein. Am besten machen

In den USA günstig: Motorradklamotten

Sie sich eine Liste und kalkulieren großzügig. Vergessen Sie nicht den Posten »Souvenirs und Shopping«: Jeans, Sportschuhe, Elektronik und Motorradausrüstung – die Liste der günstigen und verlockenden Mitbringsel ist ziemlich lang.

Hier ein paar Beispiele, welche Kosten Sie auf Ihrer Tour erwarten:

Übernachtung im Mittelklasse-Motel/Hotel in der Stadt etwa $ 150 pro Zimmer, auf dem Land etwa $ 90 pro Zimmer. Ein Abendessen schlägt mit etwa $ 30 inkl. Getränk und Trinkgeld zu Buche, Steaks liegen etwas darüber. Für ein *american breakfast* müssen Sie gut $ 10 berappen. Eine Tankladung für die Harley liegt bei etwa $ 12, der Eintritt in Nationalparks bei maximal $ 10 pro Nase. Für ein Sixpack Bier müssen Sie etwa $ 8 hinlegen, eine gute Flasche Wein bekommen Sie im Supermarkt ab etwa $ 12 – nach oben gibt es natürlich keine Grenzen. Ein paar Levi's Jeans bekommen Sie bereits ab $ 35. Und auch die Sneaker von Nike und Co. kosten nur etwa halb so viel wie hierzulande.

Das alles sind Durchschnittswerte, die in Santa Barbara sicherlich etwas nach oben und in touristisch weniger attraktiven Regionen nach unten abweichen.

Wenn Sie am Ende Ihrer Kalkulation sind, werden Sie feststellen, dass ein Motorradurlaub in den USA trotz des relativ günstigen Dollarkurses kein Schnäppchen ist. Aber unvergessliche Erlebnisse sind eben nur schwer in Dollar oder Euro umzurechnen.

Gepäck, Kleidung

Die beschriebenen Routen führen durch sehr unterschiedliche Landschaften. Bei der California Dreaming Tour reicht das Spektrum von sengender Hitze im Death Valley bis zu 3000 Meter hohen Pässen – Sie sollten sich also für alle Eventualitäten rüsten. Die Born to Be Wild Tour bewegt sich zum größten Teil in warmen und trockenen Regionen – hier kommen Sie in der Regel mit einer einfachen Fahrerausrüstung über die Runden.
Bei der Pacific Coast Tour gehört unbedingt gute Regenkleidung ins Gepäck – wenn Sie sie nicht auspacken müssen, umso besser. Eine kleine Packliste finden Sie im Serviceteil auf S. 347 f.

Abendkleidung oder Ähnliches brauchen Sie auf Ihrer Motorradtour fast sicher nicht. Die Amerikaner sind bezüglich der Kleiderordnung ausgesprochen leger. Infos zu Klima und zur Reisezeit finden Sie unten.

Kinder

Auch wenn sich Motorradfahren nur schwer mit einem Familienurlaub kombinieren lässt, so können Sie sich für den Fall, dass Ihre Kinder mit von der Partie sind, auf ein ausgesprochen kinderfreundliches Reiseland freuen. Es gibt Kindermenüs und Kinderstühle in Restaurants, und die Übernachtung im Hotel ist günstiger, wenn nicht sogar kostenlos. Aber: Einige Bed & Breakfasts sind kinderfreie Zonen, denn man hat wohl Angst um das antike Mobiliar. Eine recht empfehlenswerte und selbst getestete Methode, mit Familie einen Motorradurlaub zu machen, ist, sich neben dem Motorrad noch ein Wohnmobil zu mieten – so kommt jeder auf seine Kosten, erst recht, wenn der Partner auch Motorrad fährt und man sich abwechselt.

Klima, Reisezeit

So vielseitig wie die Landschaft ist auch das Klima, was bei einem Land, das vier Zeitzonen umfasst, kaum verwunderlich ist. Während man in Florida am Strand in der Sonne brät, kann man in der Sierra Nevada und den Rockies durch Pulverschnee schwingen. Und wenn an der Golfküste später die tropischen Stürme aufziehen, ist im trockenen Südwesten die beste Reisezeit.

Den deutlichsten Einfluss auf das Klima haben die großen Bergketten, in deren Windschatten es oft sehr trocken ist. Die Temperaturen werden außer von der Jahreszeit und dem Breitengrad auch von der Höhe beeinflusst, was sich beim Besuch vieler touristischer Highlights wie dem Grand Canyon, dem Bryce Canyon und dem Monument Valley bemerkbar macht. In der Vor- und Nachsaison kann es dort noch empfindlich kalt sein. Im Allgemeinen gilt, dass das Klima zum Motorradfahren im Süden und Südwesten am besten ist.

In der Sierra Nevada und der Pacific Range sind **Wintersperren** bis in die frühen Sommer hinein möglich. In diesen Regionen kann es auch im Oktober schon empfindlich kalt werden. Kurze Schneeschauer treten auf den höchsten Pässen auch im Sommer mal auf. In der Regel sind die Temperaturen von Juni bis September in den Bergen aber sehr angenehm. Eventuelle Wintersperren und die für die Tour empfehlenswerten Reisezeiten sind in den Routenkapiteln erwähnt.

In den Wüsten des Südwestens kann es von Mai bis September ausgesprochen heiß werden, Temperaturen über 40 °C sind an der Tagesordnung, und manchmal überspringt das Thermometer auch die 50er-Marke. Trotz der trockenen Luft, die die Hitze erträglicher macht, ist das nichts für Leute, die sich sonst in Skandinavien klimatisch am wohlsten fühlen.

Von Ende Juni bis August ist in Arizona Monsunzeit, aber keine Angst: Das bedeutet keinesfalls Dauerregen, aber am Nachmittag türmen sich regelmäßig Wolken auf, die sich dann nicht selten in kurzen, aber heftigen Gewittern entladen.

An der Pazifikküste beginnt Ende Mai die nebelige Zeit, die Monate davor und vor allem der Oktober bilden die schönste Reisezeit für die Region (vgl. auch S. 19 ff.).

Bestes Motorradwetter auf der Route 66

Temperaturen:

Fahrenheit (°F)	104	100	90	86	80	70	68	50	40	32
Celsius (°C)	40	37,8	32,2	30	26,7	21,1	20	10	4,4	0

Bekleidungsmaße:

Herrenkonfektion						
Deutsch	46	48	50	52	54	56	58
Amerikanisch	36	38	40	42	44	46	48

Damenkonfektion					
Deutsch	38	40	42	44	46	48
Amerikanisch	10	12	14	16	18	20

Kinderbekleidung				
Deutsch	98	104	110	116	122
Amerikanisch	3	4	5	6	6x

Kragen/collars						
Deutsch	35–36	37	38	39	40–41	42	43
Amerikanisch	14	14½	15	15½	16	16½	17

Strümpfe/stockings						
Deutsch	35	36	37	38	39	40	41
Amerikanisch	8	8½	9	9½	10	10 ½	11

Schuhe/shoes											
Deutsch	36	37	38	39	40	41	42	43	44	45	46	47
Amerika-nisch	5	5¾	6½	7¼	8	8¾	9½	10¼	11	11¾	12½	13¼

Maße und Gewichte

Längenmaße:

1 inch (in.)	= 2,54 cm
1 foot (ft.)	= 30,48 cm
1 yard (yd.)	= 0,9 m
1 mile	= 1,6 km

Flächenmaße:

1 square foot	= 930 cm²
1 acre	= 0,4 ha
1 square mile	= 259 ha

Hohlmaße:

1 pint	= 0,57 l
1 quart	= 0,95 l
1 gallon	= 3,79 l

Gewichte:

1 ounce (oz.)	= 28,35 g
1 pound (lb.)	= 453,6 g
1 ton	= 907 kg

Die US-Amerikaner stehen mit dem metrischen System auf Kriegsfuß, auch wenn es in vielen Bereichen schon vor Längerem offiziell eingeführt wurde. Das verlangt dem Touristen einiges Kopfrechnen ab. Wunderbares Beispiel hierfür ist die Umrechnung von Grad Fahrenheit in Grad Celsius. Die Formel lautet Grad Fahrenheit minus 32 geteilt durch 1,8 = Grad Celsius.

Medizinische Versorgung

Die medizinische Versorgung in den USA ist erstklassig – vorausgesetzt, Sie haben Geld bzw. eine entsprechende Kranken- und Unfallversicherung, denn Sie sind automatisch Privatpatient. Besprechen Sie mit Ihrer Krankenkasse im Vorfeld, welche Kosten übernommen werden. Jedoch ist der Abschluss einer **Reisekrankenversicherung** dringend zu empfehlen. Diese sind sehr günstig.

Wenn Sie unterwegs bestimmte Medikamente benötigen, finden Sie diese in der *pharmacy* (Apotheken), die meist in den *drugstores* oder den großen Supermärkten untergebracht ist.

Rezeptpflichtige Medikamente nehmen Sie besser von zu Hause mit, idealerweise mit englischsprachiger Packungsbeilage, dann gibt es bei der Einreise keine Probleme. Spezielle Impfungen sind derzeit nicht vorgeschrieben. Aktuelle Informationen dazu finden Sie auf der Internetseite des Auswärtigen Amts (vgl. S. 324).

Ein häufiges Problem sind **Sonnenstich und Dehydratation** in der Wüste, die mit geeignetem Sonnenschutz und ausreichend Flüssigkeitszufuhr aber leicht zu vermeiden sind. Ausreichend Trinken bedeutet in diesem Fall allerdings, dass Sie etwa doppelt so viel trinken, wie Ihnen Ihr Gefühl sagt. Wenn Sie Hitze im Allgemeinen schlecht vertragen, planen Sie im Sommer lieber eine Tour durch die Rockies oder in den pazifischen Nordwesten als einen Trip von Las Vegas nach Phoenix.

Das **Leitungswasser** in den USA können Sie überall bedenkenlos trinken, aber es ist kein Genuss, es riecht und schmeckt nach Hallenbad. Sehr häufig finden Sie öffentliche Wasserspender, um den Durst zu löschen.

Nationalparks, National Monuments

Nationalparks und National Monuments kosten in der Regel Eintritt. Bei der Planung Ihrer Tour sollten Sie sich darüber Gedanken machen, wie viele davon am Weg liegen werden (im Südwesten kommen höchstwahrscheinlich einige zusammen). So können Sie sich nämlich am Eintrittshäuschen des ersten Parks entscheiden, ob Sie ein reguläres Besucherticket lösen oder den **National Park Pass** (früherer Golden Eagle Pass) erstehen wollen. Der berechtigt zum Eintritt in alle Nationalparks und -monuments. Nicht gültig ist er jedoch für State Parks sowie für den Antelope Canyon und das Monument Valley, die beide zu den Navajo Tribal Parks gehören.

Nach der Einfahrt in einen Park steuern die meisten Besucher erst einmal das **Visitor Center** an, und das ist keine schlechte Idee. Dort bekommen Sie eine Menge guter Informationen über Geologie, Geschichte, Flora und Fauna sowie alle Besonderheiten des Parks. Außerdem können Sie sich dort bei den Rangern die **Genehmigung für längere Wanderungen** *(permit)* besorgen. Sollten Sie eine größere Wanderung abseits der viel genutzten Wege planen, melden Sie sich auf jeden Fall im Visitor Center an und nach Ihrer Rückkehr zurück. Vor allem Letzteres ist wichtig, ansonsten wird ein Suchtrupp losgeschickt.

Die Ranger im Visitor Center können Ihnen auch besonders reizvolle Ausflüge empfehlen. Im Zion Park erfahren Sie, ob eine Wanderung durch die Narrows wettertechnisch unbedenklich ist. Sollte hier eine Unwetterwarnung bestehen, so ist diese unbedingt ernst zu nehmen, auch wenn über Ihnen die Sonne vom wolkenlosen Himmel lacht. Selbst bei entfernten Gewittern kann der kleine Virgin River binnen Minuten zum tosenden Wildbach anschwellen, der alles in der engen Schlucht mit sich reißt.

Übernachtungsmöglichkeiten in den Nationalparks sind limitiert. Wenn eine Lodge vorhanden ist, ist diese nicht nur teuer, sondern meist auch ausgebucht. Die Campingplätze operieren oft auf einer First-come-first-served-Basis und füllen sich in der Hochsaison schon kurz nach dem Frühstück bis auf den letzten Platz. In der Regel gibt es in der unmittelbaren Umgebung der Parks aber eine umfassende touristische Infrastruktur.

Der Rummel in Tusayan am Grand Canyon oder in West Yellowstone ist allerdings Geschmackssache und will nicht so recht zu den Naturwundern vor der Haustür passen. Wenn Sie in den Grand Canyon wandern wollen und auf die Qual eines Ab- und Aufstiegs am selben Tag lieber verzichten, kümmern Sie sich baldmöglichst um eine Erlaubnis. Die Übernachtungsplätze am Colorado River sind limitiert und oft Wochen im Voraus ausgebucht. Andererseits gibt es im Rangerbüro eine Warteliste, und nicht selten bekommen Sie auf diesem Weg Ihre Erlaubnis auch kurzfristig.

In den Nationalparks wird die **Einhaltung der Verkehrsregeln** recht penibel überwacht,

Im Zion Canyon National Park

Amerikanisches Mailbox-Standardmodell

rell haben die Geschäfte deutlich länger auf, als wir das gewohnt sind. Viele Supermärkte und auch einige der kleineren Läden, meist *liquor stores*, halten ihre Türen durchgehend offen. Wenn Geschäfte rund um die Uhr für ihre Kunden geöffnet haben, nennt man das 24/7 *(twenty-four-seven)*. An diesen Komfort gewöhnt man sich schnell. Nach längeren USA-Aufenthalten kann es schon mal vorkommen, dass man sich sonntagnachmittags vor verschlossenen Supermarkttüren in Deutschland wiederfindet.

vor allem in Bezug auf das meist niedrige Speed Limit. Auch beim Wegwerfen von Müll und Zigarettenkippen zeigen die Ranger zu Recht keinerlei Verständnis.

Und last but not least: Egal in welchem Park Sie sich befinden, gehen Sie zu Fuß. Sie werden feststellen, dass Sie selbst am Grand Canyon oder im Yosemite Valley nach kurzer Zeit allein sind und die Natur sehr viel intensiver genießen können als dies an den überfüllten Aussichtsplattformen möglich ist.

Notfälle

Bei Notfällen aller Art gilt überall in den USA die zentrale Notrufnummer ☎ 911. Bei Pannen mit dem Motorrad ist es von Vorteil, **Mitglied eines Automobilclubs** zu sein. Der US-amerikanische AAA hilft etwa auch ADAC-Mitgliedern (vgl. auch S. 340). In den Nationalparks wird die Polizeigewalt von den Rangern ausgeübt, die auch für Notfälle zuständig sind. Falls Sie Ihren Pass verloren haben, wenden Sie sich bitte an das nächstgelegene **Konsulat** (Adressen vgl. S. 324). Wichtige Rufnummern finden Sie auch unter Auskunft auf S. 324.

2005 wurde in Deutschland eine einheitliche **Notrufnummer zum Sperren von Kredit-, Maestro- oder Mobilfunkkarten** eingerichtet. Bei Verlust oder Diebstahl wendet man sich an: ☎ +49 116 116, www.sperr-notruf.de.

Öffnungszeiten

Es gibt keine einheitliche Regelung, da es in den USA kein Ladenschlussgesetz gibt. Gene-

Post

Jedes noch so kleine Dorf hat normalerweise sein eigenes **Post Office**, auch wenn dieses manchmal nur an einem Nachmittag in der Woche geöffnet ist. Die US-amerikanische Post (USPS – United States Postal Services) ist manchmal langsam, Postkarten, die erst nach Ihnen in Europa ankommen, sind keine Seltenheit. Öffentliche Briefkästen *(mail boxes)* gibt es nur wenige, da der Briefträger die Post nicht nur bringt, sondern auch abholt. Die kleinen roten Fähnchen an den amerikanischen Briefkästen zeigen dem Briefträger an, ob Briefe darauf warten, abgeholt zu werden. Deshalb müssen Sie auch keine Zeit mit der Suche nach einem der seltenen blauen Briefkästen verschwenden, sondern können Ihre Post einfach an der Hotelrezeption abgeben.

Die Postleitzahl, der *zip code*, steht bei amerikanischen Adressen immer hinter dem Ortsnamen und dem Staatskürzel, also z.B. Harley-Davidson, Milwaukee, WI 53201. Die Hausnummer steht dafür vor dem Straßennamen.

Rauchen

Die Zeiten, als man mit Rauchen Freiheit und Abenteuer verband, sind längst passé. Die Glimmstängel werden heute eher als Symbol für Charakterschwäche interpretiert. Das Rauchen wurde in den USA aus allen öffentlichen Räumen verbannt, in keinem Büro, Flugzeug, Bahnhof oder Amt wird der blaue Dunst geduldet. Vor den Büros

drängen sich die Raucher während der Mittagspause auf dem Gehsteig, und mancherorts ist selbst das nicht mehr möglich. In Berkeleys Innenstadt ist das Rauchen generell verboten. Erwachsene Menschen drücken sich zum Rauchen heimlich in Hauseingänge wie früher Halbwüchsige bei der ersten Zigarette.

Die Restaurants, in welchen noch Raucherplätze angeboten werden, sterben aus. Und wenn es dennoch welche gibt, dann sind sie mit ziemlicher Wahrscheinlichkeit in der unattraktivsten Ecke des Restaurants untergebracht.

Das schlechte Image des Rauchens schlägt allerdings in den Universitäten und der »hippen Szene« bereits ins Gegenteil um – dort wird Rauchen teilweise als Symbol der Opposition gegen das Establishment verstanden. Das erklärt auch, warum die Statistiken an den Unis mehr Raucher verzeichnen als im Rest des Landes.

Vorbei auch die Zeiten, als Rauchen ein billiges Vergnügen war. Zigaretten liegen bei etwa $ 5 bis $ 8 pro Packung. Es gibt keine festgelegten Preise für Zigaretten und Tabak, vergleichen lohnt sich also. Oftmals ist eine Stange billiger als zehn einzelne Packungen.

Wer mit dem Gedanken spielt, das Rauchen aufzugeben, dem bietet sich in Amerika eine gute Gelegenheit dazu.

Shopping

Bevor Sie verlockenden Angeboten erliegen, eventuell aufgrund eines günstigen Wechselkurses, und in einen Kaufrausch verfallen, erkundigen Sie sich über Ein- und Ausfuhrbestimmungen beim Zoll (unter: www.zoll.de). Wenn der Wert Ihrer Reisemitbringsel die **Reisefreimengen** überschreitet, dann fallen Einfuhrabgaben an. Die Reisefreimenge aller mitgebrachten Waren liegt derzeit bei € 430.

Bedenken Sie, dass die in den USA erhältlichen Notebooks nicht nur billig sind, sondern auch mit 110 Volt betrieben werden (mitunter stellen sich sich auf die jeweilige Stromspannung automatisch um), einen US-amerikanischen Stecker haben, ihr Betriebssystem auf Englisch ist und auch die Tastatur anders belegt ist. Auch die Videokamera kann unter Umständen nicht für das

Galgenhumor: Die Rezension hinterlässt ihre Spuren

PAL-System aufzeichnen und eine DVD auf einem Player daheim nicht laufen.

In den **Indianerreservaten** werden Sie an jeder Ecke einen Stand mit Indianerschmuck und Kunsthandwerk finden. Neben schönen handgearbeiteten Stücken wird dort auch allerlei Kitsch aus Fernost verkauft.

Ein Besuch in einer der großen **Shopping Malls** gehört zu den USA-typischen Reiseerlebnissen. Günstiger als in Europa sind Klamotten aller Art. Turnschuhe, Jeans, T-Shirts und Jacken gibt es in riesiger Auswahl. Und die US-Amerikaner lachen sich schlapp, wenn sie hören, dass wir über $ 100 für eine Markenjeans zahlen. Echte Schnäppchen lassen sich manchmal in den **Factory Outlets** finden. Und auch der Einkauf in einem der riesigen Supermärkte kann ein beeindruckendes Erlebnis sein.

Informationen zur Mehrwertsteuer finden Sie unter Geld, Reisekosten auf S. 327 f., Informationen zu Öffnungszeiten unter dem gleichnamigen Punkt auf S. 332.

Sicherheit

Wie überall auf dieser Welt sollte man seinen **gesunden Menschenverstand** nutzen, um etwaige Risiken zu erkennen und ihnen aus dem Weg zu gehen. So ist es offensichtlich keine gute Idee, die nagelneue Harley in South Central Los Angeles vor sperrholzvernagelten Fensterfronten zu parken und sich auf Fototour zu begeben. Im Allgemeinen gilt aber: Auch und vor allem in den Innenstädten ist die Kriminalität in den letzten zehn Jahren rapide gesunken, und auf dem flachen Land können Sie sich normalerweise sicher wie in Abrahams Schoß fühlen. Mir

wurde in 20 Tourenjahren in den USA noch nie etwas gestohlen, dafür hat man mir einen liegen gelassenen (und prall gefüllten) Geldbeutel 25 Meilen hinterhergefahren.

Trotzdem gelten vor allem in Großstädten natürlich einige Vorsichtsmaßnahmen: Wenn Sie es nicht einschätzen können, fragen Sie im Hotel, ob Ihr geplanter Abendspaziergang sicher ist. Wenn Sie sich dann aufmachen, nehmen Sie nicht mehr Bargeld mit, als Sie brauchen. Reiseschecks, Reisepass und nicht benötigte Kreditkarten sind im Hotelsafe besser aufgehoben als in Ihrer Hosentasche. Hängen Sie sich die teure Kamera nicht um den Hals, sondern verstauen Sie sie im Rucksack.

Und sollte doch der unwahrscheinliche Fall eintreten, dass Sie beraubt oder überfallen werden, dann spielen Sie auf keinen Fall den Helden. Bei Besichtigungen und Pausen sollten Sie vermeiden, Ihre Wertsachen am Motorrad zu lassen – Gelegenheit macht Diebe.

Aber nicht nur unsere Mitmenschen, auch die Natur hält so manche Stolperfalle für den Reisenden parat:

Das richtige Verhalten im Falle eines **Erdbebens** finden Sie in den gefährdeten Gebieten auf den ersten Seiten des Telefonbuchs. Im Wesentlichen gilt: Suchen Sie einen geeigneten Zufluchtsort. Das kann unter einem massiven Tisch oder unter dem Bett sowie an einer tragenden Innenwand oder im Türrahmen sein. Meiden Sie Fenster, Außenwände und die Nähe schwerer Möbel und Gegenstände. Wenn Sie das Gebäude verlassen, dann suchen Sie einen Platz in ausreichender Entfernung von Häusern, Stromleitungen, Bäumen und Überführungen. Das dürfte in Downtown San Francisco allerdings nicht ganz leicht fallen.

Für den Fall, dass Sie bei einer Wanderung im Yosemite plötzlich einem **Bären** gegenüberstehen sollten, laufen Sie auf keinen

Fall vor lauter Schreck weg. Wenn der Bär noch in einiger Entfernung ist (ca. 100 Meter), machen Sie durch Geräusche oder laute Gespräche auf sich aufmerksam. In der Regel flieht der Bär oder geht unbeeindruckt weiter seiner Tätigkeit nach. In diesem Falle machen Sie einen möglichst großen Bogen um Meister Petz. Wenn der Bär sich aufrichtet, bedeutet das kein aggressives Verhalten, Bären sehen schlecht und verschaffen sich so einen besseren Überblick. Machen Sie sich größer, indem Sie die Hände über dem Kopf schwenken oder in die Hüften stemmen.

Wenn Sie Jungbären sehen, sollten Sie sich auf alle Fälle langsam zurückziehen, die Mutter ist mit Sicherheit in der Nähe und wird ihre Jungen beschützen.

Klapperschlangen sind scheue Tiere – im Normalfall werden Sie keine zu Gesicht bekommen. Vermeiden Sie in Gegenden, in denen die Rattle Snake zu Hause ist, beim Feuerholzsuchen in Felsspalten zu greifen, und ziehen Sie bei Wanderungen Lederstiefel an. Und selbst im äußerst unwahrscheinlichen Fall, dass eines der scheuen Tier zubeißt, ist der Biss zwar schmerzhaft, aber in den seltensten Fällen tödlich. Sie müssen sich aber so schnell wie möglich in ärztliche Behandlung begeben.

Warnungen vor den Naturgewalten sind unbedingt ernst zu nehmen. Wenn die Narrows im Zion Canyon oder der Antelope Canyon wegen **Flashflood-Gefahr** gesperrt sind, halten Sie sich daran. Verlassen Sie sich nicht auf Ihre eigene Einschätzung, sondern glauben Sie den Rangern und Wetterfröschen. Das Gleiche gilt für Flashflood-Sperrungen im Death Valley und in anderen Teilen der Wüste. Der Boden ist ausgetrocknet und hart und kann deshalb kaum Wasser aufnehmen, der Niederschlag fließt also an der Oberfläche ab, sammelt sich in sogenannten Washes und spült alles mit, was im Weg ist. Ein Motorrad ist für eine Flashflood kein ernstzunehmendes Hindernis. Wenige wissen, dass in der Wüste mehr Menschen ertrinken als verdursten.

Telefonieren

Wenn Sie telefonieren müssen, dann haben Sie verschiedene Möglichkeiten. Für **Ortsgespräche** bieten sich die Hotel- und Moteltelefone an. Diese *local calls* sind häufig kostenlos. Auch von den öffentlichen Apparaten te-

Im Handyzeitalter sind »public phones« fast schon eine Rarität

lefoniert man günstig und unproblematisch. Anders sieht es bei **Ferngesprächen** *(long distance calls)* aus, vor allem bei denen nach Europa. Ein aus dem Hotelzimmer geführtes Ferngespräch kann beim Auschecken zu bösen Überraschungen führen. Von den öffentlichen Telefonzellen sind Ferngespräche möglich, jedoch lästig, denn man braucht einen Sack voll Kleingeld, das man immer, wenn der Operator darauf hinweist, nachwirft. Manchmal müssen Sie dem Operator zuerst die Nummer mitteilen, mit der Sie verbunden werden wollen. Im Handyzeitalter werden aber auch in den USA mehr und mehr der schicken silbernen Fernsprecher abgeschraubt.

Gespräche vom **Tri-Band-Handy** nach Europa sind unproblematisch, belasten aber die Urlaubskasse beträchtlich. Es sei denn, Sie haben eine **SIM-Karte mit US-amerikanischer Nummer**, die Sie schon vor Ihrer Abreise bestellen können. Zahlreiche Anbieter sind auf dem Markt. Wenn Sie dies mindestens zwei Wochen vor Ihrer Tour tun, so landet sie auch rechtzeitig in Ihrem Briefkasten. Mobiltelefone heißen in den USA übrigens *cell phone* oder *mobile phone*.

Ebenfalls günstig und an allen Telefonen einsetzbar sind **Telefonkarten**, die Sie fast überall in den USA bekommen. Darunter gibt es solche, die besonders günstige Ferngesprächtarife anbieten, häufig nach Ländern gegliedert. Andere bieten für Gespräche innerhalb der USA die besten Tarife. Die Telefonkarten werden nicht in einen Kartenleser oder Ähnliches gesteckt. Stattdessen rubbelt man eine Nummer frei, die man nach der Verbindung mit der Kartenzentrale eingibt. Die Verbindung zur Zentrale ist mit einer 800er-Nummer von jedem Telefon aus kostenlos.

Die Möglichkeit, sich in öffentlichen Telefonzellen anrufen zu lassen, kennen wir aus Spielfilmen, das ist aber eher unpraktisch. Wenn die Reisekasse völlig geplündert ist, so können Sie über den Operator auch ein **R-Gespräch** *(collect call)* anmelden.

Aus den USA nach Deutschland wählt man 01149, danach die Ortsnetzkennzahl ohne 0 und die Nummer des Teilnehmers, nach Österreich 01143 und in die Schweiz 01141. Die internationale **Vorwahlnummer** für Anrufe in die USA ist +1, das heißt sie wählen aus Deutschland 001 plus Rufnummer.

Trinkgeld

Tip, gratuity, service charge – ein Thema, das bei US-amerikanischen Dienstleistern immer wieder zu Verzweiflung und Schimpftiraden über europäische oder asiatische Touristen führt und dem hier die nötige Aufmerksamkeit zuteil werden soll. Die Höhe des Trinkgeldes ist (auf unseren Touren) immer wieder Anlass für lästige Diskussionen, aber es gilt, sich den Gepflogenheiten des Gastlandes anzupassen. Anders als hierzulande bekommen Bedienungen in Restaurants kaum Lohn, sondern leben vom fest eingeplanten Trinkgeld. Dieses sollte auf jeden Fall **15 Prozent** betragen, wenn der Service besonders gut war auch gerne 20 Prozent.

Ein Trinkgeld in Höhe von zehn Prozent gilt bereits als unhöflich und zeigt, dass man mit dem Service nicht zufrieden war. Das wird in den USA allerdings ziemlich selten vorkommen. Denken Sie bitte daran, dass die Bedienung nichts dafür kann, wenn es nicht geschmeckt hat. Oft ist das Trinkgeld nicht nur für die Bedienung, sondern für alle Angestellten im Service.

Wenn Sie mit Kreditkarte bezahlen, so haben Sie auf dem Kreditkartenslip eine Extrazeile, in die Sie das Trinkgeld eintragen können. Immer häufiger findet sich vor allem in den touristischen Regionen und bei größeren Gruppen auf der Rechnung unter dem Punkt »Service charge« oder »Gratuity« das aufgeschlagene Trinkgeld, um eventuelle Missverständnisse im Vorfeld zu vermeiden. Betrachten Sie das nicht als unverschämt, sondern als pragmatisch. Prüfen Sie also, ob sich auf der Rechnung so ein Posten findet, bevor Sie doppelt zahlen. Wenn Sie nicht sicher sind, ob das Trinkgeld im Preis enthalten ist, fragen Sie die Bedienung, sie wird es Ihnen auf alle Fälle danken.

Im Self-Service- und All-you-can-eat-Restaurant, in dem man schon vorab an der Kasse bezahlt hat, lässt man in der Regel ein oder zwei Dollar pro Person auf dem Tisch liegen. Trinkgeldfreie Zonen sind Fast-Food-Ketten.

Auch die Zimmermädchen in den Motels sind auf Tips angewiesen und dankbar, wenn Sie bei der Abreise etwa zwei Dollar pro Nacht und Nase auf dem Nachttisch liegen lassen. Oft gibt es auch einen speziellen Umschlag dafür. Taxifahrer und Hotelpagen erwarten ebenfalls ein Trinkgeld.

Trinkgeldhilfe fürs Restaurant: *double the tax.* Auf der Rechnung findet sich immer der Posten *tax*, also Steuer. Verdoppeln Sie einfach diesen Betrag. So liegen Sie mit dem Trinkgeld immer richtig.

TV, Radio

Die Anzahl der öffentlichen und kommerziellen **Fernsehsender** ist unüberschaubar, die Zahl derer, die gute Unterhaltung und fundierte Informationen bieten dafür umso übersichtlicher. Beim Durchzappen im Hotel werden Sie schnell feststellen, dass auf 80 von 100 Kanälen Werbung und Verkaufsshows laufen. Sehenswerte Ausnahmen bei dieser Dauerberieselung sind einige der

Doppelter Regenbogen in der Prairie

Pay-TV-Kanäle wie HBO, die Spielfilme ohne Werbeunterbrechung zeigen, Dokumentarsender wie der Discovery Channel oder der National Geographic Channel mit oft schönen Bildern zu interessanten Themen und ESPN, der von Sportereignissen rund um die Welt berichtet, von Fußball allerdings nur selten. Fernsehnachrichten beschränken sich auf Stichwörter, und nur selten machen sich die Redakteure die Mühe, auf internationale Ereignisse einzugehen.

Recht häufig werden Sie wahrscheinlich den **Weather Channel** einstellen, der neben der Wettervorhersage für die Nation in viertelstündigem Rhythmus die lokalen Wetteraussichten bringt, inklusive Regenwahrscheinlichkeit und Unwetterwarnungen. Hier kann man auch sehen, ob die Daheimgebliebenen frieren müssen. In viel besuchten Gegenden gibt es manchmal einen **Touristensender**, der über die Attraktionen der Region informiert. Kurioserweise findet man bei der unglaublichen Programmvielfalt in den Zeitschriftenregalen nur eine einzige Fernsehzeitschrift, den *TV Guide*.

Ähnlich wie beim Fernsehen ist es beim **Radio**: Werbung auf fast allen Frequenzen, dafür gibt es aber für fast jeden Musikgeschmack einen spezialisierten Sender – Oldies, Classic Rock, Soft Rock, Country & Western. In der weniger kommerziellen Ecke wird das Angebot dann etwas dünner. Kann man in den größeren Städten noch die Radiostationen der Universitäten und Colleges empfangen, die einen rund um die Uhr mit Underground, Alternative Rock, Reggae und Jazz beschallen, so muss man auf dem Land mit Mainstream à la KFOX Vorlieb nehmen. Klassik wird nur sehr selten über den Äther geschickt.

Umgangsformen

US-Amerikaner sind Freunde großer Worte. Eine Sache ist nicht einfach okay, sie ist »absolutely wunderful« oder »breathtaking«. Wenn Sie jemand mit den Worten »How are you doing?« begrüßt, erwartet er keine Schilderung Ihrer Befindlichkeiten. Ein kurzes »Fine, thanks« mit darauf folgender Gegenfrage ist angebrachter.

Einladungen à la »Come by any time to meet my family« sollte man meist nicht allzu wörtlich nehmen, das kann in der freien Übersetzung auch so viel heißen wie: »War nett dich zu treffen, aber jetzt muss ich weiter.«

Die US-amerikanische Gesellschaft ist in weiten Teilen geprägt von religiöser Erziehung und deshalb teilweise ziemlich prüde. Nacktheit ist selbst in der Sauna oder bei Kindern häufig tabu, »Oben ohne«- oder gar Nacktbader werden an die äußerst spärlich vorhandenen FKK-Strände verbannt. Wer sich mit dem europäischen Badehosen-Klassiker an den Strand begibt, muss damit rechnen, dass er belächelt wird und augenblicklich als Tourist zu erkennen ist. Amerikaner tragen Shorts.

Im Restaurant nach der *toilet* zu fragen wäre zu direkt, erkundigen Sie sich lieber nach der Lage der *rest rooms.*

Political Correctness wird großgeschrieben, Diskriminierungen sollen zumindest verbal vermieden werden. So sagt man keinesfalls »Indians« oder »Black People«, sondern »Native Americans« bzw. »African Americans«. Behinderte werden nicht als »disabled«, sondern als »challenged« bezeichnet, und aus der Stewardess wird der geschlechtsneutrale »flight attendant«.

Auch entschuldigen sich Amerikaner gerne, egal, ob sie jemanden angerempelt haben oder ob sie angerempelt wurden. Ich habe in den USA schon Punks beobachtet, die sich beim Pogo Tanzen bei ihren Mittänzern immer wieder für das (zum Tanz gehörende) Anrempeln entschuldigt haben.

Wer sich dem Kapitel Umgangsformen in den USA vertieft widmen möchte, der gebe bei Google »Knigge USA« ein.

Umwelt

Ein Kapitel, bei dem die US-Amerikaner einige traurige Rekorde brechen. Ein Viertel der weltweit verbrauchten Energie wird in den USA durch Schornsteine und Auspuffrohre gejagt. Generell verbraucht der US-Amerikaner pro Kopf etwa von allem doppelt so viel wie der Europäer, sei es Wasser, Kohle oder Strom. Der jährliche Benzinverbrauch ist dank der Beliebtheit der SUVs (Sport Utility Vehicle) und der großen Entfernungen gar dreimal höher als in Deutschland.

Der Verpackungswahn erreicht in den USA seinen Zenit. Im Supermarkt wird alles doppelt und dreifach in Plastiktüten verpackt,

eigene Taschen mitzubringen ist noch immer unüblich. Getränke werden aus Plastikbechern getrunken, und sinnvolles Recycling findet lediglich in den größeren Städten in nennenswertem Umfang statt.

Auf der anderen Seite wird Umweltverschmutzung durch Wegwerfen von Abfall recht strikt geahndet. Auch erkämpfen sich in jüngerer Zeit kleinere Autos und Hybridfahrzeuge einen wachsenden Marktanteil. Der Toyota Prius mit seinem Hybridantrieb gilt in Kalifornien mittlerweile als Statussymbol, während Hummer Konkurs anmelden musste.

Auch in anderen Bereichen ist ein Umdenken zu erkennen, das nach den Ereignissen im japanischen Kernkraftwerk Fukushima im März 2011 mit Sicherheit neuen Antrieb bekommt.

Unterkunft

Einen groben Überblick zum Thema Übernachtung finden Sie im Einleitungskapitel auf S. 23 ff. Wenn Sie mit dem Zelt unterwegs sind oder sich eine Unterkunft im Nationalpark sichern wollen, so können Sie das u. a. hier tun:

www.koa.com (Homepage der größten privaten Campground-Kette)
www.recreation.gov (Hier können Sie die oft wunderschön gelegenen, aber meist einfacheren Campgrounds und Cabins auf staatlichem Grund und Boden reservieren.)

Bei sämtlichen Hotelbuchungsportalen und großen Reiseveranstaltern lassen sich natürlich Unterkünfte aller Kategorien reservieren.

Die Preiskategorien für ein Doppelzimmer (Mo–Fr) werden in den Tourenkapiteln durch $-Zeichen unterschieden:

$ – bis 70 Dollar
$$ – 70 bis 110 Dollar
$$$ – 110 bis 180 Dollar
$$$$ – über 180 Dollar

Bitte beachten Sie, dass Hotelzimmer in der Vor- und Zwischensaison billiger, dafür aber häufig am Wochenende (z. B. in Las Vegas) teurer sind. Die Preise schwanken generell gewaltig. Vor allem im Internet gibt es unterschiedlichste Angebote. Die hier angegebenen Kategorien bilden aber wahrscheinlich einen realistischen Durchschnitt für den Reisezeitraum der meisten Reisenden.

Zeitzonen

Wenn Sie die USA von Ost nach West durchqueren, fahren Sie durch vier Zeitzonen (Alaska und Hawaii nicht eingerechnet). Manchmal verläuft die Zeitgrenze mitten durch einen Staat. In Arizona müssen Sie die Uhr im Sommer allerdings nach der Pacific Standard Time stellen, da im Grand Canyon State keine Sommerzeit *(day light saving time)* eingeführt wurde.

Die hier beschriebenen Touren führen durch folgende Zeitzonen:

Mountain Standard Time: MEZ minus 8 Stunden, Born to be Wild Tour (Arizona, Utah)
Pacific Standard Time: MEZ minus 9 Stunden, alle Touren (Kalifornien, Nevada, Oregon, Washington)

Naheliegend ist, dass der Jetlag bei Flügen an die Westküste noch etwas heftiger zuschlägt als bei Flügen nach New York oder Florida.

Um ihn etwas abzumildern, gibt es in den USA ein homöopathisches Mittel mit dem passenden Namen »No Jet Lag« zu kaufen, das in Neuseeland hergestellt wird. Bei vielen scheint es zu wirken. Ob das an den Wirkstoffen oder am Placeboeffekt liegt, sei dahingestellt.

Zoll

Zollfrei in die USA mitbringen darf man außer der persönlichen Reiseausrüstung (Kleidung, Kamera etc.):

– 200 Zigaretten oder 100 Zigarren (möglichst nicht aus Kuba) oder 3 Pfund Tabak
– 1 Liter Alkohol
– Geschenke im Wert von bis zu € 100.

Die Einfuhr von **landwirtschaftlichen Produkten** in die USA ist verboten. Am besten alles (auch den Apfel oder die Wurststulle) vorher verzehren oder im Flieger lassen. Aktuelle Infos zu den US-amerikanischen Zollbestimmungen findet man unter: http://german.germany.usembassy.gov.

Das eigene Motorrad darf temporär eingeführt werden. Ich empfehle dringend, sämtliche Zollformalitäten in die kompetenten Hände eines Spediteurs zu legen, idealerweise eines solchen, der sich auf Motorradtransporte spezialisiert hat.

Gute Erfahrungen habe ich mit folgenden gemacht: www.bikeworld-travel.de (Lufttransport auf Spezialpaletten), www.intime-ham.com (Spezialist für Seefracht weltweit).

Die meisten Veranstalter organisierter Motorradreisen sind Ihnen auch bei der Verschiffung Ihres eigenen Bikes behilflich. Weitere Infos dazu auf S. 341 f.

Erkundigen Sie sich vor der Rückreise nach Deutschland über die Ein- und Ausfuhrbestimmungen beim Zoll (www.zoll.de). Wenn der Wert Ihrer Reisemitbringsel die **Reisefreimenge** von € 430 überschreitet, fallen Einfuhrabgaben an. ✺

Bike, Bed & Breakfast

Motorradservice von A bis Z

AAA, ADAC

Eine Mitgliedschaft im ADAC, AvD, ÖAMTC oder ACS kann in den USA sehr hilfreich sein. Nicht nur, dass Sie im Fall der Fälle **Pannenhilfe** bekommen – und das sogar über eine deutschsprachige 1-800 Nummer –, Sie erhalten auch in den meisten Motels einen zehnprozentigen Rabatt auf Ihr Zimmer. Der Mitgliedsausweis des ADAC und weiterer Automobilclubs wird fast immer akzeptiert. Deshalb sollte der Ausweis auf der Reise nicht fehlen.

In den Geschäftsstellen des AAA (Automobil Association of America, sprich: Triple A), die es in jeder größeren Stadt gibt, bekommen Sie zudem **kostenloses Kartenmaterial**, das oft besser ist als alles, was Sie in Buchhandlungen oder an Tankstellen finden. Unter www.aaa.com erhält man zusätzliche Informationen und findet die Adresse der nächstgelegenen Geschäftsstelle.

Große AAA-Geschäftsstellen:

AAA San Francisco
1585 Sloat Blvd.
San Francisco, CA 94132-1222
✆ (415) 661-2722

AAA Los Angeles
4512 Sepulveda Blvd.
Culver City, CA 90230
✆ (310) 821-1048

Auch das Infopaket, das die hiesigen Verkehrsclubs für Ihre Reise zusammenstellen, versorgt Sie mit vielen interessanten Informationen. Das Kartenmaterial ist allerdings nur bedingt brauchbar.

Benzin, Tanken

Das Tankstellennetz ist in den dünn besiedelten Regionen, vor allem in den Wüsten, nicht sehr dicht. Und an mancher kleinen Station *in the middle of nowhere* kann es vorkommen, dass kein hochoktaniges Super aus der Zapfpistole sprudelt. Bei Weitem nicht jede auf der Landkarte verzeichnete Ortschaft verfügt über eine Tankstelle *(gas station)*. In der Tat bestehen diese Orte oft genug nur aus ein paar Häusern. Im Zweifel fragen Sie am besten, wo Sie den Tank das nächste Mal füllen können. Generell gilt: Lieber zu früh tanken, als ohne Sprit in der Wüste liegen zu bleiben und dreihundert Kilo durch die Hitze zu schieben.

Erwartungsgemäß ist Sprit da, wo er knapp und die nächste Konkurrenz 80 Meilen entfernt ist, teurer als an einer Freeway-Ausfahrt mit vier Großtankstellen. Im Allgemeinen ist der edle Saft trotz gewaltiger Preiserhöhungen in jüngerer Vergangenheit aber immer noch erheblich billiger als in Europa. Die Qualität ist nicht allzu hoch, die **Oktanzahlen** an den Zapfsäulen überraschen den an Power Premium 100+ Oktan gewöhnten mitteleuropäischen Biker. Normalbenzin hat zwischen 85 und 87 Oktan, Super je nach Staat zwischen 90 und 92. Die Oktanzahlen werden jedoch unterschiedlich berechnet, sodass der 92er-Sprit bei uns das Label »95 Oktan« hätte. Die meisten Bikes verkraften das problemlos und beklagen sich höchstens mal beim Überholen unter Vollmast mit leichtem Motorklingeln.

Gemäß der Devise »Pack den Mais in den Tank« wird dem fossilen Brennstoff seit 2007 mehr und mehr Biosprit beigemischt. Der umstrittene E10-Sprit fließt in den USA also schon länger aus den Zapfsäulen. Bis zum Jahr 2015 sollen zehn Prozent der 500 Milliarden (!) Liter, die US-amerikanische Autos jährlich verbrennen, aus pflanzlichen Kraftstoffen bestehen – die Bikes scheinen es leicht zu vertragen.

Die **Tankprozedur** ist etwas komplizierter als bei uns. Oft muss man bezahlen, bevor man tankt. Darauf weist meist ein Prepay-Schild an der Zapfsäule hin. Da man nicht weiß, wie viel Sprit in den Tank passt, hinterlegt man vor dem Tanken am besten seine Kreditkarte an der Kasse, gibt die Nummer der Zapfsäule an und tankt das Motorrad voll. Nach dem Tanken unterschreiben Sie dann nur noch die Kreditkartenabrechnung. Wenn Sie beispielsweise einen 20-Dollar-Schein hinterlegen, so wird die Zapfsäule beim Erreichen dieser Summe gesperrt. Eventuelles Wechselgeld bekommen Sie nach dem Tanken an der Kasse.

Die allermeisten Tankstellen bieten inzwischen jedoch die Möglichkeit, mit Kreditkarte direkt an der Zapfsäule zu zahlen; mit europäischen Karten gibt es allerdings manchmal Probleme, da man an einigen Zapfsäulen eine passende Postleitzahl eingeben muss. In dem Fall müssen Sie eben

Das Tankstellennetz ist an manchen Orten dünn

doch erst an der Kasse Ihre Karte hinterlegen. Wenn die Zapfsäule schließlich freigeschaltet ist, muss man noch einen Hebel umlegen, einen Knopf drücken oder die Zapfpistolenhalterung nach oben schieben, bevor der Sprit fließen kann.

Auch wenn Sie an eine der seltenen **Service-Tankstellen** geraten, werden Sie Ihr Bike sicherlich selbst betanken. Der Tankwart hat meist Respekt vor Ihrem Motorrad und drückt Ihnen die Zapfpistole in die Hand, um das Verschütten von Benzin über den Tank zu vermeiden.

Der **Verbrauch** wird übrigens nicht in Liter pro 100 Kilometer gemessen, sondern in miles per gallon (mpg). Es gilt also, fleißig zu rechnen, wenn man Fragen nach dem Verbrauch beantworten will.

Um den **Luftdruck** zu prüfen und gegebenenfalls Luft nachzufüllen, benötigen Sie häufig ein paar Quarter (25-Cent-Münzen). Ein kleiner oder auch größerer Laden mit Toiletten ist fast jeder Tankstelle angegliedert, wobei die **Toiletten** nicht immer in allzu einladendem Zustand sind.

Eigenes Motorrad mitbringen

Die Planung einer Motorradreise mit dem eigenen Bike wurde bereits im Einleitungskapitel beschrieben (vgl. S. 12 ff.). Hier finden Sie einige Anbieter, die sich auf den Transport von Motorrädern spezialisiert haben. In der Speditions- und auch Versicherungsbranche besteht hohe Fluktuation, es lohnt sich also, auch noch mal selbst zu googeln.

Der Spezialist für Luftfracht:

Bikeworld Travel GmbH
Marienstr. 10, 32756 Detmold
✆ (05231) 58 02 62, Fax (05231) 58 02 65
www.bikeworld-travel.de

Langjährige Erfahrung in See- und Luftfracht:

InTime Forwarding & Courier e.K.
Flughafen Frachtzentrum
Gebäude 148, 22335 Hamburg
✆ (040) 50 75 10 13
Fax (040) 50 75 16 57
www.intime-ham.com

TourInsure GmbH
Herrengraben 5, 20459 Hamburg
✆ (040) 25 17 21 50
Fax (040) 25 17 21 21
www.tourinsure.de
Die arbeiten auch mit den großen Automobilclubs zusammen und sollten Ihr Bike für den großen Trip versichern.

Reisefertig: Motorrad auf Spezialpalette

Fahren in der Gruppe

Das Wichtigste zuerst: immer genug Abstand zum Vordermann lassen, damit der sich nicht bedrängt fühlt und Sie auch noch zum Stehen kommen, wenn Sie verträumt auf Ihrer Maschine sitzen und der Vordermann unerwartet eine Vollbremsung einlegt. Im Allgemeinen passieren derartige Auffahrunfälle gar nicht so häufig in Notsituationen, sondern vor allem, wenn man einen Wegweiser zu spät entdeckt oder nach einer Kurve endlich der Diner auftaucht, auf den man schon seit einer Stunde sehnsüchtig wartet. Damit die Gruppe sich nicht zu sehr in die Länge zieht, empfiehlt es sich, versetzt zu fahren, so hat jeder einen guten Blick auf das Asphaltband vor dem Vorderrad. Außerdem ist man für den Gegenverkehr besser zu erkennen.

Fahren Sie nie schneller als Sie wollen, lassen Sie sich das Tempo nicht von der Gruppe aufzwingen. Überholen Sie auch nicht riskant, um wieder Anschluss an die Gruppe zu finden. Jeder sollte auf seinen Hintermann achten und bei Abzweigungen auf ihn warten, so kann keiner verloren gehen. Der erste und der letzte Fahrer sollten die routiniertesten sein. Wenn man sich tatsächlich mal verliert, so bringt es nichts, herumzufahren und sich gegenseitig zu suchen, besser ist, man trifft sich da, wo man weiß, dass man sich das letzte Mal gesehen hat. Über Handy ist man mangels Netz häufig nicht erreichbar, zur Sicherheit können Sie aber nach jeder Pause einen unmissverständlichen Treffpunkt für den nächsten Stopp ausmachen, z. B. die nächste Tankstelle, Ortseingang Hanksville, Kassenhäuschen Grand Canyon National Park usw.

Ich habe während meiner langjährigen Tourguide-Tätigkeit, außer in Las Vegas (und dort regelmäßig), nur sehr selten Mitfahrer verloren. Kurz vor Ausfahrten (und das kann je nach Größe der Gruppe auch zwei Meilen vor der Ausfahrt heißen) sollte der Erste nicht mehr überholen, sonst kann es passieren, dass der Letzte gerade noch sieht, wie der Rest der Gruppe rechts auf der Ausfahrtrampe verschwindet, während er links an einem Truck vorbeizieht.

Achten Sie darauf, dass die Gruppe nicht unübersichtlich wird. Bei unseren organisierten Touren fahren wir mit maximal zehn Motorrädern, weniger ist besser. Allein, zu zweit oder im kleinen Pulk ist Geschmackssache (vgl. Einführung S. 22 f.).

Versetztes Fahren macht das Biken in der Gruppe einfacherer und sicherer

Auch in den USA ist es üblich, dass sich Motorradfahrer untereinander grüßen, und wenn Sie etwas ratlos am Straßenrand stehen, können Sie ziemlich sicher sein, dass der erste Biker anhält und sich erkundigt, ob er helfen kann.

Überholen ist in den USA auch für größere Gruppen normalerweise kein Problem. Nahezu jeder Autofahrer wird sich bemühen, die Motorräder hinter sich bei nächster sich bietender Gelegenheit überholen zu lassen. Bei Touristen hat sich das leider noch nicht herumgesprochen.

Helmpflicht

Die Frage der Helmpflicht ist in den verschiedenen Staaten unterschiedlich geregelt, und zudem gibt es je nach Alter und Versicherungsschutz weitere Besonderheiten. Wir empfehlen ausdrücklich und ausnahmslos, immer und in jedem Fall mit Helm zu fahren. Wenn auf Fotos in diesem Buch Fahrer ohne Helm zu sehen sind, dann ausschließlich aus fotoästhetischen Gründen. Es ist nicht zur Nachahmung empfohlen.

Sollte die Versuchung dennoch zu groß werden, dann denken Sie zumindest an einen Sonnenschutz. Baseballkappen sind dafür aus aerodynamischen Gründen offensichtlich ungeeignet, besser ist ein im Piratenstil um den Kopf gebundenes Halstuch.

Ohne Sonnenschutz holt man sich zudem, zumindest in der Wüste, ziemlich zuverlässig einen Sonnenstich, der einen den Abend mit Schüttelfrost, Übelkeit und Kopfschmerzen im Bett anstatt bei Steak und Bier im Saloon verbringen lässt. In den Staaten, die das Tragen eines Helms vorschreiben, wird

Dringend empfohlen: Niemals ohne Helm!

ein Verstoß ziemlich konsequent verfolgt. Diskussionen sind dann trotz Touristenbonus meist zwecklos.

Der Helm kann zwar theoretisch auch bei der Mietstation ausgeliehen oder vor Ort gekauft werden, beides ist aber nur bedingt empfehlenswert. Ein Helm mag sich bei der Anprobe noch gut anfühlen, aber wenn er nach dem dritten Tag zu drücken beginnt, kann das Fahren zur Tortur werden. Zudem können Sie sich beim Leihhelm nicht auf die Sicherheit verlassen, man sieht ihm nicht unbedingt an, wie oft er schon von der Sitzbank auf den Asphalt gefallen ist.

Landkarten und GPS

Landkarten sind ein etwas trauriges Kapitel. Es gibt die riesigen, ganz brauchbaren Atlanten von Rand McNally, die aber wegen ihrer Größe fürs Motorrad kaum in Betracht kommen. Das Kartenmaterial, das man in Deutschland im Tourpaket von den großen Verkehrsclubs bekommt, taugt bestenfalls für eine Tour mit dem Wohnmobil, denn kleine Straßen sind nicht verzeichnet. Und die Karten, die man in den USA an jeder Tankstelle erhält, bringen einen zwar durchs Land, sind aber weder besonders detailliert noch schön. Zu den besten gehören die Karten, die Sie beim **AAA** (vgl. S. 340) gegen Vorlage Ihres ADAC-Mitgliedsausweises erhalten – und das sogar kostenlos. Ebenfalls brauchbare, aber teure Karten finden Sie im deutschen Fachbuchhandel.

Für GPS sind natürlich sehr genaue USA-Karten verfügbar. Wer seine Route elektronisch planen will, sollte also kein Problem haben. Wirklich notwendig ist GPS wegen des dünnen Straßennetzes, vor allem im Südwesten, allerdings nicht. Es kann gut sein, dass die nächste Abzweigung 100 Kilometer entfernt ist und Sie auf der Strecke

dorthin keine nennenswerte Querstraße passieren.

Mietwagen

Wenn Sie vor oder nach Ihrer Tour einen Mietwagen benötigen, reservieren Sie diesen besser schon in Deutschland. Das ist meist billiger, zudem ersparen Sie sich das deprimierende Gefühl, das einen beschleicht, wenn der Mitarbeiter der Mietwagenfirma, kurz bevor man an der Reihe ist, ein Schild mit der Aufschrift »Sorry, no cars available« auf den Tresen stellt. In Großstädten, allen voran New York und San Francisco, ist das Parken eines Fahrzeugs etwa genauso teuer wie die Wagenmiete für einen Tag. Diese Städte lassen sich stressfreier zu Fuß, mit öffentlichen Verkehrsmitteln und mit dem Taxi erkunden. Andererseits kann Autofahren in den achterbahnähnlichen Straßen von San Francisco ziemlichen Spaß machen.

Bleiben Sie in einer Region, können Sie ein paar Dollar sparen, wenn Sie Ihr Auto bei einem der lokalen Vermieter buchen. Bei größeren Touren empfiehlt es sich, einen der landesweit operierenden Anbieter (Avis, Budget, Dollar, Alamo, Hertz, National etc.) zu wählen. Bei denen bekommen Sie im Falle einer Panne auch im letzten Winkel des Landes zügig Hilfe und, wenn nötig, ein Ersatzfahrzeug.

Mindestalter für die Automiete ist im Normalfall 21, manchmal sogar 25 Jahre. Ein zweiter Fahrer muss bei der Fahrzeugübernahme eingetragen werden, ansonsten ist er nicht versichert. Es lohnt sich, die Option zu wählen, das Auto vollgetankt zurückzubringen. Die Vermieter berechnen entweder einen exorbitanten Preis pro Gallone oder aber Sie buchen gleich eine ganze Tankfüllung ab, auch wenn Sie den Tank 50 Meilen vor Rückgabe das letzte Mal gefüllt haben.

Bei der Anmietung des Fahrzeugs vor Ort muss man den nationalen **Führerschein** und eine **Kreditkarte** vorlegen. Wer keine besitzt, muss, wenn er keinen Gutschein (Voucher) hat, im Voraus bezahlen und eine Kaution hinterlegen.

Achtung vor verdeckten Kosten! Die Autovermieter jubeln dem Besucher gern weitere Versicherungen unter. Prüfen Sie daher vorher, ob diese nicht anderweitig (Haftpflicht, Kreditkarten) oder bereits mit dem Gutschein für die Automiete abgedeckt sind. Den Wagen sollte man bei Übernahme zunächst genau überprüfen (Reserverad, Automatikschaltung) und sich insbesondere beim Camper alles genau erklären lassen.

Motorradkauf

Wie bereits in der Einleitung erwähnt (vgl. S. 16 f.), rate ich wegen des bürokratischen Aufwands von einem Motorradkauf in den USA ab. Sollten Sie dennoch in den USA auf die Suche nach Ihrem Traumbike gehen, so wird das DMV Ihre erste Anlaufstelle sein:

Die Büros des **DMV** (Department of Motor Vehicles) gibt es in fast jeder größeren US-amerikanischen Stadt. Umfassendere Infos zur Zulassung von Fahrzeugen finden Sie unter www.dmv.org (private Seite). Ansonsten hat jeder Staat seine eigene DMV-Webpage, da die Bestimmungen von Staat zu Staat unterschiedlich sind.

Das Department of Motor Vehicles ist auch Ihre Anlaufstelle, wenn Sie einen amerikanischen Führerschein erwerben wollen. Dafür benötigen Sie jedoch eine Social Security Card. Infos dazu gibt es bei der **SSA** (Social Security Administration) unter www.ssa.gov.

Um Ihr neu erstandenes Bike in den USA zu versichern, sind Folgende zurzeit die Adressen mit mehr oder weniger guten Erfolgsaussichten. Erkundigen Sie sich schon im Vorfeld, ob und zu welchen Konditionen es möglich ist, Ihr Motorrad zu versichern:

Motorcycle Express:
www.motorcycleexpress.com
Dairyland Insurance:
www.dairylandinsurance.com
Pacific Specialty Insurance Company:
www.pacificspecialty.com

Das ist der Stand 2011, der sich bei negativer Schadensfallentwicklung oder neuen gesetzlichen Bestimmungen sehr schnell ändern kann.

Motorradmiete

Es empfiehlt sich dringend, Ihr Mietmotorrad rechtzeitig zu reservieren. Die Flotte der Mietmaschinen ist zwar riesig, aber auch die Zahl der Biker, die sich amerikanischen Wüstenwind um die Nase wehen lassen wollen,

steigt kontinuierlich. Last-Minute-Schnäppchen oder Wechselkursgewinne lassen sich also kaum realisieren. Nachstehend finden Sie eine Auswahl an Motorradvermietungen:

Eagle Rider
www.eaglerider.com
Hier landen wohl die meisten. Die Flotte der Mietmotorräder ist riesig, ebenso die Zahl der Mietstationen. Die Firma ist rasend schnell gewachsen, die Bikes von Eagle Rider sind in jedem Reisekatalog zu finden.

Harley-Davidson Authorized Rentals
www.harley-davidson.com
Ebenfalls großer Verbund von Harley-Vermietern unter dem Dach der Company.

Dubbelju Motorcycle Rentals
www.dubbelju.com
Wolfgang Taft von Dubbelju vermietet seit 20 Jahren Bikes in San Francisco. Die Modellpalette ist weit gefächert, und Ihre Anfragen werden auch gerne auf Deutsch beantwortet.

Diverse Harley-Händler halten Spezialangebote für **HOG-Member** (Harley Owners Group) bereit. Es gibt zudem noch einige **lokale Vermieter** wie z.B. California Motorcycle Rentals in San Diego, Motorbike USA in Novato oder die Läden, die sich zu **Blue Sky Motorcycle Rentals** und **Street Eagle Rentals** zusammengeschlossen haben und halbwegs flächendeckend im Westen zu finden sind. Die Liste erhebt keinesfalls Anspruch auf Vollständigkeit, es gibt viele Motorradhändler, die eine kleine Mietflotte betreiben.

Für welche Marke und welches Modell Sie sich letztlich entscheiden, ist Geschmackssache. Aber auch wenn Sie kein Freund der amerikanischen Big Twins sind, verdienen

Harleys einen zweiten Gedanken – sie sind wie geschaffen fürs entspannte Cruisen auf amerikanischen Highways.

Für die **Übernahme des Motorrads** benötigen Sie Ihre Reservierungsbestätigung bzw. Ihren Voucher, eine Kreditkarte und Ihren Führerschein. Bitte beachten Sie, dass der Führerschein für das gemietete Motorrad gültig sein muss, auch wenn es in Amerika keine Abstufungen gibt wie anderswo. So ist der beschränkte deutsche Führerschein der Klasse A auch in den USA nur für die Motorräder gültig, für die er in Deutschland gilt. Das Gleiche gilt für die Vorstufe A in Österreich und die beschränkte Klasse A in der Schweiz. Wenn Sie das Motorrad übernehmen, so achten Sie auf Vorschäden. Sorgen Sie dafür, dass diese auch ins Übergabeprotokoll eingetragen werden.

Das **Mindestalter für die Miete** eines Motorrads liegt bei den meisten Vermietern bei 21 Jahren. Bei manchen Vermietern haben aber die Versicherungen zur Auflage gemacht, das Mindestalter auf 25 Jahre anzuheben.

Wenn Sie **Gepäck** auf dem Motorrad verzurren müssen, achten Sie darauf, dass keine

Hauptsache auffallen: Biker in Sturgis

Lackteile verkratzt werden, das kann sonst bei der Rückgabe schnell zu einer unangenehmen Überraschung führen. Legen Sie lieber ein Handtuch oder Ähnliches unter.

Es lohnt sich auch, einen Blick auf den Zustand der **Reifen** zu werfen. Der Service an den Maschinen geschieht häufig mal unter Zeitdruck – ein abgefahrener Reifen kann da schon mal übersehen werden. Es ist ziemlich frustrierend, wenn man bereits am zweiten Tag in der Werkstatt steht, um einen neuen Hinterreifen aufziehen zu lassen.

Klären Sie mit dem Vermieter das **Verhalten bei Panne** (Muss man Rücksprache halten? Wenn ja, ab welcher Reparatursumme? Wird ein Ersatzmotorrad gestellt?) oder **Unfall** (Unfallprotokoll auch bei Bagatellschäden nötig?). Vgl. auch Panne und Reparatur, S. 349.

Bei einer One-way-Miete bedenken Sie, dass eine **Einweggebühr** fällig wird. Die steigt verständlicherweise mit zunehmender Entfernung zwischen den Stationen. Aber gerade, wenn die Zeit knapp ist, kann eine One-way-Tour eine gute Alternative zu einem Rundtrip sein.

An dieser Stelle sei noch einmal darauf hingewiesen: Egal wie die jeweilige Gesetzeslage in den einzelnen Staaten ist – fahren Sie mit **Helm**! Und lassen Sie, wenn irgend möglich, die Finger von den Helmen, die Ihnen die Vermieter mit auf Tour geben. Weitere Infos unter Helmpflicht S. 343 f.

Motorradtreffen

Für viele ist es ein Traum, einmal mit der Harley über die Mainstreet in Sturgis zu cruisen oder sein Bike vor dem Boot Hill Saloon in Daytona zu parken. Wenn Sie Ähnliches planen, beachten Sie bitte, dass während der großen Treffen die Mietstationen der näheren Umgebung (und das kann in den USA durchaus einen Radius von bis zu 500 Meilen ausmachen) noch mal einen Peak-Season-Zuschlag in beachtlicher Höhe verlangen. Außerdem sind die Bikes zu diesen Terminen schnell ausgebucht.

Die größten Treffen sind die **Daytona Bike Week** in Florida, die alljährlich im März stattfindet, die **Sturgis Rally** im August in den Black Hills von South Dakota und der **Laughlin River Run** in Nevada im April, der Jahr für Jahr größer wird. Von deren Besucherzahlen, mit mehreren Hunderttausend Bikes, können die Organisatoren der großen Motorradevents in Europa nur träumen. Weitere kleinere Treffen sind: die **Laconia Bike Week** an der Ostküste, das **Biketoberfest**, das ebenfalls in Daytona stattfindet, **Republic of Texas**, das größte Event im Lone Star State, und das **Rolling Thunder Treffen** in Washington, D. C., das einen ziemlich patriotischen Touch hat.

Lokale Events gibt es jedes Wochenende zuhauf, und die sollten Sie, wenn es sich ergibt, auf alle Fälle besuchen. Sie werden feststellen, dass Sie in der Regel herzlich willkommen sind. Und sollte dies einmal nicht der Fall sein, so merken Sie das schnell und fahren einfach weiter.

Bei größeren Treffen kann sich das Suchen einer Unterkunft in der näheren Umgebung allerdings schwierig gestalten. Besser haben es da die Campingfreunde – ein Platz fürs Zelt findet sich fast immer.

Die wichtigsten Termine:

Daytona Bike Week (Florida):
02.03.–11.03.2012
01.03.–10.03.2013
28.02.–09.03.2014
27.02.–08.03.2015
www.officialbikeweek.com

Laughlin River Run (Nevada):
Jeweils letztes April-Wochenende. Das Treffen beginnt bereits am Mittwoch (www.laughlinriverrun.com).

Sturgis Rally (South Dakota):
06.08.–12.08.2012
05.08.–11.08.2013
04.08.–10.08.2014
03.08.–09.08.2015
www.sturgis.com

Biketoberfest (Florida):
18.10.–21.10.2012
17.10.–20.10.2013
16.10.–19.10.2014
15.10.–18.10.2015
www.biketoberfest.org

Einen guten Überblick über lokale Events und kleinere Motorradtreffen geben folgende Seiten:
www.motorcycleevents.com
www.lighningcustoms.com
www.motorcyclemonster.com

Gepäcktransport: Lieber ein bisschen weniger einpacken

Packliste

Diese Liste stellt keinerlei Anspruch auf Vollständigkeit und soll lediglich als Anregung dienen:

- Reisepass mit Kopie
- Ausdruck der ESTA-Reiseerlaubnis
- Führerschein
- evtl. internationaler Führerschein
- Flugticket bzw. E-Ticket
- Voucher für Motorrad
- eventuelle Hotelvoucher
- Kreditkarte
- US-Travellerschecks
- Bargeld
- Brustbeutel oder Gürteltasche
- wichtige Telefonnummern (z. B. für Kreditkartenverlust, Mietstation, Botschaft, Hotels)
- Handy (Tri- oder Quad-Band) und Ladegerät
- individuelle Reiseapotheke
- Erste-Hilfe-Set für Motorrad
- Sonnenschutz, Lippenschutz
- Reisewecker
- Taschenlampe
- Fotoapparat oder Videokamera mit ausreichend Speichermedien und Ersatzakku
- Filme und Batterien für Analogkamera (Diafilme sind oft schwer zu bekommen und teuer)
- Daypack
- Ersatzbrille
- kleines Wörterbuch
- Kranken-/Unfallversicherungsnachweis
- Stromadapter
- kleines Wörterbuch
- Kopien wichtiger Dokumente (Ich habe es   347

mir zur Gewohnheit gemacht, eine Kopie des Reisepasses, Führerscheins, E-Tickets usw. online zu hinterlegen. So habe ich von überall Zugriff auf die Dokumente und muss mir keine Sorge machen, die Kopien zu verlieren. Ich habe zu diesem Zweck für Reisen eine eigene E-Mail-Adresse eingerichtet. Man kann sich die Kopien aber auch auf einen USB-Stick ziehen.)

Zum Motorradfahren:

- Helm
- Handschuhe
- Sonnenbrille
- feste Schuhe/Trekkingstiefel
- warmer Pullover/Fleece
- Leder- oder Goretex-Jacke
- Motorradhose (die meisten Amerikaner fahren mit Jeans und Chaps, also Beinschützer aus Leder)
- Halstuch
- Nierengurt
- Regenkombi/Goretex-Kombi
- Gepäckrolle

Für Camper:

- Isomatte
- Schlafsack
- leichtes Zelt

Klapphocker u. a. können getrost zu Hause gelassen werden – alle Campsites haben Tisch und Bänke. Das Gleiche gilt für eine aufwendige Campingküche. Die Sites sind alle mit Feuerstelle und/oder Grill ausgestattet. Je weniger man mitnimmt, desto schneller ist am Morgen das Motorrad wieder beladen. Ansonsten das Übliche, wobei wie immer gilt: **So viel wie nötig, so wenig wie**

Münzwaschsalons gibt's an jeder Ecke

möglich! Es gibt an nahezu jeder Ecke einen **Waschsalon**, auch viele Motels haben für ihre Gäste einen *laundromat.* Sie können also unterwegs bequem Ihre Wäsche waschen, während Sie nebenan frühstücken.

Der **Helm** kann zwar theoretisch auch bei der Mietstation ausgeliehen oder vor Ort gekauft werden, beides ist aber nur – wie im Kapitel Helmpflicht beschrieben – bedingt empfehlenswert. Neben **Motorradstiefeln** haben sich auch **Trekkingschuhe** bewährt, da man mit ihnen einerseits verhältnismäßig gut und geschützt Motorrad fahren, andererseits auch mal wandern kann, etwa zu den Yosemite Falls. Eine **Regenkombi** ist – je nach Reisezeit und Region – eher etwas für Pessimisten. Man braucht sie selten, aber wenn, dann braucht man sie wirklich. Wüstengewitter können einer Sintflut sehr nahe kommen.

E-Glide- und Gold-Wing-Piloten mögen vielleicht noch eine **CD** mit ihren Lieblings-Highwaysongs einpacken, da diese Reisedampfer mit CD-Playern bestückt sind. Es ist allerdings nicht jedermanns Geschmack, mit dröhnender Musik an der roten Ampel zu stehen oder durch einsame Natur zu cruisen. Weitere Informationen finden Sie auf S. 328 f. unter Gepäck, Kleidung.

Der Umfang Ihres Gepäcks wird neben persönlicher Vorliebe vor allem von der Wahl Ihres Motorrades bestimmt. Während Sie eine Ultra Glide ähnlich beladen können wie einen Kleinwagen, so sieht die Sache auf einer Fat Boy schon wesentlich spartanischer aus. Auf alle Fälle sollten Sie aber bedenken, dass jedes Kilo das Fahrverhalten negativ beeinflusst. Es sei also noch einmal an die goldene Regel erinnert: So viel wie nötig – so wenig wie möglich!

Man braucht immer weniger, als man denkt! Und je nach Gewichtsbeschränkung der verschiedenen Airlines wird der Versuchung, allzu viel in die Taschen zu stopfen, schon im Vorfeld ein Riegel vorgeschoben. Anders sieht die Sache aus, wenn Sie sich einer organisierten Tour anschließen. Dort begleitet meistens ein Van die Gruppe und ist für den **Transport von Gepäck** und müden Beifahrern zuständig.

Ihr Handgepäck verstauen Sie am besten in einem kleinen **Tagesrucksack**, der auch während der Tour wertvolle Dienste leisten wird. Nehmen Sie außerdem Ihren Helm ins Handgepäck – der Umgang mit dem Gepäck ist nicht immer sehr schonend, um es mal

Werkstätten findet man überall, auch wenn sie auf den ersten Blick nicht immer vertrauenseinflößend sind

nett auszudrücken. Erkundigen Sie sich vorher kurz bei Ihrer Airline, ob das möglich ist. **Spanngurte** bekommen Sie im Allgemeinen von Ihrem Vermieter – ich nehme trotzdem immer solche mit, von denen ich weiß, dass Sie komfortabel und zuverlässig zu bedienen sind, und die den Lack nicht verkratzen (z. B. ROK-Straps).

Panne und Reparatur

Klären Sie mit Ihrem Vermieter, wie Sie im Falle einer Panne verfahren sollen. Ich habe schon die ganze Bandbreite erlebt: von der Lieferung einer fabrikneuen Heritage zum Campingplatz bis zu nervtötenden Diskussionen, weil ich eine nötige 20-Dollar-Reparatur ohne vorheriges Einverständnis des Vermieters habe durchführen lassen.

Zum Glück sind Pannen inzwischen ausgesprochen selten, und sollten Sie doch einmal am Straßenrand stehen, so können Sie ziemlich sicher sein, dass Hilfe nicht lange auf sich warten lässt. Pick-ups gehören zu den beliebtesten Fahrzeugen der Amerikaner und eignen sich hervorragend zum Transport eines liegen gebliebenen Motorrads. Wenn Sie eine **Panne in der Wüste** haben, laufen Sie auf keinen Fall los, um Hilfe zu holen. Bleiben Sie bei der Maschine und warten Sie. Das gilt ganz besonders für das Death Valley.

Der nächste Platz für eine Reparatur Ihres Motorrads ist meistens nicht allzu weit entfernt. Neben den Vertragshändlern gibt es unzählige Schrauber und markenunabhängige Werkstätten, die ihren Job für gewöhnlich gut machen. Alle nötigen Adressen in Ihrer Umgebung finden Sie in den lokalen **Yellow Pages** (Branchen-Telefonbuch) unter der Rubrik »motorcycle«. Ein Exemplar der Gelben Seiten hängt an fast jeder Telefonzelle.

Wenn Sie auf einer Harley sitzen, vermeiden Sie wenn möglich Schotter. Der Zahnriemen mag es gar nicht, wenn Schotter hochspritzt und sich zwischen Riemen und Scheibe verfängt. Das Resultat kann ein gerissener Riemen sein.

Sind Sie auf einem weniger üblichen Modell unterwegs, ist es eine gute Idee, sich selbst eine Liste der Händler im Reisegebiet zusammenzustellen.

Tu mir nichts, ich tu dir auch nichts

Straßen und Orientierung

Die größten und für Motorradfahrer uninteressantesten Straßen sind die **Interstates**, mehrspurige Autobahnen, die – wie der Name verrät – verschiedene Staaten miteinander verbinden. **Freeways** heißen alle übrigen Autobahnen. Interstates und Freeways haben gemein, dass sie kreuzungsfrei sind. Diejenigen mit **gerader Nummerierung verlaufen in Ost-West-Richtung**, die mit **ungerader von Norden nach Süden**. Dieses System gilt übrigens für alle Straßen in den USA. Je kleiner die Straße und je dichter das Straßennetz, desto häufiger ist allerdings die Ausnahme.

Jede Landstraße ist im Grunde ein **Highway**. Die Bezeichnung Highway, hier oft als Synonym für den Freeway verstanden, sagt wenig über Größe und Beschaffenheit der Straße aus. Die breitesten sind meist die U.S. Highways, gefolgt von den State Highways. Die County Roads schließlich sind Verbindungsstraßen innerhalb eines Landkreises

(County) und, wenn man es nicht besonders eilig hat, meist die beste Wahl.

Auf landschaftlich besonders reizvolle Strecken wird mit dem Zusatz **Scenic Road**, **Scenic Backway** oder **Scenic Bypass** hingewiesen. Nach diesen Schildern sollten Sie – wann immer möglich – suchen.

Wenn man an **Baustellen** an einem Hindernis vorbeifahren oder einen Engpass passieren muss, gibt es meist einen sogenannten Flagman, der durch Schwenken einer roten Fahne oder eines Stoppschildes zum Anhalten auffordert. Bei kleinen Baustellen können Sie, nachdem der Flagman sein Okay gegeben hat, langsam weiterfahren. Bei etwas größeren Baustellen müssen Sie einem Pilot Car folgen, das zwischen Anfang und Ende der Bauarbeiten hin- und herpendelt. Dieses System mag uns übertrieben erscheinen, aber es schafft nicht nur Sicherheit, sondern vor allem viele Arbeitsplätze.

Viele der Passstraßen sind von einer **Wintersperre** betroffen. Diese schwankt je nach Wetterlage und kann in seltenen Fällen bis Ende Juni gelten. Auch Waldbrände können zu **Streckensperrungen** führen, das Gleiche gilt für Erdrutsche. Über die Internetseite www.weather.com können Sie die **Straßenzustandsberichte** der einzelnen Staaten abfragen. Die Nummer ✆ 511 hält ebenfalls Reiseinformationen bereit, wenn auch nicht flächendeckend. In Kalifornien gibt die kostenlose Nummer ✆ 1-800-427-7623 Auskunft über die Befahrbarkeit der einzelnen Highways.

Tagesetappen

Die Tagesetappen variieren stark aufgrund der individuellen Vorlieben. Generell kann man aber längere Etappen einplanen als in Europa. Fällt man nach einer Alpentour von 450 Kilometern abends halbtot ins Bett, so ist die gleiche Distanz in den USA im Normalfall ziemlich stressfrei zu bewältigen. Staus und nervenaufreibende Ortsdurchfahrten fallen weitgehend weg. Nach einer Stunde Fahrt ist man tatsächlich 50 bis 60 Meilen weiter. Trotzdem sollte man aber genügend Zeit für Fotostopps, Mittagspausen, Sightseeing und einen Sprung in den klaren Bergsee einplanen.

Zwei Stunden »Luft« nach hinten schaden auch nicht. Planen Sie Ihre Tagesetappen so, dass Sie das Tagesziel etwa um 17 bis 18 Uhr

erreichen. Dann müssen die letzten Meilen nicht bei Dunkelheit gefahren werden. Die vorgeschlagenen Tagesetappen im Tourenteil sind dementsprechend angelegt.

Verkehrsregeln

Das Kapitel »On the Road« auf Seite 26 ff. gab schon eine Einleitung in die US-amerikanischen Verkehrsregeln. Hier noch einmal das Wichtigste in Kürze:

– Die **Höchstgeschwindigkeit** ist fast immer ausgeschildert. Auf Freeways gilt ein Limit von 65 mph (miles per hour, entspricht etwa 105 km/h), auf Landstraßen gelten 55 mph, innerorts sind es 25 oder 30 mph. Zu Schulbeginn und Schulende muss man auf 15 mph abbremsen, worauf man oft durch ein Blinklicht hingewiesen wird.
– Die **Promillegrenze** schwankt je nach Staat zwischen 0,5 und 1,0 Promille, wobei im Falle eines Unfalls auch bei deutlich niedriger Konzentration bereits Alkoholeinfluss unterstellt wird. Die meisten Motorradvermieter haben in ihre Verträge eine Grenze von 0,0 Promille geschrieben (da die Amerikaner in Prozent rechnen, sind 0,8 Promille also 0,08 %). Und fürs Motorrad gilt noch mehr als fürs Auto: »Don't drink and drive!«
– **Schulbusse** dürfen keinesfalls überholt werden, wenn die Warnanlage blinkt oder ein Stoppschild herausgeklappt ist. Das gilt auch für den Gegenverkehr.
– **Rechtsabbiegen an roten Ampeln** ist, falls kein Schild auf das Gegenteil hinweist, erlaubt, nachdem man vollständig angehalten und sich vergewissert hat, dass weder Fußgänger noch ein anderes Fahrzeug behindert werden.
– An **Baustellen** werden sämtliche Vorschriften wie Geschwindigkeitsbeschränkung und Überholverbot besonders penibel überwacht, um die Bauarbeiter keiner unnötigen Gefährdung auszusetzen.
– **Parkverbote** werden mithilfe der »No Parking«-Schilder und durch die Farbe des Bordsteins bestimmt. So bedeutet **rot** uneingeschränktes Halteverbot, **gelb** Ladezone für Lieferwagen, **gelb und schwarz** Ladezone für Lkw, **blau** Behindertenparkplatz, **grün** kurzes Parken (10–20 Min. je nach Hinweis) erlaubt, **weiß** fünf Minuten während der Geschäftszeiten in Ordnung.
– **Anschnallpflicht**, zumindest auf den Vor-

Behindertenparkplätze sind tabu

dersitzen, gilt in allen US-Staaten außer New Hampshire.
– Das **Telefonieren** während des Fahrens ist in den meisten Staaten noch nicht gesetzlich geregelt. In Kalifornien, Oregon und Washington ist es verboten.
– In vielen Staaten gibt es keine allgemeine **Helmpflicht** für Motorradfahrer. In ihrem Reisegebiet schreiben Kalifornien, Oregon, Washington, Nevada und Missouri allen Fahrern das Tragen eines Helms vor. In den meisten anderen Staaten gilt eine Helmpflicht nur für Fahrer unter 18 bzw. 21 Jahren. In Nevada ist zusätzlich eine **Schutzbrille** oder **Windschutzscheibe** vorgeschrieben.
– Das **Licht** sollte auch tagsüber eingeschaltet sein. Bei den meisten Mietmotorrädern lässt es sich deshalb auch gar nicht ausschalten.

US-amerikanische **Verkehrszeichen** weisen nur selten Symbole auf, sondern verfügen stattdessen über schriftliche Anweisungen. Einige Englischkenntnisse sind für das Verständnis der Zeichen auf alle Fälle von Vorteil.

351

Wenn man sich verliert, sollte man warten, statt planlos herumzufahren!

Verlieren des Reisepartners

Es kann in der Hektik der Rushhour oder wenn Sie auf der linken Spur an einem Lkw vorbeiziehen, während der Partner gerade die Ausfahrt vom Freeway nimmt, schon mal vorkommen, dass man sich verliert. Das ist im Handy-Zeitalter in aller Regel kein großes Problem, aber trotzdem sollten für den Fall einfache Vorkehrungen getroffen werden, ansonsten kann es passieren, dass man auf der gegenseitigen Suche stundenlang aneinander vorbeifährt. Wenn das Handy (Natel) Empfang hat, schicken Sie einfach eine SMS mit Ihrem Standort und verharren auch dort. Telefonieren bringt häufig wenig, Ihr Kollege ist ja im Zweifel auf dem Motorrad unterwegs.

Nach einer Pause empfiehlt es sich, den nächsten Treffpunkt bzw. Stopp bereits zu besprechen und dann auch im »Verlustfall« dorthin zu fahren. Wenn es keine Absprache gab, trifft man sich da, wo man sich das letzte Mal gesehen hat – sprich an der Kreuzung, wo der Hintermann an der roten Ampel warten musste. Oder dort, wo man bei der letzten Pause einen Kaffee geschlürft hat.

Wenn das Tagesziel nahe ist und das Motel bereits gebucht ist, kann man sich natürlich auch dort treffen. Auf jeden Fall sollte im Vorfeld zu diesem Thema Gedanken machen und Regeln aufstellen, sonst ist schnell mal ein halber Tag verschenkt.

Versicherungen

Empfehlungen zum Thema Versicherung auszusprechen halte ich für ziemlich schwierig. Der eine traut sich zu Hause kaum, ohne Wasserschadenversicherung zu duschen, während sich der Nächste freudig in jedes Risiko stürzt. So sind auch auf einer Motorradtour die Bedürfnisse verschieden.

Sicherlich ist der Abschluss einer **Reiserücktrittskostenversicherung** sinnvoll. Keiner denkt daran, die von langer Hand geplante Traumtour abzublasen, aber berufliche, familiäre und krankheitsbedingte Umstände können solch eine Entscheidung nötig machen. Bei genau diesen drei Gründen für Nichtantritt oder Reiseunterbrechung greift eine solche Versicherung. Der Abschluss einer **Auslandskrankenversicherung** ist, falls die USA nicht mit der bestehenden Krankenversicherung gedeckt werden, unbedingt zu empfehlen. Bevor Sie eine **Reiseunfallversicherung** abschließen, erkundigen Sie sich, ob Motorradfahren bzw. die damit verbundenen Risiken nicht explizit ausgeschlossen sind.

Am ehesten entbehrlich ist wohl die **Reisegepäckversicherung**. Auch eine **Flugunfallversicherung** mag eher etwas für Pessimisten sein, aber wie gesagt: Die Bedürfnisse sind sehr verschieden, eine Empfehlung müßig.

Der **Versicherungsumfang für das Mietmotorrad** variiert je nach Vermieter. Die **Deckungssummen** entlocken einem dabei nicht selten ein müdes Lächeln. So liegt die gesetzliche Mindestdeckungssumme nicht selten bei US$ 30 000, und genau das ist dann häufig die Höchstdeckungssumme bei Ihrer Haftpflicht. In letzter Zeit hat sich das zum Glück etwas verbessert. Die Versicherungsbedingungen ändern sich häufig, ebenso die angebotenen Zusatzversicherungen, die entweder den Eigenanteil bei eventuellen Schäden reduzieren oder einen Ersatzan-

Gut versichert bei der Wüstenfahrt?

spruch bei ausgefallenen Motorrädern, die Erstattung von Ausgaben bei Reifenpannen oder ähnlich Spezielles regeln.

Gültig ist, was in Ihrem Mietvertrag steht, und nicht, was Ihnen im Reisebüro erzählt wird oder auf der Homepage des Vermieters steht. Die Bedingungen ändern sich häufig, Prospekte und Webdesigner kommen da oft nicht hinterher.

Gut gelaunt am »Forrest Gump Point« im Monument Valley

Kleines Motorradwörterbuch

Schulenglisch reicht für Fahrten in den USA allemal aus. Auf einen ausführlichen Sprachteil verzichte ich daher. Es kann aber nicht schaden, den einen oder anderen Ausdruck zu kennen, besonders wenn es um Bauteile des Motorrads, Schilderaufschriften und kulinarische Begriffe geht, die häufig sehr speziell sind. Es ist schon beruhigend, wenn man weiß, was man sich im Restaurant bestellt hat.

Wundern Sie sich nicht, wenn in den Listen mal englische und mal deutsche Begriffe zuerst stehen. Die Listen sind so sortiert, wie man im Alltag am ehesten nach den Worten sucht. In der Werkstatt sucht man also eher nach der englischen Übersetzung eines Bauteils, das nicht funktioniert, im Restaurant eher nach der deutschen Übersetzung einer in der Speisekarte offerierten Fleischsorte oder Beilage.

Rund ums Motorrad:

Antriebsriemen	–	belt
Auspuff	–	muffler
Auspuffanlage	–	exhaust system
Blinker	–	turn signal
Bremse	–	brake
Endrohre	–	pipes
Federung	–	suspension
Führerschein	–	driver's license
Gang	–	gear
Gepäckträger	–	luggage rack
Getriebe	–	gear box
Hinterreifen	–	rear tyre
Kette	–	chain
Motor	–	engine
Nummernschild	–	license plate
Rücklicht	–	taillight
Satteltaschen	–	saddle bag
Sicherung	–	fuse
Starthilfekabel	–	jumper cable
Stoßdämpfer	–	shock absorber
Stoßstange	–	bumper
Tankstelle	–	gas station
Ventil	–	valve
Vergaser	–	carburator
Versicherungspolice	–	insurance policy
voll ausgestattetes Tourenmotorrad	–	full dresser
Vorderrad	–	front wheel
Vorderreifen	–	front tyre
Zündkerzen	–	spark plugs
Zündung	–	ignition

In der Werkstatt:

I've had an accident	–	Ich habe einen Unfall gehabt.
I'm running out of gas.	–	Ich habe kein Benzin mehr.
Could you tow my bike?	–	Könnten Sie mein Motorrad abschleppen?
My car won't start.	–	Mein Motorrad springt nicht an.
The battery's flat.	–	Die Batterie ist leer.
The brake's broken.	–	Die Bremse ist defekt.
The engine sounds funny.	–	Der Motor klingt seltsam.
When will the motorbike be ready?	–	Wann wird das Motorrad fertig sein?

Verkehr und was auf Schildern steht:

Adopt a Highway	–	Diese Schilder zeigen (oder suchen) Schulen, Firmen etc., die sich freiwillig dazu bereit erklären, ein Stück der Straße sauber zu halten.
curb	–	Bordstein
curves	–	Kurven
dead end oder no through street	–	Sackgasse
detour	–	Umleitung
dip	–	Bodenmulde
entrance	–	Einfahrt
exit	–	Ausfahrt
fine	–	Geldstrafe
flagman ahead	–	Baustelle (Straßenarbeiter mit roter Warnflagge)
flash flood	–	flutartige Überschwemmung/Spring-/Sturzflut
keep right	–	rechts fahren
low gear	–	niedrigen Gang einlegen
maximum speed	–	Höchstgeschwindigkeit
men working	–	Straßenarbeiten
merge	–	einfädeln
mph	–	Meilen pro Stunde
narrow road	–	schmale Straße

no left turn	– links abbiegen verboten
no passing	– Überholverbot
no right turn on red	– rechts abbiegen bei Rot verboten
no U-turn	– Wenden verboten
ped X-ing	– Fußgängerüberweg
premium	– Superbenzin
right of way	– Vorfahrt
road construction ahead	– Baustelle
RR-X-ing	– Eisenbahnübergang
R.V. (recreational vehicle)	– Camper
slippery when wet	– Rutschgefahr bei Nässe
soft shoulder	– unbefestigter Fahrbahnrand
speed limit	– Geschwindigkeitsbegrenzung
stock	– Vieh
traffic light	– Ampel
uneven pavement/bumps	– Fahrbahnschäden
unleaded	– bleifrei Normal
U-turn	– wenden
watch for pedestrians	– auf Fußgänger achten
yield	– Vorfahrt gewähren
4-way-stop	– Stoppschild an jeder einmündenden Straße

Parken:

handicapped parking	– nur für Behintenfahrzeuge
loading zone	– Ladezone (gelb markiert)
park in rear	– Parken im Hinterhof
passenger loading zone	– nur Ein- und Aussteigen (weiß markiert)
restricted parking zone	– zeitlich begrenztes Parken
valet parking	– Personal parkt Wagen gegen Gebühr und Trinkgeld

Im Restaurant:

Is there a good restaurant around here?	– Wo gibt es hier in der Nähe ein gutes Restaurant?
Is there a reasonably cheap restaurant?	– Gibt es ein preiswertes Restaurant?
A table for three, please.	– Einen Tisch für drei Personen, bitte.
I'd like to reserve a table for two for eight o'clock.	– Ich möchte einen Tisch für zwei Personen um acht Uhr reservieren.
Excuse me, where are the rest rooms?	– Entschuldigung, wo sind hier die Toiletten?
This way.	– Dort entlang.
Could I see the menu, please?	– Die Karte bitte.
Wine list	– Weinkarte
I'd just like something to drink.	– Ich möchte nur etwas trinken.
Are you still serving hot meals?	– Gibt es noch warme Küche?
What can you recommend?	– Was empfehlen Sie mir?
Do you serve vegetarian dishes?	– Haben Sie vegetarische Kost?
Can I have a beer, please?	– Ich möchte ein Bier, bitte.

Im Englischen ist es übrigens nicht üblich, sich vor dem Essen einen »Guten Appetit« zu wünschen, bisweilen hört man aber dennoch ein »Bon appétit!« oder ein »Enjoy your meal«.

Cheers!	– Zum Wohl!
Could I have the check, please?	– Ich möchte zahlen, bitte.
We'd like to pay separately.	– Wir möchten getrennt bezahlen.
Could I have a receipt?	– Ich möchte eine Quittung.
Did you enjoy it?	– Hat es Ihnen geschmeckt?
It was delicious, thank you.	– Danke, sehr gut.

Allgemeines

Buffet, an dem man sich mehrmals bedienen kann	– all-you-can-eat
Kasse, Kassierer	– cashier
Rechnung	– check
Steuer	– tax
Toilette	– restroom, bathroom
Trinkgeld	– tip, gratuity, service charge

Zubereitungsart – Ways of cooking
kurz angebraten/– rare
Kern roh (Steak) – rare

355

halb durchge-braten (Steak)	– medium	ham and eggs	– Spiegeleier mit Schinken
durchgebraten (Steak)	– well done	hamburger	– Frikadelle
		leg of lamb	– Lammkeule
gebraten	– broiled	meat balls	– Fleischklößchen
fettig	– greasy	minced meat	– Hackfleisch
knusprig	– cross	roast beef	– Rinderbraten
gekocht	– boiled	sausages	– Würstchen
frittiert, meist paniert		stew	– Fleischeintopf
gedünstet	– sauteed	veal	– Kalbfleisch
gegrillt	– grilled		
im Schlafrock	– coated	**Poultry**	**– Geflügel**
		chicken	– Hähnchen, Huhn
Getränke	**– Beverages**	chicken breas/leg	– Hühnerbrust/-keule
stilles Mineral-wasser	– still mineral water	duck	– Ente
Mineralwasser mit Kohlensäure	– sparkling mineral water	goose	– Gans
		turkey	– Truthahn, Pute
alkoholfreies Getränk	– soft drink	**Vegetables**	**– Gemüse**
Limonade	– soda	asparagus	– Spargel
Fruchtsaft	– juice	beans	– Bohnen
Kaffee	– coffee	cabbage	– Kohl
koffeinfreier Kaffee	– decaffeinated coffee, decaf	cauliflower	– Blumenkohl
		coleslaw	– Krautsalat
Kaffeesahne	– cream	corn on the cob	– Maiskolben
Milch	– milk	cucumber	– Gurke
fettarme Milch	– skimmed milk	mushrooms	– Pilze
		onion	– Zwiebel
		peas	– Erbsen
Fish and seafood	**– Fisch und Meeresfrüchte**	potatoes	– Kartoffeln
anchovies	– Sardellen	pumpkin	– Kürbis
bass	– Seebarsch	salad	– Salat
cod	– Kabeljau	spinach	– Spinat
crabs	– Krabben	sweetcorn	– Mais
halibut	– Heilbutt	tomato	– Tomate
king prawn	– Riesengarnele		
lobster	– Hummer	**Fruits**	**– Obst**
mussels	– Muscheln	apple	– Apfel
oysters	– Austern	banana	– Banane
salmon	– Lachs	cherries	– Kirschen
shellfish	– Schalentiere	dried fruit	– getrocknetes Obst
shrimp	– Garnelen	grapes	– Weintrauben
smoked eel	– Räucheraal	lemon	– Zitrone
snapper	– Zackenbarsch	peach	– Pfirsich
sole	– Scholle	pear	– Birne
trout	– Forelle	pineapple	– Ananas
tuna	– Tunfisch	raspberries	– Himbeeren
		strawberries	– Erdbeeren
Meat dishes	**– Fleischgerichte**		
beef	– Rindfleisch	**Extras**	**– Beilagen**
boiled/raw ham	– gekochter/roher Schinken	baked potato	– gebackene Kartoffel
		dumplings	– Knödel
chop	– Kotelett	French fries, chips	– Pommes frites
escalope	– Kalbsschnitzel	fried potatoes	– Bratkartoffeln
filet of pork	– Schweinefilet	mashed potatoes	– Kartoffelbrei
		noodles	– Nudeln
		pasta	– Teigwaren

rice, brown rice	– Reis, Naturreis
sweet potatoes	– Süßkartoffeln
Something else	**– Was es sonst noch gibt**
butter	– Butter
cheese	– Käse
chile	– Peperoni
eggs	– Eier
garlic	– Knoblauch
ginger	– Ingwer
honey	– Honig
horseradish	– Meerettich
ice cubes, ice	– Eiswürfel
olive oil	– Olivenöl
salt, pepper	– Salz, Pfeffer
soup	– Suppe
spices	– Gewürze
sugar	– Zucker
vinegar	– Essig
yoghurt	– Joghurt

Abkürzungen und Akronyme

Die folgenden Akronyme und Abkürzungen werden Sie unterwegs häufiger erblicken:

AAA	– Automobile Association of America, triple A
AACA	– Antique Automobile Club of America
ABC	– American Broadcasting Corporation
aka	– also known as (alias)
AL	– Attorney at Law (Rechtsanwalt)
AMA	– American Motorcycle Association
asap	– as soon as possible
ATV	– All Terrain Vehicle
CHP	– California Highway Patrol
DA	– District Attorney (Bezirksstaatsanwalt)
DEA	– Drug Enforcement Agency
dob	– date of birth
DOT	– Department of Transportation
DUI	– Driving Under Influence (Alkohol am Steuer)
EPA	– Environmental Protection Agency
EXPWY	– Expressway
EZ	– easy
FDA	– Foods and Drug Administration
FRWY	– Freeway

FWD	– Four Wheel Drive
HOG	– Harley Owners Group
HWY	– Highway
icoapbyob	– in case of a party bring your own beer
ID	– Identification Card (Führerschein, Ausweis)
IRS	– Internal Revenue Service (Finanzamt)
JCT	– Junction (Kreuzung)
KOA	– Kampgrounds Organisation of America
MADD	– Mothers Against Drunken Drivers
NPS	– National Park Service
Ped-xing	– Pedestrian Crossing (Fußgängerüberweg)
PD	– Police Department
RV	– Recreational Vehicle (Wohnmobil)
UCLA	– University of California Los Angeles
USFS	– United States Forest Service

Aus dem Netzjargon bekannte Akronyme und Abkürzungen

4u	– for you
asap	– as soon as possible
ayt	– Are you there?
b4n	– bye for now
brb	– be right back
dk	– don't know
em	– Excuse me?
eod	– end of discussion
f2f	– face to face
fyeo	– for your eyes only
hf	– have fun
imo	– in my opinion
jic	– just in case
jw	– just wondering
l8	– late
lol	– laughing out loud
np	– no problem
ptb	– please text back
ringl8	– running late
ruok	– Are you okay?
w2d	– work to do
yt	– You there?

Namenregister

USA-Geheimtipp
www.cellion.de

Die Cellion USA-Handykarte – ein *Muss* für jeden USA-Reisenden

Martin aus Brühl, Great Lakes:

„Mit einer Handykarte von Cellion spart man wirklich viel im Vergleich zur deutschen SIM in den USA."

Sabine aus Dortmund, Städtereise Boston:

„Das Praktische an Cellion ist, dass man eine SIM-Karte mit amerikanischer Handynummer kostenlos erhält, und zwar noch zuhause vor dem Abflug."

Ines aus München, Rundreise quer durch die USA:

„Für meinen nächsten USA-Urlaub bestelle ich auf jeden Fall wieder eine Cellion Handykarte."

Sparen auch Sie beim Mobiltelefonieren und mobilen Surfen in den USA. Sie erhalten Ihre USA-Handykarte noch vor Ihrer Abreise – kostenlos und ohne Nutzungsverpflichtung.

Verpassen Sie diese Gelegenheit nicht!

Info und kostenlose Bestellung

www.cellion.de

KANSAS & OKLAHOMA

The HEARTLAND STATES of AMERICA

Kansas/Oklahoma Travel & Tourism
Landaustrasse 26
D-38112 Braunschweig
Germany

Telefon: +49 53 12 31 16 33
Mobil: +49 17 18 35 43 46
Fax: +49 53 12 31 16 42
E-Mail: reiseinfo@travelKSOK.com

www.travelKS.com
www.travelOK.com

Bikeworld Travel GmbH, Detmold: S. 342
Siegfried Birle, Kaltental: S. 284, 290
Manfred Braunger, Freiburg: S. 271
Breitenbush Hot Springs: S. 257
BTA, Stuttgart/Steffen Grashoff: S. 8, 10, 53
u., 79, 140 u., 150, 185, 193, 325 u., 331,
335, 341, 345; Udo Heindel: S. 352; Mike
Kärcher: S. 4 u., 5 o., 5 z. v. o., 6 o., 6 z. v.
o., 6 o., 12, 14/15, 16, 18, 21, 22, 23, 26, 28,
29, 39 o., 39 u., 41 u., 42 o., 42 u., 46, 66, 67
u., 74 u., 76/77, 78, 80, 81, 87, 88 u., 90, 91,
92, 100, 103, 107, 126, 128 u., 133 o., 136,
141 o., 141 u., 146, 147, 151 u., 152, 153
o., 153 u., 154 u., 164/165, 166 o., 167, 175,
176 u., 179, 183, 184 o., 184/185, 187, 189,
191, 199, 200 u., 201, 205, 206 u., 210, 212,
213, 214 o., 228 u., 239, 246 u., 263, 272 o.,
272 u., 283, 305, 309, 311, 323, 326 o., 326
u., 328, 333, 334 u., 337, 339, 344, 348, 349,
351, 353 o.; Günther Krauth: S. 120/121;
Hardy Kunze: S. 53 o., 165; Chris Loeckle:
S. 7 z. v. u., 47, 95, 300, 343 o., 347; Bilo Lotze:
S. 74 o., 106 u., 190 o., 313; Ingo Rachner:
S. 4 o., 7 u., 20, 24/25, 160, 329 u., 346, 350
o., 353 u.; Uwe Seeger: S. 27, 77 o., 208,
232; Babs Steinbock: S. 5 z. v. u., 85 o., 133
u., 143 o., 343 u.
California Travel and Tourism Commission,
Sacramento: S. 61, 68, 119, 316; Blaise:
S. 118; Christian Heeb: S. 132; Andreas
Hub: S. 55, 63, 113, 234; Alexa Miller:
S. 58; Tai Power Staff: S. 236 u.
Eagle Rider Motorcycle Rentals, Los Angeles:
S. 4 z. v. o., 11, 19, 59, 60, 117, 171, 261
o., 293
T. Charles Erickson/Oregon Shakespeare Fes-
tival, Ashland: 241
Fridmar Damm, Köln: S. 75, 93, 170,
Hauke Dressler/Look, München: S. 1 (Schmutz-
titel), 237, 294/295
Mara K. Fuhrmann, Monreal: S. 143 u.
Grand Canyon Skywalk Development, Las
Vegas: S. 144
Fotolia/Albo: S. 35, 161; Tom Anyz: S. 140
o.; Can Balcioglu: S. 32/33; bcfotos: S. 57;
Petra Bihlmaier: S. 128 o.; Blue Moon:
S. 88 o.; cameramann: S. 286 u.; CBarry:
S. 177; Cmon: S. 85 u.; Sourav Chowdhury:
S. 169; Quennie Chua: S. 137 u.; Cphoto:
S. 4 z. v. u., 31, 334 o.; dendron: S. 242/243;
dje2303: S. 192; Java Duke: S. 34, 36; Julius
Fekete: S. 244; gzfz: S. 5 u., 173; Benjamin
Haas: S. 9; Jörg Hackemann: S. 76 o.; Ru-
dolf Heinrich: S. 210/211; Jens Hilberger:
S. 219; John-AZ: S. 116; Stephanie Johnson:

202; krabata: S. 106 o.; Chee-Onn Leong:
S. 138; lucian lucan: S. 43; Reinhard Mar-
scha: S. 40, 245; masasa: S. 66 o.; Scott
McLean: S. 72; Michael McLeran: S. 312;
mikess: S. 258; Stan Nelsen: S. 84 u.; Mike
Norton: S. 240; Serge Nouchi: S. 69; rab-
bit75_fot: 137 o.; Rafael Ramirez: S. 36/37;
Raven: 294; Mik Roge: S. 13; rook76: S. 54,
112; Marcel Schauer: S. 163; Harris Shiff-
man: S. 238 u.; Rainer Schmittchen: S. 84;
Nikola Spasenoski: S. 30; tracyhornbrook:
S. 104; Ray Whittemore: S. 101
Peter Ginter, Köln: S. 41 o., 129, 130, 151 o.
Christian Heeb, Bend/Look, München: S. 145,
157, 203, 288
Dave Henry/Railtown 1897, Jamestown: S. 96
Hotel Santa Barbara: S. 62
iStockphoto/Anthony Baggett: S. 314; Doug
Bennett: S. 250; Jonathan Bennett: S. 206
o.; BigWest1: S. 311 o. ; David Birkbeck:
S. 6 z. v. u., 255 u.; Ben Blankenburg: S. 180;
Olivier Blondeau: S. 278 o.; Michael Brake:
S. 303; Natalia Bratslavsky: S. 260, 277;
Daniel R. Burch: S. 71 o.; Sherri Camp:
S. 297; Dan Cooper: S. 200 o.; David Cooper:
S. 301; Craig Cozart: S. 111; Neta Dega-
ny: S. 52, 259; Daniel Deitschel: S. 350 u.;
Özgür Donmaz: S. 7 z. v. o., 320 u.; Esolla:
S. 252 u.; Nathan Fabro: S. 268 u.; Fabio
Filzi: S. 274; Eric Foltz: S. 181; Steve Geer:
S. 209; Jeff Grabert: S. 51; Bill Grove: S. 319;
Jörg Hackemann: S. 155; Marko Heuver:
S. 135; Stephan Hoerold: S. 226; Heather
Hood: 256; Ron Hope: S. 254; Rick Hyman:
S. 292; intst: S. 178; iShootPhotos, LLC:
S. 216; katsgraphicslv: S. 195; Jennifer
Kulik: S. 286 o.; Jon Larson: S. 249, 285
o.; Mars Lasar: S. 317 µ.; Scott Leigh: S.
127; Paul Lemke: S. 86; Chee-Onn Leong:
S. 190; Dave Logan: S. 275, 281; Vale-
rie Loiseleux: S. 321; Vadin Makoyed: S.
252/253; Manley099: S. 336; Tim McCaig:
S. 131, 220, 232 o.; Paul Mckeown: S. 246
o.; Mlenny Photography: S. 196; Luca Moi:
S. 89; Dan Moore: S. 332 u.; Jerry Moor-
man: S. 7 o., 49, 282, 289, 315; Dennis
Neffendorf: S. 222/223; Nancy Nehring:
S. 56, 70, 306, 307; Marilyn Nieves: S. 251
u.; S. Greg Panosian: S. 97, 98 l., 114, 124,
228 o.; David Parsons: S. 174 o.; Jim Parsons: S. 255 o.; Pgiam: S. 299; Peter Pho-
to: S. 308; Palle Porila: S. 242 o.; Andrea
Prandini: S. 174 u.; Scott Prokop: S. 198;
Brian Raisbeck: S. 218; Patrick Robbins:
S. 278 u.; Ray Roper: S. 122, 186; Roberto A.

Bildnachweis/Impressum

Sanchez: S. 302; Phil Scroggs: S. 262; Harris Shiffman: S. 109; Daniel Slocum: S. 261 u.; Eliza Snow: S. 290/291; Colin Soutar: S. 236 o.; Antony Spencer: S. 276; Jay Spooner: 318; Aimin Tang: S. 229; Harry Thomas: S. 110; Ron and Patty Thomas Photography: S. 64/65; Tillsonburg: S. 230 o.; titelio: S. 224; Alan Tobey: S. 123; tomograf: S. 162, 238 o.; tropicalpix: S. 332 o.; Balder Tryggvason: S. 50 u.; Nick Tzolov: S. 221 u.; Julie Vader: S. 317 o.; Michael Valdez: S. 325 o.; Ales Veluscek: S. 296; Vladone: S. 188; Danny Warrèn: S. 197, 251 o., 265; Jamie Wilson: S. 268 o.

Jamestown Harley-Davidson: S. 98 r.

Karl Johaentges/Look, München: S. 44, 45, 280

Las Vegas News Bureau: S. 139

North Lake Tahoe/Jeff Dow: S. 105 o., 105 u.

Conrad Piepenburg/laif, Köln: S. 48, 83, 108, 115, 227, 230 u., 231

Horst Schmidt-Brümmer, Köln: S. 38, 50 o., 71 u., 73, 94, 134, 142, 149, 154 o., 204, 215, 217, 221 o., 285 u., 320 o., 322, 329 o.

Visit Seattle/Tim Thompson: S. 266, 267, 269, 270 o., 270 u.

Vista Point Verlag (Archiv), Köln: S. 176 o., 214 o., 327

Wolfgang R. Weber, Darmstadt: S. 125, 159, Wikipedia/Bobak Ha'Eri: S. 99, 233; Cory Maylett: S. 235; Travis Thurston: S. 310

Umschlagvorderseite: Biken am »Forrest Gump Point« im Monument Valley. Foto: BTA/Ingo Rachner

Vordere Umschlagklappe (innen): Übersichtskarten mit den drei eingezeichneten Touren

Vordere Umschlagklappe (außen): Biken in the middle of nowhere. Foto: BTA/Mike Kärcher

Schmutztitel (S. 1): Highway One – Kalifornien am laufenden Band. Foto: Hauke Dressler/Look, München

Haupttitel (S. 2/3): Zwischen Central Valley und dem Goldgräberland sind Kurven Mangelware. Foto: BTA/Mike Kärcher

Hintere Umschlagklappe (außen): Mondlandschaft – unterwegs in den Caineville Badlands. Foto: BTA/Mike Kärcher

Umschlagrückseite: Pause mit Blick über Golden Gate und San Francisco, Foto: Eagle Rider Motorcycle Rentals (oben); Rudimentärer Komfort, maximales Naturerlebnis: Camping in Utah, Foto: BTA/Mike Kärcher (Mitte); Auf der Glacier Point Road, Foto: BTA/Mike Kärcher (unten)

Konzeption, Layout und Gestaltung dieser Publikation bilden eine Einheit, die eigens für die Buchreihe der **Vista Point Reiseplaner** entwickelt wurde. Sie unterliegt dem Schutz geistigen Eigentums und darf weder kopiert noch nachgeahmt werden.

© 2012 Vista Point Verlag, Köln
Alle Rechte vorbehalten
Reihenkonzeption: Horst Schmidt-Brümmer, Andreas Schulz
Verlegerische Leitung: Andreas Schulz
Bildredaktion: Eszter Kalmár
Lektorat: Eszter Kalmár
Textlektorat: Christiane Mahlberg
Layout und Herstellung: Sandra Penno-Vesper
Reproduktionen: Henning Rohm, Köln
Kartografie: Kartographie Huber, München

ISBN 978-3-86871-012-0